René Guénon

CORRESPONDANCE
II

ƠMNIA VERITAS

René Guénon
(1886-1951)

Correspondance
- Tome II -

**Publié par
Omnia Veritas Ltd**

www.omnia-veritas.com

RENÉ GUÉNON À MARCEL CLAVELLE ALIAS JEAN REYOR	7
RENÉ GUÉNON À MARCEL MAUGY ALIAS DENIS ROMAN	27
RENÉ GUÉNON À MARTINEZ ESPINOSA	145
RENÉ GUÉNON À MME NACHT	150
RENÉ GUÉNON À MME GUERREIRO	151
RENÉ GUÉNON À NOËLLE MAURICE-DENIS	152
RENÉ GUÉNON À PISTONI	263
LETTRES DE RENÉ GUÉNON AU PROFESSEUR THÉODORE MONOD	283
RENÉ GUÉNON À UN DOCTEUR NON IDENTIFIÉ	289
(A)	289
(B)	291
(C)	295
(D)	299
(E)	302
(F)	305
(G)	308
(H)	310
(I)	312
(J)	315
(K)	317
(L)	320
(M)	324
(N)	327
(O)	329
(P)	331
(Q)	333
(R)	336
(S)	339
(T)	341
(U)	342
(V)	343
(W)	345
(X)	346
(Y)	348
(Z)	349
(Z1)	351
(Z2)	353

(Z3) 355

(Z4) 357

RENÉ GUÉNON AU RÉVÉREND PÈRE VICTOR POUCEL 360

CORRESPONDANCES ÉCHANGÉES ENTRE RENÉ GUÉNON ET ANDRÉ BASTIEN 363

RENÉ GUÉNON À RENÉ BURLET 386

26 LETTRES DE RENÉ GUÉNON À LOUIS CHARBONNEAU-LASSAY 388

RENÉ GUÉNON À JEAN TOURNIAC (EXTRAITS) 457

RENÉ GUÉNON À MARIDORT 472

DÉJÀ PARUS 477

René Guénon à Marcel Clavelle
alias Jean Reyor[1]

29 juillet 1932

Les Sunnites, les Shiites et les Khawarij se différencient principalement sur la question des modalités du Khalifat ; il n'y a pas d'hétérodoxie là-dedans, et d'ailleurs c'est loin d'être aussi tranché qu'on se l'imagine en Europe ; il y a tellement de nuances et de degrés qu'il est à peu près impossible d'établir des délimitations nettes. Ce qui est hétérodoxe, ce sont les firâq, c'est-à-dire les sectes ; il est vrai que la plupart d'entre elles sont sorties du Shiisme, y compris les plus récentes (comme le Béhaïsme, par exemple, qui n'a pour ainsi dire plus rien d'islamique) ; il faut donc croire qu'il y a là quelque chose qui favorise leur apparition, mais, en tout cas, cela n'est plus du Shiisme comme tel.

ඊටශ

Le Caire, 2 septembre 1932

...

Par exemple, il (A. Ink..) parle dans son livre d'un soi-disant "rite de Minang Kabao" ; cela doit assurément en imposer aux gens qui ne savent pas que ce nom est tout simplement celui d'une région de Sumatra, ce qui n'a pas le moindre rapport avec les Khmers. Du reste même si son origine est réellement ce qu'il prétend, je voudrais bien savoir où il aurait été chercher la tradition Khmère, dont les Cambodgiens actuels ont d'autant moins à se recommander qu'ils sont les descendants des envahisseurs par qui elle a été détruite

... Vous me demandez, sur la question d'"attitude", s'il y a quelque chose de changé depuis la publication de certains de mes ouvrages. Je vous

---

[1] Dole Août 1992, D'après des extraits dactylographiés.

répondrai très nettement : oui, certaines portes, du côté occidental, se sont fermées d'une façon définitive. Je ne me suis d'ailleurs jamais fait d'illusions, mais je n'avais pas le droit de paraître négliger certaines possibilités ; il fallait que la situation devienne tout à fait nette, et ce que j'ai fait y a contribué pour sa part. Peut-être y aura-t-il encore un dernier résultat (négatif) à obtenir pour que chacun sache à quoi s'en tenir sans équivoque possible...

... Quant à l'Islam politique, mieux vaut n'en pas parler, car ce n'est plus qu'un souvenir historique ; c'est certainement dans ce domaine politique que les idées occidentales, avec la conception des "nationalités", ont fait le plus de ravages, et avec une singulière rapidité. C'est à tel point que maintenant les Égyptiens ne veulent pas venir en aide aux Syriens, ni ceux-ci aux Palestiniens, et ainsi de suite ; et il y en a beaucoup à qui on ne peut même plus arriver à faire comprendre combien ce particularisme est contraire aux intérêts traditionnels. - Cela n'a empêché un soi-disant "explorateur" français, qui n'est probablement qu'un vulgaire touriste, de prétendre dans un livre récent que le Khalifat existe toujours en fait, et, mieux encore, qu'il a son siège ici même à El-Azhar. Ce serait à éclater de rire si la réalité, à cet égard, n'était assez triste au fond ; savez-vous qu'au congrès de Jérusalem, en décembre dernier, la question du rétablissement du Khalifat ayant été posée, il a été impossible d'arriver à une entente et à une solution quelconque ? Et savez-vous aussi, en ce qui concerne spécialement El-Azhar, que le recteur, il y a à peu près un an, a refusé de signer une protestation contre les atrocités italiennes en Tripolitaine, sous le prétexte que « c'était là une question politique dans laquelle il n'avait pas à intervenir. »

... Pour ce qui est des "prophéties occidentales" (j'aimerais mieux ne les appeler que "prédictions") qui parlent d'une futur "lutte de la Croix et du Croissant", j'avoue que je ne leur accorde qu'une valeur des plus relatives. D'abord, je ne vois pas du tout, dans l'état actuel du monde, quels peuples pourraient bien être qualifiés pour représenter la Croix ; ensuite le Croissant n'a jamais symbolisé l'Islam que dans l'imagination des Occidentaux, il ne lui appartient ni exclusivement ni essentiellement, et il y est uniquement un symbole de "majesté", rien de plus - Je vous signalerai à ce propos que le roi de France Henri II que je ne crois pas avoir été musulman, en avait fait son emblème personnel, et aussi qu'on voit ici sur beaucoup de boutiques Coptes donc chrétiennes, la Croix entre les cornes du croissant (ce qui reproduit d'ailleurs exactement un ancien symbole phénicien, bien antérieur à l'islam et au christianisme). - Mais il y a des "clichés" que l'ignorance se plaît à répéter indéfiniment : c'est ainsi, pour prendre encore un autre exemple qu'il est convenu en Europe que l'étendard du Prophète était vert ; or il y en avait deux, un blanc pour la paix et un noir pour la guerre ; le vert n'est venu que beaucoup plus tard, sous je ne sais quel Khalife.

※

Le Caire, 7 septembre 1933

...

Pour l'article sur le Khalifat, je vois bien de quoi il s'agit : c'est un mauvais tour que la France veut jouer à l'Angleterre laquelle voudrait, elle aussi, et depuis longtemps déjà, avoir un Khalife "de façade" qui ne serait qu'un instrument entre ses mains ; et je m'explique maintenant le voyage d'un certain personnage marocain qui nous avait un peu intrigué il y a quelques mois... En fait, l'une des deux solutions ne vaudrait guère mieux que l'autre étant donné surtout ce qui se passe actuellement en Afrique du Nord (sans parler de la Syrie) ; jamais encore les Français ne s'étaient comportés de pareille façon jusqu'ici ; c'est sans doute l'effet des belles promesses faites pendant la guerre. Quoi qu'il en soit, il est plutôt maladroit de confier le "lancement" de cette idée à des gens aussi grossièrement ignorants que l'auteur de l'article en question. "Puissance sacerdotale", "Souveraineté pontificale", etc.... autant d'âneries que de mots... Il est d'ailleurs tout à fait faux que la présence d'un Khalife soit nécessaire au maintien de l'orthodoxie, et il ne l'est pas moins que le Khalife doive remplir telle ou telle condition définie, on préférerait en général qu'il soit d'origine arabe, mais cela même n'est nullement nécessaire, et en fait n'importe qui peut être désigné. Lors du congrès de Jérusalem, certains pensaient mettre en avant la candidature de quelqu'un que je connais très bien, et qui ne remplit aucune des prétendues conditions ; c'est seulement un homme énergique et très instruit des choses de l'Islam, et c'est là l'essentiel ; mais sans connaître l'actuel sultan du Maroc, je crois qu'il y a bien des chances pour qu'il ne possède ni l'une ni l'autre de ces deux qualités. D'autre part, il y a trois modes possibles de désignation d'un Khalife, tout aussi régulier l'un que l'autre, et qui correspondent proprement aux trois titres respectifs de "Khalifat", d'"Imâm" et d'"Anûrul-Muminîn" ; vous voyez que c'est assez complexe et que personne en Europe n'y connait quoi que ce soit. - Quant à Mustafa Kémal, je comprends bien pourquoi il entrerait dans la combinaison, et vous pourrez être sûr que ses raisons n'ont rien de "spirituel", mais comment lui et ses partisans pourraient-ils bien continuer à se prétendre, je ne dis pas "sunnites", mais simplement "orthodoxes" quand ils se servent, dans les mosquées, d'une <u>traduction</u> du Qoran, ce qui est tout ce qu'il y a de plus rigoureusement interdit. Du reste, des gens qui ont fait du port d'une casquette le symbole de la "civilisation" sont jugés par là même, je ne veux pas dire qu'il y ait là une question de principe (c'est bien moins important qu'ils ne le croient eux-mêmes), mais je prends cela comme un "signe" qui donne assez exactement la mesure de leur "horizon intellectuel".

..... Vous avez bien compris ce que j'ai voulu dire pour les noms des Hébreux et des Arabes ; je connais bien d'autres sens que celui que vous indiquez, mais outre qu'il est susceptible d'interprétations très diverses (on pourrait même le rapporter au "fleuve Océan"), il n'est en tout cas que secondaire par rapport à celui qui désigne l'Occident, et qui se retrouve chez les peuples les plus divers. - Quant à la question des rapports des deux traditions hébraïque et égyptienne, je sais aussi qu'il y a aussi les différents textes que vous citez ; mais d'abord, Moïse peut avoir connu parfaitement la tradition Égyptienne et n'avoir pourtant rien introduit de sa <u>forme</u> dans la tradition Hébraïque, ce sont là deux choses tout à fait différentes. Du reste, les rapports entre les Hébreux et les Égyptiens, à son époque, semblent avoir été fort hostiles, donc peu favorable à une "assimilation" quelconque ; et, même antérieurement, les Hébreux paraissent bien s'être attachés à garder sans mélange leur propre tradition "abrahamique", c'est-à-dire chaldéenne ; ne voit-on pas même encore maintenant de quelle façon ce peuple, quand il vit parmi les autres, se maintient toujours semblable à lui-même ? En tout cas, il suffit de <u>regarder</u> les symboles égyptiens d'une part et chaldéens de l'autre pour se rendre compte de quel côté est la parenté ; il n'y a pas le moindre doute à avoir là-dessus, et cela sans même faire intervenir la question des affinités de race et de langue qui comptent bien aussi pour quelque chose dans la détermination des formes traditionnelles. - Maintenant, il resterait à savoir ce que signifient les "vases d'or et d'argent", ce n'est pas absolument clair, mais il se pourrait bien que cela se rapporte simplement à certaines sciences traditionnelles secondaires. À vrai dire, on ne voit pas de traces très anciennes de l'hermétisme proprement dit chez les Hébreux, mais cela ne veut pas dire qu'il n'y ait pas existé aussi bien que chez les Arabes, et c'est là ce qui aurait été réellement d'origine égyptienne. Cela s'accorderait avec la 2ème partie de la phrase de l'"Ash Mezareph" ; mais la première partie de celle-ci est plus sujette à caution, car, de toutes façons, on ne peut pas assimiler l'hermétisme à la Kabbale, ni dire que celle-ci concerne essentiellement les "mystères de la nature" ; on pourrait dire seulement qu'elle en contient le principe, et que, ce principe étant le même partout, on peut y rattacher l'hermétisme lui-même comme une application, même si, tel qu'il est constitué en fait, il procède d'une forme traditionnelle différente ; ce ne serait alors que l'affirmation d'une certaine équivalence de toutes les traditions, ayant pu permettre, dans un cas comme celui-là, l'assimilation d'une science d'origine étrangère.

ℰ⸱ℛ

Le Caire, 28 septembre 1933

...

Votre remarque à propos de l'histoire de Nicolas Flamel est importante, en effet, la question serait de savoir si on peut trouver, dans le même sens, des indications se rapportant à des époques plus anciennes...... - En ce qui concerne l'Atlantide, il y aurait lieu de se demander si les Chaldéens n'en procédaient pas tout autant que les Égyptiens, ce qui me paraît très vraisemblable.

ℰ⸱ℛ

Le Caire, 20 octobre 1933

...

Pour les rapports de la Kabbale et de l'hermétisme, la phrase d'Artéphius est bien vague en effet ; les citations de Philalèthe ne sont peut-être plus nettes qu'en apparence, car je ne suis pas du tout persuadé que le nom d'Israël doive y être entendu au sens littéral ; c'est comme les 144 000 élus de l'Apocalypse, "pris d'entre toutes les tribus d'Israël", ce mot a souvent servi à désigner l'ensemble des initiés, quelle que soit leur origine. - D'autre part, j'ai souvent remarqué une confusion assez bizarre entre Marie, sœur de Moïse, et Marie l'Égyptienne, qui est de l'époque chrétienne ; et, quant à l'assimilation entre Hermès et Jéthro, cela paraît une belle fantaisie ; d'ailleurs Jéthro n'a, à ce qu'il semble rien à voir avec l'Égypte. Tout cela est bien confus ; quoi qu'il en soit, votre remarque sur l'obscurcissement probable de la tradition égyptienne à l'époque de Moïse est exacte, et d'ailleurs il semble bien que la prédominance du côté magique remonte effectivement assez loin. - Quant à la tradition chaldéenne, vous avez compris ce que j'ai voulu dire : aux Chaldéens, il faut joindre aussi les Hittites, dont le nom se rencontre sous des formes qui montrent que l'origine est la même.

ഓ‍ര‌

Le Caire, 11 novembre 1933

....

Pour la question de la monnaie, je ne sais pas jusqu'à quel point ce que vous me citez peut être considéré comme exact ; la chose est possible à cause de la dualité Papauté-Empire au moyen-âge ; mais à des époques plus anciennes, il y a eu certainement un contrôle direct de l'autorité spirituelle : ainsi chez les Celtes, ce contrôle était exercé par les Druides. D'autre part, la prétention du roi à être "Empereur dans son royaume" est non seulement injustifiée, mais contraire à la nature même du pouvoir impérial, dont un des caractères est, comme Dante l'expose dans "De Monarchia", que sa juridiction n'a pas de limites territoriales telles que celles d'un royaume particulier.

.... S'il est certain qu'il existe encore des Kabbalistes, il ne l'est pas moins qu'ils se refusent absolument à communiquer quoi que ce soit aux non Juifs ; il paraît qu'ils sont généralement fort difficiles pour admettre même des élèves Juifs, et que certains ne veulent plus avoir d'élèves du tout. En somme, c'est toujours la même chose : tout se ferme de plus en plus, et il y a même des choses qu'on semble vouloir laisser éteindre, tout au moins extérieurement : c'est comme certains monastères Coptes ou l'on ne reçoit plus personne, si bien qu'il ne s'y trouve plus que quelques moines très âgés, qui meurent les uns après les autres sans être remplacés...

ℰℭ

Le Caire, 8 février 1934

...

Je demeure bien persuadé qu'il n'y a pas qu'un seul personnage qui se soit servi du nom de Saint Germain, lequel, en fait, ne signifie pas autre chose que "Fraternité Sainte"... Quant à l'histoire à laquelle vous faites allusion, cela doit remonter à 1912 ou 1913, il y a eu alors des choses singulières en rapport avec la guerre des Balkans, et plus particulièrement avec la constitution de l'Albanie en état indépendant.

ℰℭ

Le Caire, 1ᵉʳ mars 1934

...

Votre interprétation du titre de "comte" est tout à fait exacte (compagnon)... et votre rapprochement avec le "Saint-Empire romain germanique" n'est sûrement pas sans fondement. De même pour l'Albanie : la population de ce pays est effectivement musulmane en grande partie (Mohammed Ali, de qui descend la famille royale d'Égypte, était Albanais).

René Guénon

ℰℛ

Au même ? ? ?, date inconnue

...

Il est certain que les fondateurs de la G∴ L∴ d'Angleterre en ont dévié l'esprit, mais on ne peut cependant les considérer comme des usurpateurs purement et simplement, puisque antérieurement, ils étaient eux-mêmes membres réguliers de l'ancienne Mac∴ opérative. Celle-ci si diminuée qu'elle ait été à cette époque n'était pourtant pas éteinte, et elle ne l'a jamais été, puisqu'elle existe encore actuellement... il y a aussi les grades écossais qui ont été institués surtout pour réagir contre l'intrusion de l'esprit protestant.

12 avril 1932... La Maçonnerie opérative a toujours continué d'exister en Angleterre comme une organisation à part, assez comparable au Compagnonnage ; elle correspond, du reste, à ce que sont en France, les Compagnons tailleurs de pierre, aujourd'hui presque complètement disparus, quoiqu'en prétende le trop fameux M∴ de l'O..., qui, en dépit de tous les titres dont il se pare, n'a jamais pu s'y rattacher régulièrement.

26 avril 1934... Je ne sais plus où j'ai trouvé la date de 1702 pour la mort de Chr. Wren ; j'ai en effet, vu aussi celle de 1723 ; il semble donc qu'il faille admettre que 1702 soit seulement la date à partir de laquelle, pour une raison ou pour une autre, il aurait cessé toute activité.

10 mai 1934... Il est exact que le G∴ O∴ a supprimé le titre de Grand Maître (à peu près en même temps que la formule du G∴A∴ si je ne me trompe) comme trop peu « démocratique » ; la fonction est remplie par le président du Conseil de l'Ordre, mais l'absence du titre le met dans l'impossibilité de traiter d'égal avec la plupart des Obédiences maçonniques des autres pays ; la Grande Maîtrise n'a jamais été occupée par aucun roi de France ; il n'y a qu'un seul pays, la Suède, où le roi soit Grand-Maître. En Angleterre, si le roi est maçon, ce qui n'est pas le cas actuellement, il porte le titre de « Protecteur de la Maçonnerie » ; Edouard VII, qui était Grand Maître quand il était Prince de Galles, a abandonné cette fonction à son avènement, et été remplacé par le Duc de Connaught qui l'occupe encore maintenant. Il est vrai que le roi d'Angleterre a, de droit ou de titre, celui de Grand Maître de l'Ordre Royal d'Ecosse ; mais s'il n'est pas maçon, il ne peut exercer effectivement cette fonction et est remplacé par un Pro Grand Maître, si bien qu'alors le titre n'est que purement honorifique.

1 juin 1933... L'Ordre Royal d'Écosse est un titre de hauts-grades, qui se considère même le plus ancien de tous, puisqu'il fait remonter son origine à Robert Bruce (1306-1329) ; c'est lui qui est aussi désigné par l'appellation de *Rosy-Cross of Heredom of Kilwinning*...

20 octobre 1933... Ce que vous dites de la constitution de LL∴ ne se rattachant à aucune obédience est exact, mais cela ne répondrait pas à la définition des « LL∴ clandestines » anglaises, qui sont dites « working from time immemorial ».

19 mars 1933... Pour votre question concernant le D∴ H∴, la solution adoptée officiellement est celle-ci : un Maçon reçu dans une L∴ mixte et qui demande ensuite son admission dans une Obédience régulière, n'est pas initié de nouveau, mais seulement « régularisé », ce qui est une formalité purement administrative, cela implique donc qu'on reconnaît son initiation comme valable, comme le serait d'ailleurs aussi celle qui serait conférée par une L∴ dite « clandestine », c'est-à-dire constituée en dehors de toute obédience.

28 septembre 1933... Ce qui est vrai, c'est que non seulement 7 Maçons (mais il faut ajouter : ayant le grade de M∴) peuvent constituer une L∴, mais qu'il n'existe même aucun moyen de la constituer autrement ; ce n'est qu'ensuite que cette L∴ peut demander son rattachement à une Obédience. Quant au LL∴ dites « clandestines » en Angleterre (il n'en existe pas ailleurs), ce sont des LL∴ antérieures à la fondation de la G∴ L∴ et qui n'ont pas voulu s'y rattacher, mais ont continué à l'ignorer purement et simplement ; il doit y en avoir encore 4 en activité.

ಬಡ

à M. C. (Marcel Clavelle)
27 juin 1935

...

Ces efforts pour fixer les Bohémiens et les Juifs ne sont certainement pas sans signification, en effet ; il me semble bien que tout cela soit en rapport avec l'« arrêt » de la « roue » ou le changement de O en à la fin du cycle ; c'est d'ailleurs là une des questions dont je me propose de parler dans mon prochain livre.

ಬಡ

à M. C., 25 août 1935

...

Pour les « Protocoles », s'ils ont été publiés en Allemagne avant de l'être en France, ils n'ont pas dû y faire grand bruit au début ; c'est seulement le mouvement hitlérien qui leur a donné de l'importance. Quant à l'édition américaine des dit « protocoles », il paraît que c'est Ford qui en a fait les frais ; mais depuis ce temps, il a complètement changé, sans qu'on sache pour quelle raison et est devenu tout à fait favorable aux Juifs ; il subventionne même un singulier personnage qui vit à Jérusalem et se fait appeler « David roi d'Israël », mais bien inoffensif ; c'est un vieil orfèvre que la plupart des gens regardent comme un peu fou ; il a établi chez lui une sorte de protocole, exigeant que tout le monde, y compris sa femme, l'appelle « majesté », et il a même fabriqué des médailles à son effigie...

ஐଔ

à M. C., 13 octobre 1935

...

V. Lov, me propose de faire ensuite un travail sur l'iconographie byzantine ; vous verrez là une partie des choses dont il m'a parlé au sujet du Mont Athos. Pour le reste de celles-ci, il s'agit d'une formule appelée « prière de l'intelligence » ou « prière du cœur », qui doit être prononcée d'une façon spéciale, réglée sur la respiration ; il paraît que cette pratique demande un entraînement qui ne peut être fait que sous la direction d'un maître ; j'avais déjà entendu dire que quelque chose de ce genre existait dans certains monastères russes. Mais ce qui est peut-être le plus intéressant, c'est l'histoire des 7 ascètes mystérieux qui forment une sorte de centre spirituel très caché ; il paraît que ce n'est pas là une chose du passé, car un des moines qu'il a vu, lui a affirmé avoir rencontré l'un d'eux ; on dit que, quand un meurt, un des anachorètes (non pas un des moines ordinaires qui vivent dans les couvents) est appelé à le remplacer ; il semble d'ailleurs que la plupart des moines n'aient aucune communication consciente avec eux, de sorte que, si vraiment il s'agit d'une organisation initiatique, elle doit être en tout cas très fermée et limitée à un très petit nombre. Il y a dans tout cela bien des choses assez énigmatiques ; naturellement, le séjour assez court qu'il y a fait n'a pas été suffisant pour se rendre compte plus exactement de ce qu'il en est.

ஐଔ

à M. C., 17 octobre 1935

... « L∴ of J∴ » signifie « Lodge of Jakin », cette expression désignait dans la Maç∴ opérative, une Loge composée exclusivement d'ecclésiastiques, pour lesquels il y avait une initiation spéciale, et parmi lesquels étaient pris les chapelains des Loges ordinaires.

ℰℭ

à M. C., 24 octobre 1935

...

Ce ne sont pas les Cadriyah[?] qui sont puissants au Soudan, mais les Idrissiyah ; il n'y a pas de Wahabites[?] en Égypte, où d'ailleurs il serait plutôt mal vue (dans certains endroits, les paysans n'ont pas de pire injure à dire à quelqu'un que de le traiter de « wahabite », sans, du reste, savoir trop bien ce que c'est) et d'ailleurs les Wahabites sont les adversaires déclarés de toute organisation ésotérique sans exception ; les Sanoursiyah[?] n'ont plus de centre en Tripolitaine et pour cause, depuis que les Italiens ont tout détruit et tout massacré...

... Il n'y a plus de Musulman « aujourd'hui » à la Chambre des Lords, puisque c'était Lord Headdley et qu'il est mort il y a quelques mois ; d'autre part, [.] *EL-Ulema* ne veut pas dire « Sage des Sages », mais simplement » Chef des Ulema », c'est-à-dire des docteurs de la Shariyah ; il y a une grande différence entre *ûlem* « savant » (*ulema* au pluriel) et *Hakîm*, « sage » ; en somme, il s'agit d'un titre équivalent à celui de sheikh *El-Islam* dans d'autres pays (d'ailleurs on dit « allâma », qui est un superlatif d'*âlam*) et l'autorité de celui qui le porte ne s'étend pas au-delà des frontières de la Yougoslavie.

ℰℭ

à M. C., 26 octobre 1935

...

J'ai eu confirmation de ce que vous m'avez signalé il y a quelque temps au sujet de Christopher Wren : je ne sais pas si sa retraite en 1702 [? illisible] fut due seulement à son âge ou si elle eut d'autres motifs, mais, en tout cas, la date réelle de sa mort est 1723 et il était alors âgé de 90 ans ; ce qui est assez curieux, c'est que cette date coïncide avec celle de la publication des nouvelles constitutions, comme si on avait attendu pour cela la disparition d'un témoin du passé qui pouvait être gênant...

ಸಾರ

à M. C., 3 juillet 1936

Le mot « barzakh » (au pluriel « barâzikh ») signifie proprement un « intervalle » qui sépare et unit à la fois des états différents ; analogiquement, il est appliqué à certains personnages dans une acceptation qu'on peut rapprocher du sens étymologique de « pontifex » et c'est d'ailleurs que Mohyiddin, notamment, est appelé « barzakh el-barâzikh ».

ಸಾರ

à M. C., 15 octobre 1936

C'est bien surtout à l'hermétisme que j'ai pensé, en effet, à la fin de mon article (*Le Sanglier et l'Ourse*) ; votre remarque sur le caractère hétérogène des choses qui ont été incorporées à la tradition chrétienne est tout à fait exacte : je me demande s'il n'y aurait pas un certain rapport entre ce fait et celui que c'est la seule forme traditionnelle qui n'ait pas de langue sacrée qui lui soit propre ; il y a d'ailleurs là une anomalie qui est véritablement étrange, et je dois avouer que, bien que j'y ai souvent pensé, je n'ai jamais pu arriver à en trouver une explication satisfaisante...

ಸಾರ

à M. C., 22 octobre 1936

Il est vraiment difficile, en effet, de savoir d'une façon tout à fait sûre qu'il ne subsiste plus rien du tout du côté occidental, puisque s'il y a quelque chose, cela est si fermé et si bien caché, et que d'ailleurs, à vrai dire, cela l'a même été toujours (et non pas seulement maintenant) plus que partout ailleurs. Quant au « retrait » dont vous parlez et à ses conséquences, je me rappelle que Ch-L. m'avait raconté un jour que, envisageant précisément des éventualités de ce genre en parlant avec un prêtre (je suppose maintenant que ce doit être celui par qui il a connu l'« Est. Int. »), il lui disait qu'il se demandait comment cela pourrait se concilier avec la promesse que l'Église devait durer « jusqu'à la fin du siècle » à quoi ce prêtre avait répondu : « l'Église chrétienne n'est pas forcément la même chose que l'Église romaine ». Je ne peux pas garantir les termes exactes de la réponse, mais, en tout cas, le sens était bien celui-là ; il admettait donc que, même en pareil cas, toute possibilité ne se trouverait donc pas encore définitivement fermée, ce qui reviendrait, en somme, à supposer qu'il doit exister dans le Christianisme quelque chose qui est capable de garder l'influence spirituelle indépendamment de Rome ; mais cela se rapporte-t-il aux Églises orthodoxes orientales ou à quelque chose d'autre dans le Catholicisme latin lui-même ? Voilà ce que je serais bien embarrassé de dire, en l'absence de toute autre précision...

☙❧

à M. C., 5 novembre 1936

Ce que vous me dites au sujet des trois reniements de St-Pierre me paraît tout à fait juste ; quant à ce qui peut être conservé indépendamment de Rome, il faut admettre que tout cela doit, en tout cas, être de plus en plus caché (ce qui est d'ailleurs naturel à l'époque actuelle) car vous avez sûrement raison pour l'Abyssinie, et il faut ajouter à cela la disparition imminente du Mt-Athos, sans parler de l'extinction, volontaire celle-là, des connaissances ésotériques chez les moines coptes.

à M. C., 24 février 1937

La reconnaissance de l'« Empereur d'Éthiopie » par le Pape me donne une fois de plus l'impression que celui-ci est beaucoup plus réellement « prisonnier » maintenant qu'il ne l'a jamais été avant les accords de Latran... À propos du Pape, j'ai fait une constatation bien curieuse : c'est qu'ici la plupart des gens n'ont pas la moindre idée de ce qu'il peut être ; certains n'en ont jamais entendu parler, d'autres le confondent avec le patriarche de Constantinople et d'autres encore croient que c'est un personnage qui a existé à l'époque des empereurs byzantins.

... il en ressort cependant tout au moins (de l'article de Coom.) une chose intéressante : c'est que, sur la façon d'envisager le rôle d'El-Khidr, les hindous s'accordent entièrement avec les Musulmans.

à M. C., 14 mars 1937

...

Pour El-Khidr, j'aimerais mieux, en tout cas, si ce sujet doit être traité, qu'il le soit par un autre que moi. Il y a une sorte d'« apparentement » spirituel avec Hénoch, Élie, St-Georges, etc... mais il ne s'agit par là d'assimilations, d'identifications comme les orientalistes semblent le croire. Coom. donne la reproduction d'une miniature où l'on voit El-Khidr et Élie assis l'un près de l'autre ; s'ils n'étaient qu'un seul et même personnage, je voudrais bien savoir comment cela pourrait s'interpréter... El-Khidr est proprement le *Maître des Afrâd*, qui sont indépendants du *Qutb* et peuvent même n'être pas connus de lui ; il s'agit bien, comme vous le dites, de quelque chose de plus « direct », et qui est en quelque sorte en dehors des fonctions définies et délimitées, si élevées qu'elles soient ; et c'est pourquoi le nombre des *Afrâd* est indéterminé. On emploie quelquefois cette comparaison : un prince, même s'il n'exerce aucune fonction, n'en est pas moins, par lui-même, supérieur à un ministre (à moins que celui-ci ne soit aussi prince lui-même, ce qui peut arriver, mais n'a rien de nécessaire) ; dans l'ordre spirituel les *Afrâd* sont analogues aux princes, et les *Aqtâb* aux ministres ; ce n'est qu'une comparaison, bien entendu, mais qui aide tout de même un peu à comprendre le rapport des uns et des autres.

૭ઉભ

à M. C., 25 mars 1937

Il paraît que l'atmosphère d'Anvers est quelque chose d'effroyable, qui donne même des malaises physiques inexplicables ; mais, là et même pour Lyon, comme peut-être aussi les Baléares et quelques autres lieux d'Europe, et pour la Californie en ce qui concerne l'Amérique (car ce n'est sans doute pas pour rien que tant de choses bizarres s'y rassemblent), je pense qu'il ne s'agit en somme que de centres secondaires, qui ne doivent pas être comptés en nombre de « tours » proprement dites. Celles-ci semblent plutôt disposées suivant une sorte d'arc de cercle entourant l'Europe à une certaine distance : une dans la région du Niger, d'où l'on disait déjà, au temps de l'Égypte ancienne, que venaient les sorciers les plus redoutables ; une au

Soudan, dans une région montagneuse habitée par une population « lycanthrope » d'environs 20 000 individus (je connais ici des témoins oculaires de la chose) ; deux en Asie Mineure, l'une en Syrie et l'autre en Mésopotamie ; puis une du côté du Turkestan où il y a des choses aussi « mêlées » qu'en Syrie, en bon et en mauvais ; il devrait donc y avoir encore deux plus au nord, vers l'Oural ou la partie occidentale de la Sibérie, mais je dois dire que, jusqu'ici, je n'arrive pas à les situer exactement.

૭ઉભ

à M. C., 1er avril 1937

Votre remarque sur le rôle d'Elie pour les Kabbalistes me paraît juste, et je ne vois guère d'autres interprétations.

❧❦

à M. C., 14 avril 1937

J'ai bien vu quelque part l'histoire de l'Antéchrist enchaîné dans une île, qui semble d'ailleurs bien difficile à identifier géographiquement, mais je pense que cette histoire doit être rangée dans la catégorie de celles qui ont leur origine dans un symbolisme plus au moins incompris, comme beaucoup d'histoires de monstres, d'animaux fantastiques, etc...

❧❦

à M. C., 17 avril 1937

Je vous ai parlé l'autre jour de l'île de l'Antéchrist ; je retrouve que cette île est appelée Bratâil (ce nom vient apparemment de *bartal* qui veut dire « corrompu ») ; et aussi certains disent que c'est Salomon qui l'y aurait fait enchaîner ; il semblerait qu'il s'agisse d'une île volcanique, mais je ne sais pas ce qui peut permettre de l'identifier à une des îles de la Sonde.

❧❦

à M. C., le 2 juin 1937

...

Il faudrait notamment distinguer entre les « signes » et la possession effective de ce qu'ils expriment... Le *Qutb* suprême doit bien être rapporté à l'ensemble de l'humanité, et les *Aqteb* subordonnés, aux différentes formes traditionnelles ; mais il n'en est pas moins vrai que le *Qutb* suprême lui-même doit avoir aussi un « siège » symbolique par rapport à chaque forme traditionnelle régulière...

❧❦

à M. C., le 9 juillet 1937

...

Quant à votre remarque au sujet de la communion sous les deux espèces (qui d'ailleurs existe toujours dans l'Église Orthodoxe, et même dans certains rites orientaux rattachés à Rome), il est bien vrai qu'il y a dans tout cela quelque chose qui est difficilement explicable, à moins d'admettre une transformation complète du Christianisme (à une époque difficile à déterminer mais qui, d'après certains indices, pourrait être celle de Constantin).

❧❦

à M. C., 9 juillet 1937

... ici le dernier des ignorants sait qu'il (le Mahdi) doit être de race arabe et descendant du Prophète ; et puis le Mahdi ne doit pas du tout être un « nouveau Prophète » et le considérer comme tel est une énorme hérésie.

❧❦

Extrait d'une lettre à Jean Reyor (*Les Cahiers de l'Herne*) (*Lettre non datée ; mais l'annonce de la mort de Meslin dans le dernier paragraphe (non reproduit) permet de la situer entre septembre 1938 et début 1939.*)

Artus Gouffier, comte de Kerhavas, était le frère de l'amiral, et un autre frère fut abbé de Saint-Denis ; lui-même remplissait la fonction de Grand Ecuyer sous Henri II, et il passait pour être le seigneur le plus riche de son temps (c'est de lui que la légende populaire fit le marquis de Carabas, par déformation du nom de Kerhavas). Je suis allé autrefois avec Charbonneau au château d'Oiron qui était sa résidence, et qui n'est pas très loin de Loudun ; un des murs de la cour est couvert d'une série de signes qu'on dit être les marques des chevaux des écuries de Henri II ; or, parmi ces signes, beaucoup ont un caractère nettement hermétique, et il en est notamment un assez grand nombre où le sceau de Salomon se trouve en combinaison avec divers autres éléments. À ce propos, il est à noter que, à la même époque, le sceau de Salomon servait particulièrement de marque à certaines organisations d'initiation artisanale (c'est d'ailleurs ce qui m'avait fait penser à vous parler de cela à propos de Dürer), d'où sa présence, en Allemagne surtout, sur les enseignes des brasseries où elles se réunissaient ; c'est même pourquoi on le voit encore aujourd'hui dans certaines marques de bières, bien que naturellement ceux qui l'emploient ainsi n'en sachent plus du tout la raison. D'un autre côté, le fait qu'il s'agit de marques de chevaux, que ce soit d'ailleurs réel ou supposé, est intéressant aussi, étant donné que tout ce qui se rapporte aux chevaux a souvent servi, et dans les traditions les plus diverses, de « couverture » à des choses d'ordre initiatique. Charbonneau supposait que ces signes avaient peut-être été composés par quelqu'un des Carmes de Loudun qui, vers le même temps, tracèrent sur les murs de leur monastère des symboles dont le caractère hermétique et initiatique n'est pas douteux non plus ; sans naturellement pouvoir rien affirmer, il me disait qu'il pensait même plus spécialement, à cet égard, à ce frère Guyot dont il vous a peut-être montré la curieuse signature « rosicrucienne » (il en a d'ailleurs donné la reproduction dans un de ses articles de Regnabit). - Une autre singularité énigmatique est ce que les paysans appellent la « Cocadrille » : c'est un crocodile desséché qui se trouve à l'intérieur de l'église d'Oiron, appliqué au mur, exactement comme ceux qu'on voit encore ici au-dessus des portes de quelques vieilles maisons ; on raconte que ce monstre ravageait autrefois le pays et y dévorait les gens, et qu'on finit par le prendre dans les douves du château ! Charbonneau pensait qu'il avait dû être apporté d'Orient par un membre plus ancien de la famille Gouffier, chevalier de Malte, dont le tombeau est un de ceux qui existent dans l'église, mais évidemment il est difficile de savoir si réellement il avait pu l'apporter vivant... Au lieu de « Cocadrille », certains disent aussi « Cacodrille », variante qui présente une signification tout à fait bizarre : « *Kakos* » signifie mauvais en grec, et « drille » est une des dénominations des Compagnons, de sorte que Cacodrille = mauvais compagnon, ce qui fait penser tout de suite aux meurtriers d'Hiram (et de Maître Jacques) ; il n'y a sans doute là qu'un rapprochement « accidentel », du moins suivant les apparences extérieures, mais, quand on songe aux rapports qui existent entre la légende d'Hiram et le mythe d'Osiris et au fait que le crocodile était dans l'ancienne Égypte un symbole typhonien, il faut tout de même convenir qu'il est vraiment bien combiné ! Cela, à propos du Poitou et de ses légendes, des Compagnons et autres « voyageurs », etc., me rappelle encore autre chose, qui nous amènerait cette fois à Rabelais ; L. Daudet y a fait allusion dans un de ses livres, et je retrouve la référence dans mes notes : *les Horreurs de la guerre*, p. 173 ; peut-être pourrez-vous voir cela à l'occasion, d'autant plus que je me souviens que tout ce qu'il dit de Rabelais dans cette partie de son livre est assez curieux ; mais peut-être le connaissez-vous déjà. Vous serez bien aimable de me dire ce que vous pensez de tout cela ; il me semble qu'il y a là en tout cas un ensemble de rapprochements qui peuvent n'être pas sans intérêt à divers points de vue. [...]

René Guénon

ℰℐℛ

René Guénon à Marcel Maugy alias Denis Roman

Pas de date.

J'en viens à votre question concernant la Maç∴ d'ici : il exista tout d'abord un G∴ O∴ Égyptien, qui eut jadis une curieuse contestation avec le G∴ O∴ de France pour la possession du Rite de Memphis (je pourrai revenir une autre fois sur cette histoire si cela vous intéresse) ; lorsque fut fondé le Sup∴ Cons∴ Écossais d'Égypte, ce G∴ O∴ se transforma en G∴ L∴ en renonçant à toute juridiction sur les hauts grades. Par la suite, il y eut une scission due comme toujours à des rivalités personnelles, et surtout à une certaine hostilité qui existait entre le roi Fouad et le prince Mohammed Ali (le frère de l'ancien Khédiw) ; depuis la mort du premier, la chose n'avait plus de raison d'être, et, sur l'ordre du roi Farouk, les deux GG∴ L L∴ ont fusionné en une seule, dont le G∴ M∴ est un de ses oncles maternels, Hussein pacha Sabri. - D'autre part, plusieurs LL∴ du Liban qui relevaient de la G∴ L∴ d'Égypte viennent de s'en séparer pour tenter de reconstituer un G∴ O∴ Libanais qui exista déjà il y a une douzaine d'années, mais qui n'eut alors qu'une durée éphémère ; il semble fort douteux que cela puisse mieux réussir cette fois...

Vous aurez peut-être déjà appris la fondation, sous les auspices de la G∴ L∴ de France, de la L∴ "La Grande Triade" (Vous pouvez voir facilement d'où vient ce titre), dont le Vén∴ est le F∴ Ivan Cerf, G∴ Or∴ ; sa constitution remonte au mois d'avril dernier, mais je n'avais pas voulu vous en parler avant qu'elle n'ait commencé à fonctionner normalement ce qui est maintenant chose faite. On se propose d'y appliquer dans toute la mesure du possible les vues que j'ai exposées dans les "Aperçus" et d'essayer, quoique ce ne soit assurément pas facile, de retrouver les méthodes de "réalisation" de l'ancienne Maç∴ opérative ; vous voyez qu'on a renoncé à l'idée d'une L∴ indépendante, qui, tout en présentant certains avantages, donnait vraiment lieu à trop de difficultés. Le jour de l'installation, le G∴ M∴ Dumesnil de Grammont, qui est lui-même un des membres fondateurs, a déclaré que, " Dieu aidant, ce jour sera peut-être plus important pour la Maç∴ que celui de la proclamation de la Constitution d'Anderson" ; comme vous pouvez le penser, nul ne souhaite plus que moi qu'il puisse en être ainsi ! Si vous étiez à Paris, je vous engagerais à demander l'affiliation, mais, à cause de votre éloignement, je ne sais trop ce qu'il est possible de faire, et, d'ailleurs, vous n'êtes pas le seul dans ce cas ; j'ai du reste déjà soulevé la question, et je ne manquerai pas de vous tenir au courant. Il y a naturellement beaucoup de choses qui ne pourront être mises au point que peu à peu, mais c'est déjà un bon commencement, et je dois dire que je n'espérais pas qu'on arrive si tôt à ce résultat.

Croyez, je vous prie, T∴ C∴ F∴, à mes bien frat∴ sentiments.

R. G.

∽∝

Le Caire, 25 mars 1948.

T∴ C∴F∴,

J'avais appris il y a quelques jours par le F∴ Maridort que ma réponse à votre lettre ne vous était jamais parvenue ; comme cela remonte à la fin de décembre, il semble bien qu'il n'y ait plus aucune chance pour que vous la receviez, et d'ailleurs j'ai constaté qu'il y avait aussi d'autres lettres qui s'étaient égarées de même vers cette époque. C'est d'autant plus ennuyeux que je ne peux plus me rappeler exactement tout ce que je vous disais ; je me proposais cependant de tâcher d'en retrouver au moins l'essentiel, quand m'est arrivée avant-hier votre lettre du 16 mars. J'ai su aussi par le F∴ Maridort que vous alliez recevoir le grade de Compagnon sans plus attendre, et je crois même que ce doit être pour aujourd'hui. J'ai été très heureux de cette nouvelle, et il ne reste plus qu'à souhaiter que les délais puissent être abrégés de même, ce qui ferait une avance d'à peu près un an ; je pense de plus en plus que, pour de multiples raisons, il y aurait tout intérêt à ce que vous y parveniez tous trois le plus tôt possible...

Le F∴ Maridort m'a également communiqué les renseignements que vous lui avez envoyés au sujet de J. B. et de la L∴ Chéops ; il y a dans tout cela des choses assez singulières, et surtout cette histoire du Rituel des "Trois Lumières" qui me paraît comporter des innovations assez fantaisistes, ce qui ne m'étonne d'ailleurs pas s'il est réellement de J. Chaboseau comme on l'a dit ; il y a dans tout cela des choses qu'il serait bon d'éclaircir si possible.

Autre chose encore pour ne pas l'oublier : le F∴ Mordvinoff, la dernière fois qu'il m'a écrit, m'a donné la liste des Officiers, mais, comme il lui arrive parfois de déformer les noms propres, je n'ai pas pu comprendre quel est celui du 2° Surv∴ ; voudriez-vous me le dire ? -- J'ai fait aussi une remarque à propos de cette liste : n'a-t-on pas rétabli à la G. T., comme on l'avait fait autrefois à Thébah, les fonctions des Diacres, auxquelles on attache beaucoup d'importance dans la Maç∴ anglaise ? Je voudrais aussi, pour une raison semblable, vous demander où siège le 2° Surv∴ ; c'est là un point qui peut amener des modifications notamment dans le rituel d'ouverture ; si vous ne connaissez pas celui qui était en usage à Thébah, et qui était une adaptation d'un ancien rituel opératif anglais, il faudra que je tâche de le retrouver pour vous en envoyer la copie.

Je suis un peu étonné de ce que vous me dites de la façon dont les membres de la Commission des rituels se sont désintéressés de ses travaux ; mais, si le F∴ Marty n'en est pas découragé, et si les autres se contentent d'approuver purement et simplement ce qu'il aura fait, cela vaut peut-être mieux en effet, comme vous le dites ; cela peut éviter bien des discutions inutiles, ainsi que les compromis peu satisfaisants auxquels elles risqueraient d'aboutir. -- Il serait bon que les choses ne traînent pas trop et qu'on puisse arriver à un résultat le plus tôt possible ; j'ai déjà des demandes, d'Italie et du

Liban, sur la possibilité de se procurer des rituels d'esprit vraiment traditionnel... Mais il va de soi que, d'un autre côté, il ne faudrait pourtant pas se hâter au point que cela fasse négliger d'examiner suffisamment bien des questions importantes.

La question de la "L∴ de table", dont vous me parlez cette fois, est un peu embarrassante en effet ; il est certain en tout cas que les gens de 1717 lui ont attribué une importance excessive ; mais je crois cependant (et je vois que c'est aussi ce que vous pensez) qu'il s'y trouve tout au moins quelques éléments qui sont d'origine réellement ancienne et doivent être venus de la Maç∴ opérative. À ce titre, il me semble qu'il pourrait être bon de la maintenir (ou de la rétablir), à la condition de ne pas lui permettre de devenir trop envahissante ; après les tenues d'initiation, et aussi (je dirai même surtout) aux fêtes solsticiales, cela vaudrait sûrement beaucoup mieux qu'un banquet profane !

Je reviens maintenant à ce que vous me disiez dans votre précédente lettre, et à quoi j'avais déjà répondu dans celle qui s'est perdue. -- D'abord, j'approuve tout à fait l'idée de rétablir le plus complètement possible certains usages rituels qui sont plus ou moins tombés en désuétude, par exemple non seulement celui du calendrier maç∴ dont vous parliez, mais aussi celui de l'alphabet que beaucoup semblent ne plus connaître (j'ai eu parfois l'occasion de m'en apercevoir dans ma correspondance, même avec des FF∴ des hauts grades) ; de même aussi pour l'acclamation traditionnelle. -- Quant au tuilage (et j'ai été surpris de ce que vous me dites à ce sujet, car de mon temps, à la G∴ L∴, il était encore fait très sérieusement), il faudrait que chaque F∴ y soit habitué de telle façon qu'il n'ait jamais la moindre hésitation à répondre ; cela a plus d'importance qu'on ne pourrait le croire pour maintenir l'état d'esprit voulu. Dans le même ordre d'idée, il y aurait lieu aussi de rétablir les trois questions que le Vén∴ doit poser aux visiteurs à leur entrée en L∴, et que la plupart ignorent depuis longtemps déjà ; je me souviens toujours de l'embarras qu'elles causèrent un jour au Vén∴ d'une L∴ parisienne, visitant une L∴ de province qui les avait conservés ! Outre ces questions, il y en a même une autre qui est d'usage courant dans la Maç∴ anglo-saxonne, mais qui est tout à fait inconnue en France, où il serait d'ailleurs impossible d'y répondre pour une raison que vous allez voir tout à l'heure...

Je vous signale incidemment la différence qui existe entre la formule française "À la <u>Gloire</u> du G∴ A∴ de l'U∴ " et la formule anglaise "In the <u>NAME</u> of the G∴ A∴ of the U∴ " ; il y a là quelque chose qui me paraît être plus qu'une simple nuance et qui mériterait sans doute d'être étudié d'un peu près ; c'est surtout en relation avec la consécration initiatique que la chose n'est peut-être pas sans importance.

Maintenant, un point particulièrement important serait, si toutefois la chose était possible, le rétablissement du tableau ou tracé de la L∴, tel qu'il existait au dix-huitième siècle ; mais il en est encore un autre qui est encore plus essentiel, puisqu'il est généralement regardé comme constituant un "landmark" : c'est la présence de l'autel portant le V. S. L. ("Volume of the Sacred Law", représenté pratiquement en occident par la Bible, qui symbolise d'ailleurs l'ensemble de toutes les Écritures sacrées, et qui doit régulièrement, comme je l'ai rappelé quelque part dans les "Aperçus", être ouverte au premier chapitre de l'Évangile de saint Jean), sur lequel sont placés le compas et l'équerre, dans une position différente pour chacun des 3 degrés. C'est d'ailleurs ce qui permet de répondre immédiatement à la question à laquelle je faisais allusion plus haut : "And now, my Brother, can you tell us what degree we are working ? "

Pour ce qui est des rituels d'initiation, il n'est pas douteux que c'est celui du 2° degré qui devra donner le plus de mal, car c'est celui qui a été de beaucoup le plus abîmé et déformé de toutes les façons sous prétexte de "modernisation". Votre idée de faire certains emprunts à la Mark Masonry me paraît juste en principe, car il est très vraisemblable que, à l'origine, la "marque" particulière était donnée au Compagnon, qui, en France, était parfois désigné aussi anciennement sous le nom d'"Expert" ; du reste, vous savez peut-être que même le Royal Arch est regardé comme ayant un lien plus spécial et plus direct avec le grade de Compagnon, quoique les raisons n'en soient pas indiquées bien explicitement... Vous parliez aussi, à propos de la "marque", de "tessera"; je suppose qu'il s'agit du "Mark Master's token", qui est une reproduction de ce qu'on appelle les " monnaies du Temple", reproduction d'ailleurs modifiées en ce que les inscriptions y sont en hébreu carré, tandis que, sur les monnaies authentiques, elles sont en caractère d'une forme plus ancienne. -- Mais, si ce que vous envisagez est parfaitement admissible en principe, ce serait peut-être assez difficile à réaliser; et, d'autre part, il y a quelque chose qui me paraît encore plus important et qui tient, pourrait-on dire, à l'essence même du grade de Compagnon : c'est dans ce grade surtout que doivent intervenir les éléments d'origine pythagoricienne, que les "spéculatifs" ont toujours trop oubliés, bien qu'il en reste malgré tout certaines traces très nettes, notamment l'Étoile flamboyante et la prédominance attribuée à la géométrie (puisque même le G∴ A∴ de l'U∴ devient ici le G∴ G∴ de l'U∴). À mon avis, c'est de ce côté surtout qu'il conviendrait de diriger les recherches en vue d'une restauration correcte du grade, et ce serait assurément là une excellente occasion de remettre en lumière les éléments en question, qui, comme je l'ai indiqué incidemment quelquefois, proviennent réellement d'une transmission régulière et ininterrompue, et qui par conséquence sont fort loin d'être quelque chose qu'on ait le droit de traiter comme plus ou moins négligeable.

Je crois que ce doit être là à peu près ce que je vous avais dit, autant du moins que je puisse m'en souvenir en relisant votre lettre. Si vous voulez bien, comme je l'espère, me tenir au courant de ce qui sera fait, il est bien entendu que je pourrai ajouter par la suite d'autres précisions ; peut-être aussi trouverez-vous vous-même à me signaler quelques points plus particulièrement difficiles ou douteux...

Je viens de me rappeler tout à coup que le trop fameux Marquès Rivière avait reproduit tout le rituel de Thébah (ouverture, initiation au 1° degré et clôture) en appendice à son livre "La Trahison spirituelle de la F∴ M∴ ; il vous serait peut-être possible de le trouver là si vous ne l'avez pas par ailleurs ; en tout cas, il serait certainement utile que vous en preniez connaissance.

J'espère que vous penserez, une prochaine fois, à me faire part, comme vous me l'aviez promis, de certaines réflexions que vous avez faites sur diverses questions d'un autre ordre. En particulier, à propos de certains modes de "projection" des influences maléfiques, je serais très intéressé de savoir de quoi il s'agit exactement ; sur la "chasse volante", j'ai fait aussi, de mon côté, quelques remarques que je pourrai vous communiquer également. Il faut bien espérer que cette fois il ne surviendra pas de nouveaux empêchements à notre correspondance...

Bien frat∴ à vous.

R. G.

ℰℜ

Le Caire, 3 mai 1948.

T∴ C∴ F∴,

Je suis heureux que ma lettre vous soit bien parvenue cette fois ; la vôtre du 18 avril m'est arrivée il y a déjà quelques jours, et, si je n'y ai pas répondu aussitôt, c'est que j'ai dû d'abord terminer mes articles pour le n° de juin des "E. T.", pour lesquels j'étais plutôt en retard comme toujours...

C'est vraiment une bonne nouvelle que vous ayez décidément obtenu la dispense des délais et que vous puissiez recevoir le 3° degré avant les vacances ; cela fera en effet une sérieuse avance !

Personne ne m'avait encore parlé du sceau de la G∴ T∴ ; ne pourriez-vous m'en envoyer une empreinte pour que je me rende mieux compte de ce qu'il est ? -- Jusqu'ici, je ne savais rien non plus de votre 2° Surv∴ ; ce que vous m'en dites est en somme plutôt satisfaisant, en un sens relatif tout au moins ; il est inévitable que les aptitudes de certains soient plus ou moins limitées, et il ne faut pas se montrer trop exigent...

Je suis étonné qu'aucun de vous n'ait le livre de Marquès-Rivière, car je pensais que Clavelle tout au moins devait l'avoir ; peut-être arriverez-vous à le trouver tout de même. Il serait d'ailleurs possible d'avoir connaissance autrement du rituel en question s'il est encore en usage à Thébah, ce que je ne sais pas du tout. Il ne doit plus y rester que fort peu des anciens membres ; du reste, dès après la guerre de 1914, il y avait eu un grand changement, et qui n'était certes pas dans un sens favorable ; c'est d'ailleurs pourquoi beaucoup avaient cessés d'y aller... De toute façon, je crois qu'il serait utile que vous visitiez cette L∴ pour voir ce qu'il en est maintenant. -- Dans ce rituel vous pourrez trouver une définition de la fonction des Diacres ; ce qui est assez remarquable, c'est que cette fonction, qui est sûrement d'origine opérative, correspond presque exactement à celle des nuqabà dans les Turuq islamiques. -- D'autre part, le 2° Surv.. siège naturellement au milieu de la col.. du Midi, ainsi que cela doit être normalement ; l'usage français n'est dû en somme qu'au besoin d'établir une sorte de fausse symétrie entre les positions des 2 Surv∴ -- Je vous signale encore un détail du même rituel qui est conforme à ce qui existe dans la Maç∴ anglaise : la présence, sur les plateaux des Surv∴, d'une colonnette de bois ; pendant les travaux, celle du 1° Surv∴ est debout et celle du 2° Surv∴ couchée, tandis que c'est l'inverse quand les travaux sont suspendus.

Pour la question de la Bible, il y a des choses réellement curieuses dans cette discussion à laquelle vous avez assisté au "Réveil Maç∴ " ; ce qui y a été dit au sujet du G∴ O∴ semblerait indiquer que, même de ce côté, il y a eu un sérieux changement en ces dernières années ; je ne sais pourtant pas jusqu'où cela pourra aller, car il y a malheureusement par ailleurs des indices d'un esprit fort peu traditionnel, entre autres une proposition d'admettre comme visiteurs les membres du D∴ H∴, y compris les SS∴ ! -- Je dois dire que de mon temps l'usage de la Bible n'avait pas été rétabli même à Thébah, et peut-être le pouvoir central ne l'aurait-il pas toléré ; à cette époque, à la G∴ L∴, l'emploi de la formule A∴ L∴. G∴ D∴ G∴ A∴ De L∴ U∴ était seulement facultatif. --Pour la modification de ladite formule, ce que vous proposez me paraît très bien et serait en effet de nature à tout arranger. Ce que vous dites à ce propos de la "nostalgie de l'universalité" est sûrement vrai, et ce qui est assez singulier, c'est qu'elle paraît se manifester surtout dans les pays où la Maç∴ est la plus divisée (comme par exemple en Italie). -- Nous sommes bien d'accord aussi au sujet des questions à poser aux visiteurs ; il reste seulement à savoir exactement de quelle façon elles pourront être introduites dans le rituel d'initiation.

Sont-ce les propositions pour les rituels des trois degrés qui devront être soumises au prochain Convent, ce qui ne laisserait vraiment que bien peu de temps, ou seulement pour celui du premier degré, qui sûrement n'est pas le plus difficile à arranger, mais qui implique cependant que les questions d'ordre général doivent être résolues ?

L'alphabet maç∴ était employé dans la correspondance (je ne crois pas qu'il y ait jamais eu d'inscriptions dans le tracé de la L∴) pour les mots qu'on ne voulait pas écrire en "clair" par crainte d'indiscrétion, et aussi pour certaines formules abréviatives, comme la formule finale des lettres, (c'est-à-dire : je vous salue, T∴ C∴ F∴, par les nombres mystérieux qui vous sont connus et avec tous les honneurs qui vous sont dus). -- Il subsiste un vestige de l'alphabet dans le signe...., d'ailleurs déformé parce qu'on a cru y voir l'image d'un" carré long" alors qu'en réalité ce devait être tout simplement..., c'est à dire L...

Pour l'origine de l'acclamation Ecc∴, ce que veut dire Vuillaume, bien que ce soit inexactement exprimé, se rapporte au nom d'El-Uzzâ, divinité féminine des anciens Arabes, qui aurait eu pour symbole l'acacia (mais je ne sais pas sur quoi repose cette affirmation, qui me paraît assez douteuse). Il est beaucoup plus vraisemblable qu'il s'agit du mot 'ezzah, qui se rattache d'ailleurs à la même racine (laquelle se retrouve aussi avec un préfixe, dans le nom de la Col∴ B∴), et qui a les sens de gloire, force, puissance. -- Je dois dire qu'il y a une autre interprétation, qui est particulière au 18° degré, et qui y voit une déformation du mot hébreu *Hoshi'a*, Sauveur ; mais ce n'est sans doute qu'une explication surajoutée après coup, comme c'est souvent le cas pour beaucoup de choses qui se trouvent dans les rituels des hauts grades. --

J'ajoute encore que, en anglais, "huzza" est une acclamation employée même dans le monde profane ; mais, comme l'étymologie en est tout à fait inconnue, cela ne résout pas la question, et le plus probable est que ce n'est là qu'une" extériorisation" de quelque chose qui primitivement appartenait en propre à des organisations initiatiques ; c'est en tout cas beaucoup plus plausible que de supposer l'inverse.

Les tableaux des différents degrés suspendus aux murs ne signifient absolument rien, puisqu'ils sont orientés suivant les quatre points cardinaux ; leur place ne peut être que sur le sol, dans la partie centrale de la L∴ (bien entendu, au 3° degré, c'est le cercueil d'Hiram qui occupe cette place). À l'origine, le tracé devait être fait à la craie (ou au charbon) avant l'ouverture des travaux (je crois, sans en être tout à fait sûr, que c'est le G∴ Exp∴ qui en était chargé), et effacé après la fermeture par le dernier App∴ reçu ; je n'ai jamais vu nulle part qu'il y ait eu un ordre déterminé à observer pour ce tracé, quoique ce ne soit pas impossible ; en tout cas, c'est seulement pour simplifier les choses, qu'on a adopté par la suite l'usage de toiles se déroulant, ce qui enlève à la chose beaucoup de sa signification.

Pour l'autel, la forme triangulaire est certainement plus normale que la forme cylindrique ; mais d'autre part l'autel d'Apollon, autant que je le sache, était cubique, il peut d'ailleurs s'agir d'une modification ayant eu lieu à une époque plus ou moins éloignée. -- Vos remarques sur divers noms de lieux sont curieuses, mais je ne sais pas au juste quelles conséquences on peut en tirer.

Je ne crois pas qu'on puisse voir un rapport entre les trois pas de Vishnou et ceux de la marche de l'APP∴ ; ceux-ci sont décrits comme " les premiers pas dans l'angle d'un carré long" ? Mais il y a autre chose qui, par contre, est en relation directe avec les trois pas de Vishnou, ou plutôt avec les "stations" correspondantes : ce sont les places occupées par les trois premiers Officiers (à la condition naturellement, que celle du 2° surv∴ soit normale). -- une autre chose remarquable, c'est qu'il existe dans les organisations initiatiques chinoises une marche rituelle, appelée "pas de Yu", qui est très semblable à la marche maç∴, bien qu'un peu plus compliquée. J'avais appris la conférence de J. P. S. par Maridort, mais je n'avais pas eu d'autres détails à ce sujet. J'avais vu il y a un certain temps un portrait du personnage, et j'avais en effet été frappé par sa laideur ; ce que vous dites de son attitude est sûrement aussi un signe bien défavorable... Il est vraiment stupéfiant que quelqu'un ait pu dire qu'il aurait sa place à la G∴ T∴ !

Prenez tout votre temps pour les questions d'un autre ordre dont vous vous proposez de me parler, car c'est évidemment beaucoup moins urgent que ce qui concerne le rituel. -- La ramure de renne doit sûrement ajouter quelque chose de particulier au symbolisme général des cornes ; cela me fait penser aussi à la figuration du dieu gaulois Kernunnos.

Envoyez-moi le projet de rituel dès qu'il sera prêt ; je tâcherai de ne tarder que le moins possible à l'examiner.

Transmettez au F∴ Marty mes félicitations pour son rapport au dernier Convent, dont je viens de prendre connaissance et que je trouve excellent.

Bien frat∴ à vous.

R. G.

Je vous signale encore un détail rituélique qui semble tout à fait inconnu en France : les Officiers devraient toujours, pour aborder leur plateau et pour le quitter, se conformer au sens des circumambulations.

☙❧

Le Caire, 21 juin 1948.

T∴C∴F∴,

Votre lettre du 4 juin m'est arrivée il y a déjà 5 ou 6 jours, mais je n'ai pas pu y répondre aussitôt comme je l'aurais voulu, ayant dû terminer d'abord mes articles pour le N° de juillet-août des "E. T. " que j'étais alors en train de préparer. J'ai d'ailleurs été assez fatigué ces temps-ci, ce qui m'a mis plus en retard que jamais pour tout ; et, bien que cela aille mieux maintenant, ce n'est pas encore tout à fait passé. Il faut espérer qu'il n'en sera plus de même quand vous m'enverrez le projet de rituel, et je veux croire que, de votre côté, les ennuis de santé que vous avez eu aussi dernièrement sont maintenant finis et ne reparaîtront plus.

Ce que vous a dit Marty au sujet de son rapport est exact, mais cela prouve du moins qu'il s'est bien assimilé certaines idées, et aussi, comme vous le dites, qu'il a su les exposer devant un auditoire peu préparé, ce qui n'est vraiment pas très facile...

Merci d'avance pour l'empreinte du sceau ; d'ordinaire, il est employé pour timbrer toutes les pièces ayant un caractère officiel, afin de leur donner une garantie d'authenticité. Quant à l'application du sceau sur le bras du récipiendaire, d'après les indications de tous les rituels que j'ai eu l'occasion de voir, on en fait seulement le simulacre ; et je dois dire que je ne sais pas si anciennement la chose s'est faite réellement ; cela n'a sans doute rien d'impossible, mais je ne sais pas où on pourrait en trouver la preuve.

Les trois bougies encadrant le tableau doivent être placées à l'Orient, au Midi et à l'Occident, le Nord seul n'étant pas éclairé ; elles correspondent d'ailleurs ainsi aux places occupées (du moins normalement) par les trois principaux Officiers (et aux trois" stations" de Vishnou). Il est bien probable, comme vous le dites, que c'est de ces trois bougies qu'il s'agit dans le "rituel des trois lumières", mais, sans connaître exactement celui-ci dans le détail, j'ai l'impression qu'il doit s'y trouver une assez grande part de fantaisie !

Le port des gants est très certainement d'origine opérative ; au même titre que celui de l'épée dans certaines circonstances, l'usage des armoiries etc., il constituait, au moyen-âge, un des privilèges accordés à certaines corporations et qui les assimilait dans une certaine mesure à la noblesse ; il y aurait des recherches très curieuses à faire sur ce sujet qui a évidemment un rapport très direct avec la question des relations existant entre les initiations artisanales et la chevalerie. D'autre part, au point de vue symbolique, la couleur blanche des gants exprime l'idée de pureté (au sens rituel), de sorte que leur port pendant les travaux correspond à l'affirmation, qui se trouve dans la tradition islamique, que, "pendant qu'un homme travaille ses mains sont toujours pures". Vous voyez donc qu'il n'est pas indifférent de maintenir ou de rétablir, dans la mesure où les circonstances le permettront, cet usage des gants, que d'ailleurs la Maç∴ anglaise a toujours conservé. Je pense cependant que les gants doivent être considérés seulement comme faisant partie du décor, au même titre que le cordon (qui était, à l'origine, le baudrier auquel l'épée était suspendue), l'habillement étant constitué exclusivement par le tablier ; et, à ce propos, j'appelle votre attention sur la nécessité d'exiger le port du tablier de Maître, qui a été si généralement abandonné en France. -- Au sujet du cordon, sa largeur réglementaire doit être exactement de quatre pouces (= 108 mm) ; je vous signale cela parce que je sais que certains fabricants de décors ont cru pouvoir sans inconvénients "arrondir" ce chiffre à 11 cm ; ce qui est une erreur. -- Encore autre chose pendant que j'en suis à ces détails : le Vén∴ devrait toujours être couvert pendant les tenues, parce qu'il est considéré comme travaillant toujours au grade de Maître ; en tenue de Maîtrise, tous les FF∴ doivent avoir la tête couverte.

La "Tracing board lecture" est l'explication des symboles figurant dans le tableau du grade ; je n'ai pas besoin de dire que, en général, elle reste malheureusement assez superficielle et a surtout un caractère "moral"...

Pour l'emploi du "jargon" dans la rédaction du procès-verbal, nous sommes entièrement d'accord.

Je pense, bien que je n'aie jamais rien vu de formel là-dessus, que le tableau devrait être déjà tracé avant la 1° question posée par le Vén.. et qui fait en somme partie du rituel d'ouverture ; d'ailleurs, il va de soi que, dès ce moment il faudrait trouver un moyen d'éviter toutes les conversations plus ou moins profanes. -- Je partage entièrement votre appréciation sur les "colonnes d'harmonie" ; des chants seraient certainement préférables, mais à la condition d'en trouver qui aient un caractère "adéquat" ; malheureusement, ceux du 18° siècle et du début du 19°, du moins d'après tout ce que j'en connais, sont plutôt insignifiants et sans valeur initiatique ou symbolique et je ne sais pas trop comment on pourrait remédier à cette lacune.

Pour le sens des voyages, il doit y avoir en effet quelque confusion, et qui remonte probablement assez loin ; il semblerait, d'après diverses indications, que ceux du premier degré doivent être "solaires" et ceux du 2° "polaires", mais on ne voit pas très bien quelle raison pourrait être donnée de cette différence.

L'énumération des Officiers pourrait sans doute être introduite, mais, au fond, je ne crois pas que cela soit très important.

Je ne sais pas si on trouve des rituels où les travaux soient fermés par le premier Surv∴ au lieu de l'être par le Vén∴ ; avez-vous vu quelque chose de ce genre ?

Les colonnettes des deux Surv∴ devraient sans doute, comme vous le dites, être d'ordre différent ; s'il en est ainsi, celle du premier doit être assurément d'ordre dorique, mais celle du deuxième ne serait-elle pas d'ordre ionique plutôt que d'ordre corinthien ?

Pour l'instruction remise aux nouveaux initiés, l'idée de Marty me paraît excellente, comme à vous, et tout à fait digne d'approbation ; il est bien certain que les commentaires ne devraient pas être incorporés dans le texte même et qu'il y aurait tout avantage à les remplacer par des notes explicatives où on pourrait en effet introduire beaucoup d'indication de toute sorte. La difficulté me paraît être surtout de ne pas donner à ces notes une étendue excessive ; en tout cas, il va de soi que vous pourrez m'envoyer le projet et que, pour cela aussi, je suis tout disposé à vous aider autant que je le pourrai.

La modification de certaines formules pour des raisons d'opportunité, telle que vous la proposez, me paraît ne présenter aucun inconvénient, car la "Vérité" est dans toutes les traditions un des principaux noms de Dieu, et

"Sagesse, Force, Beauté" ne peuvent pas être considérées autrement que comme des attributs divins, de sorte qu'il n'y a pas là la moindre "idolâtrie". -- L'invocation devrait être prononcée par l'Orateur, puisque c'est lui qui, en France, tient la place du Chapelain ; du reste cette invocation s'appelle en anglais "oration", et j'ai toujours pensé que la désignation même de l'Orateur provenait en réalité d'une équivoque sur le sens de ce mot.

Autre chose pendant que j'y pense : vous savez peut-être que, pour la mise à l'ordre du premier degré, il y a une certaine différence entre la Maç∴ française et la Maç∴ anglaise ; dans celle-ci, la main et l'avant-bras doivent être placés horizontalement, ce qui semble mieux s'accorder avec la signification relative à la "pénalité" ; mais il serait probablement bien difficile de modifier sur ce point les habitudes prises...

Un point sur lequel il y a des avis divergents est celui de savoir si le glaive doit être tenu de la main gauche ou de la main droite ; je me rappelle avoir eu, il y a bien longtemps, une discussion à ce sujet avec le F∴ Dyvrande, qui était alors membre du Conseil de l'Ordre du G∴ O∴ Il trouvait ridicule de tenir le glaive de la main gauche, tandis qu'il me semble au contraire que cela peut très bien se justifier par le fait qu'il a ici avant tout un sens de protection et non d'attaque. Cela entraîne naturellement une petite modification dans le rituel, car il est évident que, si on tient le glaive de la main droite, on ne peut pas se mettre à l'ordre en même temps ; dans ce cas on ne pourrait donc pas dire : " Debout et à l'ordre, mes FF∴, le glaive en main", mais il faudrait supprimer les mots" et à l'ordre" et dire ensuite : " Baissez vos glaives et mettez-vous à l'ordre", ce qui se trouve effectivement dans quelques rituels. Je me contente de vous signaler la question ; vous me direz ce que vous en pensez.

Il y a sans doute encore bien d'autres détails qu'il y aurait lieu d'examiner d'un peu près, mais il est impossible de penser à tout à la fois, et je ne vois plus rien pour aujourd'hui...

Le F∴ Maridort pourra, à l'occasion, vous faire part de ce que je lui ai écrit au sujet des voyages du 2° degré, bien que naturellement ce ne soit pas d'une urgence immédiate ; c'est surtout pour les outils correspondants qu'il y a là bien des versions plus ou moins discordantes.

Bien frat∴ à vous.

R. G.

℘Ⅽℛ

Le Caire, 31 juillet 1948.

T∴ C∴F∴,

Votre lettre du 9 juillet m'est arrivée il y a quelques jours, juste en même temps que le projet de rituel transmis par le F∴ Maridort, ou du moins ce qui est déjà fait, car c'est encore incomplet et il paraît que le reste ne sera prêt que vers le 20 août ; il valait donc sûrement mieux me l'envoyer ainsi sans attendre. -- Je vous remercie de toutes les explications que vous me donnez sur les conditions dans lesquelles ce projet a été élaboré ; il est certain que, étant donné surtout le retard avec lequel la documentation nécessaire vous a été fournie, vous n'avez eu que bien peu de temps, et que cela a pu nuire quelque peu à la rédaction. Quant aux modifications apportées par Marty, je ne peux pas me rendre compte exactement de ce qu'elles sont, n'ayant pas vu le projet primitif, et il se peut que certaines, comme celle que vous me signalez au sujet de la chaîne d'union, soient un peu regrettables ; mais, s'il fallait quelques concessions de détail pour faire accepter l'essentiel, il vaut sans doute mieux ne pas insister, et sûrement Marty doit savoir ce qu'il est possible de faire avec le milieu actuel. En tout cas, la formule bizarre "que les col∴ se placent sur leur bases", que je n'avais jamais vue nulle part, ne se trouve heureusement pas dans la rédaction que j'ai reçue ! -- Vous trouverez ci-joint quelques observations, dont j'envoie aussi la copie à Maridort pour plus de sûreté, car il est toujours à craindre qu'une lettre ne s'égare en route. Parmi ces observations, il en est qui ne se rapportent qu'à des négligences de forme, mais quelques-unes sont plus importantes ; je vous signale particulièrement le fait qu'on a fâcheusement oublié de mettre la formule de la consécration en harmonie avec celle de l'ouverture ! Il est à remarquer aussi qu'on ne trouve nulle part la mention du compas et de l'équerre placés sur le Livre Sacré ; je crois qu'il faudrait que ce soit mentionné expressément, puisque c'est là un point tout à fait essentiel. Quant aux questions aux visiteurs qui sont restées incomplètes, je me demande si cela ne viendrait pas simplement de ce qu'il manque une feuille à la fin du rituel d'ouverture. -- La question la plus discutable est celle du sens différent dans lequel les voyages sont effectués ; je n'arrive pas à y trouver une raison plausible, et je ne sais vraiment trop ce qu'il conviendrait de faire à cet égard ; en tout cas, il est bien certain que le passage final par le milieu de la L∴ est une impossibilité dès lors que l'usage du tableau est rétabli...

Je me rappelle avoir vu quelque part l'indication du "cadre magique", mais je ne sais plus où ; elle ne figurait pas dans le rituel de Thébah, dont, par contre, je reconnais bien certains autres points, notamment en ce qui concerne la "petite lumière" (bien que ceci puisse se trouver aussi ailleurs). -- Ce que j'ai vu du F∴ Minot dans sa " Revue Maç∴ " était loin d'être transcendant ; aussi suis-je plutôt étonné de cet éloge du symbolisme qu'il a inséré dans son rituel. -- Quant au rituel anglais (?) utilisé par G. T., je me demande, d'après les singularités que vous me signalez, s'il ne s'agirait pas tout simplement d'un rituel de la "Co-Masonry" ; je serai curieux d'en voir davantage quand vous aurez le temps. -- La mention des ordres de chevalerie, à propos de la remise du tablier, a malheureusement disparu, et celle des "grands honneurs" a repris sa place ; je suppose que ce doit être un des points sur lesquels la Commission aura fait des objections... -- Il est exact que la valeur du rituel d'"Emmulation" est assez discuté, surtout en Amérique, et j'ai vu autrefois divers articles à ce sujet ; c'est dommage que vous n'ayez pas pu avoir d'autres rituels anglais pour faire des comparaisons ; je ne pourrais rien vous dire de précis à ce sujet, si ce n'est que certains prétendent que ce serait celui de la G∴ L∴ d'Irlande qui se rapprocherait le plus de celui des " Anciens". -- Il est sûrement étonnant, d'autre part, qu'on ait pas pu trouver de texte français plus anciens ; il doit pourtant exister un assez grand nombre de cahiers manuscrits du 18° siècle ; la bibliothèque du G∴ O∴ devait en avoir, mais je ne sais pas du tout dans quel état elle est actuellement.

J'approuve tout à fait la façon dont vous vous proposez de procéder pour les 2° et 3° degrés ; il vaudra mieux en effet laisser à Marty le soin de faire ensuite les "adaptations" exigées par la mentalité de la majorité. -- Pour les points embarrassants du 2° degré, j'ai toujours eu l'impression que l'énumération des cinq ordres d'architecture était quelque peu artificielle, à cause de l'adjonction des deux derniers ; mais sans doute serait-il bon de voir ce qui est dit sur ce sujet dans Vitruve, que je crois être la seule "source" à laquelle on puisse se reporter. -- N'ayant pas à ma disposition une reproduction du tableau anglais, je vous demanderai s'il vous serait possible de m'en envoyer une, afin que je puisse me rendre compte des différences qui existent avec le tableau français. -- Je tâcherai de vous parler plus tard des autres questions : rappelez-les moi seulement en temps voulu. -- À propos du sens des voyages du 2° degré, en connexion avec le Pythagorisme, on vient justement de m'envoyer un livre dans lequel il se peut qu'il y ait quelques renseignements ; je vous en reparlerai aussi quand j'aurai eu le temps de le lire.

J'ai reçu aussi le livre de J. B., mais je ne l'ai pas encore lu non plus ; j'ai été un peu étonné de voir qu'il l'avait fait paraître chez un éditeur profane... -- Je ne pensais pas que la correspondance de l'Or∴ et du Secr∴ avec le Soleil et la Lune ait jamais été contestée !

Je n'ai pas encore le rituel de la fermeture, mais je pense qu'elle devra en définitive être faite par le 1° surv∴, d'après la phrase qui se trouve dans celui de l'ouverture. -- Il y a en effet une discordance apparente entre le soleil couchant et l'heure de minuit, mais, pour l'ouverture, n'y en a-t-il pas aussi une semblable entre le soleil levant et l'heure de midi ? Le mot sacré et le mot de passe du 3° degré (qui sont invertis au rite français) semblent bien n'être en réalité que des déformations différentes d'un même mot, qui ne peut d'ailleurs avoir en hébreu aucun des sens qui lui sont attribués...

Ce que vous dites des éléments rituels par lesquels peut s'opérer la transmission de l'influence spirituelle, à défaut de la consécration qui en est le support normal, me paraît tout à fait juste, et il semblerait en effet que, dans le rituel maçonnique, tout ait été disposé de façon à remédier aux effets de négligences ou d'altération possibles, comme s'il avait été prévu qu'elles risquaient de se produire en fait. Il est cependant bien entendu que cela doit s'arrêter à un certain point, même s'il est difficile de le préciser exactement : la G∴ Lum∴ et même l'obligation (complétée par la proclamation) peuvent réellement servir de supports, mais est-il possible d'aller beaucoup plus loin dans ce sens ? -- La comparaison que vous faites avec ce qui peut se produire aussi pour certains rites d'ordre exotérique, et particulièrement en ce qui concerne l'ordination sacerdotale dans le Christianisme, est très intéressant ; il ne me semble d'ailleurs pas douteux que ce doit être l'imposition des mains qui constitue ici l'élément le plus essentiel. Je ne savais pas du tout ce que vous m'avez signalé au sujet de la succession apostolique dans l'Église scandinave, mais je viens de lire aujourd'hui même, dans le n° 12 de "Dieu Vivant", le compte rendu d'un livre consacré précisément à cette question.

Merci pour la gravure de Dürer ; la montagne du fond, avec la ville fortifiée qui se trouve à son sommet, me fait nettement penser à Montsalvat. -- Les renseignements biographiques concernant Dürer sont intéressants aussi, et ils soulèvent assurément des questions assez complexes ; le caractère initiatique de beaucoup de ses œuvres, et aussi de certaines marques qu'il y a mises, n'est pas douteux en tout cas ; il a sûrement été rattaché à certaines organisations initiatiques artisanales, et il a aussi été par là en relation avec des personnages appartenant à d'autres organisations initiatiques d'un caractère plus ou moins différent (hermétique et peut-être rosicrucien) ; mais la question la plus difficile est évidemment de savoir à quel degré il a pu parvenir effectivement et si dans une certaine mesure tout au moins, il n'a pas servi surtout d'"instrument" pour véhiculer et exprimer certaines choses avant que l'obscuration moderne ne les oblige à rentrer entièrement dans l'ombre. Pour ce qui est de ses sympathies luthériennes qui ne sont cependant jamais allées jusqu'à l'adhésion), j'avoue qu'il y a là quelque chose qui me paraît aussi embarrassant qu'à vous ; il est vrai qu'il ne faut pas toujours s'en rapporter aux apparences extérieures, qui recouvrent quelquefois des choses bien différentes ; et, quand vous dites qu'il y a protestants et protestants, il y a en effet, même en dehors de ce que vous citez, des indices qui pourraient le donner à penser. À ce propos, j'ai entendu dire autrefois des choses assez extraordinaires au chanoine Paquier, qui s'était fait une spécialité de l'étude de Luther : d'après lui, les thèses soutenues par celui-ci étaient en réalité tout à fait courantes depuis longtemps dans l'Ordre des Augustins auquel il appartenait, et les causes de la rupture avec Rome auraient été beaucoup moins doctrinales que politiques, si bien que la responsabilité devrait en être imputée non pas à Luther lui-même, mais à certains princes allemands qui se seraient servi de lui pour leur propres fins ; et il en donnait notamment comme preuve que le général des Augustins, Seripando, soutint au concile de Trente des opinions à peu près identiques à celle de Luther, et plus modérées dans la forme seulement, et que, bien loin d'être excommunié ou même blâmé pour cela, il fut au contraire fait Cardinal ! D'un autre côté, le pasteur Lecerf, professeur à la Faculté de Théologie protestante, qui était strictement calviniste et n'aimait pas le Luthéranisme, soutenait que la théologie de Calvin était au fond en parfait accord avec celle de saint Thomas, et lui-même n'hésitait pas à se déclarer ouvertement thomiste : L'opposition de Luther et de Calvin n'aurait été en somme, d'après cela, qu'une nouvelle forme de celle de l'augustinisme et du thomisme. Tout cela est évidemment très loin de l'esprit ultra-moderne des protestants dits "libéraux"...

L'affaire F. -D. est en effet une chose vraiment lamentable et qui donne une triste idée de la mentalité de certaines gens et de certains milieux ; il va falloir que je m'occupe ces jours-ci d'arranger des extraits de son factum et d'y répondre, car je pense comme Clavelle qu'il serait vraiment dommage de laisser tomber un pareil document dans l'oubli ; aux dernières nouvelles, il paraît, d'après ce que nous apprend le F∴ Gilliard, que cet individu se propose maintenant d'écrire tout un livre contre moi ! -- Les planches où le serpent figure dans l'ornementation des chasubles et des étoles sont d'autant plus curieuses que la source dont elles proviennent ne peut pas donner lieu au moindre soupçon d'"ésotérisme" ; mais je crois qu'il y a chez le sieur F. -D. à la fois trop de vanité et de mauvaise foi pour que rien puisse lui faire reconnaître qu'il a affirmé des choses erronées. On peut évidemment s'attendre à tout en ce genre, mais je ne me serais pourtant pas attendu à un tel débordement de haine "satanique " et de grossièretés inconcevable...

Pour ce qui est des Carmes, il me paraît bien sûr que, depuis longtemps déjà, et sans doute depuis leur "réforme" dans un sens purement mystique, il ne subsiste plus chez eux aucun ésotérisme ; mais je ne sais pas à quelle époque remonte les modifications qui ont été apportées à leur liturgie ; en tout cas, il paraît qu'actuellement (ce renseignement me vient d'un Père Trapiste) ils poussent le formalisme extérieur à un point qui dépasse tout ce qu'on peut imaginer. La mention de Pythagore à côté d'Élie dans l'ancienne liturgie carmélitaine m'avait été signalée par Charbonneau-Lassay, qui m'avait montré aussi les symboles d'un caractère incontestablement initiatique, et quelques-uns même spécifiquement rosicruciens, que des Carmes du 15° siècle ou du début du 16° avaient tracés sur les murs de leur ancien monastère de Loudun ; et j'ajouterai que j'ai l'impression, bien qu'il ne me soit pas facile de la justifier, que cela ne s'éloigne peut-être pas tellement qu'on pourrait le croire de la question des organisations avec lesquelles Dürer a pu être en relation.

Bien frat∴ à vous.

R. G.

ಲ೧೦೩

Le Caire, 31 août 1948.

T∴ C∴ F∴,

J'ai reçu il y a quelques jours votre lettre du 16 août ; merci de m'avoir envoyé votre projet de rituel. -- Je suis content de savoir que vous allez pouvoir vous procurer les autres rituels anglais ; je ne sais pas du tout ce que peut-être celui qui est appelé "Sound Usage". -- Les remarques que vous a faites le F∴ Mercier, d'après ce que vous m'en dites, me paraissent justes, et je ne vois pas qu'il puisse y avoir d'inconvénient au "transfert" du cable-tow dans l'instruction. -- À propos de l'instruction, elle ne se trouve naturellement pas dans ce que j'ai du projet du F∴ Marty, et qui s'arrête juste après la remise des deux paires de gants.

Il faut que je vous signale une chose que j'avais oubliée la dernière fois et qui se trouve d'ailleurs aussi dans votre version : c'est que l'adjonction des mots "Liberté, Égalité, Fraternité, " à la suite de l'acclamation traditionnelle me paraît tout à fait injustifiée, et qu'elle a même plutôt un caractère profane ; à Thébah, autrefois, on ne l'admettait pas. Ce qui est le plus curieux, c'est que la véritable origine de cette devise est dans un écrit antimaçonnique du 18º siècle ; je ne peux malheureusement pas retrouver actuellement la référence précise. Il va de soi que la légende occultiste qui l'attribue à L.-Cl. de Saint Martin ne repose absolument sur rien, pas plus que tant d'autres du même genre.

Autre chose encore : dans le dessin du tableau, les étoiles paraissent être en nombre tout à fait quelconque (j'en vois 16) ; il me semble cependant que régulièrement il devrait y en avoir 7 seulement.

Il est très possible que, comme vous le dites, Marty n'ait pas eu le temps d'arranger ce qui concerne la remise du tablier ; d'autre part, je vois que, dans sa version, certains passages ont été raccourcis et d'autres au contraire allongés, je ne sais trop pourquoi. Il ne me serait guère possible de vous indiquer en détail ces divers changements, dont beaucoup n'ont sans doute pas une grande importance ; mais je pense d'ailleurs que vous devez avoir vu tout cela maintenant, si Marty est rentré à Paris comme c'est probable.

Une remarque de détail : je pense qu'il faut écrire "cabinet de réflexion" comme l'a fait Marty, plutôt que "de réflexions" au pluriel comme je le vois dans votre manuscrit ; de plus, la substitution du mot "chambre" à "cabinet" me paraît ici plutôt inusitée.

Dans l'ouverture, l'énumération des officiers ne se retrouve pas chez Marty ; son intérêt réside évidemment dans la division " 3 - 4 " et 5, qui donne le triangle rectangle de Pythagore, et qui pourrait être considéré comme un rappel du rôle que jouait celui-ci dans l'ouverture d'une L∴ opérative.

Vous aviez tout à fait raison de mentionner en note le cas où le serment devrait être prêté sur un livre sacré autre que la Bible ; cela aussi a disparu.

Pour les points que vous me signalez, le fait de se découvrir en nommant le G∴ A∴ n'est qu'une concession aux usages occidentaux ; on peut sans doute la maintenir, mais cependant il est à remarquer qu'elle est tout à fait en désaccord avec les éléments hébraïques du rituel, si bien qu'en réalité il vaudrait mieux que le Vén∴ reste toujours couvert.

En parlant des accessoires destinés à produire les bruits, je pensais surtout à une sorte de baril métallique contenant des pierres, qui me paraît intéressant parce qu'il remonte probablement très loin. Carl Hentz, dans son livre "Mythes et symboles lunaires", signale que, dans une danse sacrée d'une certaine tribu indienne, "le bruit du tonnerre est rendu par une caisse remplie de pierres qu'on secoue" (je viens de m'apercevoir, en recherchant cela, que c'est dans ce même livre que se trouve la figuration de la "danse du cerf" dont je vous ai parlé). Je me demande même si, par ailleurs, cet instrument n'aurait pas quelque rapport avec les "rhomboi" des mystères de l'antiquité, dont personne ne paraît savoir au juste ce que c'était.

Pour le serment, j'ai vu aussi souvent la formule que vous avez adoptée, mais je crois bien qu'elle est liée au fait que l'usage essentiel de placer les 3 G∴ L∴ sur l'autel avait été abandonné. Dans tous les cas, le compas qu'on donne à tenir au récipiendaire doit être un autre que celui qui est placé sur le Livre, et qui, de même que l'équerre, ne doit jamais être déplacée pendant les travaux. Si l'on veut conserver la partie de la formule se rapportant au glaive, il faut naturellement apporter alors l'épée flamboyante du Vén∴ devant le récipiendaire.

J'approuve tout à fait les" adoucissements" que vous me signalez, et aussi, pour la "petite lumière", la suppression du "cadavre" qui m'a toujours paru un peu théâtral. Pour la consécration, il semble bien que les trois coups doivent être frappés seulement sur la couronne de la tête et ne pas être répétés sur chaque épaule, car cela ferait un total de neuf coups, nombre qui appartient seulement au grade de Maître et non à celui d'apprenti.

Pour l'instruction, je vous signalerai seulement, pour le moment, que, dans d'anciens catéchismes, la 1° question est formulée ainsi : "Qu'y a-t-il de commun entre vous et moi ? -- R. Une vérité. " -- Pour les dimensions de la L∴, on trouve : "Sa hauteur, -- De la terre au ciel. -- Sa profondeur ? -- De la surface de la terre à son centre (ou encore, suivant une autre version, des coudées sans nombre). "

Des deux dispositions que vous avez indiquées pour la chaîne d'union, je ne saurais dire quelle est celle qui est préférable ; mais je me demande pourquoi, dans l'une est dans l'autre, les places du Trés∴ et du M∴ des Cér∴, et aussi celles de l'Hosp∴ et de l'Exp∴, se trouvent interverties ; y a-t-il quelque raison à cela ?

Je n'ai pas le livre de J. T. Lawrence dont vous parlez, mais seulement un autre intitulé "By-ways of Freemasonry" ; il me semble que la "coat of arms" de l'ancienne corporation des Maçons était beaucoup moins compliquée que celle dont il donne la description, et il se peut qu'il y ait là beaucoup d'adjonctions plus ou moins récentes ; malheureusement, je n'arrive toujours pas à me rappeler où je pourrais retrouver cela...

Les correspondances planétaires des officiers indiquées par J. B. sont vraiment bizarres en effet ; il est heureux du moins qu'il ne les ait pas maintenues dans son livre ! -- À propos de son livre, il faut reconnaître qu'il a trouvé la solution de quelques questions difficiles (notamment l'explication de l'acclamation, qui est bien conforme à celle que je vous avais indiquée) ; mais, d'un autre côté, il y a des interprétations qui sont un peu trop affectées par les idées occultistes et surtout par des préoccupations "magiques", et aussi quelques fantaisies qui lui appartiennent en propre (comme son projet de tablier d'une forme inédite), sans parler de certaines erreurs linguistiques et autres. En somme, c'est un livre qui ne manque certainement pas d'intérêt, mais qui ne peut être utilisé qu'avec précaution ; ce que je ne comprends vraiment pas, malgré ce qu'il dit pour se justifier à cet égard, c'est qu'il l'ait fait éditer de façon à ce qu'il soit à la disposition des profanes (et je soupçonne même que ce doit être pour cela qu'il ne l'a pas donné à Gloton, qui sûrement ne se serait pas prêté volontiers à cette diffusion).

Pour ce que vous me dites au sujet du F∴ Reghini, son grand travail sur l'arithmétique pythagoricienne, qu'il venait tout juste de terminer quand il est mort, ne semble malheureusement guère pouvoir être éditée dans les circonstances actuelles, à cause de l'énormité des frais d'impression (il comprend 1500 ou 1600 pages toutes remplies de formules mathématiques) ; suivant ses indications, il a été remis à un de ses amis, le prof. del Guercio, qui doit s'occuper de l'édition quand ce sera possible, mais qui d'ailleurs n'est pas Maçon. Quant à ses notes et papiers concernant la Maç∴ ils sont entre les mains du F∴ Giulio Parise, membre du Sup∴ Cons∴ ; mais je ne sais pas trop ce qui peut s'y trouver ni quel parti il en tirera. En tout cas, vous pourriez du moins voir son livre posthume, "I Numeri Sacri nella Tradizione Pitagorica Massonica" ; je ne me rappelle plus si c'est R. Allar qui l'a ou quelqu'un d'autre à Paris, mais je lui ai demandé, en répondant à sa dernière lettre, s'il lui serait possible de vous le prêter ou de vous le faire prêter ; dans le cas contraire, il faudra que je demande au F∴ Rocco s'il ne pourrait pas vous en envoyer un exemplaire. Il faut seulement prendre garde que Reghini s'était tellement "spécialisé" dans le Pythagorisme qu'il en était arrivé à considérer tous les éléments qui viennent d'ailleurs, dans la Maç∴, comme en quelque sorte accidentels ou même surajoutés après coup, ce qui est évidemment tout à fait exagéré.

À propos du Pythagorisme, j'ai lu le livre auquel je faisais allusion la dernière fois au sujet du sens des circumambulations : "La droite et la gauche dans les poèmes homériques en concordance avec la doctrine pythagoricienne et avec la tradition celtique", par Joseph Cuillandre (Édition des Belles Lettres, 1944) mais je dois dire que je n'ai pas pu en tirer grand-chose de net. Vous pourriez peut-être tout de même voir cela dans quelque bibliothèque ; vous pourriez d'ailleurs omettre les deux premiers chapitres qui ne contiennent rien d'intéressant à notre point de vue (il ne s'agit guère que de fixer certains points se rapportant à la topographie des combats autour de Troies). Dans le reste, et surtout dans le dernier chapitre, il y a des considérations dont l'intérêt n'est pas douteux, mais l'exposé dans son ensemble est terriblement confus : l'auteur reproche à Aristote de n'avoir pas compris les Pythagoriciens, en quoi il a probablement raison, mais je ne suis pas très sûr que lui-même les ait beaucoup mieux compris en réalité. La raison en est, à ce qu'il me semble, qu'il a été comme fasciné par le seul point de vue "solaire", au point de n'en voir aucun autre, même quand il cite des faits ou des textes qui paraissent pourtant ne pas s'y rapporter ; je n'ai malheureusement guère le temps pour débrouiller toute son argumentation ; peut-être pourriez-vous l'essayer à l'occasion. Il y aurait aussi bien des rapprochements à faire avec d'autres traditions qu'il ignore sans doute à peu près complètement ; il lui aurait pourtant suffi de lire la Bible, sans aller plus loin, pour se rendre compte que l'orientation face au Levant n'est pas spécialement "indo-européenne". Je pense en particulier, en disant cela, à la question de la position des deux col∴ la droite en hébreu est toujours le Midi et la gauche le Nord ; les noms arabes des points cardinaux ne sont d'ailleurs pas moins significatifs à cet égard, l'interversion qui s'est produite au Rite français m'a toujours paru assez difficilement explicable.

Je n'ai pas encore reçu vos deux trav∴ dont vous m'avez annoncé l'envoi ; peut-être ne faut-il pas trop s'en étonner, car les courriers par poste ordinaire sont souvent bien longtemps en route !

Merci de vos bons vœux pour ma santé, qui n'est pas trop mauvaise en ce moment, bien que je ne puisse pas dire que la fatigue ait complètement disparu ; enfin, il ne faut pas trop se plaindre quand c'est ainsi...

Bien frat∴ à vous.

R. G.

෩෬

Le Caire, 16 septembre 1948.

T∴C∴F∴,

Merci de votre lettre du 5 septembre, que j'ai reçue hier, et des différentes choses que vous y avez jointes ; me voilà rassuré, car, ayant cru comprendre que vous m'aviez envoyé vos deux trav∴ il y a déjà assez longtemps, je commençais à craindre qu'ils ne soient égarés. -- Naturellement, vous ne pouviez pas encore avoir reçu ma dernière lettre, qui est du 31 août, mais je pense que vous devez sans doute l'avoir maintenant.

Pour les rituels de la G. T., je trouve comme vous qu'il n'y a de vraiment anormal que le passage sur les "Archives spirituelles", qui fait penser aux élucubrations des "clairvoyants" théosophistes ; mais c'est la question de l'origine réelle dudit rituel qui semble bien obscure, et ce que vous m'apprenez à ce sujet n'est pas très rassurant... -- Au sujet des fumigations, j'avais bien remarqué ce que vous me signalez dans le livre de J. B., et je voulais même demander à l'un ou l'autre d'entre vous ce que c'était que ce livre du Docteur R. auquel il renvoie et dont je n'avais jamais entendu parler jusqu'ici ; je ne comprends pas comment il a bien pu paraître à Allahabad (à moins que ce soit là une indication purement fantaisiste, ce qui ne m'étonnerait pas trop de la part de R.). Je voulais aussi demander si vous avez quelques renseignements sur ce "Rapport de Pétrus Talémarianus" auquel J. B. se réfère assez souvent, et qui a été édité par Véga ; je ne me rappelle plus si c'est Clavelle ou quelqu'un d'autre qui m'en avait signalé l'existence autrefois, mais je n'ai jamais pu savoir de quoi il s'agissait exactement.

Le tableau anglais d'app∴ est assez compliqué, et il y a des détails qui ne se distinguent pas très clairement. Je pense que ce qui se voit au-dessous du livre doit être le symbole IOI qui est particulier à la Maç∴ anglo-saxonne ; le connaissez-vous ? Il y a bien 7 étoiles comme je vous disais que cela devait être régulièrement ; mais les positions respectives du soleil et de la lune me paraissent inversées d'une façon assez inexplicable.

Merci d'avance pour le prochain envoi de votre projet de rituel du 3° degré ; je ne pensais pas que vous vous en seriez occupé avant celui du 2° ; il est vrai que cela donne lieu à beaucoup moins de difficultés. Comme il est toujours bon de réunir le plus d'informations possible, je vais demander à

Marius Lepage s'il ne pourrait vous envoyer une copie du rituel qu'il a élaboré pour sa L∴ ; je lui ai signalé une anomalie en ce qui concerne la situation des 3 portes, qu'il reconnaît d'ailleurs, et qui est due à la place des surv∴ au Rite français, de sorte qu'il ne sait trop comment l'arranger ; cela confirme encore la nécessité qu'il y a de rétablir leur véritable place, qui, même au Rite écossais (en France du moins), a été altérée par un besoin de fausse symétrie.

Ce que vous dites au sujet du rôle d'Alexandre est certainement tout à fait exact ; j'ai d'ailleurs dû y faire allusion dans mon article sur le symbolisme des cornes, que je ne retrouve pas en ce moment ; ce qui est dit de ses rapports avec El-Khidr dans la Tradition islamique est très significatif, et il y a aussi, entre autres choses des légendes roumaines qui sont extrêmement curieuses. -- Quant au passage de II Thess. que vous mentionnez, il est possible en effet qu'il se rapporte à l'empire romain et à sa continuation, mais je ne suis pas sûr qu'il ne puisse pas y avoir aussi d'autres interprétations, de sorte que je ne saurais trop que vous en dire ; s'il fallait adopter celle-là, ce ne serait évidemment pas très rassurant pour l'avenir immédiat...

J'ai été très intéressé par votre lettre à Clavelle, car il y a là beaucoup de précisions historiques que je ne connaissais pas. J'ai souvent entendu dire que, à Rome, on considérait la validité des ordinations anglicanes comme douteuses parce qu'il n'est pas sûr qu'il n'y ait pas eu, à un certain moment (je pense que ce serait lors de la Révolution) une interruption dans la transmission, et que, pour cette raison, on refaisait l'ordination "sous condition" ; mais il est évident que l'intervention des évêques orthodoxes doit changer les choses et équivaloir en somme à une "régularisation". Autre chose à signaler dans le même ordre d'idées : les objets qui servaient au sacre des rois d'Angleterre ont été détruits sous Cromwell, de sorte que ceux qui sont employés actuellement n'en sont que de simples reproductions récentes ; n'y a-t-il pas là quelque chose qui, en dehors de tout autre considération, peut être de nature à gêner en pareil cas l'action des influences spirituelles ? Pour la guérison des écrouelles, il me semble qu'il y a deux versions contradictoires : l'une qui en rapporte l'origine, pour les rois d'Angleterre, à Edouard le Confesseur, et l'autre qui la regarde comme attachée exclusivement à la qualité de roi de France ; que faut-il en penser ? -- Le parallèle que vous faites entre la façon dont on a remédié aux irrégularités de l'église anglicane et à celle de la G∴ L∴ d'Angleterre est vraiment curieux et me paraît très juste.

Je n'ai lu encore qu'un peu rapidement vos trav∴ d'App∴ et de Comp∴, et je vous en reparlerai une prochaine fois ; mais ils me paraissent réellement très bien, et, à part ce que vous avez remarqué vous-même pour l'œil, je ne crois pas qu'il y ait grand-chose à rectifier. -- Pour le rôle du triangle 3-4-5 dans la Maç∴ opérative, j'en reparlerai dans la fin de mon article sur la "parole perdue". Je crois bien que J. B. a dû utiliser mon indication sur l'inégalité des branches de l'équerre du Vén∴, bien qu'il ait omis de me citer à ce sujet. -- Il me semble, d'après ce que vous dites de Reghini, que vous devez déjà connaître son livre dont je vous parlais la dernière fois ; en ce cas, ce que je vous disais à ce sujet n'a naturellement plus de raison d'être.

Bien frat∴ à vous.

R. G.

෨෬

Le Caire, 30 septembre 1948.

T∴C∴F∴,

Il y a déjà une huitaine de jours que j'ai reçu votre lettre du 12 septembre, et je m'excuse de n'avoir pas pu trouver le temps d'y répondre plutôt. Heureusement, les questions sont maintenant d'une urgence moins immédiate que quand il était encore possible d'apporter quelques modifications au Rituel avant le Convent ; j'espère que tout se sera bien passé à celui-ci, et que l'un ou l'autre de vous m'en donnera bientôt des nouvelles.

Pour la formule L∴ E∴ F∴, je vois que vous avez retrouvé la référence sur laquelle je n'avais pas pu remettre la main, et dont je me souviens très bien en effet maintenant ; cette origine est évidemment des plus suspectes, d'autant plus que tous les prétendus rituels et catéchismes contenus dans ce livre "Les FF∴ MM∴ écrasés" sont entièrement inventés et dépassent tout ce qu'on peut imaginer comme fantaisie, sans parler d'une histoire invraisemblable sur la fondation de la Maç∴ par Cromwell ! Malgré cela, je comprends très bien la raison pour laquelle vous pensez qu'il vaut mieux actuellement maintenir ladite formule à la suite de l'acclamation rituelle ; comme le rétablissement de celle-ci est en somme l'essentiel, cela ne présente sans doute pas grand inconvénient en effet ; il est certain qu'il ne faut pas vouloir aller trop vite pour tout cela... -- Quant à l'addition du mot "semper", il semble bien qu'il ne devait pas faire partie de l'acclamation primitive, mais je ne sais pas du tout quand ni comment il a été introduit.

À propos du rituel des 3 Lum∴, j'ai enfin compris, en lisant le livre de J. B., la raison de l'extinction des bougies avec un maillet : c'est pour ne pas souffler dessus ! Mais ne sait-on pas qu'il existe un instrument fait tout exprès pour cela, qui s'appelle un éteignoir, et qui, s'il n'est plus d'un usage aussi courant qu'au temps où on s'éclairait avec des chandelles, doit tout au moins être encore employé actuellement dans les églises ?

Pendant que j'y pense, il faut que je vous signale que j'ai trouvé les dates des premiers rituels anglais imprimés : 1838 (G. Claret), et ensuite 1869 (A. Lewis) ; antérieurement, il n'existait en Angleterre que des rituels manuscrits. Je trouve comme indication des différents rituels en usage : Promulgation (1809-11), Réconciliation (1813-16), Stability (1820), Emulation (1823). -- Autre remarque : il est inexact de désigner comme "rite d'York", ainsi qu'on le fait souvent, celui qui est pratiqué actuellement en Angleterre ; le rite d'York était celui des "Anciens", et ce qui existe depuis l'"Union" est en réalité une sorte de compromis entre celui-là et celui des "Modernes".

Pour le triangle 3 - 4 - 5, l'énumération des Off∴ par trois et quatre seulement ne change rien d'essentiel quant au symbolisme, car elle peut être regardée comme correspondant aux deux branches de l'équerre du Vén∴ ; le troisième côté est alors sous-entendu en quelque sorte, et son "invisibilité" est d'une certaine façon en rapport avec la mort d'Hiram. Quant au rôle joué par le triangle en question dans l'ouverture des LL∴ opératives, vous avez deviné juste : il s'agit bien d'un triangle réalisé avec 3 bâtons dont les longueurs sont dans le rapport voulu ; si je n'ai pas insisté là-dessus quand je vous en ai parlé, c'est parce que j'ai l'intention de traiter ce point plus complètement dans la dernière partie de mon article sur la "Parole perdue".

-- Pour les renseignements sur la Maç∴ opérative contenus dans le "Speculative Mason" et dans son supplément, il s'y trouve sûrement des choses exactes, mais cela ne veut pas dire qu'il le soit entièrement sur tous les points ; ce qui m'a donné quelques doutes à ce sujet, c'est surtout une allusion au sens des circumambulations qui ne me paraissait pas correcte. D'un autre côté, il est bien évident qu'une organisation opérative qui admet des femmes ne peut pas être régulière ; j'ai déjà eu l'occasion de parler de cela à Clavelle ; c'est du reste la raison qui m'a empêchée de chercher plus d'informations de ce côté comme j'en avais eu l'intention à un certain moment. -- J'ai vu autrefois, dans une revue maç∴ américaine, des articles qui contenaient des renseignements plus sûrs, mais malheureusement, comme cela remonte à plus de trente ans, je ne sais plus du tout où les retrouver ; peut-être arriverai-je tout de même à remettre la main dessus un jour ou l'autre. Il me semble, sans pouvoir l'affirmer, que ce doit être dans "The American Tyler Keystone" ; il faudrait chercher cela entre 1909 et 1914 ; mais qui sait si une collection de cette revue pourrait se trouver dans la bibliothèque de la G∴ L∴ ou de celle du G∴ O∴ ?

Puisque je parlais tout à l'heure du sens des circumambulations, j'appelle votre attention, dans le livre sur la droite et la gauche que je vous ai signalé, sur les passages où il est question d'une priorité de la nuit sur le jour (on pourrait d'ailleurs y ajouter bien des rapprochements avec d'autres traditions que celles qui y sont mentionnées, à commencer par le premier chapitre de la Genèse) ; c'est là une des choses qui montrent le plus nettement que les interprétations exclusivement "solaires" de l'auteur ne doivent pas être exactes, pour le Pythagorisme aussi bien que pour la tradition Celtique.

La baguette des Diacres est l'ancienne insigne des messagers, des hérauts et des ambassadeurs, représentant le pouvoir qui leur est délégué ; elle n'a donc pas de rapport avec celle des 3 MM∴ de la LL∴ opérative (qui est essentiellement une "mesure"), mais elle n'en mérite pas moins d'être conservée. Quant aux baguettes croisées au-dessus de la tête du récipiendaire, je dois avouer que je ne sais pas au juste à quoi cela correspond ni si c'est un usage réellement très ancien, et je ne vois pas trop où on pourrait faire des recherches à ce sujet ; mais, en tout cas, je ne crois pas qu'il puisse y avoir inconvénient à le maintenir. -- Dans le cas où il n'y a pas de consécration initiatique proprement dite, vous avez tout à fait raison de penser que la transmission de l'influence spirituelle s'opère au moment où on donne la Lum∴ ; mais, à vrai dire, le rituel français me paraît plus complet que le rituel anglais sur ce point. J'ai d'ailleurs toujours eu l'impression qu'il s'était conservé en France quelques particularités antérieures à 1717 qui n'ont pas été maintenues ou rétablies en Angleterre ; seulement, il est assez difficile de dire d'où elles ont pu venir, la question de l'existence des LL∴ "stuartistes" au 17° siècle, qui l'expliquerait tout naturellement, étant toujours très controversée.

De mon temps, à la G∴ L∴, il n'y a qu'à Thébah que les Maîtres portaient le tablier ; au G∴ O∴, vers la même époque, le F∴ Blatin réclamait énergiquement son rétablissement, mais, malgré son autorité de G∴ Comm∴ du G∴ Coll∴ des Rites, il n'a jamais pu obtenir aucun résultat.

Les blasons des différents grades écossais, qui réunissent les principaux symboles de chacun d'eux, n'ont rien à voir avec les armoiries des anciennes corporations ; mais la "coat of arms" de la corporation anglaise des maçons est bien connue ; malheureusement, je ne me rappelle plus en ce moment où en retrouver la description. Je ne connais aucun ouvrage sur ce sujet des privilèges quasi-nobiliaires des corporations, qui est d'ailleurs de ceux que les historiens "officiels" jugent bon de passer sous silence ; c'est surtout Charbonneau-Lassay qui m'en avait parlé autrefois, mais je ne sais s'il pourrait se trouver quelques notes là-dessus dans ses papiers ; il faudra que je tâche de m'en informer à l'occasion.

Il n'est pas douteux que dorien et ionien sont généralement (et non pas seulement en ce qui concerne les ordres d'architecture), considérés, en quelque sorte comme deux complémentaires, le premier correspondant au principe masculin et le deuxième au principe féminin, ce que leurs noms même paraissent d'ailleurs indiquer assez nettement.

Je pense qu'il convient décidément de maintenir l'usage du glaive tenu de la main gauche ; vous avez tout à fait raison de parler à ce propos d'une utilisation du " pouvoir des pointes". Par une coïncidence assez curieuse, je viens justement de voir un passage très net à ce sujet dans le récent livre du F∴ Fauré-Frémiet (Page 38), qui pourtant ne contient que fort peu d'allusions au symbolisme initiatique.

Pour la position de la main à l'Ordre d'App∴, vous avez raison en ce qui concerne la difficulté qu'il y a à garder longtemps l'attitude anglaise ; comme ce n'est pas d'une importance primordiale, il n'y a donc sans doute qu'à conserver l'usage français, mais il faudrait du moins que cela soit "unifié".

Merci pour l'empreinte du sceau ; il est très bien, mais n'a-t-il pas l'inconvénient d'être un peu grand pour être apposé facilement sur certains documents ?

La figure du "sorcier" de la grotte des trois Frères est vraiment curieuse, et elle m'a rappelé une représentation que je ne retrouve pas en ce moment, de la "danse du cerf" chez les Indiens Hopis (Amérique du Nord) ; ce rapprochement est tout aussi singulier que celui que vous avez fait avec le Chamane sibérien.

J'espère recevoir bientôt vos deux travaux dont vous m'annoncez l'envoi ; il est bien entendu que je ne manquerai pas de vous dire très franchement ce que j'en pense.

Je suis heureux de vous savoir complètement rétabli ; quant à moi, tout en allant beaucoup mieux maintenant, je ressens pourtant encore une certaine fatigue, mais il faut espérer que cela finira tout de même par se passer tout à fait...

Bien frat∴ à vous.

R. G.

⊱⊰

Le Caire, 8 octobre 1948

T∴C∴F∴,

Votre lettre du 27 septembre m'est arrivée ces derniers jours, en même temps qu'une lettre du F∴ Maridort à laquelle était jointe le rapport du F∴ Marty ; mais, contrairement à ce que vous pensiez, il ne me parle pas de la dernière tenue du Convent, n'ayant sans doute pas pu en trouver le temps (il a voulu évidemment ne pas attendre davantage pour m'envoyer le rapport), et il me donne seulement la liste des nouveaux GG∴ Off∴

Vous pouvez penser combien j'ai été heureux des bonnes nouvelles que vous m'apprenez, et je vous remercie de m'en avoir fait part ainsi sans retard. Je vous prierai de transmettre encore au F∴ Marty toutes mes félicitations, d'abord pour son rapport lui-même qui est excellent, et ensuite pour le grand succès qu'il a obtenu, et qui dépasse vraiment tout ce qu'on aurait pu espérer ! Je comprends qu'on ait pu craindre que cet exposé ne paraisse trop long et trop ardu à un auditoire dont la majorité est certainement peu habitué à des considérations de cet ordre, mais je vois qu'heureusement il n'en a rien été. Il est remarquable qu'il n'y ait eu de protestations sur aucun point, ni même aucune contradiction au cours de la discussion, puisque tous ceux qui y sont intervenus n'ont guère fait au contraire que d'appuyer dans le même sens. Tout ce que vous me dites de l'attitude des délégués, pour le reste aussi bien que pour cela, est d'ailleurs très intéressant et prouve bien qu'il y a réellement quelque chose de changé... -- Je crois qu'il sera très bien, pour profiter de ce premier succès, de préparer les rituels des autres degrés de façon à pouvoir les présenter aussi le plus tôt possible comme le F∴ Marty en a l'intention.

Le vœu demandant qu'il n'y ait pas plus d'un Cons∴ Féd∴ par L∴ était en effet assez menaçant pour la G∴ T∴, et il est bien heureux qu'il ait été repoussé ; je me demande cependant si, au cas où il aurait été adopté, le fait qu'il s'agit de FF∴ appartenant en même temps à d'autres LL∴ n'aurait pas permis malgré tout de tourner la difficulté.

À propos du G∴ Comm∴ du Sup∴ Cons∴, je me suis toujours demandé quelles pouvaient être au juste les raisons de l'hostilité qui existe entre lui et Cerf (celui-ci a même prétendu qu'elle m'atteignait également, alors que tout ce que je sais par ailleurs montre le contraire) ; savez-vous quelque chose à ce sujet ?

Je suis content de savoir que vous avez pu faire la connaissance du F∴ Granger ; comme je l'ai dit au F∴ Maridort, j'ai de lui une excellente impression ; dans sa dernière lettre, il me disait espérer qu'il serait possible d'arranger quelque rencontre lorsqu'il irait à Paris, mais je ne savais pas que ce serait à l'occasion du Convent.

Je pense, d'après les conclusions du rapport, que le projet de rituel devra être imprimé d'ici peu pour être soumis à l'étude des LL∴ ; s'il en est ainsi, j'espère qu'il sera possible d'en envoyer un exemplaire à nos FF∴ de Naples qui comptent pouvoir fonder bientôt une L∴ travaillant dans un esprit vraiment traditionnel, et qui voudraient bien avoir ce rituel le plus tôt possible, non seulement pour leur propre usage, mais aussi pour pouvoir le présenter aux autorités du G∴ O∴ d'Italie. Vous savez peut-être que celui-ci est maintenant Ob∴ écossaise régulière, ayant obtenu, malgré les efforts de plusieurs Ob∴ rivales, la reconnaissance des Sup∴ Con∴ confédérés.

À propos de la Maç∴ opérative, j'ai oublié la dernière fois de vous dire que Marius Lepage m'a signalé un livre paru récemment en Angleterre et intitulé "The Genesis of the Freemasonry", qui contient, parait-il, beaucoup de documents nouveaux ou tout au moins peu connus sur ce sujet. J'en ai donné l'indication à Clavelle pour qu'il en fasse demander le service pour les "E. T. " ; il faut espérer qu'il l'obtiendra, quoique certains éditeurs n'y mettent pas toujours beaucoup de complaisance...

Bien frat∴ à vous.

R. G.

※

Le Caire, 19 octobre 1948.

T∴C∴F∴,

Voilà déjà une semaine que j'ai reçu votre lettre du 3 octobre, et j'y aurais répondu plus tôt sans une forte grippe dont je commence seulement à me remettre ; le froid est venu très tôt cette année, et nous avons en ce moment une température qui ici est ordinairement celle du mois de décembre !.

La raison que vous m'expliquez pour ne commencer le tracé du T∴ B∴ qu'après l'inspection des Col∴ me paraît en somme très juste ; s'il est sûr qu'il y ait bien un temps suffisant pour qu'il soit terminé au moment voulu (il est naturellement facile d'en faire l'expérience), il n'y aura donc qu'à procéder ainsi ; il va de soi que tout doit être fini lors de la proclamation de l'ouverture. -- Je suis bien d'accord aussi avec vous sur le moment convenable pour l'allumage des 3 Lum∴ ; s'il faut décidément que celui-ci soit fait par les principaux Off∴, je n'y vois pas grand inconvénient après tout, mais je pense comme vous qu'il vaudrait mieux de simples chandeliers, qui devraient sans doute être placés autour du T∴ B∴ ; quant à leur extinction, je crois qu'il serait bon de tenir compte de ce que je vous disais la dernière fois sur l'usage de l'éteignoir au lieu du maillet....

Je connaissais la caricature représentant une L∴ d'animaux, mais j'avoue que je n'avais pas remarqué la similitude de tous ses détails avec ceux de la gravure reproduite par Alice Joly ; c'est assez frappant en effet, et il est bien probable, comme vous le dites, qu'il s'agit d'un "démarquage". -- Quant à la disposition des 3 Lum∴, je ne pense pas qu'elle soit incorrecte ; elle est en effet en relation avec les poses des 3 premières pierres fondamentales dans l'ordre N. E., S. E., S. O. ; le quatrième angle,

N. O., est naturellement celui qui demeure dans l'obscurité, et cela est bien conforme à la marche du soleil. La correspondance des 3 Lum∴ doit suivre aussi le même ordre : S. au N. E., F∴ au S. E., B∴ au S. O. ; de cette façon, si on les supposait placées aux angles mêmes de la L∴, chacun des 3 principaux Off∴ aurait à sa droite la Lum∴ correspondante ; il est à remarquer, en outre, que le sens de la marche du soleil va ainsi de cette Lum∴ vers lui, ce qui n'est pas non plus sans signification. -- Pour ce qui est du côté où devrait se trouver le gond de la porte, je ne comprends pas bien votre pensée, puisque cette porte est généralement à deux battants, de sorte qu'il y a des gonds de chaque côté.

Pour la façon de s'adresser au candidat, il faut tenir compte du fait que, en anglais, il est d'usage courant, dans le monde profane, de s'adresser à quelqu'un en l'appelant par son nom, tandis qu'en français, au contraire, cela est considéré, suivant les cas, soit comme la marque d'un défaut d'éducation (par exemple chez les paysans), soit comme indiquant une intention quelque peu méprisante (quand on veut faire sentir à quelqu'un qu'on le regarde comme un inférieur). Dans ces conditions, je crois qu'il n'est pas possible d'appeler le candidat autrement que "Monsieur" sans plus, et que c'est seulement lui-même qui doit répéter ses prénom et nom pour l'obligation.

Il me semble bien qu'il y aurait en effet intérêt à restaurer les symboles I et II ; pour le 1°, vous devez vous souvenir que j'ai exposé dans la "Grande Triade" quelques considérations qui s'y rapportent. Pour ce qui est du 2°, vous savez sans doute qu'il est considéré comme étant plus particulièrement en relation avec les deux saints Jean ; en fait, il représente effectivement le cycle solaire annuel limité par les deux solstices ; on a quelques fois remarqué que, pour que cette représentation soit entièrement correcte, les deux tangentes devraient être horizontales ; mais il est très probable que leur position verticale est due à une assimilation avec les deux col∴, qui en effet, sous un de leurs aspects, ont aussi cette signification (Cf. notamment le symbolisme des colonnes d'Hercule). -- Ce que je viens de dire a aussi un certain rapport avec quelques points du travail du F∴ Mercier, qui sont d'ailleurs parmi ceux qu'il ne me paraît pas avoir réussi à démêler entièrement...

Les outils de l'App∴ sont bien le "heavy maul" et le ciseau ; je ne sais pas s'il y a quelque différence entre ce "heavy maul" et le "common gavel" que j'ai vu mentionné aussi quelquefois, mais il me semble que ce doivent être 2 noms pour la même chose ; en tout cas, il s'agit d'un outil qui est employé pour dégrossir les pierres avant la taille proprement dite ; je ne vois pas quel rapport il pourrait avoir avec l'idée de sacrifice. -- À propos du T∴ B∴ anglais, il y a justement une étude sur ce sujet dans le n° de juillet du "Speculative Mason" ; en la lisant, j'ai compris enfin ce que sont les objets que je n'avais pas pu distinguer dans le dessin que vous m'avez envoyé : il s'agit des emblèmes des 3 vertus théologales, placées sur les degrés de l'échelle de Jacob. D'après les renseignements historiques contenus dans le même article, la forme actuelle de ce T∴ B∴ ne date que de 1849 ; antérieurement, il y avait une grande variété dans les dessins ; il semble que l'introduction de l'échelle de Jacob ait été une innovation. -- À propos du "Speculative Mason", l'idée du F∴ Mercier me paraît excellente, si vous avez à votre disposition une collection complète (je n'en ai moi-même qu'une assez petite partie) ; il est certain que ce serait un gros travail, mais il est si difficile de retrouver quelque chose là-dedans que des extraits soigneusement classés rendraient sûrement de grands services.

Il sera très intéressant que le F∴ Granger puisse vous obtenir des renseignements précis sur les rituels suisse ; le rapprochement que vous faites au sujet de la pièce de monnaie ou de la médaille n'a tout au moins rien d'invraisemblable, étant donné que la Mark Masonry est considérée comme ayant un lien plus direct avec le grade de Comp∴ -- La "pierre blanche" est évidemment une allusion à l'Apocalypse ; je me souviens qu'il y a eu dans le "Speculative Mason " une étude sur le "Pilgrin's Progress" où il en était aussi question. D'autre part, il faut faire attention que, dans la Mark Masonry, il y a en réalité 2 degrés distincts, ceux de Mark Man et de Mark Master ; en tout cas, le "Mark Master's token" (je ne crois pas qu'on emploie habituellement le mot "Tessera") est bien la "monnaie du Temple" modifiée quant à la forme des caractères comme je vous l'ai dit (j'en ai une ici) ; la figure de cette même monnaie a été également adoptée comme sceau par la "King Salomon's Temple Lodge", qui est une des LL∴ les plus " sélectionnées" d'Angleterre. Elle représente d'un côté le vase de la manne et de l'autre la verge d'Aaron, qui étaient deux des objets conservés dans l'Arche d'Alliance ; la reproduction de la monnaie authentique (avec les caractères de forme ancienne) se trouve dans une des planches de l'ouvrage de S. Munk sur la Palestine (collection univers pittoresque).

Je ne crois pas que les rituels opératifs aient jamais été écrits ; du moins, s'ils le sont aujourd'hui, ce ne peut être là que quelque chose de récent, mais cela même me paraît douteux. Les Maçons spéculatifs ne sont certainement pas admis comme visiteurs dans les LL∴ opératives ; il en est d'ailleurs de même dans le Compagnonnage (sauf dans l'organisation très abâtardie et fort peu traditionnelle qui s'intitule "Union Compagnonnique"). -- Ce que vous me dites sur la façon possible de réaliser le triangle pythagoricien au moment de la ch∴ d'union me paraît en somme admissible, bien que naturellement cela ne puisse jamais être l'équivalent réel du rite opératif d'ouverture. -- Dans les LL∴ opératives, le nom d'El-shaddaï est expressément mentionné dans l'invocation prononcée à l'ouverture par le Chaplain (Bro∴ Jak∴) ; votre remarque sur le nombre 345 de ce nom est juste, mais il y a encore d'autres choses assez remarquables. Shaddaï seul a pour nombre 314, qui est important aussi ; c'est en même temps le nombre de Métatron, et de plus, en arabe, c'est le nombre du nom "développé" de Mohammed (le F∴ Maridort pourra vous communiquer l'explication que je lui ai donné sur ce dernier point). D'autre part, 345 est non seulement le nombre d'El-Shaddaï, mais aussi celui de ha-Shem (le Nom), ainsi que de Mesheh, la forme hébraïque du nom de Moïse, qui est d'ailleurs le retournement exact de ha-Shem. -- Je me demande si, "The special sign of the Triangle" se rapporte bien au triangle pythagoricien, ou s'il ne s'agirait pas plutôt ici d'un signe analogue à celui du "Royal Arch of Henoc", apparemment dérivé du signe de la bénédiction des Kohanim auquel j'ai fait allusion dans mon article sur la "Parole perdue", et dont une déformation plus singulière pourrait peut-être, quoique presque méconnaissable (ce qui peut du reste être voulu en ce cas), se retrouver dans le"signe d'horreur" du grade de Maître.

Je n'ai pas eu encore le renseignement concernant les deux ouvrages cités par J. B. ; il y a d'ailleurs assez longtemps que je n'ai pas eu de lettre de Clavelle, mais j'espère en avoir sans doute une bientôt, car il y en a maintenant plusieurs de moi auxquelles il n'a pas encore répondu.

Bien Frat∴ à vous.

R. G.

ℰℭ

Le Caire, 5 novembre 1948.

T∴ C∴ F∴,

Vos deux lettres des 11 et 18 octobre me sont arrivées en même temps, il y a déjà une huitaine de jours ; si je n'ai pas pu y répondre plus tôt cette fois encore, c'est que j'ai dû terminer mon travail pour le n° de décembre des "E. T.", pour lequel je me trouvais plutôt en retard, après quoi sont venues des épreuves de la traduction italienne des "aperçus" qu'il m'a fallu corriger aussi au plus vite.

Je vous remercie tout d'abord de m'avoir donné un résumé des discours de la tenue de clôture du Convent, qui font en effet une impression aussi satisfaisante que possible. Le F∴ Maridort m'a dit que, s'il ne m'en avait pas parlé, c'est parce qu'il pense que le compte rendu ne tardera pas à être imprimé et qu'il a l'intention de me l'envoyer aussitôt. -- Le seul point qui est un peu inquiétant dans ce que vous me dites, c'est l'intention qu'aurait certains d'augmenter le recrutement, ce qui évidemment ne pourrait être qu'au détriment de la qualité...

Ce que vous dites de la raison de l'animosité de Cerf contre la G∴ Comm∴ n'a rien d'invraisemblable en effet, étant donné tout ce que nous savons de son caractère ; cette prétention qu'il a de tout savoir est vraiment bien extraordinaire ; mais qu'a-t-il donc jamais eu à faire avec les inventions scientifiques modernes ? Quant à son projet de fonder un Chap∴ de Royal Arche, je ne vois pas plus que vous comment ce serait possible, à moins qu'il ne commence par se faire affilier à la G∴ L∴ Nat∴, ce qui pourrait lui ouvrir une "porte" sur la Maç∴ anglaise ; mais, même ainsi, ce ne serait en tout cas réalisable qu'à assez longue échéance !

Au sujet du F∴ Mercier, ce que vous me dites correspond bien à l'impression que j'en avais ; je crois comme vous que ce défaut que j'avais remarqué dans son travail, et qui tient bien un peu de l'"esprit de système" en effet, devra pouvoir se corriger peu à peu avec la réflexion. -- Pour son projet pour les "Vrais Experts", il y a lieu de faire une remarque : c'est que les "servants" sont en réalité tout à fait autre chose que des diacres ; ce sont des employés subalternes qui ne peuvent jamais avoir que le grade d'App∴, et qui d'ailleurs ne participent pas aux travaux et ne pénètrent dans la L∴ que quand ils y sont appelés pour s'acquitter de quelque commission.

J'avais appris le vote du Convent du G∴ O∴ sur la question des SS∴ du D∴ H∴ ; la minorité a malgré tout été plus forte qu'il n'aurait été souhaitable∴. Il paraît que le rapporteur a signalé le côté initiatique de la question, en utilisant mon article sur l'initiation féminine ; c'est d'ailleurs Lepage qui m'avait demandé de l'écrire pour cette occasion.

Je suis assez de votre avis sur le rituel de Marius Lepage ; il ne faudrait sûrement pas le suivre dans son excès de simplification ; il paraît avoir été frappé par la façon souvent maladroite et plus ou moins ridicule dont sont effectuées les "promenades" dont il parle, mais il va de soi qu'on peut trouver moyen de remédier à cela sans les supprimer purement et simplement ; les rapprochements que vous faites avec les mystères antiques sont tout à fait justifiés. C'est bien dommage qu'il subisse toujours ainsi l'influence persistante d'O. Wirth, car autrement il est tout à fait sympathique et certainement plein de bonne volonté.

Pour l'extinction des bougies, l'emploi du maillet est sûrement une innovation qui n'a aucune raison d'être, et je trouve en tout cas l'éteignoir bien préférable, puisqu'il est fait exprès pour cela ; mais, quant à l'interdiction de souffler dessus, elle n'existe à ma connaissance que dans le Mazdéisme.

Au sujet des éléments existant dans la Maç∴ française et qui, ne pouvant provenir de la G∴ L∴ d'Angleterre, doivent avoir une origine antérieure à celle-ci, il est assez curieux que monsieur Lepage, dans une lettre que j'ai reçue avant-hier, fait aussi la même réflexion sans que je lui en aie parlé le moins du monde. Il me reparle de "The Genesis of Freemasonry", qui, paraît-il, a été précédé de deux autres livres, "Early Masonic Pamphlets" et "The Early Masonic Catéchisms", je ne sais s'il sera possible de les avoir, mais je crois que ce serait très important, car il y a là des choses tout à fait inédites sur le symbolisme et le rituel opératif. C'est à ce propos qu'il dit : "Il ressort de cette lecture que la Maç∴ française, même dans son état actuel, est plus proche de l'esprit primitif de la Maç∴ ancienne que la G∴ L∴ d'Angleterre. J'ai trouvé dans Knoop des pages stupéfiantes à ce sujet, notamment quant à la rédaction des Constitutions d'Anderson." -- D'autre part, vous verrez dans mes prochains comptes rendus que j'ai fait une allusion à l'antériorité vraisemblable de la Maç∴ française, à propos d'une note paru dans "Masonic Light". -- Autre chose encore : j'avais été frappé par le fait que le T∴ B∴ français à un caractère incontestablement plus archaïque que le T∴ B∴ anglais ; ce que je vous ai signalé la dernière fois, sur la date très récente de ce dernier sous sa forme actuelle, en donne d'ailleurs une explication suffisante.

Pour vos réflexions sur le même sujet, il est bien certain que l'impression qu'ont les Maçons français qui visitent les LL∴ étrangères vient surtout de ce que tout s'y fait avec un sérieux et une dignité auxquels ils ne sont pas habitués ; cela n'est assurément pas la preuve d'une plus grande compréhension, mais c'est tout de même loin d'être sans importance. Quant à l'explication de cette attitude des maçons étrangers, je crois que la pratique des rites exotériques, au moins dans une certaine mesure (car ils sont naturellement très réduits chez les protestants), doit probablement y contribuer pour beaucoup.

L'absence de documents anciens en France est sans doute assez singulière, d'autant plus qu'il n'est pas à supposer qu'ils aient fait l'objet d'une destruction comme celle qui eut lieu en Angleterre entre 1717 et 1723, et à laquelle quelques-uns ont pourtant échappé ; mais il faut dire qu'on ne paraît pas pouvoir trouver davantage de documents concernant les LL∴ qui existèrent en France dans la 1° moitié du 18° siècle et même un peu plus tard (à peu près jusqu'à la fondation du G∴ O∴) ; je ne sais pas trop à quoi cela peut tenir... D'autre part, s'il s'agissait d'une Maç∴ introduite en France en 1688, ce ne serait pas tellement ancien, mais ce n'en serait pas moins notablement antérieur à 1717, ce qui est l'essentiel pour la question qui nous occupe. Je remarque aussi que, si cette Maç∴ était "écossaise" cela prouverait que cette désignation n'a pas été appliquée tout d'abord aux hauts grades comme on le prétend généralement. -- Il est évident que, si des rites d'origine différente sont d'accord sur certains points, cela donne tout au moins une forte présomption pour que ces points doivent être considérés comme hors de contestation ; je ne dis pas une certitude parce que, malgré tout, il se peut qu'il y ait eu entre ces rites des "contaminations" ultérieures.

Le F∴ Mercier a tout à fait raison d'accorder une grande importance au symbolisme des nombres, et je pense comme vous qu'il y a tout intérêt à les introduire le plus souvent possible dans les rituels comme vous l'envisagez. Pour le nombre des questions de l'instruction aux 3 degrés, la répartition est 3 X 33 + 1 doit être assez facile à réaliser ; il me semble comme à vous qu'il est alors très bien de faire de la demande du mot sacré la dernière question du 3° degré et de faire suivre la réponse par le "signe d'horreur". -- À propos du mot sacré, je voudrais vous demander quelque chose : le verbe signifiant "construire" en hébreu est banah, mais, dans le lexique que j'ai sous la main, je ne trouve pas le substantif dérivé (qui en tout cas ne doit pas être très différent de l'arabe *bannâ*, "constructeur") ; ne pourriez-vous vérifier ou faire vérifier quelle en est la forme exacte ? Voici pourquoi : dans la forme anglaise du mot, les 2 premières syllabes du moins sont correctes, tandis qu'elles ne le sont pas dans les autres ; mais la troisième me paraît encore défigurée, et je voudrais pouvoir me rendre compte de ce qu'il en est exactement...

Pour ce qui est du rituel proprement dit, j'approuve tout à fait, pour le 1° degré, l'arrangement portant le nombre des réponses à faire par le récipiendaire à 15 = 12 + 3, en complétant ce nombre comme vous l'indiquez dans votre dernière lettre. -- Quant au nombre des choses qui "vont par trois", on pourrait très bien en effet le porter à 33, mais, bien entendu, à la condition de ne pas faire comme Ragon, qui, pour en énumérer le plus possible, a introduit des ternaires qui n'ont pas le moindre intérêt au point de vue symbolique, sans parler de ceux qui sont purement fantaisistes ou imaginaires. Pour ces derniers, je veux parler surtout de ceux qui sont soi-disant tirés des traditions orientales : ou les choses mentionnées sont déformées au point d'en être méconnaissables, ou même elles ne répondent à rien de réel : il faut dire que, à cette époque on ne savait pas grand-chose sur ces traditions, et qu'on y suppléait trop souvent par l'imagination... -- J'espère que, pour les rituels des 2° et 3° degré, vous pourrez aussi trouver le moyen d'y introduire les autres nombres comme vous l'avez fait pour le nombre 3 dans celui du 1° degré ; nous pourrons d'ailleurs y revenir quand les projets seront plus avancés ; mais je vois que, pour le 3° tout au moins, vous pensez que cela pourra être prêt assez vite ; c'est sûrement pour le 2° qu'il y a le plus à faire... Je ne savais pas du tout ce que vous me dites des 14 collines de San-Francisco et des "Twin Peaks" ; c'est assez curieux en effet. Ce qu'il l'est aussi, à un autre point de vue, c'est l'insistance, que j'ai dû signaler quelque part, avec laquelle les fondateurs des États-Unis ont introduit le nombre 13 partout où ils ont pu !

A. Coen a fait le 24 octobre à Laval, en tenue blanche, une conférence sur "l'évolution du Christianisme" ; je serais assez curieux de savoir de quelle façon il a bien pu traiter ce sujet...

Bien frat∴ à vous.

R. G.

ℰℂ

Le Caire, 26 décembre 1948.

T∴C∴F∴,

J'ai reçu hier votre lettre du 14 décembre ; mais ce qui est arrivé pour la précédente, et que j'ignorais quand j'en ai parlé au F∴ Maridort, est encore plus ennuyeux qu'une perte pure et simple : la formule abrégée de salutation ayant paru incompréhensible, elle a été arrêtée par la censure, d'où une demande d'explications, et un dérangement pour M. Lings (à cause de l'adresse) ; pour ma part, j'en ai été quitte pour envoyer la traduction en toutes lettres. C'est là, une chose qu'on aurait guère pu prévoir dans un pays où la Maç∴ n'est nullement dissimulée et où elle a même, comme en Angleterre et pour des raisons semblables, un caractère presque "officiel" ; mais évidemment on ne peut pas exiger de tous les fonctionnaires qu'ils soient omniscients... Aussi vous demanderais-je, pour que cela ne risque plus de se reproduire, de faire attention de ne plus rien mettre qui puisse intriguer les gens inutilement et leur causer des inquiétudes bien injustifiées. Le plus fâcheux est que, bien qu'on ait promis de me réexpédier cette lettre, je ne l'ai pas encore, si bien que je me demande si elle n'a pas fini par s'égarer dans quelque bureau ; je vais tâcher de la faire réclamer par un officier de police de nos amis. Si malgré cela elle était décidément perdue, je vous le dirai une prochaine fois, puisque je vois qu'heureusement vous pourrez sans trop de peine me redire ce qu'elle contenait ; je suis content du moins de savoir que mes deux lettres vous sont bien parvenues, car il m'aurait certainement été beaucoup plus difficile de reconstituer tout ce que je vous avais écrit...

Merci pour les "Armoiries de la Mort", qui sont vraiment très curieuses et font nettement penser à un symbolisme hermétique ; j'attendais ce que vous vous proposez de me dire sur les" Armoiries au Coq" pour vous en reparler davantage. -- Pourriez-vous me dire quel est le saint qui est figuré au verso ? Malgré le lion qui l'accompagne, je ne pense pas que ce puisse être saint Marc ; je penserais plutôt à saint Gérôme, mais je suis loin d'en être sûr. Ce que je trouve surtout frappant dans cette autre gravure, c'est la forme des montagnes, qui, malgré les grandes différences existant naturellement quant à la "technique" du dessin, rappelle d'une façon assez étrange certains paysages taoïstes.

Pour le mot hébreu signifiant "constructeur" votre retard est tout à fait excusable et n'a en somme pas grand inconvénient ; je m'explique maintenant pourquoi il ne se trouve pas comme mot distinct dans le lexique que j'ai, puisque ce n'est en réalité qu'une forme verbale. Je vois par là que la forme anglaise du mot est beaucoup moins dénaturée que les autres, et elle ne l'est même qu'en ce que la finale y est devenue muette ; cela confirme bien ce que je pensais, et, au fond, c'est seulement sur l'exactitude de la voyelle O que j'avais des doutes, à cause de la forme arabe qui est différente ; en définitive, la transcription tout à fait correcte de l'ensemble serait donc : "Mah habônah".

Bien entendu, c'est avec grand plaisir que je répondrai, dans toute la mesure où je le pourrai, aux questions que vous aurez à poser au sujet de mes derniers articles ; il y a en effet des choses auxquelles je n'ai faites que des allusions incomplètes, non seulement parce que je ne pouvais pas m'y étendre indéfiniment, mais aussi quelquefois avec intention, car, comme vous pouvez le penser, je ne veux pas imiter la façon de procéder de J. B. dans son livre ; les raisons pour lesquelles il prétend la justifier ne me persuadant pas du tout !

Il est dommage que le F∴ Marty ne puisse pas arriver à préparer son projet aussi vite qu'il le pensait ; une chose qui m'étonne, c'est que Cerf, d'après ce que me dit Maridort, paraît croire qu'il y aura des difficultés pour le faire adopter, ce que ne semblait pourtant pas indiquer la façon dont les choses se sont passées au dernier Convent ; souhaitons que ces craintes soient vaines... Quoi qu'il en soit, pour ne pas attendre plus ou moins longtemps, je trouve excellente votre idée d'envoyer votre propre projet à nos amis d'Italie, puisque vous en avez maintenant plusieurs exemplaires dactylographiés ; je vous prierai donc de l'adresser au F∴ Corrado Rocco, via Luca Giordano, 83, al Vomero, Napoli (il sera peut-être plus sûr de le recommander). Après en avoir pris connaissance, il le passera au F∴ Giuseppe Palomba, professeur à l'université de Naples, qui est un dignitaire du G∴ O∴ et qui a l'intention de le présenter aux autorités du Plazzo Ginstiniani en vue de ce qu'il se propose de faire ; c'est surtout pour cette raison que la chose est assez urgente. Merci d'avance pour cela, ainsi que pour l'autre exemplaire dont vous m'annoncez l'envoi et pour le projet du 3° degré (je crois qu'il sera bon de le recommander aussi, de même que le compte rendu du Convent quand il paraîtra). -- À ce propos, autre chose encore pendant que j'y pense : mon vieil ami le F∴ Emmanuel Hillel m'écrit qu'il voudrait bien avoir connaissance du projet qui sera soumis à l'étude des LL∴ ; je ne sais pas si on doit le lui envoyer "de droit" en sa qualité de dignité de la L∴ Delphes (Or∴ d'Alexandrie), ou si on l'enverra seulement à la L∴ ; dans ce dernier cas, j'espère qu'il vous sera possible de lui en faire adresser un exemplaire (quand il sera prêt et imprimé, naturellement, car ici il n'y a pas urgence), et, pour ne pas l'oublier par la suite, voici dès maintenant son adresse : "Ker Maranatha", Saint Jean Le-Thomas (Manche).

Je ne vois rien d'autre d'important à vous dire pour aujourd'hui ; pour le reste, il faut évidemment attendre que j'aie votre précédente lettre d'une façon ou d'une autre.

Bien frat∴ à vous.

R. G.

Le Caire, 13 janvier 1949

T∴ C∴F,

J'ai eu enfin votre lettre du 9 novembre il y a une dizaine de jours ; je pense d'ailleurs que vous l'aurez déjà su par le F∴ Maridort si vous avez eu l'occasion de le voir entre temps.

Clavelle ne m'a parlé des deux livres cités par J. B. dans aucune des lettres que j'ai reçues de lui, et pourtant il ne semble pas qu'il en manque ; peut-être l'a-t-il oublié ; en tout cas, je lui ai demandé ce qu'il en est en répondant à la dernière.

Il y a doute sur le lieu exact de l'assemblée annuelle des Druides : ce peut être dans le pays des Carnutes ou sur les confins de ceux-ci, à cause du double sens de l'expression latine "in finibus" employée par César ; j'en ai d'ailleurs dit quelque chose dans mon article sur "La triple enceinte druidique" (juin 1929). En tout cas, vos remarques sur les Bituriges et sur Bordeaux sont curieuses, et celle qui concerne York me paraît encore plus nette. D'autre part, comme je l'ai signalé dans "La terre du Soleil" (janvier 1936), il est à remarquer que les Templiers choisissaient souvent pour leurs établissements des lieux où se trouvent des vestiges préhistoriques, monuments mégalithiques ou autres ; il y a dans tout cela l'indication d'une "continuité" qui doit remonter très loin... Il est curieux aussi que les anciens aient souvent rapproché le Druidisme et le Pythagorisme ; cette sorte d'affinité qu'ils remarquaient entre les deux pourrait bien avoir été aussi pour quelque chose dans un cas comme celui d'York.

Je ne sais trop pourquoi je pense en ce moment à une chose bizarre dont je ne peux malheureusement pas retrouver la référence, et que je vous signale tout au moins à titre de curiosité : quelqu'un, mais je ne me rappelle plus qui, a relevé que, dans les documents du moyen-âge concernant la construction des églises, il est fait mention à maintes reprises d'ouvriers qui sont tombés des échafaudages en travaillant à la voûte, mais qui d'ailleurs ne se sont pas blessés dans leur chute ; et il trouvait étrange que tant de gens tombent de si haut sans jamais se faire aucun mal ! Je me demande si ces prétendus accidents n'auraient pas été en réalité une façon dissimulée d'indiquer quelque chose se rapportant à une "épreuve de l'air"...

C'est bien dans les "Danses et légendes" de Granet, tome 2, pp. 549-550, que se trouve une description du "pas de YU " ; elle n'est d'ailleurs pas entièrement claire, et je suppose que ce doit être la faute de la traduction. -- Je crois me souvenir qu'il y a, dans un des ouvrages du P. Weiger (mais lequel ? je ne les ai pas ici pour vérifier) un figurant représentant "un alchimiste exécutant le pas de Yu".

Il est curieux, comme vous le dites, qu'on trouve le nombre de 108 millimètres pour la largeur du cordon exprimé dans le système métrique ; mais il me semble que la question qu'on pourrait se poser à ce propos est plutôt celle de la nature des relations qui existent entre ledit système métrique et les anciennes mesures : pourquoi le mètre est-il sensiblement égal à trois pieds (plus exactement à trois pieds + un pouce) ? La définition du mètre est bien connue, mais sait-on comment, à l'origine, a été déterminée la longueur du pied et a quoi elle correspondait réellement ? C'est là surtout ce qu'il faudrait rechercher, car je ne crois pas que ceux qui ont établi le système métrique aient pu avoir l'idée d'"arranger" la longueur du mètre de façon à rendre possible certaines "coïncidences".

Pour le sens du mouvement des officiers, il est bien entendu que cela ne peut s'appliquer qu'à partir de la proclamation d'ouverture ; il serait logique que, comme vous le dites, il en soit de même pour tous les membres de la L∴ quand ils ont à se déplacer quoique je n'aie jamais vu d'indication précise sur ce point. -- Pour le sens des voyages au 2° degré, le rapprochement fait par le F∴ Mordvinoff est exact, mais il me semble que cela ne résout pas encore entièrement la question.

Votre idée au sujet de la "puissance du nom" est sûrement juste, et le rappel de la définition des "devoirs" des officiers pourrait aussi être rapprochée de l'importance que la Tradition chinoise donne aux "dénominations correctes". -- Pour les officiers appelés "by name", je comprends maintenant le sens de votre remarque, et je pense que vous avez aussi raison sur ce point. -- C'est certainement une erreur de mettre le nom avant le prénom ; ce n'est là qu'un usage très moderne et essentiellement profane (papiers administratifs, etc.), que j'ai toujours trouvé d'autant plus choquant que le mot "prénom" lui-même signifie précisément "avant le nom". -- D'autre part, il serait évidemment plus normal d'appeler le récipiendaire "Profane", plutôt que "Monsieur" qui en somme ne signifie rien.

Pour les trois ordres de chevalerie, je crois qu'il faut s'arrêter à ceux que vous avez choisis, et aussi mettre alors dans la formule "plus anciens et aussi honorables".

Pour la priorité de la nuit sur le jour, il y a, comme vous l'aurez peut-être déjà vu, certaines indications dans "La Droite et la Gauche", mais il y en aurait encore bien d'autres à noter : ainsi, pour les "jours" de la Genèse, le soir est nommé avant le matin ; suivant l'usage islamique également, c'est le coucher du soleil qui marque le commencement de la journée. -- L'expression "high time" signifie bien midi ; on dit également "high twelve", et on dit de même "low twelve" pour minuit. -- Quant au rapport entre midi et minuit et les deux solstices, c'est probablement en effet de ce côté qu'il faudrait chercher la vraie raison du travail "de midi à minuit" il y aurait seulement à se demander pourquoi ce travail s'effectue ainsi pendant la période descendante (du jour ou de l'année, c'est la même chose du point de vue symbolique) ; mais il me semble que cette question ne serait pas impossible à résoudre et peut-être pourriez-vous réfléchir encore un peu là-dessus ; je tâcherai d'y repenser aussi de mon côté.

Sur une planche de convocation que m'a envoyé Maridort, j'ai vu que l'empreinte du sceau était en effet plus petite que celle que vous-même m'aviez envoyé précédemment.

Ce que vous avez trouvé au sujet du testament de J. K. n'est en somme encore qu'une hypothèse, et je ne saurais dire jusqu'à quel point elle est plausible, le cas d'être de la loge (?) paraissant tout différent, d'abord en raison de sa condamnation, et ensuite à cause de la qualité d'étranger de J. K. il faut espérer que vous pourrez trouver encore autre chose quand vous retournerez à la même bibliothèque ; je ne pensais pas que des historiens s'étaient tant occupé de ce personnage, qui, je dois l'avouer m'était tout à fait inconnu avant que Clavelle ne m'ait parlé de lui, ou plutôt de son portrait par Dürer.

Il y a en effet une certaine similitude entre l'orientation du Nil et celle du Rhône, bien qu'en direction inverse (Sud-Nord et Nord-Sud), et aussi entre la situation du Caire et celle d'Arles par rapport au delta de ces deux fleuves, chose à laquelle je n'avais jamais fait attention ; mais pour ce qui est de la position de Salon par rapport au Rhône, je ne me la représente pas assez nettement pour pouvoir en dire quelque chose.

Au sujet du nom secret de Rome, j'ai vu plusieurs hypothèses, mais qui ne m'ont pas paru très concluantes : certains ont supposé que c'était tout simplement le retournement de "Roma", c'est-à-dire "Amor", ce qui n'est peut-être qu'une fantaisie un peu trop facile ; d'autres ont prétendu que ce nom était celui d'Ops Consivia, qui aurait été, paraît-il, une divinité tutélaire de Rome, mais dont je ne sais d'ailleurs rien de plus. Il doit avoir été fait encore d'autres suppositions, mais je ne m'en souviens plus, et en somme personne ne sait ce qu'il en est réellement ; ce nom doit finalement s'être perdu, probablement du fait de l'extinction des anciens collèges sacerdotaux à la suite de l'établissement du Christianisme. En tout cas, la raison pour laquelle ce nom était tenu secret (et il est probable que le cas de Rome ne fut pas unique à cet égard) est que des ennemis qui auraient réussi à le connaître auraient pu s'en servir pour s'emparer de la ville, la connaissance du véritable nom d'un être (ou d'une "entité" quelconque) donne en quelque sorte pouvoir sur lui, parce que ce nom s'identifie à son essence même dont il est l'expression la plus adéquate.

Le rapprochement entre la comédie chez les anciens Grecs et les" fêtes carnavalesques" me paraît assez justifiée ; il faudrait cependant, pour être plus affirmatif, avoir d'autres précisions sur l'origine de la comédie et sur les circonstances où elle se jouait tout d'abord ; ce ne doit pas être impossible à trouver, mais je n'ai rien ici sur ce sujet ; le nom même de la comédie indique qu'elle devait être en rapport avec un festin, mais ce n'est pas là une indication suffisante.

Pour la clôture du troisième degré, je trouve comme vous qu'un" mot retrouvé" et un"signe substitué" ne vont pas très bien ensemble, mais je ne vois pas bien ce qu'on pourrait faire pour Il manque la page marquée 7 en bas du manuscrit des données très curieuses, et j'ai l'intention d'écrire quelque chose sur ce sujet ; ce dont j'ai été assez étonné, c'est qu'il soit fait mention du rapport des chiffres du nombre 345 avec les côtés du triangle rectangle, dont nous avions parlé il y a quelque temps. -- Ceci me fait penser encore à autre chose (c'est à propos de God et iod rapprochement que J. B. a trouve bon de me reprocher comme si j'en étais responsable) : les trois lettres du mot God ont été prises anciennement comme représentant les initiales des trois mots hébreux "Gomer, Oz, Dabar" (Beauté, Force, Sagesse) ; je le trouvais du moins écrit de cette façon, mais Gomer, avec cette signification, me paraît étonnant, et il me semble, par similitude avec l'arabe, que ce devrait plutôt être Gomel ; malheureusement, je n'ai pu trouver aucune indication qui me permette d'être sûr de l'un ou de l'autre ; vous serait-il possible de vérifier ou de faire vérifier ce qu'il en est ? Merci d'avance pour ce renseignement.

Bien frat∴ à vous.

R. G.

ഊരു

Le Caire, 23 janvier 1949.

T∴C∴F∴,

J'ai reçu en même temps, il y a trois jours seulement, vos deux lettres du 29 décembre et du 6 janvier. -- Il ne faut point tant vous excuser pour ce qui est arrivé, car ce sont là des choses qu'il n'est guère possible de prévoir ; c'était d'ailleurs plus ennuyeux que réellement grave, et, comme vous le verrez par ma dernière lettre, tout est finalement rentré dans l'ordre !

Je suis content de savoir que vous avez été intéressé par le livre de Reghini sur les Nombres, et à ce propos, en dehors de la question de ce qu'on peut en tirer pour le deuxième degré (c'était là surtout la raison pour laquelle j'avais pensé utile que vous en preniez connaissance), je voudrais vous demander si vous ne pourriez pas en faire un compte rendu pour la revue, car je n'ai pas encore pu m'en occuper moi-même jusqu'ici, et j'ai tellement de livres en retard que je crains bien qu'il ne me soit jamais possible d'arriver à tout...

Pour le T∴ B∴ du troisième degré, je dois dire que, si je connaissais l'existence du tableau anglais, je n'ai jamais vu le dessin d'un tableau français pour ce grade, et que, de plus Vuillaume donne expressément (Pl 2. 4) la figure du cercueil avec la mention "Tracé de la Loge de Maître " ; c'est ce qui explique ce que je vous avais écrit à ce sujet. Maintenant, d'après ce que vous me dites, je vois que vous avez trouvé un tableau dans d'autres manuels, que probablement je n'ai pas ; mais alors une autre question se pose : quelles doivent être, dans ces conditions, les places respectives du tableau et du cercueil ? Il me semble qu'une solution possible serait celle-ci : le cercueil est posé sur le tableau lui-même, de sorte que celui-ci n'apparaît que lorsque le cercueil est enlevé ; qu'en pensez-vous ? Autrement, il faudrait supposer deux appartements distincts pour la réception, ce qui, je crois, existe en effet dans quelques rituels ; et, d'un autre côté, le cercueil n'a aucune raison d'être dans les tenues du troisième degré qui ne comportent pas de réception, si bien qu'alors, s'il n'y avait pas de tableau, l'emplacement central resterait vide. -- Pour en revenir au tableau anglais, si vous n'avez pas pu lire l'inscription, cela vient peut-être de ce que vous n'avez pas tenu compte du fait que l'alphabet anglais diffère de l'alphabet français en ce qu'il compte comme lettres distinctes j, k, v, w ; la distinction entre i et j, u et v, paraît d'ailleurs lui donner un caractère moins archaïque.

Pour la position des trois lumières par rapport à celle des principaux Officiers, je crois que le plus clair est de tracer la figure ci-contre, où on voit que la flèche allant de chaque lumière vers le plateau correspondant est bien dirigée dans le sens de la marche du soleil. On pourrait dire qu'ainsi chaque lumière, ou l'influence qu'elle représente est reçue en quelque sorte comme un rayon solaire par l'Officier à la fonction duquel elle correspond. --

Pour les quatre vertus cardinales, je ne me rappelle pas s'il y avait une intention bien précise dans la note de la traduction des "Philosophurenena...", en dehors de l'idée que le point de vue moral ne constitue qu'une application particulière, et qu'il faut toujours effectuer une transposition pour arriver à une signification d'ordre plus principiel ; quant à un rapport avec les quatre causes aristotéliciennes, ce n'est pas impossible, mais je n'y avais jamais pensé et je ne vois pas trop comment on pourrait l'établir terme à terme ; auriez-vous vous-même quelque idée là-dessus ? En tout cas, les glans figurant dans les LL∴ anglaises pour symboliser les quatre vertus cardinales compléteraient en quelque sorte les trois lumières en tant que celles-ci peuvent être rapportées aux trois vertus théologales.

Pour la porte à deux battants, cela me paraît, au fond, devoir être exigé surtout pour une raison de symétrie, en accord avec la position des deux colonnes de chaque côté de cette porte ; si elle n'a qu'un battant, on pourrait être amené assez logiquement à imaginer qu'elle ne doit pas s'ouvrir du même côté suivant qu'on travaille au premier degré ou au deuxième degré !

Je suppose que votre lettre écrite de Riom doit être celle qui a été retenue si longtemps, mais pourtant il ne s'y trouve rien au sujet des heures de la naissance et de la mort du Christ ; pour la première, la correspondance entre minuit et le solstice d'hiver est évidente ; mais, pour la deuxième, trois heures après midi ne peut pas avoir de rapport avec la date de Pâques suivant de près l'équinoxe de printemps, car l'heure qui correspond à celui-ci serait six heures du matin ; mais je ne sais pas si c'est à cela que se rapporte la question que vous croyez avoir formulée et que vous aurez probablement oubliée, car je ne pense pas qu'il y ait une autre lettre de vous qui se serait perdue. --Moi non plus, je ne connais des "Dionysiaques" de Nonnos rien d'autre que la portion qui a été traduite par Mario Meunier, mais j'ai aussi l'impression qu'il doit y avoir là-dedans des choses très intéressantes au point de vue symbolique. -- Votre remarque au sujet des lettres de B et J, comme initiales de nom de lieu, est sûrement curieuse, mais je me demande quelles conséquences on pourrait en tirer au juste ; à ce propos, vous savez peut-être aussi que au grade de chevalier d'orient, ces même lettres sont prises comme signifiant Juda et Benjamin. -- Dans l'article sur l'Archéomètre dont vous parlez, ce n'est pas un iod, mais un lamed qui est indiqué comme décrit par la marche du Maître, ce qui est tout à fait différent et me paraît d'ailleurs correct ; je ne vois pas bien ce que le Z pourrait signifier dans ce cas. En fait, le Z apparaît au quatrième degré, ou il est donné comme l'initiale d'un nom hébraïque, mais je ne sais plus qui a émis l'hypothèse que, en réalité, il serait plutôt celle en grec ζωε... "Vie". Il faut aussi se méfier des déformations des lettres hébraïques qui se sont produites parfois, avec le résultat de les remplacer par des lettres latines avec lesquelles elles n'ont aucun rapport, comme dans le cas ou un iod s'est trouvé changé en S, alors que les deux lettres ont un sens tout opposé, la première représentant l'unité et la deuxième la multiplicité !

Je ne crois pas qu'il existe un "order of Za-Ga-Zig" qui serait une organisation distincte, mais seulement que "Za-Ga-Zig Temple" appartenant à l'"Ancient big Order of the Noires of the Mystics rite", (?) Le rite a la particularité d'être réservé aux Maçons du troisième degré (ils sont d'ailleurs extraordinairement nombreux aux États-Unis) ; je crois me souvenir que le président Harding était membre de ce "Za-Ga-Zig Temple". En réalité, Zagazig, ou plus correctement Ez-Zaqaziq, est le nom d'une ville d'Égypte ; quant à l'écrire en séparant les syllabes, il va de soi que c'est de la pure fantaisie !

La "King Salomon's Temple Lodge" a été fondée, je crois, sur l'initiative de l'historien R. F. Gould, mais, malgré cela, je ne pense pas qu'elle ait jamais été considérée proprement comme une "Lodge of Research" ; il est d'ailleurs possible que sa fondation soit un peu postérieure à la publication du livre du Rev. Lawrence. Il y a eu, à l'époque, un article à ce sujet dans le "Freemason" de Londres, mais, bien que je doive sûrement l'avoir quelque part, je suis tout à fait incapable de retrouver cela actuellement ; il y a ainsi bien des choses que le manque de place m'empêche de ranger d'une façon suffisamment accessible...

Les "inventions" d'I. C. peuvent être inoffensives en elles-mêmes, mais cet excès d'imagination est tout de même un peu ennuyeux ; malgré cela, il faut passer sur bien des choses en pensant que, sans lui, la réalisation de la" Grande Triade" n'aurait sans doute pas été possible, et c'est là une considération qui mérite qu'on lui en tienne compte.

Le fait d'appartenir simultanément à plusieurs obédiences n'a assurément rien d'anormal en lui-même, mais, dans le cas spécial dont vous parlez, je ne vois pas que la G∴ L∴ Nationale, en raison de ses rapports avec la G∴ L∴ d'Angleterre, puisse admettre qu'un de ses membres continue en même temps à faire partie d'une obédience non reconnue par celle-ci, car les maçons anglais sont très stricts à cet égard ; je pose d'ailleurs la question au F∴ Peilon, dont je viens justement de recevoir une lettre, et qui pourra peut-être nous dire plus sûrement ce qu'il en est en fait Maridort m'a transmis une lettre du F∴ Mercier, dans laquelle il me parle de ce que vous dites et de quelques autres questions ; je suppose que, quand il vous avait parlé de cela, il ne s'était pas encore décidé à m'écrire directement. Je n'ai pas encore eu le temps de lui répondre, mais naturellement je vais le faire bientôt ; vous pouvez lui demander de vous communiquer ce que je lui dirai à ce sujet, ceci afin de m'éviter de récrire deux fois les mêmes choses. D'après ce qu'il dit, il semble que l'adoption du rite français par "Akademos" soit déjà décidé d'une façon définitive ; cela vaut peut-être mieux en un sens, car, depuis la constitution du Grand Prieuré des Gaules, le G∴ O∴ ne doit plus être reconnu comme étant en possession régulière du Régime Rectifié ; je pense d'ailleurs que c'est là une des raisons pour lesquelles la tentative faite par Gloton en Suisse ne pouvait pas aboutir, même s'il s'était adressé, non pas à la G∴ L∴ Alpina comme il l'a fait, mais au Grand Prieuré d'Helvétie que cela concerne exclusivement en réalité. -- À propos de la Stricte Observance, contre laquelle il y a peut-être eu un peu trop de prévention chez beaucoup, savez-vous si le texte de la patente du baron de Hund (dont le nom est assez curieux en effet) a jamais été déchiffré ? j'ai ce texte, mais je n'ai jamais eu le temps ni la patience qui seraient nécessaires pour essayer d'y comprendre quelque chose ; je ne sais d'ailleurs même pas au juste en quelle langue il est rédigé, latin ou allemand, quoique latin me paraisse plus probable.

Ce que vous dites au sujet du Christianisme moderne est sûrement très juste ; mais, pour ce qui a été écrit dans les journaux à l'occasion de la dernière fête de Noël, je dois avouer que je ne sais pas du tout de quoi il s'agit...

Pour les passages de l'Évangile que vous citez concernant Pierre, l'interprétation n'en est sûrement pas facile, et je ne sais pas trop jusqu'où l'application peut en être étendue, bien que, en principe tout au moins, on puisse toujours dire que Pierre représente l'exotérisme ; quant à l'appellation "fils de Jonas" employée ainsi exceptionnellement, elle doit bien répondre à quelque intention particulière, mais ce qui apparaît pas clairement, c'est le rapport qui peut exister entre le sens même de ces passages et le symbolisme de la baleine.

Pour en venir à Dürer, je me demande si, dans les "Armoiries au Coq", la forme étrange de la queue du lion ne dissimulerait pas quelque symbolisme numérique, mais je serais d'ailleurs incapable de justifier cette idée d'une façon quelque peu précise ; quant à la position inclinée de l'écu, je crois qu'elle est très fréquente dans les figurations héraldiques allemandes. -- La forme de la vrille de vigne enroulée à la lampe de" saint Jérôme dans sa cellule" paraît aussi présenter quelque rapport avec celle de la queue du lion ; c'est souvent dans ces détails, insignifiants en apparence, que se cachent bien des choses, mais il n'est pas toujours facile d'en trouver la clef !.

-- Pour "Le Chevalier, la Mort et le Diable", j'en ai vu une reproduction autrefois, mais je ne me souviens pas des détails ; j'accepte donc votre offre de me l'envoyer, et je vous en remercie à l'avance. Dans le numéro des "Etudes Carmélitaines" sur Satan, on a donné seulement un fragment, la figure du Diable, qui ressemble beaucoup à celle d'un porc, avec aussi quelque chose du bouc et peut-être de l'âne.

Ce que vous me dites des raisons qui font craindre que le projet de rituel ne soit pas adopté paraît en effet quelque peu inquiétant ; mais il me semble que l'essentiel serait de pouvoir l'admettre "officiellement" par le Convent, même si, par la suite, on ne peut pas trop insister pour qu'il soit observé par toutes les LL∴ d'une façon parfaitement uniforme. -- Votre idée de donner plus d'importance aux formes "verbales" qu'aux formes "plastiques" est assurément conforme aux nécessités actuelles et pourrait supprimer bien des difficultés ; mais comment le réaliser exactement sans altérer en rien le caractère propre d'un rituel de "constructeurs" ? -- Pour la formule employée maintenant à "Chéops", la supposition que vous faites sur la façon dont J. B. en a eu connaissance est en effet très vraisemblable.

Merci pour l'envoi à venir ; vous serez bien aimable de remercier aussi Marty d'avoir eu cette idée pour la copie dactylographiée.

Je pense que vous n'oublierez pas de me reparler une prochaine fois de ce que vous dites à propos de la consécration initiatique et de vos réflexions sur le mode d'action des rites.

Je vous remercie de vos bons vœux, et je vous adresse tous les miens à mon tour, regrettant seulement qu'ils ne puissent vous parvenir qu'un peu tardivement ; la dernière fois que je vous ai écrit, j'étais préoccupé de répondre à tant de choses que cela m'a fait oublier que nous étions au début de l'année !

Bien Frat∴ à vous.

R. G.

෨ඥ

Le Caire, 12 mars 1949.

T∴ C∴ F∴,

J'ai reçu il y a cinq ou six jours votre lettre du 24 février avec le rituel du troisième degré ; cela m'a rassuré, car, ne pensant pas que vous aviez eu à faire tout ce travail, qui en effet explique bien suffisamment votre retard, je commençais à craindre que quelque chose ne se soit encore égaré. Vous parlez de ma lettre du 23 janvier, mais je crois comprendre que vous devez avoir bien reçu aussi celle du 13, puisque c'est dans celle-ci que je répondais à la vôtre du 29 décembre.

Je n'ai pas encore reçu la copie du rituel du premier degré, mais cela n'a rien d'étonnant ; j'ai su il y a déjà quelque temps que celle que vous aviez envoyée au F∴ Rocco lui était bien parvenue, et je pense d'ailleurs qu'il a dû vous écrire depuis lors.

-- Merci d'avance pour l'envoi de cette copie et pour les autres choses dont vous faites mention ; Maridort ne tardera sans doute pas à m'envoyer la gravure de Dürer, si même il ne l'a déjà fait.

Je crois que vous pourrez très bien vous tirer du compte rendu du livre de Reghini et que vous avez vraiment tort de vous défier ainsi de vous. -- Quant à l'article de "Gabaon", il y a sûrement bien des choses intéressantes à dire ; je ne crois pas qu'il ait jamais été écrit grand-chose là-dessus, ou du moins je n'en ai pas connaissance, et, en dehors de Ragon, je ne sais pas du tout ce que vous pourriez trouver. Je vois dans le rituel que vous traduisez ce mot par "colline", ce qui en somme est exact, mais c'est plus précisément une colline de forme arrondie, car c'est l'idée de "rondeur" qui est exprimée par sa racine, comme je l'écrivais dernièrement à Maridort qui m'avait posé aussi une question à ce sujet et qui, n'en connaissant pas exactement l'orthographe hébraïque, avait fait des rapprochements avec d'autres racines tout à fait différentes. -

-- Il ne me parait pas douteux que la principale raison du choix de ce nom est la manifestation de Dieu à Salomon "en ce lieu (2 Rois, 3 -- 2 Chron., 1), d'autant plus qu'elle a un aspect direct avec le projet de la construction du Temple, et sans doute feriez-vous bien d'en faire mention dans le rituel, ou plutôt de le rappeler quand ce nom est donné au nouveau Maître, je m'aperçois, en relisant le rituel, que c'est déjà indiqué au début de la légende d'Hiram : éventuellement, le texte de Josué que vous citez vient aussi s'y ajouter. -- Je viens de revoir le livre de Vuillaume : il ne mentionne le nom de Gabaon qu'au rite français, je ne sais pourquoi, et il parle du rôle des Gabaonites comme gardiens et conservateurs de l'Arche d'Alliance (Cf. I Chron., 21) (ce qui en effet est encore une autre raison à joindre aux précédentes) ; c'est la seule explication qu'il donne, et, pour ce qui est de la signification, il traduit par "habitaculum exesum" au moyen d'une décomposition en deux mots qui est entièrement fantaisiste.

Un point que je voudrais vous faire remarquer, bien qu'il n'ait qu'assez peu d'importance, est celui-ci : en France, on a l'habitude de dire Hiram-<u>Abi</u>, et il n'y a sans doute qu'à conserver cette forme ; mais en Angleterre, on dit Hiram-<u>Abif</u>, ce qui a intrigué bien des gens. Voici l'explication : <u>Abi</u> signifie évidemment "mon père" ; quant à <u>Abif,</u> c'est une déformation de <u>Abin</u>, "son père" ; les deux expressions se trouvent l'une et l'autre dans la Bible, et, dans un cas aussi bien que dans l'autre, le pronom possessif se rapporte à Hiram, roi de Tyr, qui, semble-t-il, donnait à l'autre Hiram ce nom de "Père", comme une marque de respect, car il va de soi qu'il n'était pas son fils au sens propre du mot. -- D'autre part je ne crois pas que le nom du père d'Hiram puisse être <u>Aor</u> (lumière) comme vous l'avez écrit ; je l'ai toujours vu donné comme <u>Har</u> ou <u>Hor</u>, qu'on interprète habituellement par "feu", ce qui n'est peut-être pas rigoureusement exact, mais qui en tout cas exprime l'idée de "chaleur", ce qui paraît ici avoir un rapport assez direct avec le travail des métaux. Quant au nom même d'Hiram, il est assez curieux qu'il se présente avec plusieurs variantes : dans certains passages bibliques, en effet, on trouve les formes Hûram et Hirôm ; je ne sais d'ailleurs pas au juste ce qu'on pourrait en tirer...

Pour ce qui est du rituel lui-même, je le trouve très bien dans son ensemble, et je ne vois guère d'observations à faire, sauf pourtant sur un point important : il s'agit des instruments du meurtre d'Hiram, car il y a plusieurs versions différentes en ce qui concerne les deux premiers ; je ne sais pas exactement d'où vous avez tiré celle que vous avez adoptée, mais je ne pense pas que ce soit la plus correcte. À mon avis tout au moins, ce doit être ainsi en réalité : Premier, règle de 24 pouces (coup à la gorge) ; deuxième équerre (coup au cœur) ; troisième, maillet (coup à la tête). De cette façon, la progression suit celle des divisions du temps : Premier, journée de 24 heures ; deuxième, saison (quart de l'année ; troisième, cycle annuel (en raison de la forme cylindrique du maillet). Ce symbolisme temporel est loin d'être négligeable ici, surtout si l'on fait à cet égard un rapprochement avec la formule du "Shatâpatha Brâhmana" suivant laquelle "Prajâpati est l'Année", du moins sous un certain rapport, ce qui a aussi sa correspondance dans le nombre des briques employées pour la construction de l'autel vêdique ; vous vous souviendrez peut-être, à ce propos, que j'ai parlé de l'étroite relation existant entre le sacrifice de Prajâpati (ou Purusha) et le meurtre d'Hiram et d'Osiris dans mon article "Rassembler ce qui est épars" (n° d'octobre-novembre 1946). -- Il est à remarquer que la règle de 24 pouces constitue en quelque sorte une "anomalie", très probablement voulue, puisque, normalement, ce sont des divisions dénaires qui conviennent aux mesures rectilignes, tandis que les divisions duodénaires s'appliquent aux mesures circulaires. Je me souviens que, dans le "Speculative Mason", quelqu'un a posé une question plutôt naïve : " Qu'est devenue la règle de 24 pouces dans la Maç∴ française depuis l'adoption du système métrique ? " La vérité est que cette mesure n'a jamais changée et n'a pas à changer, pas plus que celle de quatre pouces pour la largeur de cordon dont nous avons déjà parlé... --- J'avais fait autrefois à Thébah un exposé sur le symbolisme de la légende d'Hiram ; il me semble que j'avais dû en garder quelques notes, mais je suis tout à fait incapable de les retrouver actuellement ; en tout cas, si je repense à autre chose, je vous le dirai une prochaine fois, mais c'est surtout sur cette question des outils servant d'armes aux troisième degré, qu'il me paraît nécessaire d'apporter votre attention.

Bien frat∴ à vous.

R. G.

Le Caire, 30 avril 1949.

T∴ C∴ F∴,

Voilà déjà quelque temps que j'ai reçu votre lettre des 31 mars - - 10 avril ; je pense que le F∴ Maridort vous l'aura déjà fait savoir comme je lui avais demandé, car je prévoyais bien qu'il ne me serait pas possible d'y répondre tout à fait tout de suite, étant obligé d'en finir d'abord avec un article pour les "Cahiers du Sud" qu'on me réclamait avec insistance depuis longtemps. -- Merci pour toutes les choses jointes à cette lettre ; je m'inquiétais un peu au sujet du rituel d'initiation que, dans la précédente, vous aviez dit m'envoyer séparément par poste ordinaire, mais, puisque je l'ai trouvé avec celle-ci, je pense qu'ainsi il ne manque rien.

Au sujet de Gab∴ (dont la prononciation hébraïque est en réalité Gibe'ôn), la traduction exacte est bien en effet, comme vous le dites, "colline ronde" ou "éminence arrondie" ; cette forme est en effet fréquente (quoique non absolument constante) pour les représentations de la "montagne sacrée", et elle est aussi celle des tumuli, qui, d'ailleurs peuvent être considérés comme des images de cette même montagne. La forme arrondie au sommet se rapporte symboliquement au crâne humain et à la couronne de la tête ; je crois y avoir fait allusion dans un article, mais je ne me rappelle plus lequel. -- Le nombre est bien 131 ; je ne vois pas en ce moment quels autres mots ont le même nombre en hébreu, quoique naturellement il puisse y en avoir. Je me demande si ce qu'il a rappelé à Clavelle ne serait pas tout simplement l'histoire concernant les nombres 1331 et 313 qui se trouvent dans la brochure assez fantaisiste de G. R. Dell'Acqua, dont j'ai fait le compte rendu dans le n° de septembre 1948. -- Quant au rapport avec l'idée de "vengeance", il ne me paraît pas tout à fait clair, malgré les passages de "2" Samuel que vous indiquez et que je viens de relire ; indépendamment de cela, votre interprétation de la vengeance est sûrement juste, mais je ne crois pas qu'on puisse dire que tous les grades qui suivent le troisième soient, indistinctement, des grades de vengeance ; habituellement, ce caractère est attribué d'une façon plus spéciale aux grades d'Elu. Pour ce qui est du rapprochement entre les versets 2, 23, et 20, 12, et ce que j'ai cité à la page 4 du "Roi du Monde", il y a sûrement là quelque chose de curieux en effet, mais, pour le moment du moins, je n'arrive pas à bien voir comment on pourrait le justifier... --- Le caractère <u>Ming</u>

constitué par le soleil et la lune signifie "lumière" ; les autres mots <u>Ming</u> signifiant "nom", "mandat", "destinée", s'écrivant par des caractères tout à fait différents ; mais il n'en est pas moins vrai que, entre des homophones comme ceux-là, il y a souvent un certain rapport de sens (sur ces mots Ming, voir " La Grande Triade", (pages 116 et 122). Quant au caractère figurant sur des tabliers sacrificiels chinois, je ne pourrais rien affirmer, n'en ayant jamais vu de reproduction ; mais il me paraît tout au moins très vraisemblable que ce doit être i, l'unité, en relation avec l'Étoile polaire, qui se trouverait associée là avec les 7 étoiles de la Grande Ourse ; il se pourrait cependant aussi que ce soit le mot Yi, signifiant mutation cyclique, comme dans le titre du Yi-King. -- Les Grecs assimilaient le Melkart tyrien à Héraklès, mais le rapprochement entre les noms eux-mêmes me semble très douteux ; on a donné du nom d'Héraclès beaucoup d'interprétations fantaisistes (y compris le "Hara-Kâla" de Jacolliot), et celle de Fabre d'Olivet, sans être absolument impossible, est en tout cas très hypothétiques. D'autre part, son explication du nom de Melkart est certainement fautive : ce n'est pas Melck-Aretz, Roi de la Terre, mais une contraction de Melek-Earth, Roi de la Cité.

Le f∴ Rocco m'a écrit qu'il avait bien reçu tout ce que vous lui aviez envoyé, et qu'il avait été empêché par la grippe de vous répondre tout de suite comme il l'aurait voulu ; mais je vois que sa lettre n'a pas été très longtemps à vous parvenir. Quant à la solution qu'il envisageait, d'ailleurs sans grand espoir, pour le rattachement de la L∴ projetée, j'en avais parlé tout de suite à Maridort, et, informations prises, la chose est en effet impossible pour la raison que vous pensez, et elle le sera tant qu'il existera des relations officielles entre la G∴ L∴ de France et la G∴ O∴ d'Italie (dont la situation, d'ailleurs, est actuellement plus confuse que jamais, du fait des compétitions survenues à la suite de la mort du G∴ M∴ Guido Laj) ; j'ai fait part à Rocco de cette réponse négative que je prévoyais bien, et il me dit qu'il n'en a été nullement surpris non plus.

Pour les instruments du meurtre d'Hiram, je vois par ce que vous me dites au sujet du rituel "Emulation" qu'il y a bien des variantes, mais plus j'y réfléchi, plus il me semble que c'est bien décidément la version que je vous ai indiqué qui est la plus correcte. La "Pince", là où on la fait intervenir, est sûrement un levier, dont la forme ne se prête en réalité à aucun rapprochement avec celle du compas. Quant à l'expression suivant laquelle le Maître demande à être éprouvé par l'équerre et le compas, il n'est pas douteux qu'il s'agit là de tout autre chose et qu'elle se rapporte au symbolisme que j'ai exposé dans "La Grande Triade" (y compris la figuration qui y était donnée plus spécialement par la forme des anciens vêtements rituels chinois). -

- L'objection à laquelle donne lieu le coup donné sur l'épaule, c'est qu'il ne serait en correspondance directe avec aucun des centres subtils de l'être humain, contrairement à ce qui a lieu pour les autres. Quant au coup à la tête, il me semble qu'il doit plus précisément être porté au front, et non pas au sommet de la tête, car la considération de ce dernier ne doit réellement intervenir qu'au grade de Royal Arch, en raison du caractère "extra individuel" du centre correspondant. Incidemment, le coup au front me fait penser au rite (aujourd'hui tombé en désuétude, paraît-il) qui consistait à frapper avec un marteau d'argent le front du Pape qui venait de mourir ; mais ces deux rites sont dans un rapport en quelque sorte inverse, car ici il s'agissait d'un dernier effort de "revivification" ; on retrouve donc encore là le double pouvoir du vajra ou des instruments qui le symbolisent. -- Après avoir fait partir ma dernière lettre, je me suis aperçu que j'avais dû m'expliquer insuffisamment au sujet de la règle de 24 pouces : en réalité, 24 pouces font deux pieds, et il est évident que, si l'on dit 24 pouces, c'est pour marquer d'une façon explicite l'allusion à la division de la journée en 24 heures. D'autre part, ce qui a véritablement quelque chose d'anormal, c'est le fait même de la division du pied, en tant que mesure rectiligne, en 12 pouces et non pas en 10 ; il faudrait savoir d'où cela a bien pu provenir, et, comme je vous l'ai déjà fait remarquer à propos d'un autre sujet (4 pouces = 108 millimètres), la question de l'origine des anciennes mesures de longueur pose un certain nombre d'énigmes qui ne semblent pas des plus faciles à résoudre... La journée étant en réalité un cycle, il n'y a rien d'anormal dans sa division duodénaire, mais seulement dans sa représentation par la longueur d'une règle, rendue possible par l'application à celle-ci d'une division également duodénaire. En Chine, la longueur du pied a varié à diverses époques, corrélativement à celle de la "mesure de l'homme" (la hauteur du mât du char royal), mais il a toujours été divisé correctement en 10 pouces et non en 12.

J'ai relu attentivement votre projet "définitif" pour le rituel d'initiation au premier degré, et je n'ai plus trouvé cette fois aucune observation à y faire, même en ce qui concerne simplement la forme. De même, pour l'instruction, son arrangement de façon à obtenir un total de 33 demandes me paraît très bien ainsi, et je ne vois réellement aucune modification à y suggérer.

Je suis tout à fait stupéfait de ce que vous m'apprenez au sujet du projet qui a été envoyé à l'étude des LL∴, et que, contrairement à ce que vous pensiez, je n'ai pas encore vu jusqu'ici ; dès que j'ai reçu votre lettre, j'en ai parlé à Maridort, et j'espère bien que vous ou lui allez pouvoir me l'envoyer. Pour quelles raisons Marty a-t-il bien pu agir ainsi, sans montrer à personne la dernière rédaction de ce projet, et comment a-t-il bien pu y introduire ou y laisser subsister tant d'incorrections aussi bien pour le fond que pour la forme ? Cela est extrêmement ennuyeux à tous les points de vue, et, comme vous le dites, on peut se demander ce qu'il en adviendra au prochain Convent ; je ne comprends que trop votre contrariété, après toute la peine que vous vous êtes donné pour arriver à faire quelque chose de convenable. Je vous remercie de toutes les explications que vous me donnez à ce sujet ; il est bon en effet que je sache exactement ce qu'il en est de tout cela, mais il est d'ailleurs bien entendu que, même si j'avais eu d'abord connaissance du texte en question, il n'aurait jamais pu me venir à l'idée que vous étiez pour quoi que ce soit dans cette sorte de "malfaçon". Je comprends aussi que vous avez dû déjà être étonné quand vous avez constaté que les remarques de ma lettre du 31 juillet se rapportaient presque toutes à des modifications faites par Marty et que vous ignoriez jusque-là...

J'en viens maintenant à la question du rituel actuellement en usage à la G. T. ; mais, avant tout, je tiens à vous dire que j'ai été très heureux de votre mise au point en ce qui concerne les réflexions que vous avez faites à Mercier, car la façon dont il les avait rapportées avait causé une sérieuse inquiétude à Clavelle et à Maridort, et par suite à moi-même quand ils m'en avaient fait part. Il faut certainement que vous fassiez, de même qu'eux, tout le possible pour rester à la G. T., et il faut bien espérer que, malgré les menaces dont vous parlez, vous ne serez jamais obligé de la quitter contre votre gré ; du reste, en dépit des choses imparfaites ou même déplaisantes qui peuvent y exister encore, je crois qu'il serait impossible de trouver mieux ailleurs, et puis il faut aussi penser aux résultats que cela pourra donner par la suite, car il va de soi que ce n'est que peu à peu qu'on pourra arriver à quelque chose de plus complètement satisfaisant, à la condition de ne pas se laisser décourager entre temps... -- Quant au rituel en question, il y a sûrement là, d'après tout ce que vous m'expliquez, quelque chose qui ne laisse pas d'être assez inquiétant pour plusieurs raisons, et en premier lieu parce que la façon dont son origine a été présentée constitue une mystification évidente ; même si on ne peut pas en découvrir les motifs et l'intention précise, cette constatation suffit pour qu'il y ait lieu de se méfier sérieusement. Il est bien clair que, comme vous le dites, ce rituel n'a rien d'anglais, ou du moins je n'y vois de tel qu'un point de détail : la réponse à la question concernant l'habillement du Maître, et encore est-elle inexactement traduite, car c'est en réalité "Yellow jacket and blue trousers" (allusion au compas). D'autre part, je remarque certaines choses assez peu correctes : la correspondance avec les éléments est intervertie pour les 2° et 3° voyages ; les bruits transportif du 1° au 3° ne se justifient pas non plus ; la chaîne traînante, à la place de la corde, ne répond guère au symbolisme du "cable-tow", et cela seul suffirait presque à montrer qu'il ne peut pas s'agir d'un rituel anglais. Pour ce qui est des questions qui ont été tirées du catéchisme d'App∴ Elu Coën, et qui sont d'ailleurs tout à fait hors de place dans le rituel d'un grade symbolique, il est évident que cette constatation est décisive ; si vous n'aviez pas eu l'occasion d'en trouver ainsi la source, je n'aurais peut-être pas pensé à la chercher là où elle est (car je dois dire qu'il y a bien longtemps que je n'ai pas regardé ce livre de Papus), mais je me serais du moins aperçu à première vue que certaines expressions caractéristiques, comme notamment celle de "Grand Temple Universel", ne pouvaient provenir que d'un emprunt aux Élus Coëns ; et que dire, quand il s'agit d'une L∴ symbolique, de la substitution de la forme du triangle équilatéral à celle du carré long ? Je crois comme vous qu'il y a malheureusement bien des chances pour que J. B. soit le véritable auteur de ce rituel, et il est certain que cela non plus n'est pas rassurant, étant donné surtout ce qu'on sait du genre d'"opérations" dont il a l'habitude. N'y aurait-il aucun moyen d'obtenir le remplacement de ce rituel par un autre plus normal, par exemple en donnant à J. C. (mais naturellement je ne veux pas dire qu'il faudrait que ce soit vous qui vous en chargiez, et je crois qu'il vaudrait mieux laisser ce soin à quelqu'un qui soit en meilleur terme avec lui) la preuve de la mystification qui est à son origine et dont il ne se doute très probablement pas ?

Ouverture

Il serait plus normal de dire toujours Orient, Occident et Midi, et non Est Ouest et sud ; c'est évidemment la même chose, mais il y a là une ancienne habitude qu'il semble préférable de conserver.

La question de savoir si le Vén∴ doit se découvrir est discutable ; suivant certains, il doit au contraire rester toujours couvert, parce qu'il est censé travailler toujours au grade de Maître.

Dans la formule d'ouverture, il faudrait : "dans la R∴ L∴ de Saint Jean constituée", etc..

"L'édification de notre édifice" n'est pas très heureux ; pourquoi ne pas mettre" de notre Temple" ?

Questions aux visiteurs. -- Dans la réponse à la 2° question, j'ai toujours vu cachots ; pourquoi a-t-on substitué à ce mot celui de tombeaux ? -- la réponse complète à la troisième question est : "Soumission au Vén∴. salut, prospérité et bon accueil à tous les FF∴

"--Le reste des questions manque ; je suppose que ce doit-être un oubli.

Initiation

Page 4, il faut bien "la lutte fatigante contre les passions".

Page 5, il semble que "Pour mettre un frein salutaire à nos passions" et pour nous apprendre à calmer l'ardeur de nos passions" fassent quelque peu double emploi ; l'un des deux serait sans doute suffisant.

1° voyage. -- "De l'Est à l'Ouest" doit être une faute, et il semble bien qu'il faille le contraire. -- Les trois voyages ne sont pas effectués ici dans le même sens, et même il n'y a que le 2° qui le soit dans le sens "solaire" ; il est vrai qu'il y a bien des divergences à cet égard, mais les raisons n'en apparaissent pas bien clairement, et ce point serait peut-être à examiner de plus près.

Les "disques de bruitage" sont vraiment un peu trop modernes ; pourquoi ne pas conserver tout simplement les accessoires qui étaient en usage autrefois ?

3° voyage. -- On ne comprend pas bien comment il est possible de ramener le récipiendaire "par le milieu de la L∴ ", puisque ce milieu est occupé par le tableau sur lequel on ne doit jamais marcher ; de plus, la circumambulation ne serait pas complète dans ce cas.

Page 11, une inadvertance à corriger : "aux caractères <u>connus des seuls</u> vrais Maç∴ " (et non pas <u>seuls connus</u>).

Page 12, la mention <u>de l'équerre et du glaive</u> sur le Livre sacré doit être inexacte ; il doit toujours en réalité être recouvert <u>du compas et de l'équerre</u>, disposés de la façon qui caractérise le grade auquel on travaille.

Page 14, la formule de la consécration devrait être rédigée d'une façon exactement conforme à celle de l'ouverture : "<u>Au nom</u> du G∴ A∴ de l'U∴ ", etc. ; et ne pas oublier d'y rétablir aussi "la R∴ L∴ <u>de Saint Jean</u>".

Dans la formule du serment, je crois que le mieux est décidément de garder les "vautours", car l'expression anglaise, qui a un sens plus général, supporterait assez mal une traduction littérale : "les oiseaux voraces (ou dévorants) de l'air" ne me paraissent pas faire un très bon effet en français.

Pour les questions de la fin, je vous ai déjà parlé tout à l'heure de ce qui se rapporte aux significations données à la lettre G. D'autre part, il est assez curieux qu'un des piliers construits par Hénoch ait été ensuite retrouvé par Hermès, étant donné que celui-ci est le plus souvent identifié à Hénoch lui-même ; mais il faut dire que les confusions de ce genre sont bien loin d'être rares dans les anciennes versions de l'histoire légendaire de la Maç∴ ; si vous avez trouvé celle-là dans quelque document se rattachant à une telle source, il n'y a donc qu'à maintenir la chose telle quelle, la remarque générale sur le caractère anachronique de certaines de ces questions suffisant d'ailleurs pour écarter par avance toute objection à cet égard.

Vous avez écrit <u>Athelstone</u> ; il me semble bien avoir toujours vu <u>Athelstan</u>, qui doit être la véritable orthographe de ce nom.

Une chose à laquelle je pense incidemment : anciennement, le 2° degré était souvent désigné sous le nom d'"Expert" ; bien qu'assurément ce ne soit pas très important, je me demande si on ne pourrait pas trouver moyen de le rappeler dans un endroit quelconque du rituel ; qu'en pensez-vous ?

Je ne trouve plus autre chose à vous signaler et j'espère que rien de grave ne m'aura échappé. Il ne reste plus qu'une semaine exactement d'ici le Convent, et c'est pourquoi je me suis un peu pressé pour examiner tout cela ; je souhaite que ma lettre ait encore le temps de vous arriver avant cette date !

Bien frat∴ à vous,

R. G.

ഇരു

Le Caire, 14 mai 1949.

T∴C∴F∴,

J'ai reçu votre lettre du 17 avril peu après avoir répondu à la précédente ; mais, depuis lors, la préparation de mes articles pour le N° de juin m'a obligé à ajourner ma correspondance, ce qui vous expliquera mon retard à vous récrire. -- Bien sûr, vous pouvez toujours m'écrire chaque fois que vous aurez à me parler d'une question ou d'une autre ; je vous demanderai seulement, une fois pour toutes, de m'excuser s'il arrive parfois que je ne puisse pas vous répondre aussitôt.

Merci de vos explications complémentaires au sujet des rituels que vous m'avez envoyés ; je n'ai toujours pas reçu le projet de Marty. -- Je n'ai aucune nouvelle de Saint Jean-Le-Thomas depuis assez longtemps, ce qui commence même à m'inquiéter ; je ne puis donc vous dire ce que Marty a fait de ce côté, et le mieux est d'attendre jusqu'à nouvel ordre.

J'espère, d'après ce que vous me dites, recevoir d'ici peu votre compte rendu du livre de Reghini ; vous pouvez compter que je vous dirai franchement ce que j'en pense.

Je n'avais jamais entendu parler de ce livre de Claudel que vous avez vu récemment ; qui est l'abbé Tardif de Moidrey ?

Les princes allemands qui ont soutenu ou poussé Luther sont généralement considérés, je crois, comme n'ayant eu en cela que des visées politiques, et c'était en tout cas l'opinion du chanoine Paquier dont je vous parlais la dernière fois ; mais assurément il se peut très bien que cette explication soit insuffisante et qu'il y ait eu autre chose, chez certains tout au moins. Il se peut même que la réforme ait été provoquée en réalité pour des raisons d'ordre "cyclique" et, comme vous le dites, la "qualité" des instruments employés ne compte pas toujours beaucoup en pareil cas. Ce qu'il serait bon de savoir, c'est si l'affirmation du "libre examen " a été nettement posée dès l'origine, car c'est là surtout ce qui ouvrait la porte à toutes les déviations individualistes ; votre remarque au sujet de l'"aspect ternaire" et de ses applications est sûrement intéressante ; cependant, il semble difficile que le protestantisme, qui n'a pas d'unité véritable (c'est là précisément une conséquence du "libre examen") soit, même en dehors de toute autre considération, mis sur le même pied que les églises catholique et orthodoxe pour compléter le ternaire dans le Christianisme ; quant à la correspondance des trois branches avec les apôtres Pierre, Jean et Paul, je ne sais vraiment trop ce qu'il faut en penser... -- Quoi qu'il en soit, les passages de "Positions protestantes" que vous me citez sont assez remarquables en effet et me surprennent tout autant que vous ; il semblerait qu'il y ait actuellement quelque chose de changé dans la mentalité de certains milieux protestants, surtout peut-être ceux où l'on se préoccupe de la question de l'union des églises ; mais jusqu'à quel point ce changement pourrait-il être interprété comme un retour à l'esprit originel de la Réforme, ou tout au moins comme se rapprochant de celui-ci ?

Au sujet d'Albert de Brandebourg, le Grand Maître de l'Ordre Teutonique est certainement plus connu que son homonyme et contemporain, mais je ne saurais vous dire avec lequel des deux Dürer a été en relations ; peut-être avez-vous d'ailleurs pu vérifier déjà ce qu'il en est. -- Je n'avais jamais su en quelle occasion le symbole rosicrucien (ou apparemment tel) de Luther avait paru en premier lieu ; ce symbole a du reste un aspect assez particulier : la croix est posée sur un coeur, et celui-ci à son tour sur une rose ; il paraît qu'il aurait été proprement le sceau de la "Militia Crucifera Evangelica", mais la difficulté est de savoir si celle-ci (qu'on a prétendu faire revivre en Amérique) avait réellement des attaches avec le Rosicrucianisme.

Je connais le portrait de Jean Klégerger, mais, par contre, je ne connaissais pas du tout ceux de Dürer lui-même, de 1499 et de 1500, dont vous parlez. Dans le premier, ce qui paraît le plus curieux, et aussi le plus énigmatique, ce sont les trois anneaux ; cela semblerait figurer en quelque sorte la réunion de trois cycles, mais de quels cycles peut-il s'agir ? L'interprétation que vous envisagez n'a sûrement rien d'invraisemblable, mais faut-il ici l'appliquer à l'intérieur du Christianisme seulement, ou dans un domaine plus étendu comprenant plusieurs formes traditionnelles ? On pourrait même aussi se demander s'il ne s'agirait pas plutôt de la réunion de trois initiations différentes, et il faudrait sans doute pouvoir faire des rapprochements avec d'autres indices pour arriver à préciser davantage... Quant à l'autre portrait, ce qui me paraît quelque peu étonnant, c'est que Dürer s'y donne lui-même l'épithète de "Noricus", comme d'autre part à Kléberger, parce que, si cette épithète a dû avoir une signification cachée, je ne crois pas que celle-ci ait pu s'appliquer en même temps à deux personnages distincts ; faut-il donc penser que, pour l'un d'eux (qui alors serait probablement Dürer), elle doit être prise seulement dans son sens littéral et géographique, tandis que, pour l'autre, il en serait autrement ?

-- Clavelle, dans sa dernière lettre, me dit qu'il a demandé au F∴ Granger, de Lyon, de faire des recherches dans la bibliothèque de sa ville pour voir s'il ne s'y trouverait pas quelque chose concernant Klégerger ; celui-ci fut sûrement un personnage très mystérieux, et il semblerait qu'il ait joué en quelque sorte un rôle de "trait d'union" entre différentes organisations initiatiques, parmi lesquelles celles auxquelles appartenait Dürer. Je ne pourrais pas affirmer que c'est à lui que se rapporte la lettre de Landolfo citée par Reghini, mais cela me paraît du moins assez probable, car on ne voit pas trop à qui d'autre elle pourrait s'appliquer aussi bien.

Bien frat∴ à vous.

R. G.

Le Caire, 10 juin 1949.

T∴ C∴ F∴,

J'ai reçu hier votre lettre du 30 mai ; j'avais déjà su par Clavelle que vous aviez eu la première de mes deux lettres, et je vois que la deuxième n'a pas tardé beaucoup à vous parvenir aussi après cela.

J'avais en effet parlé à Clavelle de la question du compte rendu du livre de J. B., et je vous remercie d'avoir bien voulu accepter de vous en charger, car il me paraît nécessaire d'en faire un, pour la raison même qui vous le fait trouver plus urgent que celui des "Numeri Sacri", en quoi vous avez sûrement raison. Il faut espérer que cela ne vous prendra pas trop de temps, et aussi que vous pourrez bientôt récupérer les livres que vous attendez pour terminer votre article sur Gab∴, que Clavelle, d'après ce qu'il me disait dans une de ses dernières lettres, paraît désireux d'avoir sans trop tarder. Il ne faut point tant vous étonner de son insistance à demander votre collaboration, car, comme lui, je suis persuadé que vous pourrez donner des choses intéressantes ; et je vous assure que, dès lors qu'on sait écrire correctement, le reste de la "formation scolaire" n'a vraiment guère d'importance à cet égard !

Ne vous inquiétez pas de ce que Clavelle m'a dit au sujet du F∴ Mercier ; celui-ci s'est sans doute exagéré la portée de quelques-unes des réflexions que vous lui aviez faites, et j'ai même l'impression que l'inquiétude qu'il en a éprouvé persiste encore un peu chez lui ; mais en somme cette inquiétude même est plutôt un signe favorable en ce qui le concerne, car elle témoigne de l'intérêt qu'il prend au travail de la G. T.

Je vous remercie de la rectification concernant le portrait aux trois anneaux ; je ne sais pas plus que vous qui peut être Hans Tucher, et je n'avais même jamais vu ce nom jusqu'ici ; mais alors il semblerait, si les trois anneaux se rapportent en réalité à ce personnage comme c'est vraisemblable, que lui aussi a dû jouer quelque rôle dans les organisations initiatiques de son temps. -- D'après ce que Clavelle m'a dit, il n'a pas encore pu arriver à déterminer ce qu'est au juste la fonction que désignerait le mot "Noricus" ; je ne sais donc pas jusqu'à quel point il est sûr qu'elle ne puisse être remplie à la fois que par un seul personnage, et il se peut que pour le moment ce ne soit là qu'une supposition. Le F∴ Granger doit chercher à la bibliothèque de Lyon s'il s'y trouve des renseignements concernant Kléberger ; peut-être découvrira-t-il quelque chose d'intéressant de ce côté. Quant aux rapports avec les Vaudois et le Calvinisme auxquels vous faites allusion, je ne sais pas du tout ce qu'il peut en être, et j'espère que vous pourrez m'en reparler par la suite.

À propos du protestantisme, votre remarque sur l'abandon presque complet des rites est certainement tout à fait juste, et, même en mettant de côté toute question de doctrine, c'est là évidemment une lacune des plus graves et qui montre bien que quelque chose d'essentiel s'est perdu quant à la doctrine, j'espère que vous pourrez trouver plus de précisions sur la question du "libre examen", car il va de soi que, au point de vue traditionnel, cela a beaucoup plus d'importance que des nuances théologiques plus ou moins subtiles qui ont pu ne s'accentuer qu'après coup, comme conséquence plutôt que comme cause de la scission.

Pour le caractère non initiatique des rites chrétiens, tout au moins dans l'état actuel, les remarques dont vous me faites part sont bien de nature à confirmer encore ce que Clavelle et moi en pensons, et tendent même à indiquer qu'il a dû en être ainsi très tôt, quoique, en ce qui concerne l'origine même, la question demeure toujours fort obscure. Il me semble que le terme employé par l'église byzantine doit avoir le double sens d'"initiation" et de "consécration" (cette dernière pouvant être aussi d'ordre exotérique), comme il en est d'ailleurs également en sanscrit pour le mot "dîkshâ", qu'il faut traduire par l'un ou par l'autre suivant les cas auxquels il est appliqué. -- Le maintien du mot "Amen" sous sa forme hébraïque originelle (qui est d'ailleurs commun aux deux traditions chrétiennes et islamique) est sûrement loin d'être sans importance, mais je ne crois pourtant pas qu'on puisse le regarder comme suppléant à l'absence d'une langue traditionnelle ; celle-ci constitue une particularité qui sûrement ne peut pas être sans raison, mais, quoiqu'on puisse en penser, il faut en tout cas reconnaître qu'elle est loin de faciliter l'étude du sens profond de la tradition chrétienne...

Je ne savais rien de l'abbé Tardif de Moidrey ni de ses rapports avec Léon Bloy, et je dois dire que je n'ai jamais su non plus rien de précis sur l'histoire d'A. M. Roullé, qui semble vraiment bien étrange ; du reste, dans tout ce qui se rapporte à la Salette, il y a toujours un côté assez inquiétant. Pour ce qui est du cas de Léon Bloy lui-même, il va de soi que c'est surtout sa "suite" qui en augmente beaucoup l'intérêt ; l'"autorité" qu'on tend à lui attribuer, comme vous le dites, est due pour une bonne part à l'influence du groupe Maritain. Étiez-vous présent quand Cerf a manifesté son admiration excessive pour Maritain ? La proposition qui a été faite d'entrer en relation avec celui-ci, et, qui en a été l'occasion, me paraît particulièrement suspecte, à cause de l'hostilité aussi acharnée que sournoise dont il a toujours fait preuve à mon égard.

Je suis stupéfait de ce que vous me racontez au sujet des "inventions" de Cerf ; malgré tout ce que je savais déjà, je n'aurais tout de même pas cru que cela pouvait aller jusque-là ! Le plus fâcheux dans cette histoire, c'est que rien de ce qui avait été promis à Clavelle n'a été suivi d'effet, et cela me fait encore mieux comprendre la déception qu'il a dû éprouver en constatant que tout se réduisait finalement à l'occupation qu'il a actuellement... Je dois avouer, d'autre part, que je n'arrive pas à deviner qui est la personne que Cerf faisait intervenir ainsi au grès de son imagination, car je n'ai jamais entendu parler d'aucun projet de dictionnaire des termes sanscrits se trouvant dans mon œuvre ; C'est là quelque chose d'entièrement nouveau pour moi, et même d'inattendu.

Vous parlez d'une "Histoire des ducs de Bourgogne", mais je ne peux me souvenir de rien à ce sujet ; pourriez-vous me dire ou me rappeler qui en est l'auteur ?

Bien frat∴ à vous,

R. G.

ℰℴ⟨ℛ

Le Caire, 8 septembre 1949

T∴ C∴ F∴,

J'ai bien des excuses à vous faire pour être si en retard avec vous cette fois ; j'ai reçu successivement en leur temps vos trois lettres, dont la première remonte au trente juin ! Mais, depuis tout ce temps, j'ai toujours eu des choses qui, d'une façon ou d'une autre, m'ont empêché de vous écrire ; il faut dire aussi que, après votre première lettre, j'avais d'abord attendu votre article dont vous m'annonciez le prochain envoi ; je n'ai d'ailleurs pas été étonné qu'il ait tardé quelque peu, ayant su par Maridort que vous étiez alors en vacances ; mais c'est surtout depuis qu'il m'est parvenu que le temps m'a fait complètement défaut, et je pense du reste que Maridort vous l'aura peut-être déjà dit.

Merci tout d'abord pour avoir fait une commission à Hillel et m'avoir transmis sa réponse, qui m'a rassuré quant à sa santé ; je lui ai écrit quelque mot tout de suite. Pour ce qui est des ennuis d'un autre genre dont il parle, je n'en ai pas été surpris, car je savais que sa situation est malheureusement loin d'être brillante ; le plus fâcheux est qu'il est impossible de trouver un moyen quelconque pour l'aider à liquider les intérêts qu'il a encore en Roumanie, ce qui n'a d'ailleurs rien d'étonnant avec l'état actuel des choses dans ce pays...

Pour en venir à votre article, je croyais qu'il s'agissait seulement d'un compte rendu du livre de J. B., mais il me semble que c'est une excellente idée que vous avez eu de le prendre ainsi comme occasion de traiter un certain nombre de questions concernant les symboles, et que vous pouvez très bien continuer dans ce sens comme vous me dites en avoir l'intention ; quant à votre crainte que cela ne fasse un peu "décousu", je ne crois pas qu'il faille s'y arrêter, car cela permet de traiter différents points dont chacun ne suffirait pas à faire l'objet d'un article, mais qui n'en sont pas moins intéressants pour cela. En somme, je trouve que c'est très bien ainsi ; naturellement, vous avez pu, à votre retour à Paris, corriger les quelques inexactitudes du genre de celle que vous me signalez dans votre dernière lettre, et sans doute aussi compléter ce que vous aviez laissé en blanc (dans "The Grand Mystery laid open", je pense qu'il doit s'agir d'une truelle et d'un glaive, mais de quelle main chacun de ses objets doit-il être tenu ?). --Un petit détail pendant que j'y pense : je crois qu'il faut écrire "graffiti" et non "graffiti" ; je suis sûr du moins que c'est l'orthographe en italien, et elle a dû être conservée telle quelle en français, mais peut-être serait-il tout de même plus sûr de le vérifier. -- Au sujet des signes du monastère des Carmes de Loudun, je vous signale incidemment que, outre les formes que vous indiquez, il y en a encore une autre où l'on voit distinctement non seulement les lettres A et M, mais aussi le V ; mais sans doute n'y a-t-il pas lieu d'en faire mention à ce propos, non plus du fait que les lettres J∴ M∴ J∴ sont en usage chez les Compagnons Charpentiers (sans doute parce qu'ils ont pour patron Saint Joseph). -- Autre chose : le mot "Firt" existe en latin et, dans le cas dont il s'agit, pourrait signifier "il supporte" ou "il soutient", ce qui a évidemment une relation avec l'idée de "force" que vous indiquez ; cette même idée se retrouve aussi, d'autre part, dans l'interprétation suivant laquelle ce mot serait formé par la réunion des initiales de "Fortitudine ejus Rhodum Temeit". Je dois dire d'ailleurs que je ne sais pas à quelle époque eut lieu le siège de Rhodes auquel il est fait allusion et où dut intervenir un prince de la maison de Savoie ; je me souviens que, sur les monnaies antérieures à l'unité italienne, il est fait mention du titre de " Roi de Chypre et de Jérusalem", ce qui a peut-être quelque rapport avec les mêmes événements. Une chose que je n'ai jamais réussi à m'expliquer, c'est la raison pour laquelle, suivant Vuillaume, la devise F. E. R. T. ainsi interprétée figurerait aussi parmi celles du grade de Rose-Croix de Heredom. -- À l'endroit où il est question d'El-Khidr, vous pourriez peut-être renvoyer en note à l'article de Coomaraswamy, et aussi indiquer la référence exacte de la citation du Qorân qui vient ensuite (76, 21). -- Il me semble bien avoir vu le rapport entre "vitis" et "vita" signalé quelque part (peut-être par Ragon ?), mais je n'arrive pas à le retrouver ; cela n'a d'ailleurs pas une grande importance. -- Au sujet du mot "evergreen" pour lequel vous me dites avoir ajouté une note, vous savez que c'est en anglais la désignation des végétaux à feuilles persistantes ; mais, comme quand on emploie dans le même sens l'expression d'"arbre vert" en français, je me demande jusqu'à quel point on pense expressément dans ce cas à la couleur verte ; ce qui importe est plutôt la persistance ininterrompue de la végétation, qui en fait un symbole d'immortalité (et c'est évidemment à cause de cette signification que ce nom est donné à des LL∴ américaines) ; il est vrai que la couleur verte s'y trouve associée en fait, mais secondairement en quelque sorte. -- Ce que vous dites pour la langue bifide du serpent me paraît juste ; mais quelle est l'origine du mot "bisse" et que signifie-t-il exactement ? Je me demande s'il peut avoir aussi un rapport avec l'idée de dualité, ou si c'est seulement une onomatopée imitant le sifflement du serpent ; avez-vous trouvé quelque explication à ce sujet ?. -- Je crois, sans en être tout à fait sûr, que c'est Wirth qui a fait un rapprochement entre la forme de la truelle et le signe alchimique du soufre ; je ne sais trop quelle importance il convient d'y attacher, mais en tout cas cela n'est nullement en contradiction avec ce que vous dites, puisqu'il s'agit toujours d'un principe essentiellement actif. -- Je ne vois pas autre chose à vous signaler, et, comme je viens de relire encore une fois le tout avec attention, j'espère que rien ne m'aura échappé.

J'en viens aux autres questions contenues dans vos lettres, et, tout d'abord, il faut que j'appelle votre attention sur une chose qui est inexacte : il n'existe pas de racine <u>GAB</u>, car, en hébreu comme en arabe, toute racine est formée de <u>trois</u> lettres (il est bien entendu que les voyelles ne comptent pas). En réalité, les racines G B ' (je transcris comme je peux la lettre <u>AïN</u>), "être rond", et G B R, "être fort", sont tout à fait distinctes, bien qu'elles aient les deux premières lettres communes. Par contre, il y a, dans les deux langues un certain rapport de sens entre les racines G B R, "être fort" et K B R, "être grand" ; il en est d'ailleurs assez souvent ainsi pour des mots qui ne diffèrent que par la présence respective des lettres G et K dans leur racine (il est d'ailleurs à remarquer qu'il y a des régions, en Irak, où K se substitue à G dans la prononciation vulgaire). D'autre part, pour ce qui est des nombres, GB ` = 75, GBR = 205, KBR = 222 ; je ne vois pas du tout là-dedans ce qui peut donner 131 ; peut-être pourrez-vous m'expliquer d'où est venu ce nombre, et s'il y a eu confusion avec quelque autre mot ou seulement erreur de calcul.

Pour le cas où le nombre trois suffit pour que le travail soit possible, il n'y a pas besoin de chercher bien loin, car, dans la Maç∴ elle-même, il suffit de trois membres pour former une "L∴ simple" (appelée communément "triangle" pour cette raison), qui peut travailler régulièrement comme telle, mais qui naturellement ne peut pas procéder à des initiations, puisqu'elle n'est ni "juste" (5) ni "parfaite" (7). -- Dans la Maç∴ opérative, les travaux du septième degré sont toujours accomplis par trois personnes seulement, représentant les trois GG∴ MM∴, et en dehors de la présence de tout autre assistant. À ce propos, il faut que je vous signale, pour le cas où vous ne l'auriez pas vu encore, qu'il y a dans le "Speculative Mason" d'avril dernier une description très intéressante des rites annuels de la Maç∴ opérative ; il s'y trouve des choses qui sont en rapport avec certaines des questions dont j'ai parlé à propos de la Parole perdue, et aussi d'autres qui confirment ce que

Mercier a écrit dans son article sur les Landmarks. -- Dans les Turuq islamiques, il faut être sept pour faire en commun le dhikr sous sa forme complète, mais cependant il suffit d'être trois pour en faire certaines parties.

Le mot sacré du troisième degré, sous la forme qu'il a au rite français, est tout à fait inconnu en Angleterre ; c'est sûrement en France qu'il a été employé comme mot de passe, mais je n'arrive pas maintenant à me rappeler si c'est dans le rite adonhiramite ou dans quelque autre rite actuellement disparu.

Je ne vois pas beaucoup mieux que vous comment s'expliquer l'absence du grade de Royal Arch en France ; cependant, il y a lieu de tenir compte du fait que, en Angleterre, beaucoup de choses ont été réintroduites peu à peu pour combler autant que possible les lacunes de l'organisation de 1717, à commencer d'ailleurs par le grade de Maître lui-même. Il est aussi à remarquer que celui-ci correspond en partie au septième degré opératif, je veux dire en ce qui concerne la légende d'Hiram ; c'est sans doute pourquoi les grades de Mark et même de Royal Arch sont généralement considérés comme des développements se rattachant plutôt au grade de Compagnon ; mais il est évident qu'on n'a pas réussi à rétablir dans tout cela un ordre vraiment logique, ce qui montre combien il était difficile de réparer le "dégât" causé par Anderson et ses associés. Wirth a écrit quelque part qu'"Anderson était surtout très apte à gâter tout ce qu'il touchait", et cette appréciation me paraît tout à fait justifiée !

Les différences entre les "techniques" de la Maç∴ et de l'hermétisme correspondent naturellement à celles qui existent entre un travail de construction et un travail qu'on pourrait appeler "métallurgique" comme base de leurs symbolismes respectifs ; il est cependant à remarquer que le symbole de la "pierre" est employé également dans les deux cas, et avec des significations qui sont loin d'être sans rapport entre elles (voir à ce sujet les notes des pages 88 et 89 de la "Grande Triade" (édition de 1946 la table ronde).

Votre remarque au sujet des possibilités qu'offrent à certains les grades additionnels est juste, bien que ce ne soit peut-être pas la seule raison de leur existence, car il y a lieu aussi de tenir compte d'une sorte de rôle de "conservation" joué par la Maç∴ à l'égard des formes qu'ils représentent, par suite du fait qu'elle est la seule organisation initiatique ayant subsisté en Occident avec une vitalité suffisante pour assurer cette conservation au moins relative ; Clavelle a d'ailleurs fait des allusions assez nettes à cette question dans son travail pour le troisième degré.

Ce que vous me dites au sujet de Danier, J. Madaule, etc., est vraiment bien singulier ; quoi qu'il en soit des intentions des uns ou des autres, il ne me paraît pas douteux que toute infiltration de Maritain ou de son groupe est à empêcher si possible. -- Je crois que J. B. est comme Ambelain, en fort mauvais terme avec J. Chaboseau depuis assez longtemps déjà ; d'après quelque chose que m'a dit Bastien et que je n'ai d'ailleurs pas entièrement compris, je me demande si ce n'est pas à cause de cette hostilité qu'Ambelain a cessé, à ce qu'il paraît, toute activité au Régime Rectifié (contrairement à ce que semblerait donner à supposer sa brochure sur le Martinisme). Quant à P. Mariel, il est vraiment curieux qu'il n'ait jamais paru à la bibliothèque comme il l'avait annoncé ; il est probable qu'il aura eu connaissance des renseignements donné sur lui par Clavelle et que cela aura suffi pour lui ôter toute envie de donner suite à cette intention ! Vous avez dû remarquer, d'autre part, que ce que j'ai écrit au sujet de l'"inconscient collectif" se rapporte en partie à l'article qu'il a fait paraître dans le "Symbolisme" de mai. Je ne savais pas du tout où se trouvait le château de Barenton ; il faut dire d'ailleurs que je n'ai jamais eu l'occasion de connaître cette région...

Granger m'a parlé aussi de ses découvertes concernant J. Kléberger, mais avec des détails moins complets que ceux que vous m'avez donnés ; il y a toujours là-dedans beaucoup de choses qui me semblent bien difficiles à débrouiller, et il est d'ailleurs compréhensible que les documents écrits ne puissent se rapporter qu'à l'activité "extérieure" du personnage. -- Il est étrange que les deux médailles portent la même date et le même âge que le portrait de Dürer ; faut-il en conclure que le tout a été fait réellement dans la même année, ce qui serait assez étonnant, ou bien que ces indications ont une valeur purement symbolique ? Quant à la soi-disant "marque commerciale", qui est sans doute tout autre chose, je ne sais si vous avez remarqué sa ressemblance avec certaines "signatures" comme on en trouve notamment dans Agripa, et qui sont en réalité des combinaisons de caractères groupés d'une façon assez comparable à celle des abréviations sténographiques.

Pour la protection qui aurait été accordée à Dürer par plusieurs empereurs successifs, les erreurs chronologiques que vous avez relevées m'étonnent de la part de Barmont, car j'aurais cru qu'il avait à sa disposition des "sources" historiques plus sûres et moins "à la portée de tout le monde" que le dictionnaire de Bouillet ; c'est du moins ce qui semblait résulter de certaines citations pour lesquelles je dois d'ailleurs avouer que je n'ai jamais très bien compris les raisons du mystère dont il les entourait.

Pour les Vaudois, Granger m'a dit qu'il allait tâcher d'avoir des informations d'Italie ; seulement, je me demande jusqu'à quel point ceux qui existent encore dans le Piémont peuvent avoir conservé la doctrine et les rites originels ; leur association avec le protestantisme et l'influence qu'ils ont pu en subir n'ont-elles pas altéré leur caractère ? Certains pensent que les Vaudois sortirent d'un mouvement d'origine franciscaine, dont ils auraient seulement exagéré les tendances ; s'il en était réellement ainsi, les liens possibles avec les "Fidèles d'Amour" pourraient peut-être s'expliquer assez facilement par là ; et cela me rappelle aussi que j'ai entendu autrefois certains disciples de Maritain accuser les Franciscains d'être des "Gnostiques déguisés" ! -- Je vous signale incidemment que le F∴ Saverio Fera, qui fut G∴ Comm∴ du Sup∴ Con∴ d'Italie, était un pasteur Vaudois.

Je ne connais de l'"Histoire des Religions "publiée par Quillet que le seul chapitre de Lantoine sur la Maç∴, dont il m'avait envoyé un tirage à part. -- Je n'avais pas eu connaissance des faits dont vous parlez au sujet du Japon, mais je n'en suis nullement surpris, surtout pour ce qui est du Shinto.

Pour en revenir à J. K. et à ses "affinités", il est un peu difficile de s'y reconnaître au milieu de tant de personnages dont certains ne sont pas très connus ; je ne sais pas du tout, par exemple, où on pourrait trouver des renseignements précis sur Tucher et autres Nurembergeois, ni comment peut s'expliquer leur hostilité contre J. K., d'autant plus que cela vient se compliquer de l'énigme des trois anneaux, si toutefois c'est bien du même Tucher que Dürer a fait le portrait. -- Ce qui paraît en tout cas certain, c'est que J. K., tout en ayant toujours continué à faire profession de catholicisme, avait surtout des relations du côté des Réformés ; à cet égard, le problème est en somme à peu près le même pour lui que pour Dürer, sauf en ce que, d'après vos remarques, il semblerait que Dürer ait plutôt "travaillé" avec les Luthériens et J. K. avec les Calvinistes ; Quoi qu'il en soit, il a dû sûrement y avoir à tout cela quelque raison cachée, et ce ne peut pas avoir été simplement une question de sympathies individuelles, ce qui n'expliquerait rien au fond, étant donné qu'il ne s'agit pas simplement de deux ou trois cas isolés ; que d'ailleurs l'activité financière de J. K. ait servi à "couvrir" autre chose, cela est tout à fait probable... -- Un autre point qui est assez obscur, c'est ce qui concerne le testament de J. K. et son enterrement nocturne ; en admettant pour celui-ci l'explication que vous envisagez et qui est en effet plausible (car il va de soi que dans tous les cas il ne peut pas être considéré comme ayant été un "disciple" de Calvin), il reste encore une question qui n'est pas résolue : quelles peuvent bien avoir été les raisons pour lesquelles sa mort fut tenue cachée pendant plusieurs jours ? Je sais que cela s'est produit quelquefois pour des souverains, pour des motifs dynastiques ou politiques quelconques ; mais, pour un particulier, la chose semble beaucoup plus anormale.

Il faut espérer que vous pourrez réussir à trouver avec plus de précision quand et comment l'affirmation du "libre examen" a fait son apparition, il est bien certain que, chez Calvin lui-même, elle aurait été fort peu compatible avec l'attitude intransigeante dont certains lui font un reproche, notamment au sujet de la mort de Servet. -- Bien entendu, je comprends très bien comment vous vous êtes trouvé amené à vous intéresser à cette question du Calvinisme après celle du Luthéranisme, et je dois dire que, pour ma part, je n'ai rien trouvé là d'inquiétant. Pour ce qui est de votre "choix exotérique, je vois que vous aviez envisagé d'abord une autre solution que celle de l'anglicanisme ; n'oubliez pas de m'en reparler comme vous me le promettez, car je ne sais pas du tout de quoi il s'agit.

Au sujet du Paraclet, je me souviens que Clavelle a fait une fois allusion à la possibilité que certains de ses membres aient été en relations avec J. K., mais il ne m'avait rien dit de Riçonnet ; du reste, il doit toujours me reparler de certains personnages de l'entourage de François Premier, mais sans doute, comme il y a toujours bien d'autres choses d'une urgence plus immédiate, n'a-t-il pas pu en trouver le temps jusqu'ici.

La question de l'origine du sacerdoce chrétien est fort obscure, comme tout ce qui se rapporte aux premiers temps du Christianisme, et je suis bien persuadé que cette obscurité a été voulue pour dissimuler certains changements qui se sont produits pendant cette période ; je touche d'ailleurs à cette question dans l'article dont la première partie va paraître dans le numéro de ce mois-ci (article que j'ai été amené à écrire plutôt malgré moi, comme Clavelle pourra vous l'expliquer (Études Traditionnelles de septembre 1949 numéro 27 et suite Note de marge de L. J.). Il ne s'agit du reste pas là de la hiérarchie ecclésiastique, mais, si des modifications ont été apportées dans celle-ci, elles peuvent bien avoir été liées aussi à tout le reste, quoique je doive avouer que je ne vois pas exactement de quelle façon. Quoi qu'il en soit, suivant certains, la hiérarchie primitive aurait compris seulement les évêques et les diacres ; les prêtres auraient alors été seulement, suivant la signification étymologique de leur désignation, les "anciens" de la communauté, lesquels n'exerçaient que des fonctions d'ordre purement administratif. Je me souviens d'avoir notamment entendu développer cette thèse, il y a bien longtemps par un certain Père Tramblay, un ancien Trappiste qui n'était peut-être pas très orthodoxe sous tous les rapports, mais qui avait certainement une érudition considérable (il était d'ailleurs docteur en théologie). Seulement, s'il en était réellement ainsi (je ne peux naturellement rien affirmer moi-même, ne disposant pas de la documentation nécessaire), l'existence de l'épiscopat, avec la succession apostolique qu'elle implique, n'en demeurerait pas moins un élément tout à fait essentiel ; ce même P. Tramblay insistait beaucoup là-dessus, disant même nettement que toute église sans évêques devait être considérée comme inexistante. Si l'on admet cela, il y a dans le cas de la réforme et plus particulièrement du Calvinisme, quelque chose qui paraît véritablement inexplicable et impossible à justifier ; j'ai tenu à vous signaler ce point de vue, et vous me direz ce que vous en pensez. -- D'autre part, pourquoi une hiérarchie similaire aux hiérarchies pontificales de l'antiquité aurait-elle dû forcément être un "emprunt" à celles-ci, et pourquoi n'aurait-elle pas existé aussi dans le Christianisme dès son origine ? Si le premier Christianisme avait un caractère initiatique comme il le semble bien, une telle similitude apparaît au contraire comme toute naturelle et même en quelque sorte comme nécessaire. En tout cas il n'est pas douteux que les modifications essentielles, quelles qu'elles étaient déjà terminées à l'époque de Constantin, comme vous le dites, et même encore un peu plus tôt, et que c'est surtout à cette époque que dû être fait le travail destiné à dissimuler ce qui avait existé antérieurement ; s'il s'agit d'un passage de l'ésotérisme à l'exotérisme, les raisons qui rendaient une telle dissimulation inévitable sont assez faciles à comprendre.

Les textes de pasteurs que vous citez à la fin de votre lettre sont très intéressants, et j'y retrouve en somme certaines des idées que soutenait autrefois le pasteur Lecerf ; seulement, à cette époque, ceux qui le suivaient étaient bien peu nombreux, tandis qu'il semblerait que maintenant, au contraire, cette tendance l'ait emportée en France sur celle des "libéraux". Il reste la question du "Thomisme" de Calvin, qui ne semble pas confirmé par ce que vous me dites ; je ne crois pourtant pas que Lecerf, qui l'opposait à l'augustinisme de Luther, ait pu soutenir une telle chose à la légère...

L'article dans lequel le Père Daniélou s'est abstenu de soulever la question de l'épiscopat me paraît, tout comme à vous, procéder d'une "tactique" dont le moins qu'on puisse dire est qu'elle manque de franchise ; et, malheureusement, votre conclusion sur ce point n'est probablement que trop juste, surtout quand on pense à la façon dont ont déjà été traitées les Églises orientales ralliées à Rome, à qui on avait d'abord présenté certaines concessions de façon à leur faire croire qu'elles avaient un caractère définitif, tandis qu'elles se sont trouvées transformées par la suite en de simples tolérances provisoires !

Bien frat∴ à vous.

R. G.

Le Caire, 11 novembre 1949.

T∴ C∴ F∴,

Voilà déjà bien longtemps que j'ai reçu votre lettre des premier et quatre octobre, et je pense d'ailleurs que Maridort aura dû vous le dire afin que vous n'en soyez pas inquiet, d'autant plus qu'actuellement il y a encore bien des choses anormales dans la correspondance. Je m'excuse d'être si en retard avec vous cette fois encore ; la vérité est que j'arrive de moins en moins à venir à bout de tout ce que j'ai à faire, et cela commence même à devenir véritablement inquiétant. Il serait grand temps maintenant que je m'occupe de mon travail pour le numéro de décembre ; pourtant, je ne veux pas tarder peut-être une semaine encore pour vous écrire. J'espère terminer pour ce numéro mon article sur "Christianisme et initiation", qui s'est développé beaucoup plus que je ne le pensais quand j'ai commencé ; les incidents qui m'ont obligé à l'écrire sont bien regrettables en effet, comme vous le dites, et, quoique la première partie n'ait pas provoquée l'"éclat" que je redoutais, je me demande ce qui sortira finalement de tout cela ; Clavelle vous en reparlera sûrement...

Merci bien vivement de vos bons vœux à l'occasion de la naissance d'Ahmed ; il vient d'avoir deux mois déjà et se porte à merveille ; espérons que cela continuera ainsi, car la santé des enfants est souvent un grand sujet d'inquiétude...

Notre ami de Saint Jean-le-Thomas m'a écrit en effet qu'il n'a pas pu aller au dernier Convent pour des raisons "économiques" ; il semble malheureusement que sa situation ne s'améliore toujours pas sous ce rapport. -- À propos du Convent, il est certain que l'impression qui s'en dégage n'est pas bien favorable cette fois, et cette différence avec l'année dernière est même assez étonnante, quoique, à vrai dire, un tel manque de continuité ne soit pas exceptionnel dans le "comportement" des assemblées de tout genre. La mauvaise humeur de Marty se comprend en somme, mais ce qui est plus particulièrement ennuyeux pour la G. T., c'est qu'il paraît rendre J. C. responsable de l'échec de son projet ; il n'y avait sûrement pas besoin encore de cette nouvelle cause de désharmonie !

À propos de la devise FERT, il est plutôt singulier que ce siège de Rhodes auquel elle ferait allusion, suivant une des interprétations qu'on en a données, paraît n'avoir jamais eu lieu en réalité ; d'où a bien pu sortir cette "légende" ? Je n'avais jamais entendu parler du nom de "Comte Vert" donné au fondateur de l'Annonciades ; les historiens en donnent-ils quelques explications ? -- Pour le mot "bissa", je n'avais pas pensé à cette étymologie italienne ; en tout cas, ce mot en lui-même est sûrement curieux ; sait-on à quelle époque il a été adopté comme terme héraldique ? -- J'espère que vous pourrez me reparler de la valeur 131 attribuée à Gab∴, car cela m'intrigue ; je ne vois toujours pas du tout comment elle peut être obtenue.

La "toilette initiatique" des différents degrés en Angleterre semble inspirée par des raisons de "symétrie" en quelque sorte ; je ne sais pas si cet usage est réellement très ancien, ce qui lui donnerait évidemment plus d'importance. En tout cas, le bras droit découvert est quelque chose de très répandu ; aux différents exemples que vous en citez, on peut ajouter celui de l'"ihrûna" du pèlerinage ; mais la raison pour laquelle il se trouve au deuxième degré n'apparaît pas bien clairement. Cependant, il est comme en opposition avec le bras gauche découvert au premier degré, et celui-ci, qui serait, d'une façon générale comme une anomalie dans un costume traditionnel, peut correspondre à la condition du profane. Ce qui me fait penser à cela est que, au Maghreb le burnous se porte avec l'ouverture à droite, afin de dégager le bras droit ; mais autrefois on obligeait les Juifs à le porter avec l'ouverture à gauche comme marque distinctive. Quant au troisième degré, le rapprochement avec les figurations de Zeus, sans être impossible, me paraît bien douteux. -- Ce que vous avez remarqué sur les statues de Goudéa est curieux ; le rapport avec le texte d'Isaïe que vous citez me paraît plus que vraisemblable ; il est possible aussi (mais je n'oserais rien affirmer là-dessus) que ce même texte ait inspiré l'application du sceau de la L∴, bien que d'ailleurs celle-ci soit faite au bras du récipiendaire et non à son épaule. Autre chose encore à ce propos : d'après la Tradition islamique, les Prophètes ont sur leur corps un "sceau" ou une marque particulière ; seulement, celle-ci ne se trouve pas sur l'épaule, mais, à ce qu'il semble, à la partie supérieure du dos, un peu au-dessous de la région cervicale, c'est-à-dire en somme entre les deux épaules.

Pour ce qui est du "cadavre" de la "petite Lum∴", si on le prenait comme symbolisant la mort du "vieil homme", il ferait quelque peu double emploi avec le crâne du cabinet de réflexion. Il me semble que l'explication la plus plausible est celle qui est en rapport, comme vous le dites, avec l'ancien "sacrifice humain" pour la fondation d'un édifice ; certains ont aussi envisagé une interprétation semblable pour le meurtre même d'Hiram, mais malheureusement je ne peux plus du tout me rappeler où j'ai vu cela et par conséquent vous indiquer les références. En tout cas, ce qui est certain, c'est que ce "sacrifice humain" (en sanscrit "purusha-mâdha") est une représentation de celui du Purusha primordial suivant le Vêda ; vous pourrez vous reporter à ce sujet à mon article "Rassembler ce qui est épars", et vous verrez que j'y ai aussi envisagé cette signification pour le meurtre d'Osiris et celui d'Hiram. Il n'est peut-être pas sans intérêt de remarquer encore, en ce qui concerne cette interprétation, que, au premier degré, le récipiendaire ne voit le "cadavre" que de loin et plus ou moins indistinctement, tandis qu'il aura à s'identifier avec lui au troisième degré ; il est facile de comprendre que quelqu'un qui sort à peine de l'état profane n'est pas apte à être la victime de ce sacrifice, ce qui implique une sorte de "divinisation".

Pour le passage de l'"Inferno" où Virgile fait retourner Dante pour qu'il ne voie pas Méduse, il me semble que le point essentiel est celui-ci : il s'agit d'éviter la "pétrification" causée par le regard de ladite Méduse ; or, en général, le fait de retourner ou de regarder en arrière, au contraire, est dit précisément avoir pour conséquence la "pétrification" ; il y a donc là comme une sorte d'inversion qui peut être en rapport avec le fait que la chose se produit au cours de la "descente". Je crois qu'en somme c'est dans l'idée même de la "pétrification "que doit résider surtout l'explication ; je ne vois pas bien en ce moment comment on pourrait formuler cela exactement, mais vous pourrez peut-être y réfléchir un peu et me dire ce que vous en pensez. -- Quant à l'"envoyé du Ciel", l'interprétation ordinaire le considère comme un ange et d'ailleurs "ange" signifie "envoyé") ; la difficulté est de savoir ce qu'il représente ici d'une façon plus précise. Il me paraît tout aussi invraisemblable qu'à vous qu'il s'agisse d'Énée, et il n'y a même probablement pas lieu de chercher à l'identifier avec un personnage historique quelconque ; pourquoi ne pas le regarder plutôt, d'après les paroles mêmes qu'il prononce, comme une sorte d'expression personnifiée de la Volonté divine, conformément à la doctrine suivant laquelle un ange est avant tout, en réalité, la manifestation d'un attribut divin ? -- Pour l'histoire d'Ulysse, les vers 94--96 seraient plus particulièrement de nature à justifier votre interprétation ; d'autre part, la mention des colonnes d'Hercule, comme limite que l'homme ne doit pas franchir, est à remarquer, en connexion avec ce que j'ai signalé dans la fin de mon article "À propos des deux saints Jean" ; elles semblent bien indiquer ici qu'Ulysse a suivi une voie illégitime, et, bien qu'il aperçoive de loin la montagne du Purgatoire, il ne peut pas y arriver, ni à plus forte raison atteindre le "Paradis terrestre" qui se trouve à son sommet.

Le baptême, dans les premiers temps, était conféré exclusivement par les évêques, et cela seulement à un jour déterminé (je crois que c'était la veille de Pâques) ; l'extension du droit de le conférer à tout chrétien, et en tout temps, est évidemment une conséquence du fait qu'il a été considéré comme une condition indispensable pour le "salut", de sorte qu'il fallait le rendre aussi facilement accessible qu'il se pouvait ; bien entendu, c'est cela aussi qui explique qu'on en soit venu à le donner aux enfants le plus tôt possible après leur naissance. Cette façon d'envisager le baptême semble bien n'avoir pas existé à l'origine, et il paraît même que, dans certaines églises tout au moins, ceux qui étaient nés de parents déjà chrétiens étaient considérés comme chrétiens de droit et n'étaient pas baptisés, ce qui a donné à penser à certains, que le baptême chrétien dérivait du baptême des prosélytes qui était en usage chez les Juifs. J'ai parlé de cette question à Clavelle il y a quelque temps ; elle est en somme aussi complexe et aussi obscure que tout ce qui se rapporte aux origines du Christianisme. -- Quoi qu'il en soit, je ne pense pas qu'on ait jamais contesté la validité du baptême des protestants ; mais les autres rites ne peuvent pas être accomplis en l'absence de prêtres, et il ne peut pas y avoir de prêtres là où il n'y a pas d'évêques pour conférer l'ordination ; on en revient donc toujours, en définitive, à la question de l'épiscopat et de la succession apostolique. D'autre part, il est vrai, comme vous le dites, que le Christ n'a mis d'autres conditions à sa présence que celle d'être réunis en son nom ; mais encore faudrait-il savoir tout ce qu'implique en réalité, notamment au point de vue rituel, les mots "en son nom", dont le sens est tout autre, et beaucoup plus "technique", que ce qu'ils peuvent représenter pour des modernes ; j'y ai déjà fait quelques allusions, et peut-être aurai-je encore l'occasion d'y revenir un jour ou l'autre. La formule "Ubi Christus, ibi Ecclesia" doit sans doute être considérée comme étant en rapport avec cette même question, le nom d'"Ecclesia" s'appliquant proprement à la réunion "au nom du Christ". Les discutions en relation avec le "mouvement œcuménique" sont assurément intéressantes, mais ce qu'elles me paraissent prouver surtout, c'est qu'actuellement il y a un peu partout bien des divergences portant sur la notion même de l'Église ; et il se pourrait que l'oubli plus ou moins complet de la signification originelle de l'expression "au nom du Christ" soit pour beaucoup dans toutes ces difficultés. -- Si on envisage une origine initiatique du Christianisme, il devrait y avoir, à cet égard, une forme rituelle d'invocation faisant l'objet d'une transmission régulière ; cela devenait impossible avec l'"extériorisation", du moins pour la généralité des Chrétiens, mais quelque chose de ce genre s'est conservé jusqu'à nos jours dans l'hésychasme, et c'est d'ailleurs une des raisons qui permettent de le considérer comme ayant un caractère réellement initiatique.

Les nouveaux renseignements concernant Dürer confirment bien encore ses rapports étroits avec la Réforme, et je m'explique maintenant une chose que je n'avais pas pu comprendre jusqu'ici : à propos de l'article de Barmont, quelqu'un (je crois, sans en être tout à fait sûr, que ce doit être Préau) avait soulevé la question du "luthérianisme" de Dürer et cité les paroles que celui-ci aurait prononcées en apprenant la mort de Luther ; or, comme Clavelle l'avait fait remarquer, il y avait là une impossibilité chronologique, puisque Dürer est mort le premier ; mais je crois qu'il s'agissait en réalité de ce qu'il écrivit quand on fit courir faussement le bruit de la mort de Luther ; l'impossibilité en question n'était donc qu'apparente, et, autant que je m'en souviens, ces paroles étaient bien celles que vous reproduisez.

Au sujet des Franciscains, l'histoire de Fr. Elie est en effet très curieuse et semblerait bien indiquer qu'il y a eu "quelque chose" au début, mais qui n'aurait pas duré longtemps ; il se pourrait cependant que cela se soit conservé encore pendant un certain temps chez quelques membres de l'Ordre (je pense ici notamment à Joachim de Flore), mais, en tout cas, il va de soi qu'il n'en reste plus rien aujourd'hui. Il y a souvent chez les Capucins (je ne parle pas des autres branches des FF. Mineurs) une certaine bizarrerie intellectuelle, mais qui n'indique assurément aucune connaissance ésotérique ; je me souviens que, à propos des extraordinaires élucubrations linguistiques du P. Hilaire de Barenton, un prêtre me faisait un jour cette réflexion : "on ne saura jamais tout ce qui peut passer dans la tête d'un Capucin ! "-- Je savais que saint Antoine de Padoue avait la spécialité de faire retrouver les objets perdus, mais je ne savais pas qu'il s'occupait plus particulièrement des clefs, ce qui, étant donné le rôle qu'il paraît avoir joué, est en effet plutôt ironique. Une histoire bien amusante est celle de la jalousie que la popularité de ce saint suscita chez les Dominicains, toujours en rivalité avec les Franciscains, et qui donna naissance à Saint Expédit ; la connaissez-vous ? -- Pour en revenir à la question principale, il est certain que l'échec des tentatives de redressement du Catholicisme peut avoir amené à chercher une autre solution ; ce qui est assurément étonnant dans ce cas, c'est que la Réforme ait eu des suites si peu heureuses au point de vue traditionnel... Il est vrai qu'il y a aussi, par contre, le fait qu'il semble, comme vous le dites, y avoir eu, depuis le seizième siècle, un nombre assez considérable d'initiés authentiques parmi les protestants ; mais cela ne s'expliquerait-il pas, au moins dans une certaine mesure, par l'hostilité croissante des autorités catholiques à l'égard de tout ésotérisme ? Il faut d'ailleurs reconnaître que certains, comme Jacob Boehme, ont été aussi en butte à bien des persécutions dans leur propre Église.

Le chanoine Paquier s'était spécialisé dans l'étude de Luther et de l'Augustinisme ; ce n'est pas lui qui m'a parlé du Thomisme de Calvin, mais le pasteur Lecerf ; celui-ci insistait notamment, à cet égard, sur la théorie de la "prémotion physique", mais j'avoue qu'actuellement je serais incapable d'expliquer de quoi il s'agit au juste car ce sont là des choses qui s'oublient bien facilement. Quant aux critiques contre saint Thomas que vous avez relevées chez Calvin, il se peut qu'elles ne portent que sur des points plus particuliers ; l'absence de tout autre mention de saint Thomas ne prouve pas grand-chose, car, à cette époque, on n'avait pas beaucoup l'habitude de citer expressément les auteurs dont on adoptait les idées, tandis qu'il fallait bien au contraire les nommer quand on voulait marquer qu'on différait d'opinion avec eux. --- Pour ce qui est du P. Daniélou et de ce que vous dites à propos de la Cène, j'ai de plus en plus l'impression qu'il a, en bien des circonstances, une attitude en quelque sorte "politique" qui n'est pas faite pour inspirer une grande confiance...

D'après les précisions que vous me donnez, il paraît bien qu'une falsification du testament de J. K. ne peut pas être envisagée ; l'énigme de l'enterrement me paraît toujours difficile à résoudre. -- Je ne connais rien de l'histoire de Berne au seizième siècle, mais il se peut en effet qu'il y ait de ce côté des choses intéressantes ; j'ai d'ailleurs toujours pensé que l'ours dont cette ville porte le nom devait bien avoir une valeur symbolique, remontant probablement aux Celtes. --- Il serait intéressant aussi d'étudier plus complètement, si toutefois c'est possible, le cas de Briçonnet ; Clavelle m'avait dit, il y a déjà un certain temps, qu'il me reparlerait de certains personnages de l'entourage de François Premier, mais il est survenu tant d'autres choses plus urgentes qu'il n'a jamais dû en trouver le temps. À propos de François Premier, je lui avais signalé le passage du livre d'Ambelain sur le Martinisme où il est question de l'"Agla" ; il y a sûrement là des assertions fantaisistes (le quatre de chiffre par exemple, n'est nullement un signe particulier aux imprimeurs comme il le prétend), mais il y a aussi des points qui demanderaient à être examinés de plus près.

Je pense que Clavelle et Granger vous feront part de ce que j'ai répondu à ce qu'ils m'ont écrit l'un et l'autre au sujet du travail personnel journalier ; -- Detoit Manbrini était pasteur protestant, quoique je crois qu'il n'exerçait plus de ministère quand il écrivit son ouvrage ; j'ai celui-ci, mais je ne l'ai pas relu depuis bien longtemps ; malgré les choses intéressantes qu'il contient certainement (il me semble bien en avoir cité deux ou trois dans L'"Erreur spirite"), je dois dire qu'il m'a laissé, dans l'ensemble, l'impression de quelque chose d'un peu trop nébuleux et diffus.

N'oubliez pas de me reparler de votre solution "polytréviste" et du culte de la "Dia Dia" ; pourrez-vous aussi me préciser en quoi consiste la similitude de situation géographique que vous avez remarqué entre Arles et Le Caire ?

Bien frat∴ à vous.

R. G.

৯৫

Le Caire, 6 décembre 1949

T∴ C∴ F∴,

Je viens de recevoir votre lettre du 29 novembre, et je suis content de voir que la mienne n'a pas été très longtemps à vous parvenir.

Je vous remercie pour les différentes choses que vous avez bien voulu vous charger de me communiquer de la part de Clavelle et de Maridort. -- Les "plombs" des corporations (j'ai un souvenir un peu vague d'en avoir vu autrefois au musée de Cluny) étaient sans doute la même chose que ce qu'on appelle "Tokens" en anglais. Le nom de saint Blaise est bien le mot antique "bleiz", qui signifie loup ; il y a aussi saint Loup, qui est la traduction latine du même nom, et saint Leu, qui n'en est qu'une variante. Le symbolisme du loup est généralement rapporté à la lumière ; il en était notamment ainsi chez les Grecs ($\lambda \upsilon \chi o \zeta$, loup, et $\lambda \upsilon \chi \eta$, lumière, d'où le nom de l'Apollon Lycien), et il semble bien qu'il en ait été de même chez les Celtes ; je n'ai jamais trouvé nulle part l'indication d'une connexion avec l'éclair ou la foudre, mais, comme l'éclair est aussi une lumière, la chose n'est pas absolument impossible.

L'histoire de l'ensevelissement et de la résurrection de l'Alléluias, que je ne connaissais pas du tout, est vraiment très curieuse, il ne semble pas douteux en effet que cela implique une sorte d'assimilation au Christ, car je ne vois pas bien comment ces rites pourraient se comprendre autrement ;

mais alors on peut se demander quand et comment ce mot, qui n'est en réalité ni un nom ni une épithète, a bien pu être pris ainsi pour désigner le Christ ; n'avez-vous trouvé aucune indication là-dessus ?

Ce que vous me dites au sujet du livre de Clouard semble bien indiquer en effet que ses sympathies ne sont pas du côté de A. F. ; il est vrai qu'il a pu se brouiller avec elle, comme Maritain et d'autres ; en tout cas son admiration pour Claudel paraît vraiment bien excessive !

Pour ce qui est de la question du baptême réservé aux évêques, il est probable, d'après ce que vous me faites remarquer, que cela ne remonte pas tout à fait au début du christianisme, mais cependant il en est en tout cas fait mention chez les Pères qui sont antérieurs au concile de Nicée (je crois bien me souvenir que cela se trouve notamment chez Origène) ; mais ce que je ne comprends pas très bien, c'est la raison qui a pu amener cette restriction à un certain moment, tandis que, par contre, la généralisation ultérieure de la faculté de baptiser est facilement explicable. L'exclusion des femmes de ce droit, d'après la "Didascalie", est assez singulière aussi ; décidément, tout cela est extrêmement obscur, et semble même le devenir d'autant plus qu'on veut l'examiner de plus près... Je voudrais vous demander ce que c'est qu'un évêque "andien", car ce mot ne me rappelle absolument rien ; il y a aussi la question des "Constitutions Apostoliques" sur laquelle je n'ai jamais vu grand-chose ; mais évidemment on n'en finirait jamais avec tout cela. Incidemment, je vous signale qu'il y a lieu de se méfier des ouvrages de Mgr. Duchesne, dont les tendances modernistes sont fortement accentuées, ce qui n'est pas sans influencer sur l'exposé même des faits historiques. -- Quant à la date à laquelle le baptême était conféré, il se peut qu'il y ait eu des différences suivant les églises, mais je crois qu'en tout cas la veille de Pâques était tout à fait générale. Pour la Pentecôte, il semblerait, logiquement du moins, qu'elle doive plutôt convenir à la confirmation, mais, à vrai dire, je n'ai jamais rien trouvé sur ce point.

Pour l'histoire du secrétaire de l'Ordre Eudiaque, j'avais en effet demandé à Maridort s'il pourrait me donner quelques explications ; j'avais été particulièrement intrigué par l'allusion qu'il faisait à une attaque contre saint

Paul, et j'étais loin de me douter qu'il s'agissait d'une "découverte" de cette force ; d'où cela a-t-il bien pu sortir ? Je m'étonnais aussi de la recommandation de D. de G., mais je croyais que du moins il le connaissait personnellement ; ce que vous m'apprenez rend la chose encore plus extraordinaire. Il est certain que, en général, il vaut mieux entendre un candidat pour se rendre compte plus exactement de ce qu'il est, mais, dans ce cas spécial, je crois que la lecture de son "curriculum vitae" était largement suffisante ! -- Quant au chirurgien altruiste, dont je connaissais déjà les projets par Clavelle, il n'est probablement pas bien dangereux, mais je crains qu'il ne risque d'être quelque peu encombrant. J'avais cru comprendre que c'était surtout Cerf qui soutenait sa candidature ; je ne savais pas que Marty s'y intéressait également à ce point.

Merci pour les renseignements historiques concernant la devise F E R T et la fondation de l'Annonciade ; ce siège de Rhodes inexistant est véritablement bizarre. Je remarque aussi que les devises du "Comte Vert" sont plutôt énigmatiques ; je suppose que "mo anstre", doit, par anagramme être pour "mon astre", mais que peut bien vouloir dire "Alahac" ? -- L'article sur Nostradamus dont j'ai rendu compte est en effet édité en brochure séparée, et je n'ai jamais rien vu d'autre de la revue dans laquelle il avait paru.

Saint Expédit n'a appartenu en réalité ni à l'Ordre des frères prêcheurs ni à aucun autre, pour la bonne raison qu'il n'a jamais existé. A un chapitre des Dominicains, on se plaignit du grand succès de saint Antoine de Padoue, et on dit qu'il faudrait avoir aussi un saint qui puisse rivaliser avec lui, à quoi quelqu'un répondit : " Expédit", c'est-à-dire "cela convient". Ce mot parut être un nom tout trouvé pour le nouveau saint ; une autre de ses significations détermina sa "spécialité", qui fut de faire aboutir les affaires pressées ; et, comme il fallait le "situer" historiquement quelque part on en fit un des martyrs de la Légion Thébaine, ce qui était évidemment invérifiable. En rapport avec le rôle qui lui était attribué on le représenta écrasant sous son pied un corbeau qui, par son croassement, dit "cras" (demain), à quoi le saint répond "hodie" (aujourd'hui), mot inscrit sur une croix qu'il tient à la main ; il faut reconnaître que tout cela fut très ingénieusement combiné, mais je crois comme vous que saint Antoine de Padoue a tout de même toujours une plus nombreuse "clientèle".

Sur les "rhomboi", je crois qu'il n'y a rien de bien précis dans les textes anciens, mais seulement des allusions, puisqu'on n'a jamais pu savoir ce que c'était exactement ; j'ai un vague souvenir qu'il doit y avoir quelque chose dans un des traités de Jamblique, mais pourtant je n'oserais pas trop l'affirmer. Je ne vois guère que Mario Meunier qui pourrait donner des renseignements là-dessus, et d'ailleurs je crois me rappeler qu'il m'en avait parlé autrefois ; si Clavelle le voit toujours de temps à autre, il pourrait peut-être lui demander cela à l'occasion.

L'arrangement que vous proposez pour les questions du début de l'instruction est peut-être en effet la meilleure solution ; c'est en tout cas parfaitement acceptable ainsi.

La revue "Ur" était dirigée par Evola ; comme celui-ci s'était alors brouillé avec Reghini, ce dernier fit alors" Ignis" comme suite à "Atanor" ; Mais je ne sais plus si Parise a collaboré également à "Ur" malgré ces dissensions.

Comme vous le pensez, il rentre tout à fait dans le rôle du Couvreur d'agiter le baril à cailloux. -- Je ne sais plus si je vous ai fait remarquer que tout ce que je vous ai dit au sujet du tonnerre etc., contribue a justifier l'interprétation de l'énigmatique "faculty of abrac" par "ha-baraq" (en hébreu) ou "el-barq" (en arabe), l'éclair ou la foudre.

À propos des Zumzumian, voici textuellement ce qui se trouve dans une série de notices intitulées "Arcane Associations" et édité par la "Societas Rosicruciana in America" (1905) : "Ancient Order of Zuzimites. -- The Order of Zuzimites are not much known in the United States, except by membership in the Order abroad. The Order is a secret society, analogous to Masonry but in no way antagonistic to it, nor to the various rites and ceremonics of Masonry. The Order is clained to date back to the second century A. M. Authentic chronicles mention the Zuzimites in the year 2097 A. M., or about 3809 years ago, as being" a people great and many" (Gen., 14, 5). There are 51 recogniez degres, subvided into several series. The first three are Neophyte,

Graduate and fellow ; these constitute Zuzimitism proper. The next two degres constitute Marked Zuzimitism. Then the series are denown as Celestine Zuzimitism. Then follow the series Arch, Acetasite, Cabbalite, and Armite Zuzimites ; and finally Zam Zuzimites, or Zamzuminus. They have their Tents, and Grend Tabernacles. The work of the Order is claiened as marly perfect. Seven members may organize a <u>Tent.</u> "-- Ceci donne la réponse à votre question ; je ne me rappelais plus le titre exact de l'Ordre, qui déforme singulièrement le mot hébreu......... lequel se retrouve à peu près correct dans la démonstration du dernier degré seulement) ; l'imitation de la Maç∴ est évidente sur plusieurs points. À part cela, je n'ai jamais trouvé aucun autre renseignement sur cette organisation.

J'ai le volume intitulé "Médecine officielle et Médecines hérétiques" ; le meilleur article, à mon avis, est celui du Dr. Galimard, malgré certaines "correspondances" inexactes ou douteuses que je lui ai d'ailleurs signalées ; quant à celui du Dr. Winter, ce n'était qu'une esquisse d'un travail plus important qu'il avait en vue, mais qu'il semble n'avoir pas pu trouver le temps de faire jusqu'ici. -- Ce que vous avez relevé dans l'article sur les guérisons miraculeuses est vraiment énorme en effet ; je n'ai pas besoin de vous dire que j'approuve entièrement vos réflexions à ce sujet !

Vos remarques à propos des "filiations" traditionnelles, en ce qui concerne la tradition islamique et l'hermétisme comme "héritage" de la tradition égyptienne, sont tout à fait justifiées aussi. À ce sujet, il faut que je vous signale que, dans les temps antéislamiques, il a toujours existé chez les Arabes, tout au moins dans une minorité (devenue peu nombreuse sans doute dans les derniers temps), ce qu'on appelait "ed-dîn el-hanîf", qui était considérée comme identique à la religion même d'Abraham ; la continuité a été ainsi maintenue depuis Ismaël jusqu'à l'Islam.

Je ne saurais dire si réellement quelque chose de l'influence des "Anciens" a subsisté dans les rituels américains actuellement en usage ; je sais seulement qu'il y a eu, comme vous le dites, des LL∴ établies tant par les "Anciens" que par les "Modernes", et que les membres qui passaient de l'une à l'autre des deux Obédiences devaient être "régularisés" (la chose étant réciproque). Une question dont je n'ai jamais pu trouver l'explication, c'est celle de l'origine de la différence notable qui existe entre les rituels anglais et américains du grade de Royal Arch. -- Le maintien des disqualifications corporelles est maintenant très discuté même en Amérique, et pour des raisons tout à fait profanes ; j'en ai d'ailleurs dit quelques mots dans un compte rendu du "Speculative Mason" (dans le numéro des E. T. de mars 1948).

La question des rapports du coq et du mercure demanderait sûrement à être examinée de plus près ; j'espère que vous pourrez m'en reparler une prochaine fois. -- Pour le coq sur le tambour, je n'avais pas pensé à me reporter à Lanoi-Villedieu, dont les interprétations, à vrai dire, sont souvent bien contestables ; en tout cas, pour ce qui est de la "guerre sainte" et de la "grande Paix", vous avez tout à fait raison.

Ce que vous me dites de cet ancien tablier porté par le Vén∴ de la L∴ d'Avignon serait de nature à confirmer que le cordon doit bien faire deux fois le tour de la taille ; il y aurait sûrement intérêt à rétablir la chose d'une façon générale, en raison de ce dont nous avons parlé à propos du "cable-tow".

Bien frat∴ à vous.

R. G.

☙❧

Le Caire, 6 mars 1950.

T∴ C∴ F∴,

J'ai bien reçu vos deux lettres des six et dix février, mais j'ai tardé beaucoup plus que je ne l'aurais voulu à y répondre ; j'espère que vous voudrez bien m'en excuser. -

- Merci tout d'abord de vos bons vœux pour nous tous ; c'est à peine si j'ose encore vous adresser les miens, tant ils seront peu de saison maintenant, et pourtant croyez bien qu'ils ne sont pas moins sincères pour cela ! Les malaises causés par le froid ont beaucoup contribué à me mettre en retard pour tout ; heureusement, cela paraît être enfin terminé.

Merci aussi du renseignement pour Gomer ; je vois que je ne m'étais pas trompé en pensant que c'était une faute ; mais je ne suis pas tout à fait sûr de bien lire : est-il exactement Gamel ou Gomel ?

J'ai reçu le nouveau rituel des "Trois anneaux", que je trouve très bien dans l'ensemble ; comme votre lettre me l'avait fait prévoir, il y a une inexactitude pour la "G. and R. S." (appelé aussi "S. of joy and exaltation"), mais j'ai donné à Maridort l'indication voulue pour la rectifier. -- Pour le retournement du tableau du troisième degré, je ne vois pas non plus d'autre façon de procéder que celle que vous dites, mais je ne sais pas trop si l'on peut vraiment faire un rapprochement avec le "déplacement des lumières" de la Kabbale, qui paraît bien se rapporter en réalité au transfert du centre de conscience du contenu du cœur.

Les "Tokens" ne sont pas des pièces de monnaie à proprement parler, mais des médailles de formes diverses ; le "speculative Mason" en a donné quelques reproductions, mais je ne vois plus à quelle date et je ne retrouve pas cela en ce moment. Il y avait aussi chez les anciens Romains quelque chose du même genre, qui portait, si je me souviens bien le nom de "Tessera". -- L'assimilation phonétique de saint Louis à saint Loup ou saint Lou n'a en effet rien d'impossible ; Louis et Clovis sont bien le même nom, et l'ancienne forme germanique est H̲ludwig, avec une forte aspiration gutturale au début.

Je crois comme vous que ce ne sont pas les travaux "critiques" modernes qui pourront dissiper l'obscurité entourant le Christianisme primitif. -- Au sujet des Andins, je n'ai pas encore reçu la "didascalie", mais j'espère d'après ce que vous me dites, que je la recevrai prochainement, et je vous en remercie à l'avance.

Vous me parliez de la maladie de Mordvinoff ; presque aussitôt après, j'ai appris la triste nouvelle de sa mort, à laquelle j'étais bien loin de m'attendre ;

j'en ai été d'autant plus peiné que je le connaissais bien depuis longtemps ; c'est le premier des membres de la G. T. qui disparaît...

L'histoire de la candidature du chirurgien altruiste est vraiment bien extraordinaire d'un bout à l'autre ; il est étonnant aussi que Marty ait pris cette affaire tellement à cœur ! -- quant à B., j'ai été fort heureux, comme vous pouvez le penser, d'apprendre le rejet de sa demande à une forte majorité ; mais ce qui n'est pas très rassurant malgré tout, c'est qu'il ait fallu, pour arriver à ce résultat, qu'il y ait eu d'autres raisons à invoquer que son infirmité...

Pour la devise "Alhac", ce ne peut en effet pas être autre chose que "Allah Ha A", c'est à dire "Dieu (est) Vérité" ; je m'étonne de n'y avoir pas pensé tout de suite. -- Quant aux mots qui se trouvent dans "The Grant Mystery beid open", j'avoue que je ne sais pas de quoi il s'agit ; pourriez-vous me l'indiquer ?

Je ne connais pas le livre de Campbell-Everden, et je ne sais pas au juste à quoi peut se rapporter l'expression "downwards", mais peut-être s'agit-il du fait que, dans la Maç.. opérative, le trône de Salomon est à l'Occident (ce qui correspond d'ailleurs à l'orientation réelle du Temple de Jérusalem, dont l'entrée se trouvait à l'Orient). Quant au septième degré, il est bien exact qu'il est conféré par trois membres seulement et sans la présence d'aucun autre assistant.

L'usage de donner la confirmation aussitôt après le baptême n'est pas propre à l'Église arménienne, mais existe également dans les différentes branches de l'Église orthodoxe ; cela implique évidemment qu'elle peut être conférée par un simple prêtre, et non pas seulement par un évêque comme dans l'Église catholique. -- Je crois bien que c'est dans toutes les Églises chrétiennes qu'il est admis que, en cas de nécessité, le baptême peut être conféré valablement même par un non-chrétien, et en tout cas il en est ainsi dans le Catholicisme ; on me faisait remarquer dernièrement que cela paraît tout à fait normal, même pour un rite exotérique, car c'est un sacrement autre que quelqu'un peut transmettre ce qu'il n'a pas reçu lui-même. À vrai dire, je ne sais pas trop ce qu'il faut en penser ni comment on pourrait justifier cela ; c'est encore là une énigme parmi tant d'autres...

Vos remarques au sujet d'Hippocrate et de Galien me paraissent tout à fait justes, et, bien qu'il soit assez difficile encore de savoir à quoi pourront aboutir les tentatives actuelles de "retour à Hippocrate ", il n'est assurément pas impossible qu'elles aient quelque rapport avec la "désolidification" du monde ; mais ce serait peut-être aller un peu trop loin que de vouloir envisager des répercutions du même genre en ce qui concerne les rites, et en tout cas je ne vois pas du tout quels indices on pourrait en trouver présentement.

Il est plutôt singulier que, au "Parthénon" (R∴ L∴), on attache tant d'importance aux questions philosophiques et autres choses d'ordre tout aussi profane ; il faut du moins espérer que vous pourrez vous en tirer sans trop de peine... -- Pour votre travail, je ne vois pas d'autres exemples de changement de nom que ceux que vous citez, mais cela ne veut certes pas dire qu'il n'en ait pas existé ; il est bien entendu que ce qui était en usage à cet égard dans la Stricte Observance a été maintenu dans les hauts grades du Régime Rectifié. À la réflexion, il y a peut-être aussi les Architectes Africains, mais je ne peux trouver à ceci un renseignement précis qui me permette de l'affirmer. Je ne pense pas qu'il ait lieu de faire état des devises qui servaient de signature aux membres d'une organisation aussi "fantasmagorique" que la "Golden Dawn", qui du reste n'a jamais prétendu avoir un caractère maçonnique quelconque ; cela entraînerait d'ailleurs forcément à parler plus généralement des organisations rosicruciennes et pseudo-rosicruciennes, ce qui compliquerait beaucoup la question. Une allusion tout au moins au Compagnonnage serait peut-être plus indiquée, étant donné son rapport évident avec la Maç∴ opérative.

L'auteur des articles du "Symbolisme" signés "La lettre G" est François Ménard ; ce devait être une sorte de signature collective, mais, en fait, il n'y a jamais eu que lui qui s'en soit servi jusqu'ici. Quant à Persigout, Lepage l'a tout simplement "éliminé" parce qu'il était agacé par son étalage continuel d'érudition mal digérée, qu'il compare même à celui de F. --D. ! La signature

"Eques a Paracleto" indique naturellement que ledit Persigout doit avoir le grade de C. B. C. S., mais je ne sais pas du tout de qui il peut l'avoir reçu. Il en est d'ailleurs de même de Probst-Biraben ; j'ignorais tout à fait qu'il eût cette qualité, mais la dernière lettre que j'ai reçu de lui est signée "Eques a Palmo Resurgente".

Mercier m'a parlé du projet de fondation de LL∴ franco italiennes ; il a écrit aussi "G∴ L∴ d'Italie", mais ce n'est cependant pas une raison pour qu'il ne s'agisse pas en réalité du G∴ O∴, car, à la suite de la reconnaissance internationale du Sup∴ Cons∴, les At∴ symboliques de cette Ob∴ se sont constitués, sous le titre de G∴ L∴ Nationale, en une organisation autonome dont la situation vis-à-vis du Sup∴ Cons∴ est en somme la même que celle de la G∴ L∴ de France. Quoi qu'il en soit, non seulement ce que vous lui avez dit est parfaitement juste, mais il y a encore d'autres raisons d'être prudent, ainsi que je viens de le lui expliquer en répondant à sa lettre. En effet, la situation est encore bien loin d'être complètement éclaircie ; même en ce qui concerne le G∴ O∴, malgré la reconnaissance de principe, les Sup∴ Cons∴ américains gardent une attitude extrêmement réservée ; d'autre part, les divers Sup∴ Cons∴ dissidents qui existaient encore en Italie ont fusionnés il y a quelques mois, et il en est résulté la formation d'un nouveau Sup∴ Cons∴ qui pourrait bien réussir un jour ou l'autre à faire tout remettre en question.

Je ne me souvenais pas de la lettre des évêques russes dont il a été question autrefois dans la R. I. S. S. ; il est vrai que, à cette époque, je n'avais pas de raison pour y faire particulièrement attention. -- Je n'ai jamais su le nom du religieux à qui le P. Bouyer s'était adressé à la suite du départ du P. Poucel, mais j'avais cru comprendre, je ne sais trop pourquoi, que c'était aussi un Jésuite.

Je n'avais pas entendu parler de l'histoire de ce "monstre" qui aurait échoué sur la côte d'Égypte, de sorte que je serais incapable de dire ce qu'il y a de vrai là-dedans ; il faut dire que je n'ai pas le temps de voir les journaux, à moins qu'on ne m'y signale quelque chose qui présente un intérêt spécial. Il faudra que je tâche de penser à parler de cela à Lionnet la prochaine fois que je le verrai, car je ne connais guère que lui qui, du fait de ses fonctions au canal de Suez, pourrait être renseigné exactement à ce sujet.

Bien frat∴ à vous.

R. G.

Le Caire, 4 juin 1950.

T∴ C∴ F∴,

J'ai reçu il y a déjà quelques jours votre lettre du 22 mai, mais j'ai été si dérangé ces temps-ci par toute sorte de choses que je n'ai pas pu y répondre tout de suite. J'ai été très heureux d'avoir de vos nouvelles, car il y a bien longtemps que je n'avais rien eu de vous, et je m'inquiétais même un peu, Mercier m'ayant dit dans sa dernière lettre que vous étiez assez fatigué, mais je vois avec plaisir que vous paraissez aller mieux maintenant. Il n'avait pas précisé que vous souffriez du foie ; ce que Clavelle vous a dit à ce sujet est bien exact, et il n'est pas douteux qu'il y a un rapport entre la sensibilité de cet organe et l'importance qu'on lui attribuait autrefois pour la divination ; je crois me rappeler qu'on a retrouvé en Chaldée des modèles de foies qui devaient apparemment servir pour des études de cet ordre.

La dernière lettre que je vous ai écrite doit être du six mars ; l'avez-vous bien reçue en son temps ? Je me demande tout de même si vous ne m'auriez pas récrit depuis lors, car il y a plusieurs choses dont il semblerait que vous m'ayez déjà parlé ; depuis quelque temps, je constate presque journellement qu'il y a des lettres ou d'autres envois qui se sont égarés en route, ce qui paraît vraiment anormal et en tout cas bien gênant. -- Clavelle, en m'envoyant la copie de deux lettres perdues, y avait joint un mot disant qu'il me récrirait prochainement, mais il y a déjà assez longtemps de cela et je n'ai rien reçu d'autre ; j'espère que mon travail pour le numéro de juin lui est bien parvenu. -- D'autre part, je suis très inquiet de Maridort, dont je suis sans nouvelle depuis au moins deux mois ; je crains que l'état de ses affaires ne soit la cause de ce silence, mais je n'ai pas eu de grandes précisions là-dessus (seulement quelques allusions de Clavelle et de Mercier), et je voudrais bien savoir ce qu'il en est au juste ; cela l'aurait-il obligé à s'absenter ? Je préférerais encore cela, car ce que je crains surtout, c'est que les ennuis et les préoccupations ne l'aient rendu malade...

J'ai trouvé votre article très bien ; avez-vous pu préparer la suite ? Marius Lepage paraît avoir cru que cet article était de moi, pensant peut-être que je l'avais signé d'un autre nom à cause du mauvais caractère de J. B. ; je l'ai naturellement détrompé, et j'ai pensé qu'il n'y avait pas d'inconvénient à lui en faire connaître le véritable auteur.

Je vous avais posé une question au sujet de G_omel ou G_amel, n'étant pas sûr d'avoir bien lu le mot dans votre dernière lettre (ou du moins la dernière que j'ai reçue) ; quoique les voyelles n'aient qu'une importance secondaire, vous serez bien aimable de me redonner la forme exacte, car il se peut que j'aie à y faire allusion dans un prochain article, où je compte revenir sur ce qui a été dit dans le "Speculative Mason" au sujet de la lettre G et du swastika.

Je ne savais pas que vous aviez écrit à la S.. Debenhane ; je vous remercie de me communiquer les parties importantes de sa lettre ; tout cela est très intéressant, mais le point qui reste un peu inquiétant, c'est que les renseignements viennent toujours de Clément Stretton, qu'on dit avoir "restauré" le rituel d'une façon à laquelle on ne peut pas se fier entièrement. Le nom de Mr. Bardon me rappelle un peu vaguement quelque chose qui doit être en rapport avec les articles parus autrefois dans une revue américaine sur laquelle je n'ai malheureusement toujours pas pu remettre la main. Je n'ai jamais pu bien comprendre ce que c'était que cette histoire de "Slant Masons", ni même ce que l'expression peut bien vouloir dire exactement ; je me rappelle qu'il en avait déjà été question autrefois dans le "Speculative Mason", mais je n'ai jamais entendu parler de rien de tel ici ; je ne sais pas pourquoi les Européens mettent toujours sur le compte de l'Égypte bien des choses fantaisistes de tout genre... -- Pour ce qui est du passage que vous n'avez pas pu déchiffrer entièrement, il s'agit bien des premiers mots de l'Évangile de saint Jean en Grec : "En Archê în ho Logos" ; mais je doute que, entre le grec "archê" et le mot "arche", il puisse y avoir quelque chose de plus qu'un rapprochement phonétique ; on pourrait penser à une racine commune, quel qu'en ait été le sens premier, mais cela n'est pas vraisemblable, parce qu'il faudrait alors que le mot grec s'écrive avec un <u>Kappa</u> et non avec un <u>chi</u>. Les transcriptions approximatives donnent souvent lieu à bien des assimilations injustifiées ; on le voit surtout pour les mots hébreux et arabes écrits tant bien que mal en caractère latins... -- Votre hypothèse au sujet des confidences possibles de certains Maçons opératifs est certainement très plausible, mais il y a à cela une objection : c'est que la S.. Bothwell-Gosse a assuré posséder le septième degré opératif, et c'est ce qui m'a fait penser qu'il devait y avoir là encore quelque organisation dissidente admettant des femmes ; c'est encore là un point qui n'est pas bien clair.

Au sujet des rituels, je crois que ceux d'Écosse et d'Irlande peuvent avoir gardé certains éléments plus anciens que ceux qu'on trouve dans les rituels anglais les plus répandus actuellement (et il est possible qu'il en soit de même de quelques rituels américains qui en sont dérivés) ; je ne sais rien sur celui d'Oxford. En tout cas, le passage que vous citez est très curieux, et l'allusion au symbolisme de la navigation y est particulièrement nette.

Je n'arrive pas à me rappeler en ce moment à quel propos vient la phrase sur "la lumière dans les ténèbres et les ténèbres dans la lumière" ; il faudra que je tâche de retrouver cela.

Je ne vois rien du côté islamique, qui puisse indiquer qu'Abraham aurait reçu des éléments de la Tradition "pharaonique" ; d'après Josèphe, suivi par un bon nombre d'auteurs du moyen-âge, ce serait au contraire lui qui aurait enseigné certaines sciences aux Égyptiens.

Bien frat∴ à vous.

R. G.

Le Caire, 4 juillet 1950.

T∴ C∴ F∴,

J'ai reçu il y a un certain temps déjà votre lettre du 15 juin ; ce qui m'a empêché d'y répondre plutôt, c'est que, quelques jours avant, il m'est arrivé un énorme paquet de lettres que je croyais perdues (la plupart dataient de 2 et 3 mois) et qui se sont ainsi retrouvées d'une façon aussi inexplicable que leur disparition ; je ne suis pas encore arrivé à remettre tout cela à jour !. Parmi ces lettres, il y en avait naturellement plusieurs de Clavelle et de Maridort, de sorte que j'ai su l'accident arrivé à l'exploitation de celui-ci au Gabon, et que j'ai aussi eu des nouvelles de son voyage en Afrique de Nord. Par contre, c'est seulement par vous que j'ai su que Danier avait pu faire quelque chose pour arranger la situation de Clavelle, dont je suis d'ailleurs très étonné de n'avoir encore aucune lettre plus récente que le neuf mai. -- À vrai dire, il me manque encore un certain nombre de choses, qui sont peut-être définitivement égarées ; parmi elles doit se trouver la lettre dans laquelle l'un ou l'autre de nos amis me donnait la réponse au sujet de l'orthographe de "Gamel, etc., car il n'en est question dans aucune de celles qui me sont parvenues (c'est l'absence de ces lettres qui m'avait fait penser qu'une de vous devait s'être perdue).

J'ai bien en effet, comme vous le pensiez, les "Early Masonic Catechisms", ainsi que la plus grande partie des ouvrages de D. Knoop, mais malheureusement je n'ai pas encore eu le temps de tout lire ; si j'avais pensé que, "The Great Mystery laid open" se trouvait dans ce volume, je m'y serais reporté aussitôt quand vous m'en avez parlé. Parmi les mots dont il s'agit, il y a très nettement "Lâ ilaha illâ'Llah" (dont la traduction est d'ailleurs donnée tout à fait correctement : "There is no other God but God"). Je lis aussi, pour l'inventeur du mot secret, "Shaikh Shihâbad-Dîn", suivi d'un deuxième nom (ou plutôt d'un "laqab") probablement déformé et que je ne devine pas (il y a bien, comme Shaikh connu, Shâbâb-d-Dîn Sahrawardi, mais il ne semble pas possible que ce soit cela). Quant au reste, pour le moment du moins, cela me paraît tout à fait inintelligible ; j'ai beau essayer de prononcer ces mots de toutes les façons, pour le cas où il s'agirait d'une sorte de transcription phonétique grossièrement approximative, cela ne donne rien que je puisse identifier.

Il y a quatre ou cinq jours seulement que j'ai reçu le "Symbolisme" de juin ; ce n'est donc qu'après avoir reçu votre lettre que j'ai pu lire le compte rendu de Lepage ; c'est assez ennuyeux en effet, mais, en examinant la chose attentivement, il me semble que, quand il parle du "Maître indiscutable", son intention a été seulement d'exprimer sa propre opinion (que je trouve d'ailleurs étonnante) et non de vous l'attribuer à vous-même. Il n'en est pas moins regrettable qu'il puisse y avoir équivoque là-dessus, et même que votre article ait été pris comme prétexte d'un tel éloge ; mais je ne sais pas trop ce qu'on pourrait faire, et il va falloir que je repense encore à cela. Je ne sais s'il y aurait réellement un inconvénient à ce que vous écriviez à Lepage (Clavelle a peut-être à ce sujet une idée qui m'échappe) ; je pourrais aussi lui en parler moi-même à une prochaine occasion, mais je crains, si j'interviens là-dedans, qu'il ne l'attribue à quelque ressentiment causé par les manifestations plus ou moins hargneuses de J. B. à mon égard ; qu'en pensez-vous ? -

-Il est plutôt étonnant que ledit J. B. vous ait écrit aimablement, car il paraît que ce n'est guère son habitude ; vous avez sûrement mieux fait, en lui répondant, de ne pas relever la phrase me concernant. Du reste, vous savez que, si j'ai préféré ne pas faire un compte rendu de son livre, c'est surtout parce que j'ai trouvé qu'il valait mieux ne pas risquer de provoquer encore des réactions désagréables de sa part.

Merci de votre explication sur l'origine de votre correspondance avec M. C. D. ; je pense que ce doit être d'elle aussi que viennent les renseignements reproduits par Lepage dans son article sur les "Jachin". Le docteur Thomas Carr, qui y est mentionné est l'auteur des articles dont je vous ai parlé et que malheureusement je ne retrouve toujours pas ; son nom m'avait échappé, mais je l'ai reconnu aussitôt que je l'ai vu. -- À propos de Maurice Gloton, Clavelle m'a dit qu'il en avait une très bonne impression ; il est seulement bien dommage qu'il soit gêné par un milieu familial qui est évidemment tout à fait contraire aux idées traditionnelles.

Je ne m'explique pas comment il se fait que Cerf ait tant attendu pour vous reparler du rituel de deuxième degré, car il ne reste plus que bien peu de temps ; dans ces conditions, vous avez sans doute mieux fait à vous en tenir à ce que vous dites, car une "restauration" complète serait bien difficile, et d'ailleurs il est certain que ce sont surtout les "allocutions" habituelles qui sont véritablement lamentables ; j'espère donc que vous allez pouvoir vous en tirer sans trop de mal et que vous en viendrez à bout en temps voulu. Bien entendu, il ne serait pas possible de me l'envoyer assez tôt pour que je vous fasse part de mes observations, mais je compte bien que vous me l'enverrez tout de même quand ce sera terminé, car cela m'intéressera de toute façon.

Bien frat∴ à vous.

R. G.

ℰℭ

Le Caire, 24 juillet 1950.

T∴ C∴ F∴,

Votre lettre du 15 juillet m'est arrivée le 21 ; la correspondance semble marcher beaucoup mieux en ce moment, et il est bien à souhaiter que cela continue ainsi...

Je ne suis pas étonné que vous ayez été très pris par l'arrangement du rituel du deuxième degré ; vous ne devez pas être fâché d'en avoir fini, et il faut espérer que vous serez arrivé à un résultat aussi satisfaisant que possible ; merci d'avance pour l'envoi d'une copie. -- Ce que vous dites de l'épreuve par l'équerre me paraît bien, mais je ne crois pas qu'il y ait lieu d'envisager à ce propos une assimilation du récipiendaire à l'hypoténuse du triangle rectangle, car, en réalité, il me semble que l'équerre devrait plutôt être posée à plat sur sa poitrine (ce n'est pas par les pointes d'une équerre qu'on vérifie la rectitude d'un angle). Quant au compas employé au début du "raising", je ne sais pas s'il y a une règle bien définie pour l'angle auquel il doit être ouvert, mais il me semble pourtant avoir vu quelque part qu'il est de 60 degrés (angle du triangle équilatéral). -- Vous avez sûrement bien fait de supprimer les cinq "philosophes" ; quant aux deux sphères, il n'y a en effet pas grand-chose à en dire, car il n'est pas douteux qu'elles sont d'introduction très moderne, mais, comme elles ont manifestement pris......

[IL MANQUE LA PAGE 164 N° COIN DROIT, 93 N° MILIEU DE PAGE]

... bien compte que leur distinction correspond à quelque chose qui remonte plus loin que la formation même de la langue grecque ; et le Khi devait avoir un son se rapprochant beaucoup de celui de sh (ou du ch doux allemand), ce qui est bien loin du son de K.

Entendu pour ce que Marius Lepage a écrit à propos de votre article ; je ne lui en parlerai pas, puisque vous pensez qu'en définitive cela vaut mieux. Quant à relever à l'occasion l'aigreur de J. B. à mon égard, je n'y vois assurément aucun inconvénient ; je préfère seulement ne pas le faire moi-même ; j'espère que vous aurez pu finalement retrouver sa lettre, car je serais assez curieux de voir cela.

Je pense que l'article de Corneloup dont vous parlez doit se trouver dans le "Symbolisme" de juillet, que je n'ai pas encore reçu ; mais il y a déjà assez longtemps que je me suis aperçu que cette idée absurde d'un soi-disant "exotérisme laïque" lui trottait par la tête ; plus précisément, cela remonte à son rapport de l'an dernier au G∴ Chap∴

Il est très possible que les Pythagoriciens, quand ils ont été persécutés, se soient "abrités" dans les collèges d'artisans comme vous le dites, mais certains liens n'en devaient pas moins exister déjà antérieurement, de même que, au moyen-âge, il en existait sûrement entre les Ordres de chevalerie et les initiations de métier avant la destruction des Templiers ; ce sont du reste ces liens même qui, au fond, expliquent qu'ils aient pu effectivement trouver là un abri au moment voulu.

Il est vraiment curieux que Luther, dans son manifeste, ait repris presque textuellement la phrase de Tertullien que vous citez ; je ne sais pas trop comment Tertullien lui-même avait pu l'entendre exactement, car enfin l'ordination devait tout de même bien exister à son époque. Ce n'était peut-être qu'une "façon de parler", comparable à celle des juifs quand ils se qualifient de "peuple sacerdotal", bien que, chez eux, le sacerdoce proprement dit ait toujours été réservé exclusivement aux membres de certaines familles. -- Quant à la transformation de la "liberté chrétienne" en "libre examen", il serait intéressant de savoir quand et comment elle s'est produite ; n'avez-vous toujours pas pu retrouver d'autres précisions à cet égard ?

Si la plupart des" apparitions mariales" récentes (parmi lesquelles il en est d'ailleurs qui ont un caractère plutôt suspect) n'ont eu pour témoins que des enfants, c'est sans doute parce que ceux-ci sont plus sensibles à certaines influences ; du reste, beaucoup d'enfants ont des facultés psychiques naturelles qui disparaissent peu à peu, en partie par suite de l'éducation qui leur est donnée, mais peut-être aussi pour d'autres causes d'ordre plus général, qui se rattachent en somme à la "solidification" même du monde terrestre.

Bien frat∴ à vous.

R. G.

೧೧೦೨

Le Caire, 14 septembre 1950.

T∴ C∴ F∴,

J'ai reçu avant-hier votre projet de rituel du deuxième degré ; je pense que ma lettre du 24 juillet vous est bien parvenue en son temps, et sans doute m'en parlerez-vous dans celle que vous m'annoncez.

Ce que vous me signalez au sujet du nombre des coups de maillet est curieux en effet, car je suppose bien que vous ne vous êtes pas arrangé tout exprès pour qu'ils coïncident ainsi exactement avec celui du rituel anglais. Je me demande si ce nombre 115 (23 × 5) peut avoir quelque signification particulière ; j'avoue que je ne la vois pas, du moins pour le moment ; la traduction en lettres hébraïques ne donne rien, ou plutôt elle donne un mot qui signifie "vomir", ce qui évidemment n'est pas un sens acceptable...

J'avais cru que ce que vous me disiez précédemment au sujet des deux sphères céleste et terrestre s'appliquaient à celles qui sont placées sur les deux colonnes, car je n'avais pas compris qu'elles figuraient aussi sur le quatrième cartouche ; naturellement, dans ces conditions, je ne trouve plus rien à redire à l'explication basée sur les signes zodiacaux tracés sur la partie apparente de la sphère céleste.

En somme, dans l'ensemble, le rituel me paraît bien, du moins dans la mesure du possible, car je ne crois guère qu'on puisse arriver, pour ce degré, à quelque chose qui soit entièrement satisfaisant sur tous les points. Peut-être certaines explications sont-elles un peu "sommaires", mais, d'un autre côté, je crois que vous avez bien fait de les réduire en quelque sorte au minimum, ce qui est du reste encore justifié par la remarque qu'anciennement il n'était même donné aucune explication verbale. D'autant plus qu'il est toujours possible de les développer autant qu'on le veut dans les instructions ultérieures. À ce propos, je me demande si on ne pourrait pas réaliser quelque chose comme des "lectures" qui existent en Angleterre pour chaque degré, mais, bien entendu, sans le caractère "moralisant" qui a été donné à celles-ci au détriment du point de vue proprement symbolique et initiatique... En tout cas, dans le rituel lui-même, l'essentiel était de faire ressortir surtout le rôle du Pythagorisme comme vous l'avez fait.

Il y a un point qui me paraît appeler une rectification tout à fait nécessaire : c'est l'application de l'équerre par les pointes, qui ne correspond réellement à rien de plausible ; comme je vous le disais déjà dans ma dernière lettre, il n'est aucunement douteux qu'elle doit être posée <u>à plat</u> sur la poitrine du récipiendaire, l'angle étant tourné vers le haut. La chose est assez difficile avec le bijou du Vén∴, de sorte que cela devrait peut-être entraîner aussi une modification à cet égard ; il me semble d'ailleurs que, même en dehors de cette considération, il serait préférable de se servir d'une équerre plus grande que celle-là. Quoi qu'il en soit, l'objection concernant la façon d'appliquer l'équerre est certainement la plus grave qu'il y ait à formuler sur tout le contenu du rituel ; ce qui est l'essentiel dans une équerre en tant qu'instrument de mesure, c'est l'angle droit en non pas les pointes, et d'ailleurs la longueur respective des côtés, qui est très importante dans d'autres cas, est ici tout à fait en dehors de la question ; à vrai dire, il me semble même qu'il y aurait avantage à employer une équerre à branches égales pour correspondre à la symétrie du corps humain..

Pour les outils à porter pendant les différents voyages, vous savez qu'il y a de nombreuses divergences ; mais la solution que vous avez adopté me paraît acceptable, et elle vaut certainement bien les autres ; c'est sans doute un des points qui sera toujours le plus difficile de fixer d'une façon vraiment définitive...

On pourrait discuter de l'ordre dans lequel les cinq sens sont énumérés ; je ne sais pas au juste où vous avez trouvé celui que vous indiquez, et qui ne me paraît pas correspondre à des données traditionnelles quelconques. Il ne faut peut-être pas être trop rigoureux pour tous les détails, ce qui entraînerait bien loin ; mais en tout cas, si on veut tout simplement ranger les sens dans leur ordre d'importance, le toucher ne devrait-il pas être placé avant l'odorat et le goût ?

Il faut que je vous signale une faute de grec à corriger : c'est <u>gnôthi</u> (et non gnosi) <u>seanton.</u>

À propos de l'acanthe, il est à remarquer que la forme de ses feuilles est en rapport avec le symbolisme de la spirale, mais il serait sans doute assez difficile d'introduire explicitement cette considération dans le rituel ; la spirale se retrouve aussi dans la forme du cinquième voyage, où son parcourt de l'extérieur à l'intérieur aboutit naturellement au centre.

Au sujet de la lettre G comme initiale de cinq mots tirés du grec, la chose n'est pas exacte pour "génération" qui est purement latine ; le mot équivalent d'origine grec serait en réalité "genèse". D'autre part, parmi ces cinq mots, celui qui est à mettre plus particulièrement en évidence au deuxième degré, et qui par conséquence devrait être mentionné en premier lieu, est "géométrie" ; c'est même le seul qui y soit essentiel, les autres n'étant que des adjonctions tout à fait secondaires et quelque peu artificielles ; pendant que j'en suis à ce point, j'ajoute que "gammadion", outre qu'il fait en quelque sorte "double emploi " avec "gamma" dont il dérive d'ailleurs directement, n'a jamais, en réalité, été employé anciennement pour désigner le svastika ; là-dessus je vous renverrai à mon article dans le numéro de juillet-aout (il a eu bien du retard, mais il est peut-être enfin paru maintenant, bien que je ne l'ai pas encore reçu). En relisant, je m'aperçois que vous avez écrit " ganuna" et non "gamma" comme je l'avais lu tout d'abord ; mais l'objection portant sur la signification réelle du mot "gammadion" n'en subsiste pas moins.

Rien à relever en ce qui concerne la biographie de Pythagore, si ce n'est qu'il aurait peut-être été bon de souligner sa relation avec l'Apollon delfique (et hyperboréen, puisque celui-ci était proprement le "Dieu géomètre", de sorte que c'est encore là un point qui a une importance plus particulière pour le deuxième degré.

Ce que vous envisagez pour le thème des voyages du deuxième degré me paraît très bien en principe ; il faudra que j'y repense encore, mais ces études sur les correspondances numériques doivent être assez facilement réalisables. -- Pour le troisième degré, écrivant ces jours derniers à Marius Lepage, je lui ai demandé de vous envoyer une copie de son rituel, et je ne doute pas qu'il le fasse volontiers ; vous me direz ce que vous en pensez.

Le F∴ Parise est bien en effet l'ancien directeur de la revue" Atanor" ; l'an dernier, un certain F∴ Gorel Porciatti a eu l'idée de reprendre cette revue, et il m'a même inscrit "d'office" dans le comité de rédaction sans attendre l'acceptation qu'il m'avait demandée ; j'ai reçu le premier numéro, qui était d'ailleurs plutôt insignifiant et ne ressemblait en rien à l'ancienne revue du même nom, et il me semble que les choses en soient restées là, car depuis lors je n'ai plus jamais entendu parler de rien.

Je suis content de ce que vous m'apprenez au sujet de la question des relations du G∴ O∴ avec le D∴ H∴ ; seulement il est bien certain que l'obligation d'une "réinitiation", au lieu d'une simple "régularisation" comme précédemment, est excessive comme vous le dites et même assez peu correcte au point de vue initiatique.

Le F∴ Maridort m'a envoyé, avec une lettre arrivée en même temps que la vôtre, le travail du F∴ Mercier ; je n'ai pas encore eu le temps de l'examiner d'une façon suffisamment approfondie, mais il me semble qu'il y a là des choses qui ne sont pas entièrement au point, et que le fait de prendre pour base certaines particularités du rite français a causé quelques confusions, ou plus exactement quelques interversions dans les correspondances symboliques...

Je pense que vous devez maintenant avoir reçu ma lettre du 16 août ; au sujet de la question exotérique traitée dans votre lettre à Clavelle, votre argumentation me paraît juste ; le seul point dont il faudrait pouvoir être sûr pour que tout doute soit écarté est celui-ci : la "régularisation" opérée par l'intervention des évêques orthodoxes s'est-elle dès maintenant étendue à tout l'ensemble de l'église anglicane ? D'un autre côté, il est vrai que l'emploi d'une langue vulgaire semble un peu gênant ; mais, comme vous le dites, il y a le fait que l'Église Orthodoxe, en outre des diverses langues vraiment liturgiques et reconnues comme telles depuis des temps anciens, en admet aussi quelques autres qui sont assez inattendues !

Merci pour la représentation du chamane sibérien ; il n'est pas douteux qu'elle offre une ressemblance tout à fait frappante avec celle du "sorcier" préhistorique et de "la danse du cerf". -- Les Hopis sont une des fractions des Indiens Pueblos, et il semble que ce soit celle qui a le mieux conservé certaines traditions.

J'en reviens à l'instrument destiné à imiter le bruit du tonnerre : le fait que, chez certains peuples, un tel instrument est soigneusement caché aux femmes, outre ce que vous en dites et qui est certainement fondé aussi, me paraît être en rapport avec le caractère essentiellement masculin qui est partout et toujours attribué aux symboles de la foudre, le vajra et ses divers équivalents. À ce sujet, vous pourriez voir aussi la curieuse légende chinoise de Yu le Grand et de sa femme (dans Granet, "Danses et légendes de la Chine ancienne") ; ici, l'instrument employé est un tambour de pierre. -- Quant au baril en question, plus j'y repense, plus je trouve des rapprochements qui tendent encore à montrer qu'il a en réalité beaucoup plus d'importance qu'on ne pourrait le croire à première vue. Dans certaines tribus indiennes, pour provoquer la pluie, un homme monte sur un toit (comme le couvreur dans les anciennes LL∴ opératives) et agite la calbasse remplie de cailloux ; il y a donc là quelque chose qui se rattache directement aux rites des "faiseurs de pluie" ou soit disant telles. Or le véritable sens de ces rites, comme je l'ai indiqué, est un appel destiné à provoquer la descente des influences spirituelles du Ciel sur la Terre ; dans l'initiation maç∴, la réponse à cet appel est donnée, lors de la consécration, par le maillet, équivalent de vajra, et l'épée flamboyante, qui a parmi ses différentes significations celle de l'éclair ; la concordance entre l'appel et la réponse paraît donc aussi nette que possible. Nous voilà bien loin avec tout cela, des malencontreux "disques de bruitage" ; il serait peut-être intéressant que vous communiquiez ces remarques à nos FF∴ de la G. T..., pour qui elles pourraient être le point de départ d'autres développements. Pour l'Ob.. en général, il va de soi qu'il serait inutile de mentionner des considérations de ce genre, qui ne seraient sans doute guère comprises, et qu'il suffit, pour justifier le rétablissement du baril à cailloux dans le rituel, de faire valoir le fait qu'il était en usage autrefois. J'ajoute qu'il me semble que cet instrument devrait normalement avoir sa place à l'occident, celui-ci correspondant à la Terre d'où est adressé l'appel aux influences spirituelles, tandis que l'Orient, d'où vient la réponse à cet appel, correspond au Ciel (c'est pourquoi il doit régulièrement avoir une forme semi-circulaire, non comprise dans les dimensions du "carré long", et équivalent, dans le tracé en plan horizontal, au dôme surmontant un édifice à base carrée). -- Sur les rites de la pluie et de l'orage, et notamment en connexion avec l'oracle de Dodone et avec le "perron" de la fontaine de Barenton, il y a des renseignements intéressants dans un livre intitulé

"Classical Mythology and Arthurian Romence", par Charles Bertrame Lewis (Oxford University Press, 1932) ; mais je ne sais pas si on peut le trouver en France dans quelque bibliothèque.

Le nom des Zamzumim de la Bible est généralement interprété comme signifiant des hommes qui parlent un langage inintelligible, ce qui en ferait en somme un équivalent du mot "mlîchchha" en sanscrit ; mais il est curieux qu'il en soit parlé comme d'un peuple de géants. À titre de curiosité, savez-vous qu'il existe en Amérique un "Ordre des Zamzumim", qui n'est d'ailleurs qu'une des innombrables organisations pseudo-initiatiques dont les formes sont plus ou moins imitées de celles de la Maç.. ? -- Maintenant, le nom en question est considéré comme d'origine arabe, et il a bien, comme vous l'avez supposé, la même dérivation que celui du puits de Zumzum ; celui-ci est situé à l'intérieur de l'enceinte même qui entoure la Kaabah, et il est dit avoir jailli au moment où Ismaël était sur le point de mourir de soif en cet endroit qui n'était alors qu'un désert. J'ai bu moi-même de l'eau de Zunzun ; elle a un goût très particulier et difficile à définir (je ne trouve rien à quoi on pourrait la comparer, si ce n'est peut-être celui du liquide qui se trouve dans les noix de coco fraîches), et, bien qu'elle soit incontestablement chargée d'une "barakah" spéciale qui a notamment un pouvoir de guérison dans certains cas, on ne pourrait certainement pas en boire de grandes quantités à la fois. Le nom de Zemzem a un sens de "murmure" ou de "bourdonnement" et il peut naturellement se rapporter au bruit que fait l'eau en jaillissant abondamment (c'est ainsi qu'on l'explique le plus habituellement) ; mais il est exact que, comme vous l'a dit le F.. Maridort, il désigne aussi le grondement du tonnerre, ce qui est peut-être plus intéressant par rapport à la question qui nous occupe, et ce qui pourrait nous ramener, d'une façon assez singulière et inattendue, à quelque chose de comparable à la fontaine de Barenton. Ce n'est peut-être pas très facile à expliquer complètement, d'autant plus que le souvenir de certaines choses est perdu depuis bien longtemps, mais il faut aussi penser, à cet égard, aux correspondances symboliques de la "pierre noire" qui se trouve tout près de là... --À ce propos encore, il est bien entendu que le "perron" de Barenton était, suivant le sens ancien du mot, un bloc de pierre, et non pas, comme je l'ai vu expliquer gravement dans je ne sais plus quel livre, un escalier donnant accès à l'entrée d'un château !

Il y a dans tout cela quelque chose qui non seulement se rapporte évidemment à un symbolisme vraiment universel (comme celui dont parlait Mircea Eliade dans son article sur le Chamanisme dont j'ai rendu compte dans le N° de juillet-aout des "E. T. "), mais qui aussi, et par là même, touche plus particulièrement à ce qu'on pourrait appeler les origines (ou les attaches si vous préférez) "préhistoriques" de la Maç.. Seulement, on ne peut guère parler de ces choses à la généralité des Maçons actuels, qui, surtout s'ils sont toujours aussi influencés par les théories ethnologiques et sociologiques courantes que beaucoup l'étaient de mon temps, s'imagineraient probablement que, en faisant de tels rapprochements, on veut tout simplement les assimiler à des "sorciers" !

J'ai relu attentivement vos deux trav.., et je n'ai pas trouvé grand-chose à rectifier ; il me paraît seulement y avoir une petite inexactitude, d'ailleurs sur un point purement historique : d'après tout ce que j'ai toujours vu, ce n'est pas en Ecosse comme vous le dites, mais en Irlande, que l'Église culdéenne se serait maintenue le plus longtemps. D'après Eugène Beauvois, les moines culdéens d'Irlande auraient fondé des établissements dans l'Amérique du Nord, ainsi d'ailleurs que les Templiers ; je ne sais trop ce qu'il en faut penser, n'ayant jamais eu l'occasion de voir moi-même ses ouvrages, mais il paraît que ce serait appuyé sur des raisons sérieuses.

Au sujet du coq, je ne connais pas les deux gravures de Dürer dont vous faites mention ; pourriez-vous me donner une idée de ce qu'elles représentent ? -- Je n'arrive pas à lire exactement ce qui dans le Shintoîsme, est symbolisé par un coq sur un tambour ; je crois lire "la paix du monde", mais cela ne semble pas en rapport avec le contexte, et, je ne m'explique pas très bien ce symbolisme, dont le n'avais jamais entendu parler. -- Maintenant, pour ce qui est de l'assimilation du coq à une figure du mercure hermétique, l'objection générale qui pourrait être faite est celle-ci : on considère généralement que, dans le cabinet de réflexion le soufre et le sel figurent seuls, parce qu'il s'agit là d'un état d'isolement par rapport à l'ambiance à laquelle correspond le mercure ; s'il en est ainsi, comment justifier la présence du coq, à moins que celui-ci n'ait dans ce cas une autre signification ? Je vous signale seulement cette difficulté, et vous me direz comment vous pensez qu'on pourrait la résoudre.

Dans ce que vous dites au sujet du tablier, j'ai vu encore une justification du rapprochement que vous faisiez entre le cordon de celui-ci et le cable-tow ; il faudrait alors, pour que la chose soit tout à fait exacte, que ce cordon fasse deux fois le tour de la taille, ainsi que le F.. Mercier, de son côté, l'a fait remarquer très justement.

Au sujet de la lettre de S prenant la place du 'hébraïque, il semble que cette confusion de forme ait été faite assez souvent, et elle est d'autant plus singulière qu'elle donne en réalité une signification toute contraire, puisque 'et I représentent l'unité, tandis que S représente normalement la multiplicité. Dans le grade écossais de Chevalier du Soleil, les trois 'dans un triangle sont devenus ainsi trois S, que, pour leur trouver une explication plausible, on a interprétés par "Science, Sagesse, Sainteté". Je ne sais si on voit encore, le long de la façade du T.. de la rue Froidevaux, les trois S de fer qui s'y trouvaient autrefois ; je me suis toujours demandé si ceux qui les avaient fait placer là n'avaient pas eu, plus ou moins consciemment, quelque intention symbolique du même genre.

L'autel de Délos avait la forme d'un cube, mais était-ce bien une pierre cubique ? suivant certains, il était formé d'une accumulation de cornes de bœufs ; cela expliquerait d'ailleurs qu'il ait été possible de le doubler sans le détruire, c'est-à-dire non pas en substituant à l'ancienne pierre une nouvelle qui aurait dû être le volume double, mais simplement en ajoutant d'autres cornes à celles qui y étaient déjà jusqu'à ce que le volume soit doublé, tout en gardant la même forme cubique. Le symbolisme des cornes est ici en rapport plus particulier avec Apollon Karneios, que les Bretons christianisés ont assimilé à saint Corneille, devenu pour cette raison le protecteur des bêtes à cornes.

Il faut tout de même que je m'arrête là, car il semble que cette lettre ne veuille pas finir !

Bien frat∴ à vous.

R. G.

René Guénon à Martinez Espinosa[2]

Le Caire, 24 août 1930

Monsieur,

Vous avez dû penser que je ne répondrais pas à votre lettre, qui m'est parvenue à Paris il y a à peu près un an. La vérité est que j'étais fort souffrant à cette époque, et que, depuis lors, divers déplacements et des occupations de toutes sortes m'ont toujours fait ajourner toute correspondance qui n'était pas absolument urgente. Le temps passe très vite, et on n'arrive jamais à faire tout ce qu'on voudrait. Je profite de ce que je suis à peu près stable ici en ce moment pour vous écrire enfin, en vous priant d'excuser ce trop long retard. Je tiens à vous dire tout au moins combien il m'a été agréable de savoir tout l'intérêt que vous avez pris à la lecture de mes livres. Évidemment, le point de vue auquel vous vous placez est assez spécial et ne peut pas être exactement le mien, mais je suis heureux de voir qu'il ne vous a pas empêché de vous débarrasser du préjugé anti-oriental que, d'après vous-même, vous aviez tout d'abord. Je souhaite que beaucoup d'autres, en Occident, soient dans le même cas et arrivent à une compréhension des antiques doctrines de l'Orient.

Vous me parlez de M. Maritain ; personnellement, j'ai toujours eu d'amicales relations avec lui ; quant aux idées, nous nous accordons surtout à un point de vue négatif, je veux dire dans le sens "antimoderne". Pour le reste, il est malheureusement, lui aussi, plein de préventions contre l'Orient ; il l'était du moins, car il semble que ses préventions se soient atténuées depuis quelque temps ; mais, chose étrange, il y a chez lui comme une sorte de

---

[2] Martinez Espinosa était un écrivain catholique de Cordoba, la seconde ville d'Argentine, à qui on doit le premier article sur René Guénon publié dans ce pays. Ces deux lettres font partie d'une correspondance plus étendue, que la veuve de Martinez Espinosa avait confié à un dominicain : Fr. Mario Pinto, lui-même lecteur et admirateur du "traditionnaliste" Français. (Note d'André Coyné)

crainte de ce qu'il ne connaît pas, et c'est regrettable, car cela l'empêche d'élargir son point de vue.

Je me permets de vous signaler, puisque vous lisez tous mes livres, que, depuis "La Crise du Monde moderne", il y en a un autre, "Autorité spirituelle et pouvoir temporel", qui a paru l'an dernier. En ce moment, je prépare un volume sur "Le symbolisme de la Croix", qui paraîtra sans doute vers la fin ce cette année.

Excusez la brièveté de ma lettre ; je voudrais arriver à remettre enfin ma correspondance à peu près à jour.

Veuillez recevoir, Monsieur, l'expression de mes sentiments très distingués.

R. G.

Poste restante, bureau central,
Le Caire (Égypte)

༄༅

Le Caire, 23 février 1934.

Monsieur,

Je m'excuse d'avoir tant tardé, cette fois encore, à répondre à votre lettre, que j'ai eu plaisir à recevoir après un si long silence ; mais j'ai été assez sérieusement souffrant d'une grande fatigue de la vue, et votre lettre m'est arrivée précisément pendant ce temps-là, si bien que je n'ai même pu la lire qu'après assez longtemps. La quantité de choses de toute sorte qui se sont accumulées pendant que j'étais ainsi incapable de travailler est telle que, depuis lors, je ne suis pas encore arrivé à en sortir et à rattraper ce temps perdu.

Je vous remercie de tout ce que vous voulez bien me dire au sujet de mes travaux ; et je pense qu'en effet nous pouvons être bien d'accord, tout au moins, en ce qui concerne l'état du monde actuel et la nécessité d'un retour à la tradition et à la spiritualité, si toutefois il est encore possible pour l'Occident, au point où les choses en sont arrivées présentement. Quoique, vivant loin de l'Europe, je ne puisse peut-être pas me rendre compte exactement de certaines tendances, je dois avouer que je n'ai pas une confiance excessive en un "renouveau" qui, d'après ce que j'en sais, demeure jusqu'ici assez superficiel et plutôt chaotique : il y a surtout, sauf de rares exceptions, des aspirations vagues et mal définies, et il est bien difficile de dire ce qu'il en sortira. Mais ce qui est certain, c'est qu'on constate assez généralement que les gens ne sont plus aussi satisfaits de leur "civilisation" moderne, et qu'ils commencent à douter du prétendu "progrès" : si négatif que ce soit, c'est tout de même déjà quelque chose...

Quant aux questions que vous soulevez dans votre lettre, permettez-moi de vous dire très franchement que ces difficultés me paraissent venir surtout de ce que vous ne faites pas une distinction assez nette entre le point de vue religieux, d'une part, et le point de vue métaphysique et initiatique d'autre part ; quels que puissent être leurs rapports par certains côtés, il ne faut jamais les confondre ou les mélanger, car ils se rapportent à des domaines totalement différents, et ne peuvent par conséquent interférer l'un avec l'autre. Tout ce que vous énoncez comme vérités religieuses appartient à ce que la doctrine hindoue appelle la connaissance "non-suprême" ; il suffit de situer chaque chose à sa place et dans son ordre pour qu'il n'y ait aucun conflit possible. Surtout, il ne faut pas oublier que le mysticisme appartient entièrement au domaine religieux ; il n'y a donc aucune comparaison possible entre mystique et métaphysique. Les deux voies, à part les différences extrêmement nettes de leurs modalités, ne sont, en réalité, point faites pour atteindre le même but ; et l'"union mystique" n'est pas la "jîvan-mukti", pas plus que le "salut" n'est la "Délivrance". Tout ce qui est religieux, y compris le mysticisme, concerne les possibilités individuelles, dans l'extension indéfinie dont elles sont susceptibles, et ne les dépasse pas ; c'est d'ailleurs sa raison d'être, comme celle de la réalisation métaphysique est au contraire d'aller au-delà ; et c'est bien pourquoi l'un peut servir de base à l'autre. Il en a été ainsi dans l'ésotérisme chrétien du moyen âge, il en est toujours ainsi dans l'ésotérisme islamique ; et, de celui-ci, je vous citerai cet aphorisme qui me paraît convenir parfaitement à ce dont il s'agit : "Tant qu'un homme désire le Paradis ou craint l'Enfer, il ne saurait prétendre au moindre degré d'initiation".

Je dois aussi appeler votre attention sur le fait que le point de vue religieux est nécessairement lié à certaines contingences historiques, tandis que le point de vue métaphysique se réfère exclusivement à l'ordre principiel. Si vous parlez d'"avatâras multiples", c'est que vous vous tenez dans le domaine des apparences ; mais, dans la réalité absolue, ils sont "le même" ; le Christ-principe n'est pas plusieurs, quoi qu'il en puisse être de ses manifestations terrestres ou autres. Le "Médiateur", suivant toutes les traditions, c'est l'"Homme universel", qui est aussi le Christ ; de quelque nom qu'on l'appelle, cela n'y change rien, et je ne vois pas quelle difficulté il peut y avoir là-dedans.

La voie "ascétique" serait, dans son ordre, plus comparable à la voie initiatique que ne l'est le mysticisme, ne serait-ce que parce qu'elle implique une méthode et un effort positif ; le mysticisme, lui, est plutôt tout le contraire à cause de son caractère de passivité. La voie ascétique peut donc être une préparation à une réalisation d'un autre ordre, beaucoup plus que la voie mystique, qui apparaît même plutôt comme incompatible avec celle-ci. Mais je ne pense pas d'ailleurs qu'on puisse dire que rien de ce qui dépasse la religion élémentaire soit ouvert à tous ; l'ascétisme convient seulement à quelques-uns, et le mysticisme à quelques autres ; quant à ce qui est au-delà du domaine religieux, il va de soi que cela s'adresse encore à un beaucoup plus petit nombre. Celui qui trouve sa satisfaction à un certain niveau, aurait le plus grand tort à vouloir le dépasser ; il y a là une question de hiérarchie nécessaire, contre laquelle ne peuvent rien tous les sophismes de l'égalitarisme démocratique dont beaucoup de catholiques même sont malheureusement pénétrés aujourd'hui, même peut-être parmi ceux qui s'en doutent le moins.

Pour ce qui est de votre objection portant sur la prédominance de l'intellectualité pure, est-il bien sûr que ce soit celle-ci qui est visée ? Là encore, il faut faire une distinction essentielle : les textes que vous citez portent contre le savoir profane, non contre la connaissance sacrée ; et ne confondons point ce qui est simplement rationnel avec ce qui est purement intellectuel. Quand je dis savoir profane, j'y comprends, bien entendu, tout ce qui est philosophie ; moins on a l'esprit encombré de toutes ces choses, mieux cela vaut, très certainement, et au point de vue initiatique encore plus qu'au point de vue religieux. Il faudrait peut-être même y ajouter une bonne partie de la théologie, en tant que celle-ci contient beaucoup de subtilités inutiles et encore quasi philosophiques ; en tout cas, tout ce qui est discussion et controverses est d'esprit nettement profane. Cela dit, il faut ajouter que l'intellectualité pure échappe d'ailleurs au domaine religieux ; celui-ci est autre chose, et il va de soi que le sentiment et l'action y ont leur part ; là encore il faut mettre chaque chose à la place qui lui convient, sans lui permettre d'empiéter sur un domaine qui n'est pas le sien. Enfin, l'intellectualité pure est aussi indifférente à l'orgueil qu'à l'humilité, ces deux opposés étant pareillement d'ordre sentimental ; ceux qui prétendent le contraire montrent clairement par là qu'ils n'ont pas la moindre idée de ce qu'est réellement l'intellectualité.

Je vois que vous appréciez comme il convient l'incompréhension du P. Allo ; il serait assurément difficile de trouver un esprit plus borné que celui-là ; et, vraiment, quelle belle façon de défendre le Christianisme que de s'acharner à nier que sa doctrine renferme un sens supérieur aux platitudes morales et sociales qu'on est convenu d'y voir couramment ! Je ne vois pas en quoi tout ce "terre-à-terre" nécessiterait l'intervention d'un principe suprahumain ; heureusement que, pour ma part, j'ai du Christianisme une meilleure idée que lui... Il est triste de voir que les gens de cette sorte essaient de salir tout ce qui les dépasse ; mais ils en sont pour leur peine : la Vérité est trop haute pour en recevoir la moindre atteinte.

Croyez, je vous prie, Monsieur, à mes meilleurs et très distingués sentiments.

R. G. Poste restante, bureau central

René Guénon à Mme Nacht[3]

Le Caire, 26 juin 1947

Madame,

[...]

Pour ce qui est de la question que vous posez au sujet d'une organisation initiatique, je ne puis bien entendu, qu'approuver entièrement vos intentions ; mais malheureusement cela est bien difficile à trouver à notre époque, du moins en Europe même, et surtout quand il s'agit de la possibilité encore plus restreinte d'une initiation féminine [...] Vous n'êtes d'ailleurs pas la seule à poser cette question, bien loin de là, surtout depuis la publication de mes *Aperçus sur l'initiation* ; j'ai même été étonné, je dois le dire, de la proportion du nombre des femmes parmi les personnes qui m'écrivent à ce sujet. J'ai déjà parlé de votre cas, de même que de plusieurs autres, et je verrai ce qu'il sera possible de faire à cet égard ; soyez sûre que, si quelque possibilité sérieuse se présente, je ne manquerai pas de vous en informer. En attendant, je ne saurais trop vous engager à vous méfier de tous les groupements dont vous pourrez avoir connaissance ; la plupart n'ont absolument aucune valeur au point de vue initiatique, et il en est même quelques-uns qui sont encore bien pires et dans lesquels agissent des influences fort suspectes [...]

René Guénon

---

[3] *Les Cahiers de l'Herne*

René Guénon à Mme Guerreiro[4]

Le Caire, 29 mars 1950

Chère Madame,

Voici déjà longtemps que j'ai reçu votre lettre, et je m'excuse de n'avoir pas pu y répondre plus tôt ; j'ai toujours tant de choses à faire que j'arrive de plus en plus difficilement à tenir ma correspondance à peu près à jour... Je vous remercie tout d'abord de vos bons vœux ; c'est à peine si j'ose encore vous adresser les miens, tellement ils seront peu de saison maintenant !

Je comprends bien que vous avez été quelque peu découragée au sujet des Ch. Du P.[5] ; vous n'êtes d'ailleurs pas la seule à avoir rencontré cet obstacle dont vous parlez, et d'autres aussi ont dû finalement y renoncer. Bien entendu, M. C n'y est absolument pour rien, et même, au fond, je crois que ce n'est la faute de personne, mais plutôt seulement celle des circonstances défavorables ; il m'écrivait dernièrement que, à son avis, on peut à peine dire que cela représente encore une possibilité initiatique. C'est assurément bien regrettable, mais malheureusement je ne vois pas du tout ce qu'on pourrait faire pour remédier à cette situation [...]

René Guénon

ʘ

---

[4] *Idem.*
[5] Chevaliers du Paraclet

René Guénon à Noëlle Maurice-Denis

Blois, 12 août 1917

Chère Mademoiselle,

Voilà déjà huit jours que j'ai reçu mon manuscrit et votre lettre. Je vous prie, à mon tour, de m'excuser d'avoir tant tardé à vous remercier du tout et à répondre à vos objections que j'accepte, croyez-le bien, avec grand plaisir. Seulement, les éloges dont vous les accompagnez ne sont peut-être pas tout à fait justifiés, car mon seul mérite est d'avoir essayé d'exposer ces choses aussi clairement qu'elles en sont susceptibles, et je ne suis pas sûr d'y avoir toujours complètement réussi. Quant aux conceptions elles-mêmes, il est bien entendu que je n'ai aucunement la prétention de les présenter comme <u>miennes</u>, d'autant plus que ce serait leur enlever toute valeur métaphysique, comme à tout ce qui relève de l'ordre individuel.

Sur le premier point que vous me signalez, je suis entièrement d'accord avec vous. En parlant de "minimum de détermination qui soit requis pour nous rendre concevable" l'Infini ou le Tout universel, je n'ai naturellement en vue que notre conception actuellement déterminée par les conditions de notre état d'existence (ou de tout autre état analogue à celui-là).

D'ailleurs, j'ajoute : "pour nous le rendre concevable, <u>et surtout exprimable</u> à quelque degré", et il ne peut être question d'expression que par rapport à un état manifesté, c'est-à-dire conditionné. Rien n'est inconcevable en soi, ni inconnaissable, et vous avez tout à fait raison de dire que la Connaissance universelle est identique à l'Infini même. Vous voyez donc que je suis très loin de la conception plotinienne, et d'ailleurs vous deviez bien le penser, en admettant toutefois que, pour Plotin, l'Intelligence ne soit vraiment qu'une émanation <u>limitée</u> de l'Infini. S'il en est ainsi, c'est une déformation évidente des conceptions orientales, auxquelles l'esprit Grec, même chez les Alexandrins, n'a jamais pu s'adapter parfaitement ; pour les Orientaux, en effet, la Connaissance est bien identique à l'Infini, et voici en particulier un texte qui est très clair à cet égard : "Brahma est la Vérité, la Connaissance, l'Infini " (Je traduis tout à fait littéralement).

Je pense au second point, celui qui concerne le mot "être", et je dois vous dire tout d'abord que la raison qui m'empêche d'employer ce mot d'une façon tout à fait universelle n'est pas la raison historique dont vous parlez, car je ne crois pas qu'il soit exact de dire qu'il ait d'abord désigné l'existence. Voici pourquoi : il y a en sanscrit deux racines distinctes, <u>AS et BHU</u>, dont la première, qui est l'origine du mot "être" désigne (l'être) pur, tandis que la seconde désigne proprement l'existence avec toutes les idées limitatives qui s'y rattachent, et en particulier les idées d'origine ou de production, de formation, etc... L'opposition de ces deux racines procède de celle des deux notions d'essence et de substance au sens où je les entends, et elle contient une indication pour résoudre, au point de vue métaphysique pur, la question des rapports de l'essence et de l'existence, qui, comme beaucoup d'autres, se trouve grandement simplifiée lorsqu'on veut bien consentir à l'envisager exclusivement de cette façon, ce qui n'empêchera pas d'en faire en suite toutes les applications qu'on voudra.

Je vous accorde donc que ce qui désigne le mot "être" a été, dès l'origine, d'ordre universel, encore que cette question étymologique soit sans doute d'importance secondaire ; mais, en tout cas, cela ne veut pas dire que ce soit ce qu'il y a de plus universel, ni que ceux qui ont voulu limiter à l'être l'objet de la métaphysique ne l'aient pas fait parce que leur horizon intellectuel ne s'étendait pas au-delà d'une certaine conception. Il ne faut pas oublier que, malgré tout, Aristote était Grec ; il est possible que d'autres aient ensuite étendu le sens du mot "être" bien au-delà de ce qu'avait conçu Aristote, mais ne croyez-vous pas qu'il y ait quelques inconvénients à l'étendre outre mesure ? D'abord, cela peut faire croire à une identité dans la pensée, alors que l'identité n'est réellement que dans les mots ; ensuite, pour désigner tout ce qui dépasse l'être tel que je l'entends, je trouve bien préférable l'emploi d'un terme de forme négative. D'autre part, la confusion entre "non être" et "néant" ne peut se produire, dès lors qu'on a pris soin de préciser que le non-être est inclus dans la Possibilité, tandis que le néant n'est pas autre chose que l'impossible. Je ne peux donc pas accorder que l'opposition être # néant soit identique à l'opposition possible # impossible : les deux derniers termes sont bien identiques, mais les deux premiers ne le sont pas ; et même on ne peut pas dire rigoureusement que ce soit à l'être, mais seulement au possible, que s'oppose le néant, ou plutôt qu'il s'opposerait s'il pouvait entrer réellement comme terme dans une opposition quelconque.

En écartant toute possibilité de confusion entre "non-être" et "néant", je ne vois pas trop quelles sont les raisons qui peuvent encore empêcher d'accepter ce terme de "non-être", ou plutôt je n'en vois guère qu'une : son emploi par Hegel ; mais n'est-ce pas accorder beaucoup trop d'importance à Hegel et à son système que de s'y arrêter ? Par contre, ce terme a pour lui son emploi métaphysique chez les Orientaux, et surtout l'usage traditionnel extrêmement important qui en est fait dans le Taoïsme. C'est peut-être là une raison qui n'aurait pas une égale valeur pour tout le monde, mais elle en a beaucoup pour moi ; en tout cas, il serait tout à fait dérisoire de mettre en parallèle, à ce point de vue comme à tout autre, avec l'autorité d'une Tradition purement métaphysique et impersonnelle, les inventions pseudo-métaphysiques d'un Hegel ou de n'importe quelle autre individualité.

Je trouve que, en employant le mot "être" comme vous le faites, vous semblez limiter votre pensée plus qu'elle ne l'est en réalité ; c'est là une conséquence des inconvénients que je trouve à ce mot, et que je vous signalais plus haut. La définition de la métaphysique comme étant exclusivement la "connaissance de l'être" caractérise un certain mode de pensée, qui se distingue essentiellement de celui pour lequel l'ontologie n'est au contraire qu'une branche de la métaphysique, et non la plus importante ; il y a même là l'expression d'une des différences les plus profondes entre l'esprit occidental et l'esprit oriental. C'est pourquoi je ne peux pas dire qu'il y a là qu'une simple question de mots ; c'est quelque chose de beaucoup plus grave en réalité, comme je l'ai répété bien des fois à notre ami Germain, qui me faisait à peu près les mêmes objections que vous sur ce sujet. Même si on détourne le mot "être" de son sens propre pour l'universaliser davantage, il n'en reste pas moins comme la marque d'une influence grecque s'exerçant, ou s'étant exercée tout au moins à l'origine, sur la pensée de ceux qui l'emploient ainsi ; et c'est peut-être cette influence qui a empêché la scolastique d'être une expression de la métaphysique intégrale.

Quant à remplacer "être" par "existence" cela ne m'est pas possible, car d'une part, j'ai aussi besoin du mot "existence" en lui conservant son sens propre, bien moins universel encore que celui d'"être", et, d'autre part, si l'être est le principe de l'existence, il ne peut être identifié à l'existence elle-même. Il est vrai que j'ai écrit que "tout possible a son existence propre comme tel", mais ce n'est là, comme vous le dites, qu'une simple façon de parler, et même c'est une façon de parler que je trouve, à la réflexion, par trop défectueuse, et que j'avais déjà songé à changer. On pourrait, par exemple, mettre "réalité" au lieu "d'existence", ce qui aurait l'avantage de faire ressortir la non-valeur métaphysique d'une distinction quelconque entre le possible et le réel. Seulement, vous me reprocheriez alors de distinguer "être" et "réel", ou plutôt d'étendre le réel au-delà de l'être ; mais ceci a peu d'importance au fond, parce que je ne fais intervenir ce mot "réel" qu'en raison de cette prétendue distinction faite communément entre le possible et le réel, et pour affirmer qu'une telle distinction n'a métaphysiquement aucune raison d'être ; sans cela, je me dispenserais très volontiers d'employer ce mot, auquel je ne crois pas qu'on puisse attacher un sens bien net et bien précis, contrairement à ce qui a lieu pour des mots tels que "être" et "existence".

Ce que je trouve plus important, c'est le danger que vous voyez à se priver en métaphysique d'employer le principe d'identité et jusqu'au verbe être. D'abord, pour le verbe être, je crois qu'on peut parfaitement l'employer, et même qu'il n'est pas possible de faire autrement, étant donnée la constitution même du langage ; seulement, il faut avoir bien soin de remarquer que, pour tout ce qui dépasse l'être, ce verbe ne peut avoir d'autre rôle que celui d'une simple copule purement symbolique. Pour le principe d'identité, la question est un peu plus compliquée, et voici comment on peut l'envisager : au point de vue logique, il y a lieu de considérer les principes d'identité et de contradiction (je ne dis pas, comme on le fait souvent, le principe d'identité ou de contradiction) comme application, aux conditions de l'entendement humain, des principes ontologiques correspondants ; mais, au point de vue métaphysique pur, la considération de ces derniers est insuffisante, précisément parce que ce sont des principes exclusivement <u>ontologiques</u>. Le principe de contradiction, sous sa forme ordinaire, est en quelque sorte l'aspect négatif ou inverse du principe d'identité, et, comme tel, il est dérivé de celui-ci, qui n'est applicable qu'à l'être (la vraie forme ontologique du principe d'identité étant : "l'être est l'être", forme sous laquelle il donne lieu à des développements intéressants dont je pourrai vous parler une autre fois). Mais l'absence de contradictions <u>internes</u> (l'adjonction de ce mot est nécessaire pour écarter la distinction anti-métaphysique des possibles et des compossibles) ne définit pas seulement la possibilité logique, ni même la possibilité ontologique, mais aussi la possibilité métaphysique dans toute son universalité. On pense donc pour " possibles = non-contradictoire", et on peut parler en ce sens d'un " principe de non contradiction ", d'une portée tout à fait universelle, et à forme négative comme toute expression de ce qui s'étend au-delà de l'être ; dans le domaine de l'être, ce principe, prenant une forme positive, deviendra le principe d'identité. L'aspect inverse du même principe universel sera "contradictoire = impossible" ; c'est celui-ci qui, dans le domaine de l'être, deviendra le principe ordinaire de contradiction. Je viens d'employer ici le signe égal comme copule symbolique, bien qu'il ne s'agisse aucunement d'une égalité quantitative comme dans son usage habituel ; j'aurais pu tout aussi bien, et de la même façon employer le verbe "être" ; en tout cas, j'espère que vous trouverez ce point suffisamment éclairci par ces quelques explications.

J'ajouterai encore ceci : Il ne serait pas suffisant, comme vous le dites, de "distinguer les différentes manières d'être (ou formes de la réalité) de l'existence telle que nous l'expérimentons " parce que celle-ci ne constitue qu'un mode de l'existence universelle, laquelle comprend également une indéfinité d'autres modes, qui sont justement toutes ces manières d'être dont vous parlez. Il reste donc à envisager tout ce qui dépasse l'existence, à commencer par le principe même de cette existence, qui est l'être tel que je l'entends, et ensuite tout le reste, c'est à dire toutes les possibilités que cet être ne comprend pas. Remarquez bien, d'ailleurs, que l'idée de l'être n'est pas moins analogique pour moi que pour vous : l'être dépasse tous les genres, car il est d'ordre universel, sans être pour cela ce qu'il y a de plus universel ; il est le fondement de l'existence et de tout ce qui appartient au domaine de l'existence dans tous ses états, mais il n'est vraiment pas possible d'aller plus loin sans détourner l'idée de l'être de sa signification légitime. Nous avons d'ailleurs, trop peu de termes métaphysiques à notre disposition pour nous priver volontairement, en lui attribuant un autre sens, de celui qui désigne le plus proprement le principe de l'existence.

J'arrive maintenant à un autre groupe de questions, celles que vous me signalez dans la dernière partie de votre lettre. En disant que "toute possibilité qui est une possibilité de manifestation doit se manifester par là même" je n'entends pas, comme vous semblez le penser, que cette nécessité de manifestation <u>affecte</u> les possibles dont il s'agit, mais bien qu'elle leur est <u>inhérente</u>, qu'elle est <u>constitutive</u> de leur nature. Je ne vois pas très bien en quoi cela ressemblerait à la conception de Leibnitz, pour lequel, du reste, les possibles (tous les possibles sans exception) "tendent à exister" (il ne dit pas "commencent d'exister") ce qui exclut de cette conception toutes les possibilités de non-manifestation. Si on peut dire que la manifestation est un résultat nécessaire de l'Infini, ce qui, au fond, veut dire simplement qu'elle est comprise dans la Possibilité universelle, il ne s'en suit nullement qu'elle nécessite l'Infini, parce que, comme vous le dites vous-même un peu plus loin, "il n'y a pas de réciproque", et aussi parce que l'Infini ne peut pas être <u>constitué par addition</u> de toutes les possibilités ; métaphysiquement, on ne peut aller que du principe aux conséquences, et non pas remonter des conséquences au principe (si ce n'est comme moyen auxiliaire et transitoire de conception). Vous avez raison de dire que la manifestation doit être contingente en tant que telle, et nécessaire dans son principe ; mais elle ne nécessite pas son principe pour cela, pas plus que l'effet ne nécessite sa cause ; cette analogie me paraît beaucoup plus exacte que celle de l'agent et de la cause finale. Le tort que l'on a, dans cette question, c'est d'attribuer à la manifestation bien plus d'importance qu'elle n'en a en réalité ; ce qu'il faut dire, c'est que cette importance est <u>rigoureusement nulle</u> au regard de l'Infini. Pour prendre une comparaison, assez imparfaite sans doute, mais qui peut rendre la chose plus claire, un point situé dans l'espace est égal à zéro par rapport à cet espace ; cela ne veut pas dire que ce point ne soit rien absolument, mais il n'est rien sous le rapport de l'étendue, il est rigoureusement un zéro d'étendue ; la manifestation n'est rien de plus, par rapport à tout le reste, que ce qu'est ce point par rapport à l'espace envisagé dans toute son extension. Et remarquez bien qu'il s'agit ici de l'intégralité de la manifestation universelle, dont on peut comprendre ainsi la contingence ; et cette contingence n'exclut aucunement la nécessité au sens que je vous indiquais tout à l'heure ; l'opposition de la nécessité et de la contingence, dans leur acception ordinaire, n'est plus applicable, et la possibilité de passer au-delà de cette opposition est une des raisons qui enlève beaucoup de son intérêt à la question de la liberté telle qu'on la pose communément. Les textes de Cajetan que vous me citez me paraissent en effet à cet égard, assez satisfaisants ; en tout cas, ils montrent nettement la part qui revient, dans certaines difficultés, aux imperfections de l'expression.

En somme, l'opposition "nécessité-contingence du monde" me semble avoir plus d'importance au point de vue théologique qu'au point de vue métaphysique pur, et même, à ce dernier, on peut dire qu'elle n'existe plus. Seulement, quand on va au-delà de cette opposition, c'est bien au seul point de vue métaphysique qu'on se place, et non plus au point de vue théologique, et alors les questions ne se posent plus dans les mêmes termes ; l'emploi même du terme "création" ne se trouve plus justifié. En séparant ainsi les questions suivant les points de vue auxquelles elles se réfèrent, (et qui correspondent à autant de modes différents de la pensée), il me semble que l'on contribue grandement à écarter les complications inutiles, qui résultent généralement de confusion entre ces points de vue (l'histoire du soi-disant "argument ontologique" nous en fournit un des exemples les plus frappant). Quant à la phobie du panthéisme, je crois qu'il suffirait, pour la dissiper, de cette remarque très simple, que le panthéisme, si on veut prendre ce mot dans une acception raisonnable (au lieu de l'appliquer indistinctement à presque tout ce qu'on déteste), est une doctrine qui place l'absolu dans le devenir, donc une doctrine essentiellement <u>naturaliste</u>, et, par là même, antimétaphysique.

Je serais très heureux de savoir ce que vous pensez des diverses considérations que je viens de vous exposer, un peu trop longuement peut-être, et aussi de connaître la suite des réflexions que mon travail vous a suggérées, si vous voulez bien me les communiquer lorsque vous disposerez de quelques instants.

Nous avons reçu une lettre de Germain avant notre départ de Paris ; je lui ai répondu d'ici, et, depuis ce temps, nous sommes sans autres nouvelles de lui ; savez-vous s'il est maintenant à Ligny ?

Je n'ai toujours rien reçu pour mon discours, ni les épreuves, ni le "Bulletin Municipal " ; puisque c'est paru, je serais curieux de savoir si le texte est bien complet, et aussi s'il ne se trouve pas dénaturé par quelques fautes d'impression ; dans ce dernier cas, je ne me gênerais pas pour faire insérer une rectification...... Je vous remercie de l'offre que vous me faites si aimablement de m'expédier votre exemplaire, mais, si vous n'en avez qu'un, je serais désolé de vous en priver ; si au contraire vous pouvez vous en procurer un autre, j'accepte avec grand plaisir, d'autant plus que cela m'amusera de relire la réponse de Lebey... Elle doit contenir bien des <u>finesses</u> qui ont pu m'échapper, et c'est dommage !

Ces dames me chargent de leurs meilleures amitiés pour vous et Mademoiselle votre sœur, et moi je vous prie d'agréer toutes les deux l'expression de mes sentiments respectueux.

R.G.

ⴲⴲ

Le Portail, par Champigny-sur-Veude (Indre et Loire),
13 Septembre 1917.

Chère Mademoiselle,

Ne sachant pas si vous êtes encore à Perros-Guirec ; je vous adresse cette lettre à Saint-Germain, pensant qu'on la fera suivre s'il y a lieu.

Tout d'abord, merci pour l'envoi du "Bulletin Municipal" du Collège, je n'en ai pas reçu le moindre exemplaire ; peut-être en aurai-je tout de même quelques-uns à la rentrée, mais ce n'est pas bien sûr, et, en tout cas, je trouve qu'on aurait bien pu m'en faire parvenir.

Germain m'a écrit ces jours-ci pour m'annoncer son retour à Paris et me donner sa nouvelle adresse. Nous rentrerons nous-mêmes dans une quinzaine ; nous partirons d'ici mardi prochain et nous nous arrêterons encore quelques jours à Blois, où nous avons toujours beaucoup à faire. Pendant ces derniers temps, nous avons été en déplacements presque continuels ; c'est pour cela qu'il ne m'a pas été possible de vous répondre plus promptement.

Je suis heureux que vous ayez trouvé suffisamment clair ce que je vous ai dit au sujet de l'être ; d'ailleurs, je suis tout à fait persuadé que nous devons être d'accord, au fond, pour tout ce qui se rapporte à l'être. Reste ce qui est au-delà de l'être, qu'on l'appelle comme on voudra ; là-dessus, il n'y a pas désaccord non plus, mais bien, en réalité, absence de toute doctrine du côté occidental. - Germain, est comme vous, toujours gêné par le terme "non-être" et il m'objectait dernièrement, contre la nécessité de l'emploi de la forme négative, que les mots "Perfection", "Tout", "Possibilité universelle", n'ont rien de négatif, et sont cependant applicables au-delà de l'être. Je lui ai répondu en lui faisant remarquer que, en tout cas, la forme négative n'en reste pas moins nécessaire quand on veut désigner ce qui est au-delà de l'être à l'exclusion de l'être, ce qui est précisément le sens du "non-être". Je crois d'ailleurs m'apercevoir que vous admettez la forme négative plus volontiers que ne le fait Germain ; ce qui vous déplaît plutôt c'est sans doute l'emploi du verbe "être" en ce qui concerne le "non-être" ; mais il me semble pourtant qu'il suffit d'avoir compris que ce n'est là qu'un défaut d'expression, qui tient simplement à la constitution du langage, et que celle-ci rend inévitable ; il faut s'en prendre à la grammaire et peut-être à la logique, mais non à la métaphysique, qui, en soi, est et demeure essentiellement indépendante de toute expression. - Enfin, nous pourrons reparler de tout cela dans quelque temps, ainsi que du principe d'identité et de la soi-disant "preuve ontologique" qui n'en est qu'une application mal comprise. Peut-être avez-vous raison de faire remonter cette incompréhension plus loin que Descartes ; je ne serais pas fâché d'avoir quelques précisions sur la façon dont la chose a été présentée par saint Anselme.

Pour ce qui est des rapports de la métaphysique et de la logique, on est bien forcé de "dépasser la logique", en métaphysique, en raison même de l'universalité de celle-ci, qui ne saurait être conditionnée par rien de relatif ; et la logique est bien quelque chose de relatif car, si elle envisage certains principes d'ordre universel, ce n'est pas en eux-mêmes qu'elle les envisage (ceci ne regarde que la métaphysique), mais seulement dans leur application aux conditions spéciales de l'entendement humain (conditions qui, bien entendu, sont de l'ordre individuel). En somme, les rapports de la métaphysique et de la logique correspondent à ceux de l'intellect et de la raison, c'est à dire, au fond, de l'universel et de l'individuel.

Je passe à un autre point qui, pour moi, est particulièrement important : c'est la façon dont il faut comprendre la possibilité d'un accord entre les différentes traditions. Cet accord ne doit aucunement entraîner une substitution d'une Tradition à une autre, ni même une fusion qui, <u>à l'extérieur</u> tout au moins, ne serait ni possible ni souhaitable. Il ne pourrait s'agir d'une fusion que conçue d'une tout autre façon, comme s'opérant <u>de l'intérieur</u> et <u>par en haut</u> ; mais c'est là une question d'un autre ordre, sur laquelle il est assez difficile de s'expliquer clairement, et que nous sommes d'ailleurs bien loin de pouvoir envisager actuellement d'une façon utile. En tout cas, je ne pense pas qu'il soit nécessaire, d'une façon générale, de parler sanscrit ou chinois, ce qui serait, non pas "révolutionnaire" comme vous le dites, mais plutôt "réactionnaire"..., mais ce qui ne serait peut-être pas le meilleur moyen de se faire comprendre. Pourtant, Germain m'a engagé assez souvent à conserver purement et simplement les termes sanscrits en les expliquant ; il est vrai qu'il est bien difficile et souvent même impossible de leur trouver véritablement des équivalents, mais je pense qu'il faut avant tout simplifier la terminologie le plus possible. Pour moi, un des défauts de la scolastique est sa terminologie trop compliquée, surtout quand cette complication ne produit pas une précision suffisante, et cela arrive dans bien des cas, comme le prouve trop de discussions qui sont loin d'éclaircir les questions autant qu'il le faudrait ; et on les éclairciraient sans peine si on consentait à se tenir toujours dans le domaine purement métaphysique, au lieu d'introduire une foule de considérations étrangères, qu'on pourrait d'ailleurs retrouver quand on en viendrait aux applications, théologiques, cosmologiques ou autres. - Comme ce qui importe surtout, en ce qui concerne les doctrines orientales, c'est d'en faire comprendre l'esprit, il s'agit plutôt de les adapter que de les transcrire, attendu que cette transcription risquerait d'être peu intelligible.

Il y a un grand intérêt, d'autre part, à marquer la concordance entre les différentes doctrines traditionnelles toutes les fois que l'occasion s'en présente ; mais, en faisant cela, il ne faut jamais oublier qu'il n'y a en Occident, présentement tout au moins, aucune tradition qui ait un caractère purement métaphysique, ni d'ailleurs qui soit métaphysiquement complète ; le premier de ces deux défauts paraît surtout imputable à l'héritage de la mentalité judaïque, le second à celui de la mentalité grecque. Si je dis "présentement", c'est que nous pourrions peut-être envisager les choses autrement s'il nous était possible de mieux connaître tout ce qui a existé au moyen-âge, et dont, malheureusement, la prétendue Renaissance n'a rien laissé subsister ; je ne doute pas qu'il n'y ait eu alors un enseignement traditionnel beaucoup moins <u>extérieur</u> que ce que contiennent tous les écrits qui nous sont parvenus.

Je reviens à la suite de vos objections et d'abord à ce qui concerne la nécessité de la manifestation : il est bien entendu que la manifestation, en tant que telle, est transitoire, mais elle n'en est pas moins impliquée en mode permanent par les possibles qui la comportent, puisque ces possibles sont eux-mêmes absolument permanents ; et il faut bien que tout se retrouve en principe dans une telle permanence, y compris la manifestation elle-même, qui, sans cela, serait purement illusoire. La seule difficulté est, lorsqu'on envisage une chose en mode transitoire, de savoir comment il faut faire la transposition pour envisager la même chose en mode permanent, car alors tout ce qui constitue la manifestation appartient à l'ordre du non-manifesté. Je ne sais si je me fais bien comprendre, car cela est beaucoup plus difficile à expliquer qu'à concevoir, comme du reste tout ce qui concerne les rapports du temps, (ou plus généralement de la durée) et de l'éternité. Je crois que cette question pourrait vous intéresser spécialement en ce qui regarde son application à la résurrection des corps ; dans ce cas particulier aussi, le corps, qui est transitoire dans le domaine de la manifestation, acquiert la permanence sous un autre mode, avec toutes les attributions qu'elle implique en quelque sorte par surcroît.

Quant aux rapports du manifesté et du non-manifesté, question qui se rattache immédiatement à la précédente, l'interprétation que vous a donnée Germain est plus qu'inexacte ; j'ai fait la rectification en lui écrivant. Le non-manifesté comprend, d'une part, ce qu'on peut appeler le "non-manifestable", ou les possibilités de non manifestation, et, d'autre part, le "manifestable" c'est-à-dire les possibilités de manifestation en tant qu'elles ne se manifestent pas. Il est évident que, si le non-manifesté est principe du manifesté, ce n'est pas en tant qu'il comprend le non-manifestable, mais en tant qu'il comprend le manifestable. Ce dont il faut bien se rendre compte aussi, c'est que le manifesté ne comporte aucune possibilité autre que celles qui sont comprises dans le non-manifesté (ou plutôt que certaines de celles-ci), car il est constitué simplement par les possibilités de manifestation en tant qu'elles se manifestent, tandis que ces mêmes possibilités, en tant qu'elles ne se manifestent pas, appartiennent évidemment au non-manifesté : je ne crois pas qu'il puisse y avoir là la moindre difficulté.

Pour la question du vide, je ne l'ai traitée, dans ce que vous avez lu, qu'incidemment et d'une façon très incomplète ; je vous demanderai donc la permission d'ajourner les explications à cet égard. Seulement, même si ce n'était qu'un "ens rationis", il n'en serait pas moins vrai qu'il y a là l'expression d'une possibilité, car tout ce que nous concevons vraiment est évidemment possible. Je dis "tout ce que nous concevons <u>vraiment</u>", car, naturellement, il n'en serait pas de même d'une pseudo-conception qui impliquerait une contradiction ; dans ce dernier cas, on ne serait en présence que d'une absurdité, c'est à dire d'une impossibilité. Or ce cas est précisément celui du vide <u>spatial</u>, ce qui est la façon dont les physiciens l'envisagent ; ce n'est donc pas du tout de cela qu'il s'agit. D'autre part, je n'appellerai pas <u>abstraction</u> un "ens rationis", car je réserve strictement l'emploi de ce terme à la considération d'une qualité séparément de son sujet. Mais, dans l'ordre des possibilités de non-manifestation, il ne peut être question ni d'"abstraction" ni d'"entes rationis" ; il était nécessaire d'écarter au moins toute confusion sur ce point.

Autre chose : on ne peut pas parler rigoureusement de l'"essence" d'un possible comme tel, car les possibles sont au-delà de la distinction de l'essence et de la substance, cette distinction n'étant valable qu'à l'intérieur de l'être, tandis que tout possible, en soi, est au-delà de l'être. Si on parle de ce qui appartient "essentiellement" à tel possible, ce n'est donc que d'une façon toute symbolique, comme lorsqu'on attribue une "existence" aux possibles. - À propos de cette dernière façon de parler au lieu de la faire disparaître, j'ai ajouté une note à mon manuscrit, et vos objections m'ont amené à faire la même chose en plusieurs autres endroits. D'autre part, je suis arrivé à exprimer, plus nettement que je ne l'avais fait, le sens et la portée métaphysique de "l'identité du possible et du réel" ; je vous communiquerai cela.

Pour l'emploi du mot "virtuellement", vous devez bien penser que je ne le prends pas dans le sens de Leibnitz ; mais je ne l'entend pas non plus dans les autres acceptions que vous indiquez. Pour moi, "virtuellement" s'oppose surtout à "effectivement" et son emploi se réfère au point de vue de la "réalisation", de sorte qu'il est difficile de le justifier complètement quand on s'en tient à la seule théorie. J'ai rédigé à ce sujet, il y a quelque temps, une note explicative, que j'ai d'ailleurs fait lire à Germain ; je vous la montrerai aussi, mais rappelez-le moi, car je pourrais bien oublier.

Le principe d'unité d'un être dans tous ses états est bien, comme vous le prenez, la Personnalité, laquelle appartient au non-manifesté, mais a sa réflexion à travers tous les états, de telle sorte que c'est cette réflexion qui constitue, dans chaque état, le principe immédiat d'unité de l'être. Quand on passe au non-manifesté, il est bien certain qu'on ne peut plus parler proprement d'"unité", non plus que d'"être" ; c'est donc symboliquement, ici encore, et pour pouvoir s'exprimer, qu'on continue à parler d'un "être". Cela serait sans doute plus intelligible si vous aviez lu le manuscrit qui précède celui que je vous ai prêté, et auquel je renvoie d'ailleurs assez fréquemment dans ce dernier. - Mais c'est bien "un être" qu'il faut dire, sous la réserve précédente, et non pas "l'être un" : chaque être a un état qui correspond à chacun des degrés qu'il y a lieu d'envisager dans l'ordre universel, mais cela n'exclut en rien les états correspondants dans les autres êtres ; je ne vois là aucune difficulté. D'ailleurs, par où tous les êtres pourraient-ils être "un", si non, précisément par là où il ne peut plus être question "d'unité", mais seulement de "non-distinction", ce qui n'est pas la même chose ? - De même, quand il s'agit de l'Infini ou de la Possibilité universelle, ce n'est pas "unité" qu'il faut dire rigoureusement, mais bien "non-dualité" ; vous vous souvenez peut-être que je m'étais servi de ce mot dans ma conférence sur la métaphysique. - Pour revenir aux états multiples, vous dites qu'une individualité intégrale comporte une indéfinité de modalités, ce qui est exact, et d'états, ce qui ne l'est plus ; en réalité, cette individualité intégrale, dans toute son extension, ne constitue qu'un seul état dans l'être total. Le rapprochement que vous faites au sujet de la "vision béatifique" me paraît très intéressant ; si vous le voulez bien nous en reparlerons. Quant à l'identification par la connaissance, elle a une portée qu'Aristote lui-même ne paraît pas avoir soupçonné, et qu'on ne peut saisir parfaitement qu'en passant du point de vue de la théorie à celui de la réalisation. C'est surtout ce dernier (qui d'ailleurs doit influer nécessairement sur la théorie elle-même) dont je ne trouve l'équivalent à aucun degré dans les doctrines occidentales ; et pourtant c'est là, finalement, la seule chose qui importe, bien que la théorie en soit assurément la préparation indispensable.

Vous avez raison de dire que le Zéro est principe de l'unité dans le même sens que le Non-Être est principe de l'Être, et même c'est au fond la même chose ; d'autre part, si l'unité est principe de la multiplicité, c'est dans le même sens que l'Être est principe des choses manifestées. Maintenant, ce ne sont pas là deux sens absolument différents pour le mot "principe" ; c'est plutôt un même sens pris à deux degrés différents, avec la transposition convenable. - Je ne dis pas que l'unité est relative à la multiplicité, pas plus que l'Être universel n'est relatif aux existences particulières ; seulement, dès que l'unité est posée, la multiplicité s'y trouve impliquée d'une façon immédiate, et d'ailleurs, s'il n'en était pas ainsi, il ne saurait y avoir aucune multiplicité.

J'arrive à votre dernière question : une comparaison ne peut vraiment s'établir entre deux êtres que sous le rapport d'un élément commun qu'ils possèdent l'un et l'autre, mais qu'ils manifestent à des degrés de développement différents. D'un autre côté, pour le cas que vous envisagez, d'un être qui aurait les mêmes éléments qu'un autre, <u>plus</u> une certaine différence qui le rendrait supérieur à ce dernier, ce cas n'est pas réalisable, parce que le rapport ainsi établi entre ces deux êtres serait tout simplement le rapport d'une espèce à un genre, et non pas le rapport de deux espèces du même genre. Chaque espèce doit posséder une différence, de sorte que si, par rapport à une autre espèce, elle a un caractère <u>en plus</u>, elle en a aussi forcément un <u>en moins</u>, et, comme on ne peut pas établir d'équivalence ou de non équivalence entre ces deux caractères <u>différents</u>, je ne vois pas comment serait possible une comparaison portant précisément sur les différences.

Ma femme se joint à moi pour vous envoyer, Chère Mademoiselle, ainsi qu'à votre famille, notre très bon souvenir.

R. G.

ℰℭ

Sétif, 3 Janvier 1918.

Chère Mademoiselle,

Quand j'ai reçu votre aimable lettre, la semaine dernière, je pensais vous écrire, et je l'aurais fait plutôt sans une grippe qui m'a rendu assez souffrant, et dont je ne suis même pas encore complètement débarrassé. Nous avons eu un froid très intense ces jours derniers : jusqu'à moins douze la nuit ; la température semble se radoucir, heureusement, mais vous voyez qu'il n'y a pas qu'en France qu'on souffre des rigueurs de l'hiver.

Je ne sais si Germain vous a dit quelles sont les classes que j'ai à faire ici : en plus de la philosophie, j'ai le français en Première et le latin en Première et en Seconde, ce qui ne m'amuse pas du tout, je vous assure, d'autant plus que les élèves sont en général d'une nullité extraordinaire, surtout en latin. Il est vrai que, pour les examens, on est moins difficile à Alger qu'à Paris ; et puis, comme les candidats ont, pour la plupart, de très bonnes notes en arabe, il leur suffit d'avoir 4 ou 5 en français et autant en latin pour être reçus. Je n'ai que très peu d'élèves en philosophie : Trois seulement, plus deux de mathématiques ; ceux-là ne vont pas mal, ils s'y sont même mis plus vite que cela n'arrive souvent. Les élèves de Première et de Seconde sont bien plus nombreux, malheureusement, et la correction de leurs devoirs me prend beaucoup de temps, de sorte que, jusqu'ici, je n'ai pas encore pu travailler pour moi. Je ne sais même pas trop comment je ferais si je n'avais mon cours tout préparé d'avance. Ce surcroît de besogne est dû au manque de professeurs, chose d'autant plus étonnante que le collège est important et compte près de 400 élèves. Songez qu'un seul professeur est obligé de faire le latin en Troisième, Quatrième, Cinquième et Sixième, et alors on réunit les classes deux par deux ; dans ces conditions, il n'y a vraiment pas lieu de s'étonner de la faiblesse des résultats. Nous habitons tout près du collège, de sorte que je n'ai plus la fatigue des voyages quotidiens, ce qui est appréciable, surtout en hiver. Il y a encore ici un autre avantage pour moi : c'est que le poste que j'occupe était vacant d'une façon définitive, son titulaire ayant été nommé à Blidah ; je n'ai donc plus à craindre la même mésaventure que l'an dernier, tandis que, si j'avais encore remplacé un mobilisé, celui-ci aurait toujours pu revenir d'un moment à l'autre, et alors il aurait fallu changer de nouveau. Ce n'est pas que nous ayons l'intention de rester ici indéfiniment ; seulement, il faudra peut-être que nous y prolongions notre séjour un peu plus que nous n'y comptions, car je ne peux pas abandonner un poste sûr pour un autre qui ne sera encore une fois que du provisoire. Ce qui nous est le plus pénible ici, c'est de nous sentir si loin de tous nos amis ; mes collègues sont très gentils, le Principal également, et les relations avec eux sont assez agréables, mais comme milieu intellectuel, cela laisse plutôt à désirer. En général, les gens d'ici ne s'occupent guère que de commerce et d'affaires ; tout le reste semble les laisser indifférents : ainsi, personne ne parle jamais de la guerre ; c'est trop loin et cela ne les touche pas assez. Nous ne serions au courant de rien si nous n'avions les journaux de France et encore ne nous parviennent-ils que très irrégulièrement, le plus souvent au bout d'une semaine. C'est surtout quand nous sommes plusieurs jours sans avoir de courrier que nous sentons notre éloignement ; et, comme la région est certainement une des moins intéressante de l'Algérie à tous égards, ce ne serait pas très gai si cela devait durer très longtemps. Enfin, dans les circonstances actuelles, il faut encore s'estimer heureux de n'avoir pas d'autres ennuis que ceux-là.

Nous avons eu douze jours de vacances, qui se terminent aujourd'hui ; le temps a été si mauvais que nous n'avons pas osé nous risquer à faire un petit voyage comme nous en avions l'intention tout d'abord ; et je crois que nous avons bien fait, car il paraît qu'il y a eu partout de la neige ou de la pluie. Du reste ce n'aurait peut-être pas été très prudent avec ma grippe, et d'autant plus que ma tante a été, elle aussi, très fatiguée par le froid ; ce sera donc pour Pâques probablement.

Je laisse à ma femme le soin de vous donner d'autres détails sur le pays comme vous le lui demandez, et je vais maintenant tâcher de répondre à votre lettre, ou plutôt à vos deux lettres, car je n'oublie pas celle de septembre. Germain nous avait écrit que vous aviez été admise à suivre les cours de la faculté de théologie, toutes nos félicitations. Je comprends assez votre horreur de l'exégèse ; quant à l'étude de l'hébreu, vous ne nous dites pas si elle vous intéresse. Et votre projet de thèse pour le doctorat en philosophie, pensez-vous pouvoir le mettre bientôt à exécution ?

Comme vous devez le penser, l'appréciation si favorable du P. Sertillanges à mon égard, que vous me transmettez, m'a fait le plus grand plaisir ; je regrette d'autant plus vivement de n'avoir pu faire sa connaissance au moment où vous aviez si aimablement projeté de nous réunir, mais j'espère bien que l'occasion s'en présentera quelques jours. Ce que vous me rapportez m'intéresse d'autant plus que ce n'est pas dans les milieux universitaires que je compte trouver jamais la moindre compréhension des choses métaphysiques.

Je crois aussi qu'on aurait tort de n'attacher aucune importance métaphysique à la théologie, mais qu'il faut maintenir, malgré cela, une séparation très nette entre les deux domaines. Bien des vérités métaphysiques sont assurément susceptibles d'une application théologique, mais il faut alors qu'elles soient traduites en un langage tout différent, et cette différence tient à celle des points de vue auxquels on se place. Aussi, je pense que le mieux, quand on fait de la métaphysique pure, est de ne pas se préoccuper des applications théologiques possibles, non plus que des autres applications de tous ordres, ce qui est loin de vouloir dire que ces applications soient sans intérêt en elles-mêmes.

Maintenant, si vous trouvez des correspondances plus nettes chez les théologiens que chez les philosophes cela ne me surprend pas outre mesure, car, si la théologie n'est pas et ne peut pas être de la métaphysique pure, la philosophie en est souvent bien plus éloignée encore. Cela est peut-être moins vrai de la philosophie catholique que de la philosophie universitaire, mais pourtant presque tout ce qui a été écrit dans les temps modernes (je ne parle pas ici du moyen-âge) doit forcément se ressentir plus ou moins de la mentalité générale.

Quant à la mystique, je ne la méprise pas aussi complètement que vous semblez le croire ; je ne regarde point la "réalisation" mystique comme illusoire, mais seulement comme incomplète, et je vous accorde très volontiers qu'il y a là quelque chose de plus que la simple théorie. Seulement, je pense que vous reconnaîtrez, de votre côté, que cette réalisation diffère profondément de la réalisation métaphysique, et cela dans son principe même puisqu'elle s'effectue en mode passif ; c'est d'ailleurs pour cette raison qu'elle ne peut pas dépasser certaines limites. Pour plus de précision, je dirai que ces limites sont celles d'un état individuel envisagé dans l'intégralité de son extension, quant aux autres états, ils ne peuvent alors être perçus que par réflexion en quelque sorte, et non pas d'une façon directe et immédiate. Une seconde conséquence du caractère passif de la réalisation mystique, c'est son défaut d'ordre : s'y mélangent des éléments très divers d'où une confusion entre l'intellectuel et le sentimental, confusion qui est d'ailleurs inévitable toutes les fois qu'une certaine réalisation n'est pas appuyée sur une base théorique suffisante. Il me semble du reste, d'après ce que vous me dites, que le Père Sertillanges reconnaît l'existence de cette confusion, sans doute, on peut toujours dégager les éléments intellectuels qui s'y trouvent, mais ce qu'on obtiendra ainsi aura perdu par là même le caractère proprement mystique. Cela pourra être plus intéressant pour faire certains rapprochements mais à la condition d'avoir déjà acquis d'autre part les données métaphysiques voulues, car il sera peu sûr d'entreprendre des études métaphysiques en se basant sur les écrits des mystiques, même les plus orthodoxes ; je crois que vous m'accorderez encore ce dernier point sans trop de difficultés.

Maintenant, peut-on parler de "mystiques intellectualistes" comme vous le voudriez ? Comme ce qui caractérise essentiellement le mysticisme comme tel parait-être la présence de l'élément sentimental, il me semble que tout ce qu'on a le droit de dire, c'est qu'il peut se trouver dans le mysticisme des reflets d'intellectualisme ; mais ces reflets ne correspondraient-ils pas précisément à la réflexion des états supérieurs que la réalisation mystique n'atteint pas directement ? Quant à Spinoza, que vous me citez à ce propos, je ne sais pas jusqu'à quel point on peut le dire mystique au sens propre de ce mot, mais, en tous cas, je n'accepterais pas de le regarder comme vraiment intellectualiste, bien qu'il ait été, à certains égards, plus loin que le rationalisme cartésien, grâce à la connaissance qu'il avait de la philosophie judaïque du moyen-âge, et en particulier de Maïmonide ; mais il resterait à déterminer jusqu'à quel point il a compris celui-ci, qui semble lui être bien supérieur, encore que les Juifs n'aient jamais été très métaphysiciens.

Vous avez raison de ne pas vouloir séparer la réalisation de la théorie et de dire qu'elle forme un tout indissoluble ; en métaphysique pure également, il doit en être ainsi, mais la théorie doit cependant précéder toute réalisation, parce qu'elle seule peut fournir à celle-ci la base indispensable. En d'autres termes, la connaissance théorique est la préparation nécessaire de la connaissance effective, mais elle ne peut être que cela, et ce caractère doit influer sur la façon dont sera présenté l'exposé de la théorie elle-même. Je veux dire que, même si on laisse de côté tout ce qui n'est pas d'ordre exclusivement théorique, il n'en faudra pas moins tenir compte de ce qui devra ainsi rester "sous-entendu" ; c'est ce qui se produit pour l'emploi des mots "virtuellement" et "effectivement" qui nous a justement amené à aborder cette question de la réalisation. J'espère que vous me direz dans votre prochaine lettre si vous concevez mieux la possibilité de la réalisation métaphysique, maintenant que j'ai essayé de vous indiquer ce qui la distingue de la réalisation mystique. Je dois d'ailleurs ajouter que cette dernière est la seule chose qu'on puisse trouver en Occident quand on veut sortir du point de vue simplement théorique. Et pourtant, ici encore, je suis tenté de faire une restriction : peut-être y a-t-il eu autre chose au moyen-âge, mais alors c'est quelque chose que nous ne connaissons plus du tout ; cela s'est-il perdu complètement, où en est-t-il subsisté quelques traces qui, en ce cas, seraient bien cachées ? C'est là une question qu'il serait intéressant d'élucider, mais je crois que c'est fort difficile.

Quant à "l'effort de vie intérieure" vous avez très bien vu que ce n'est pas du tout de cela qu'il s'agit, ni même de rien d'analogue à cela, quand on parle de réalisation métaphysique. Cela ne pourrait même avoir aucun sens ici, puisque cette réalisation doit précisément aller au-delà de la vie, aussi bien que de toutes les autres conditions limitatives qui définissent tel ou tel état particulier d'existence. D'ailleurs, les mystiques eux-mêmes vont déjà beaucoup plus loin que le domaine de la psychologie, sans sortir pour cela de l'état individuel humain, ni, par conséquent, de la vie qui est une des conditions de cet état. Cette expression de "vie intérieure" a pris un sens bien fâcheux avec les modernistes, sens qui n'est pas sans quelque rapport avec celui de "l'intuition" bergsonienne ; ce ne sont même là, au fond, que des expressions diverses d'une même tendance.

À propos de ce qui précède, je note encore pour y revenir une autre fois, que l'affirmation de l'identité métaphysique du possible et du réel, prend un sens beaucoup plus précis quand on le rapporte au point de vue de la "réalisation", et que c'est même ce point de vue seul qui peut lui donner toute la portée qu'elle doit avoir. Je vous avais promis de vous reparler aussi de différentes autres choses ; vous serez bien aimable de me les rappeler à la prochaine occasion.

Je passe à un autre point : en distinguant dans l'être humain l'élément sentimental et l'élément mental, il est bien entendu que je ne veux parler que de ce qui est individuel ; il ne peut donc pas être question alors de l'élément intellectuel proprement dit, qui est supra-individuel, vous objectez à cela que "l'individu est virtuellement tout-connaissant" ; mais on ne peut pas dire cela, car, si c'est vrai de l'être humain, ce n'est pas en tant qu'individu, mais bien, au contraire, en tant qu'il se rattache aux états supra-individuels et qu'il a la possibilité d'entrer en possession de ces états, lesquels ne constituent avec l'état individuel qu'un seul et même être total. Maintenant, l'élément intellectuel est précisément ce qui relie entre eux tous ces états de l'être total ; mais, c'est pour cela qu'il appartient au domaine d'aucun de ces états pris en particulier ; il rencontre seulement ce domaine en un point, qui en constitue d'ailleurs le centre véritable. C'est seulement cette rencontre ou cette incidence, avec la réfraction qui en est la conséquence, qui peut, lorsqu'il s'agit de l'état individuel humain, devenir consciente ; et c'est là, d'ailleurs, une condition nécessaire pour que cet état puisse servir de base à une réalisation atteignant les états supra-individuels. Pour ces derniers, il ne peut plus être question de "conscience" au sens propre de ce mot ; ou bien, si l'on veut continuer à se servir de ce terme en le transposant dans l'universel, il faut avoir le plus grand soin d'indiquer qu'on ne le prend plus dans son acception ordinaire et "psychologique". Je ne sais si je me fais suffisamment comprendre ; mais, en tous cas, je ne vois pas pourquoi il y aurait lieu de donner à l'élément intellectuel un autre nom, du moins quand on se tient strictement au point de vue métaphysique ; il peut en être autrement quand on veut passer de là à cette "traduction" théologique dont je vous parlais précédemment.

Je ne sais pas au juste en quel sens vous prenez l'idée d'"incarnation" quand vous dites que je dois la regarder comme anti-métaphysique ; pourriez-vous me donner quelques précisions là-dessus ? De quelques façons qu'on l'entende, il faut cependant maintenir que le principe intellectuel est essentiellement "non-incarné", en raison de son caractère extra-individuel. À plus forte raison en est-il de même de la "personnalité", dont ce principe intellectuel est en quelque sorte la projection à travers tous les états de l'être ; si vous ne voyez pas encore nettement le sens de ce terme de "personnalité", je vous prierai de me poser à ce sujet quelques questions précises, et je m'efforcerai d'y répondre de mon mieux.

La notion de la "puissance obédientielle", dont vous m'indiquez la définition, paraît en effet se rapprocher de la conception métaphysique des états multiples de l'être. Seulement, n'y a-t-il pas lieu d'établir, pour cette définition, une distinction entre le cas de la nature humaine et celui de la nature angélique, celle-ci ne comportant pas les mêmes possibilités que celle-là ? La question mériterait sans doute d'être examinée d'un peu plus près. Quant à la non-contradiction intrinsèque, elle est un caractère de toute possibilité quelle qu'elle soit, mais elle ne peut à aucun degré être regardée comme une "limitation", car cela reviendrait à dire que l'impossible, qui n'est rien, limite le possible, qui est tout ; dire que les possibilités sont "limitées" par la non-contradiction intrinsèque est une imperfection de langage qu'il serait très difficile d'éviter.

Pour le vocabulaire je ne crois pas qu'une grande complication soit si nécessaire que cela à la précision ; je crois même que la perfection apparente qu'elle donne à l'expression est tout illusoire et ne compense pas les inconvénients qui peuvent, d'autre part, résulter de cette complication. Ces questions de vocabulaire n'ont d'ailleurs en elle-même qu'une importance assez secondaire ; l'essentiel est de se faire comprendre le mieux possible, et c'est pourquoi je trouve qu'il faut éviter les complications inutiles ; au lieu d'inventer des termes nouveaux, il est préférable de bien préciser le sens de ceux qu'on emploie, sans se préoccuper outre mesure de l'abus qui a pu en être fait par d'autres.

Je vous disais que je n'avais pas encore trouvé le temps de travailler depuis mon arrivée ici ; j'ai cependant lu la thèse de Boutroux sur la "contingence des lois de la nature", et aussi "l'évolution créatrice" de Bergson. Je trouve que la première ne vaut pas sa réputation, et, quant à la seconde elle n'a fait que confirmer l'opinion que j'avais de son auteur ; tout cela est terriblement confus, et c'est là-dedans surtout qu'on peut trouver des complications inutiles, pour le fond aussi bien que pour la forme.

Vous avez sans doute appris comme nous la mort de Durkheim ; vous souvenez-vous de la réflexion que Dom Besse avait faite à son sujet le jour de votre examen de licence ? Il ne s'était pas trompé en disant qu'il n'en avait plus pour longtemps. Si seulement sa disparition pouvait changer quelque chose à l'esprit de la Sorbonne ! Souhaitons-le, mais sans oser trop l'espérer.

Ce pauvre Germain n'a vraiment pas eu de chance de tomber malade juste au moment où il devait passer son examen de physique, nous nous demandons s'il va le préparer de nouveau pour la prochaine session. En tous cas, le séjour à la campagne et le changement d'occupations vont certainement lui faire du bien, mais il est très regrettable qu'il n'ait pu être débarrassé cette fois d'une chose qui l'ennuie tant, et qui le fatigue d'autant plus qu'elle est moins dans ses goûts.

Nous avons été très heureux d'apprendre par Germain que la santé de madame votre mère s'était bien améliorée ; nous souhaitons bien vivement que ce mieux continue et aille encore en s'accentuant. Vous voudrez bien, chère Mademoiselle et amie, accepter les vœux que je forme pour vous et les vôtres à l'occasion de cette nouvelle année, et croire à ma respectueuse sympathie.

R. G.

Je serais ravi de vous avoir comme élève pour le sanscrit quand je rentrerai en France ; j'espère que vos projets ne seront pas abandonnés d'ici-là.

Nous avons su par les journaux la mort de Léon Bloy. - J'ai reçu il y a quelques jours un mot de M. Milhaud, à qui j'avais écrit pour lui annoncer mon changement, n'ayant pu le voir avant de quitter Paris.

ଛି)ଔ

Blois, le 8 décembre 1918.

Chère Mademoiselle,

Nous avons reçu, voici déjà quelques jours, le numéro de la "revue des jeunes" que vous avez eu l'amabilité de nous envoyer, et nous avons appris, ainsi que vous étiez de retour à Saint-Germain. Madame votre mère est-elle revenue de Suisse avec vous et comment se trouve-t-elle maintenant ?

Pour nous, notre retour d'Algérie s'est accompli sans incident fâcheux, du moins jusqu'à Paris, où nous avons été tous les trois pris de la grippe presque dès notre arrivée ; c'est tout juste si nous avons pu repartir pour Blois, la veille de la rentrée. Au bout d'une semaine et demie, le Collège a été licencié à cause de l'épidémie, ce dont je n'ai pas été fâché, car j'avais grand besoin d'un peu de repos pour achever de me remettre. La rentrée définitive ne s'est faite que le 15 novembre, mais avec quatre professeurs malades, de sorte que, depuis ce temps, j'ai du service supplémentaire : le français en troisième, ce qui est fort peu intéressant ; je souhaite que cela ne se prolonge pas trop. En temps normal, j'ai beaucoup moins à faire ici qu'à Sétif ; j'espère donc avoir la possibilité de travailler un peu pour moi, ce qui me serait d'autant plus nécessaire que j'ai l'intention d'essayer l'agrégation à la fin de l'année, encore que le programme n'en soit pas des plus satisfaisant. Ce concours est réservé aux professeurs et délégués en exercice depuis deux ans au moins, ce qui désole Germain qui ne se trouve pas dans ce cas ; peut-être vous en a-t-il parlé. Nous l'avons vu plusieurs fois pendant les quelques jours que nous avons passés à Paris ; il nous a appris alors qu'il était nommé à Stanislas pour remplacer Maritain qui avait demandé un congé d'un an. Je ne sais si ses nouvelles occupations l'absorbent au point de lui faire oublier ses amis, mais, depuis que nous sommes ici, il ne nous a pas donné le moindre signe de vie aussi me suis-je finalement décidé à lui écrire pour savoir ce qu'il devient, et je l'ai fait aujourd'hui même. La préparation de son cours semblait lui donner quelques préoccupations, et de plus il doit avoir une classe assez nombreuse, inconvénient que je n'ai pas ici.

On m'a demandé de faire des comptes rendus d'ouvrages pour la "revue philosophique" ; j'ai accepté, quoique ce ne soit pas toujours un travail des plus agréable. En tous cas, il ne me serait guère possible, cette année encore, d'entreprendre quelque chose de plus sérieux.

J'ai lu avec grand intérêt l'article de Monsieur votre père ; bien que je ne sois pas très compétent pour les choses artistiques, certaines idées qui y sont exprimées m'ont beaucoup plu, même à un point de vue différent.

Ainsi pour la distinction du symbole et de l'allégorie ; j'ai toujours fait la différence, mais sans trouver le moyen de l'exprimer bien nettement ; il me semble que ce point serait à approfondir. D'autre part, la définition de l'idolâtrie me paraît tout à fait juste ; il en résulterait cette conséquence, que l'idolâtrie peut exister partout et toujours chez ceux qui ne comprennent pas le symbole, mais qu'aucune doctrine idolâtre en principe n'a jamais existé, et c'est exactement ce que je pense moi-même à cet égard.

Dans le même numéro de la "Revue des jeunes", j'ai noté ce qui est dit à propos d'un livre sur "l'introduction de la scolastique dans l'enseignement secondaire". Je me suis même demandé si l'auteur de ce livre, qui signe "Miles Christi", n'aurait pas quelques rapports avec Maritain, car Germain m'a montré le cours que celui-ci faisait à Stanislas, et il est entièrement scolastique, et même, m'a-t-il semblé, un peu trop difficile à suivre pour les élèves d'une classe de philosophie, qui n'y ont généralement pas d'aptitudes spéciales, et qui d'ailleurs, n'y ont été nullement préparés par l'enseignement qu'ils ont reçu jusque-là. L'entreprise me paraît donc présenter beaucoup de difficultés et peut-être même certains inconvénients ; en écrivant à Germain, je lui communique quelques réflexions à ce sujet ; du reste, il semblait assez hésitant sur ce qu'il devait faire lui-même pour son enseignement. En tous cas, la question vaut certainement la peine d'être discutée. Si cela vous intéresse, vous pourrez, lorsque vous verrez Germain, lui demander qu'il vous fasse part de ce que je lui en dis, ainsi que de la question de l'existence d'une "philosophie universitaire". Je lui demande son avis sur tout cela, et serais très heureux d'avoir le vôtre également.

Vous avez sans doute appris la mort de M. Milhaud, survenue quelques jours avant la libération de Lille : il n'aura donc pas pu revoir son fils, qui s'y trouvait retenu depuis le début de la guerre.

Nous avons su avec plaisir, ces jours-ci, l'élection du P. Sertillanges à l'Institut. Je regrette bien de n'avoir pu faire encore sa connaissance comme vous l'aviez projeté, surtout après ce que vous m'avez écrit l'an dernier de son appréciation sur les idées métaphysiques dont vous lui aviez parlé ; espérons pourtant qu'une occasion favorable finira par se présenter quelques jours.

Vous êtes-vous remise aux travaux philosophiques ? Pouvez-vous trouver le temps de suivre de nouveau quelques cours ? J'espère bien que vous me tiendrai au courant de tout cela, qui m'intéresse toujours vivement. Je n'oublie pas non plus que vous m'aviez promis une réponse à ce que je vous avais écrit il y a déjà longtemps.

Nous sommes bien heureux de la tournure inattendue qu'ont pris les événements ; personne n'aurait pu prévoir une fin si heureuse et surtout si prompte. Si seulement tout cela pouvait amener quelque changement dans la mentalité générale !... Mais je crains bien qu'il n'y faille pas trop compter.

Veuillez être notre aimable interprète auprès de toute votre famille, et recevoir pour vous, chère Mademoiselle, mes compliments respectueux, ainsi que les bonnes amitiés de ces dames.

R. G.

ৡঙ

Blois, le 19 décembre 1918.

Chère Mademoiselle,

Votre lettre s'est croisée avec la mienne et c'est avec le plus grand plaisir que j'ai lu cette réponse que vous m'aviez promise depuis si longtemps, juste au moment où je venais précisément de vous rappeler cette promesse.

Vous trouvez que notre situation actuelle est enviable ; assurément, elle est préférable, à celle de l'année dernière à bien des égards et pourtant, malgré mon service moins chargé, je ne crois pas encore trouver le temps de travailler comme je le voudrais aux choses qui m'intéressent. Du reste, il faudrait pour cela n'avoir pas la fatigue de la classe, ni toutes les préoccupations qui s'y rattachent ; je finis par croire que l'enseignement, du moins l'enseignement secondaire, est tout à fait incompatible avec certains travaux personnels.

Germain, à qui j'avais écrit en même temps qu'à vous, semble étonné des reproches amicaux que je lui adressais au sujet de son long silence. Cependant, nous ayant vu si souffrants à Paris, il me semble qu'il aurait pu s'informer de ce qui en était advenu ; mais, bien entendu, je ne lui en veux nullement. Du reste, je le plains sincèrement d'avoir des élèves si nombreux et surtout, d'après ce qu'il me dit, si peu facile à tenir ; lui non plus ne doit pas avoir maintenant beaucoup de loisirs et de tranquillité d'esprit. Et vous-même, je vois que vous n'êtes pas exempte de soucis et de tracas d'un autre genre, puisque votre lettre en a été interrompue.

Je suis tout à fait de votre avis quand vous parlez d'une décadence, non de la mystique, mais de la théorie de la mystique, et de l'influence fâcheuse que la philosophie moderne a pu exercer sur cette branche de la théologie. Cela est juste surtout si vous pensez, comme c'est probable, à certains théologiens tel que Görres, qui ne s'est jamais complètement débarrassé de la mentalité protestante qu'il devait à ses origines. Ceci dit, et pour en venir au fond de la question, il me semble que, tout en vous accordant l'inexactitude de certaines interprétations courantes des états mystiques, il n'est tout de même pas possible de regarder comme "mystiques" des états d'ordre purement intellectuels. Si on étend le sens du terme au-delà de certaines limites, tout ce que je vous ai dit pourra en plus s'y appliquer ; aussi est-il bon de toujours s'entendre sur les définitions, et d'autant plus que l'extension dont il s'agit n'est pas sans entraîner certaines confusions dangereuses. Vous regardez l'élément sentimental comme purement accessoire chez les mystiques ; je pense au contraire que sa présence constitue un caractère essentiel du mode mystique de réalisation. Je ne veux pas dire qu'il en soit la fin, loin de là ; seulement, il est un moyen propre à ce mode, et qui le distingue précisément des autres, en même temps qu'il explique en partie ce que la réalisation mystique a d'incomplet. Dire qu'elle est incomplète, du reste, ce n'est pas du tout dire qu'elle soit négligeable ou méprisable, loin de là ; et c'est même fort heureux si vraiment, comme vous me l'assurez, la mystique n'est point en déclin de nos jours, car sans cela il ne resterait plus en Occident la moindre trace de réalisation d'aucune sorte. Je commence par vous dire tout cela afin que vous ne puissiez pas vous méprendre sur mes intentions.

D'un autre côté, il me semble que, quand vous parlez de métaphysique, vous pensez toujours à la théorie, en la séparant de la réalisation, peut-être parce que vous concevez celle-ci en mode mystique exclusivement. Au contraire, quand je parle de métaphysique, je pense <u>surtout</u> à la réalisation, puisque la théorie n'est qu'une préparation à celle-ci. Vous contestez que cette préparation soit indispensable ; je veux bien qu'elle ne le soit pas forcément pour une réalisation partielle, mais il n'en est plus de même si l'on envisage la possibilité d'une réalisation <u>complète</u> ; il est vrai que vous ne voyez peut-être pas encore très bien ce que j'entends par là, car c'est évidemment difficile à exprimer. Ceci m'amène directement à une autre considération : vous insistez beaucoup, et avec raison, sur le caractère <u>inexprimable</u> des états mystiques ; mais cela est tout aussi vrai pour la réalisation purement métaphysique, et la théorie elle-même doit toujours réserver la part de cet inexprimable qui est l'essentiel, en laissant la conception ouverte sur des possibilités illimitées ; c'est pour cela que la métaphysique vraie exclut toute expression de forme systématique. Maintenant, vous dites que, "pour ceux qui réalisent, il leur importe peu de s'exprimer clairement" ; j'irai même plus loin, et je dirai qu'il leur est indifférent de ne pas s'exprimer du tout. L'expression nécessairement inadéquate, n'a pas d'autre intérêt que d'aider à concevoir certaines choses ; elle est un "adjuvant" mais rien de plus, et cela qu'il s'agisse de l'expression par les mots ou par des symboles quelconques.

Je ne crois pas avoir jamais dit que la mystique soit "un moyen d'exprimer la métaphysique" ; on pourrait peut-être dire cela de la théologie, mais c'est là une toute autre question. Toute réalisation, même partielle, dépasse immensément l'expression ; et celle-là ne peut pas être qualifiée justement de "stade inférieur", car c'est une réalisation qui est tout ce qu'elle peut être, étant donné son point de départ. Vous reconnaissez vous-même qu'elle n'est pas complète, c'est à dire qu'elle ne peut aller que jusqu'à certaines limites ; mais j'attribue cela à son caractère "irrégulier", si l'on peut ainsi parler, tandis que vous y voyez une nécessité de toute réalisation, quelle qu'elle soit ; c'est bien là, à ce qu'il me semble, la plus grande différence qu'il y ait entre nous.

Avant de traiter ce point plus à fond, il faut encore, pour ne rien laisser passer de votre lettre, que je formule quelques autres observations. Vous craignez de rabaisser la religion en lui reconnaissant un caractère symbolique ; pourtant, pouvez-vous nier ce caractère pour tout ce qui, dans la religion est <u>moyen d'expression</u>, que ce soit dans l'ordre du dogme ou dans celui du rite ? Ne croyez point que ce soit là une raison de rejeter le pouvoir effectif du rite comme le font les protestants, bien au contraire ; et l'existence de ce pouvoir, lorsqu'on le reconnaît, est précisément un des meilleurs exemples pour montrer le rôle d'un élément symbolique comme <u>support</u> d'une réalisation quelconque. J'ajoute que, pour moi, symbole ou expression, c'est au fond la même chose, de sorte que le rôle de la théorie, en métaphysique, ne peut pas être autre que celui que je viens d'indiquer, et encore avec cette différence que l'efficacité n'en est pas immédiate ; mais ce qu'on <u>connaît</u> véritablement ne peut jamais être perdu et doit amener tôt ou tard une réalisation correspondante.

Autre chose encore : vous dites que, dans la contemplation mystique, "l'intelligence entre en jeu en mode intuitif et inexprimable". Pour l'inexprimable, d'après ce que je viens de vous dire, c'est commun à toutes réalisations ; quant au caractère intuitif, je devrais en dire autant s'il appartient vraiment (j'entends dans l'ordre intellectuel) aux états mystiques. En effet, l'intuition intellectuelle n'est-elle pas ce qui constitue proprement et essentiellement la métaphysique ? Sans cela, celle-ci ne pourrait pas être "supra-rationnelle" comme elle doit l'être ; ne pas lui reconnaître ce caractère équivaut pour moi à nier la métaphysique, ou, ce qui revient au même, à attribuer ce nom à quelque chose qui ne sera en réalité qu'une pseudo-métaphysique. La traduction en mode rationnel, avec toutes ses imperfections inévitables, ne peut intervenir en métaphysique que pour l'exposition, non pour la connaissance même ; et c'est seulement dans cette expression rationnelle ou discursive que l'erreur risque de s'introduire, l'intuition n'en étant pas susceptible en raison de son caractère direct et immédiat.

Si j'ai fait tout à l'heure une réserve en ce qui concerne le rôle de l'intuition intellectuelle dans les états mystiques, c'est d'abord parce-que sa présence est ce qui définit la métaphysique comme telle, et c'est aussi parce-que je crains que vous confondiez quelque peu cette intuition intellectuelle avec la "vision intellectuelle" des mystiques, d'autant plus que je sais que beaucoup font en effet cette confusion, même parmi les théologiens. Il y a pourtant là, deux choses essentiellement distinctes : il ne faut pas oublier que la <u>vision</u> intellectuelle est un <u>phénomène</u> mystique, (absolument arbitraire), phénomène qui dépasse d'ailleurs de beaucoup, comme vous le dites, toutes les lois de la psychologie (et il est permis de rire des psychologues du genre de Delacroix qui prétendent expliquer ces choses) ; mais enfin l'emploi même de ce mot de "phénomène", si on veut lui accorder un sens (et il me semble qu'il le faut bien), n'indique-t-il pas qu'il s'agit de quelque chose qui se passe dans le domaine de l'individualité ?. Et ce sont les limites de ce domaine qui, pour moi, marquent celles de la réalisation mystique ; mais il doit être bien entendu que je veux parler ici, non de l'individualité restreinte et fragmentaire qui est tout ce que l'on envisage d'ordinaire sous ce nom, mais bien de ce que j'appelle, pour l'en distinguer, l'individualité <u>étendue</u>, avec le développement intégral de toutes les possibilités qu'elle comporte, et qui sont <u>indéfinies</u> (mais non infinies). Vous semblez me donner raison quand vous parlez, pour le mystique, de "l'invasion <u>en lui</u> de quelque chose qui n'est pas lui", et que je ne puis interpréter comme " son accession à un domaine supra-individuel", mais seulement comme l'action d'un principe supra-individuel dans le domaine individuel. Vous voudrez bien réfléchir un peu à cette expression de "phénomène mystique", et me dire si vous lui trouvez une autre signification possible ; pour ma part, je ne lui en vois pas. En tous cas, il ne peut évidemment être question de "phénomènes" d'aucune sorte au point de vue métaphysique ; avec mon interprétation cela s'explique par le caractère universel de tout ce qui est métaphysique, et, d'autre part, c'est peut-être ce qui marque le plus nettement la différence profonde entre les deux modes de réalisation, mystique et métaphysique, parce-que, en indiquant leurs domaines respectifs, cela montre par là même jusqu'où l'un et l'autre peuvent conduire ; et je reviens ainsi à la question de la possibilité d'une réalisation "complète".

22 décembre : - Moi aussi, j'ai été obligé d'interrompre ma lettre ; je vais la reprendre aujourd'hui au point où je l'avais laissée.

Vous dites qu'"une réalisation complète et absolue sous tous les rapports supposerait la libération <u>totale</u> et <u>effective</u> de toutes les conditions de l'existence humaine". Moi-même, je ne crois pas avoir jamais dit autre chose et même j'ajouterai : non seulement de l'existence humaine, mais aussi de tout autre mode d'existence individuelle, quel qu'il soit. Nous sommes donc complètement d'accord sur ce point ; seulement, nous ne le sommes plus sur les conséquences qu'il convient d'en tirer. Cela vient surtout de ce que vous considérez toujours l'être humain uniquement comme être humain, et, à ce point de vue, vous avez certainement raison, puisque l'état humain est un état individuel et conditionné, il est évident que l'être ne peut, en restant dans cet état, se libérer des conditions qui le définissent précisément, et qui, en somme, font toute sa réalité, du moins lorsqu'on se borne à l'envisager en lui-même. Puisque vous admettez que le mystique "n'est jamais libéré que partiellement et virtuellement", c'est donc qu'il n'est jamais autre chose qu'un individu humain ; il a, comme tout être individuel, la possibilité d'être autre chose, mais la possibilité seulement. Je ne vois donc pas comment vous pouvez logiquement penser qu'il atteint un domaine supra-individuel ; il me semble plutôt que nous devrions être tout à fait d'accord en ce qui concerne le mystique : il étend son individualité indéfiniment, il peut parvenir à réaliser toutes les possibilités dont elle est capable : mais l'individualité étendue n'en reste pas moins l'individualité, avec toutes les conditions limitatives qui la font être ce qu'elle est.

Maintenant, voici l'autre point de vue, celui que vous n'avez pas envisagé, l'être qui dans un certain mode d'existence est un individu humain, (Une chose ne peut pas être autre chose que ce qu'elle est) (Principe d'identité) peut aussi être autre chose ; et il peut l'être, non pas seulement successivement, mais aussi bien simultanément, et même mieux, puisque le temps, n'étant qu'une des conditions spéciales de l'état individuel humain, n'a pas à intervenir pour tout ce qui est en dehors de cet état. Je ne crois pas que les expressions d'<u>avant</u> et d'<u>après</u> employées par rapport à l'existence humaine dans son ensemble, soient susceptibles d'un sens autre que celui d'une succession purement logique et causale ; mais un rapport de causalité, aussi bien entre des états d'existence différents qu'à l'intérieur d'un même état, suppose nécessairement une simultanéité. Je ne veux pas dire qu'il n'y ait pas, en dehors de l'état humain, des modes de succession plus ou moins analogues au mode temporel, et pouvant être compris avec celui-ci dans un même terme plus général, comme celui de "durée" ; mais ces modes ne sont jamais, comme le temps lui-même, que des conditions particulières, de tel ou tel état d'existence, et, par suite, n'ont pas à intervenir non plus lorsqu'on se place dans l'universel, c'est à dire lorsqu'on envisage les possibilités de l'être total, au lieu de se limiter à celles d'un de ses états. Et j'ajouterai qu'alors seulement l'être est envisagé métaphysiquement, puisque le point de vue métaphysique est proprement le point de vue de l'universel.

Vous ne contesterez certainement pas, je crois, que l'être humain peut être autre chose que ce qu'il est en tant qu'individu et que, en tant qu'il est autre chose, il n'est plus soumis aux conditions de l'existence humaine ; en particulier, il n'est plus soumis au temps, qui est une de ces conditions. Cela revient à dire qu'une réalisation se rapportant aux états extra-individuels ne peut pas être astreinte à ne se produire qu'après l'existence humaine, plutôt que <u>pendant</u> où même <u>avant</u> (ces mots étant pris ici dans leur sens temporel ordinaire, lequel ne peut s'appliquer vraiment qu'à l'intérieur de l'existence humaine). Par conséquent, l'état humain pourra, tout aussi bien que n'importe quel autre état d'existence, être pris pour <u>base</u> d'une telle réalisation.

Toute la difficulté pour vous me paraît donc ne venir que de ce que vous ne vous placez pas dans ce que nous pouvons appeler le "non-temps". Je conviens qu'il peut être quelquefois assez difficile de se débarrasser du point de vue temporel ; et pourtant je crois que vous reconnaissez vous-même qu'il le faut bien, ou que sans cela il faudrait renoncer à toute métaphysique. Le plus difficile, à mon avis, c'est de concevoir les rapports du temps et du "non-temps" ; on peut cependant y arriver (remarquez bien que je dis concevoir, et non pas imaginer).

Maintenant, vous dites que "la réalisation absolue ou totale, l'unité infinie, la vision béatifique ne peut être atteinte <u>en cette vie</u>". Ici encore, nous sommes bien d'accord, et penser autrement serait tout à fait contradictoire, puisque ce serait tout simplement penser que l'universel peut être compris dans l'individuel, ou l'inconditionné dans le conditionné (la <u>vie</u> n'étant du reste, tout comme le temps et l'espace, qu'une des conditions de l'existence humaine individuelle). Je n'ai donc jamais voulu dire que la réalisation complète était possible "en ce monde", car, par "ce monde", je ne peux pas entendre autre chose que l'ensemble des conditions de notre individualité actuelle. Seulement, en affirmant cette impossibilité, je ne veux pas dire non plus qu'une telle réalisation doive nécessairement être différée jusqu'après la mort, puisque précisément cet <u>après</u> n'a plus de sens dans l'ordre extra-individuel, le seul dont il y ait à tenir compte en ce qui concerne cette réalisation. Supposer cela, c'est supposer que l'inconditionné est affecté par les contingences relatives au cours de l'existence humaine, à son commencement et à sa fin (qui ne sont commencement et fin que du point de vue de l'individualité, et je dirai même de l'individualité restreinte), c'est donc regarder l'inconditionné comme conditionné, c'est-à-dire encore retomber exactement dans la même contradiction que tout à l'heure, quoique d'une autre façon.

Ainsi, l'individu, en tant qu'individu, ne peut aucunement sortir des conditions qui le font être tel ; mais l'être qui est un individu humain est aussi autre chose en même temps, et c'est à ce titre qu'il peut rendre effective la communication qui existe virtuellement entre son état humain et ses autres états (et cela pour tout ou partie des états en question). Que ce résultat soit obtenu à partir de l'état humain ou de n'importe quel autre, il est d'ailleurs finalement le même, car l'état humain doit nécessairement se retrouver, au même titre que tous les autres, dans l'être total. D'autre part, tous les êtres ayant à cet égard des possibilités rigoureusement équivalentes, la réalisation devra finalement être atteinte par tous, à partir d'un état ou d'un autre ; vous voyez que je vais ici plus loin que vous, et que, pour moi, c'est seulement au point de vue humain que "beaucoup (et même tous) sont appelés, mais peu sont élus" ; mais, à ce point de vue, il est parfaitement vrai que "peu sont élus", c'est-à-dire que peu réalisent effectivement à <u>partir</u> de l'état humain, soit pendant la vie, soit après la mort, c'est à dire, pour parler d'une façon plus exacte métaphysiquement, soit la partie de l'individualité humaine que représente l'existence terrestre, soit dans l'extension ou le prolongement posthume de cette même individualité (prolongement qui peut d'ailleurs être envisagé comme "perpétuel", c'est à dire temporellement indéfini).

En arrivant à ce point, il se présente une difficulté : il semblerait, d'après ce que je viens de vous dire, que cela n'a aucune importance que l'individualité humaine soit prise pour base de la réalisation plutôt que n'importe quel autre état, si le résultat final doit être identique dans tous les cas. ((~~Or, il n'en est rien~~) [texte rayé par l'auteur] De plus, l'état humain n'est qu'un état parmi les autres et comme les autres ; du point de vue de l'universel, s'il ne peut en rien être désavantagé par rapport aux autres, il ne peut prétendre non plus à aucun privilège. Cependant, il importe au contraire beaucoup que cet état humain fournisse la base effective de la réalisation ; mais, pour le moment, je ne peux guère insister là-dessus, et je me contenterai de vous assurer que la difficulté que je viens de vous signaler (afin d'aller au-devant d'une objection que vous m'auriez certainement faite de vous-même) n'est nullement insoluble, encore qu'il faille beaucoup de précautions pour en exprimer à peu près convenablement la solution.

Il reste encore un autre côté de la question : que devient l'individualité humaine pour l'être qui est parvenu à la réalisation complète ? En un sens, elle est comme si elle n'existait pas, car toute contingence n'est rien au regard de l'universel ; mais en un autre sens, elle est, dans l'être total, un élément aussi nécessaire que tous les autres (avec un symbolisme mathématique, on pourrait représenter l'être total non pas comme une somme arithmétique, mais comme une <u>intégrale</u> de tous ces éléments qui sont ses états d'existence). En tous cas, dès lors que l'être est dans un état inconditionné, les conditions de son état individuel, n'étant plus limitatives, ne peuvent exister pour lui qu'en mode illusoire ; mais, quant aux apparences et par rapport aux autres individus humains, il n'y a rien de changé. Je ne sais si je me fais très bien comprendre sur ce point ; ce sera à vous de me dire s'il est nécessaire d'y apporter quelques précisions complémentaires.

Sous un certain rapport, on pourra dire que la réalisation métaphysique s'opère en sens inverse de la réalisation mystique. En effet, cette dernière implique l'action d'un principe universel dans le domaine individuel, action qui peut être désignée symboliquement comme une "descente" de ce principe (mais, bien entendu, sans que le principe en soit aucunement affecté). D'autre part, la réalisation métaphysique peut être regardée en quelque sorte comme une prise de possession des états supérieurs, c'est à dire comme une "ascension" de l'être réalisé dans ces états. Naturellement "descente" et "ascension" ne sont ici que des expressions figurées ; mais c'est en somme une autre façon d'exprimer le caractère "actif" de l'une des deux réalisations par rapport au caractère "passif" de l'autre. Du reste, l'opposition n'existe que sous un rapport, quant aux moyens et non quant aux fins ; la réalisation complète entraîne nécessairement par surcroît les effets que produit toute réalisation partielle.

À l'égard de l'opposition relative que je viens de vous indiquer, je note encore spécialement votre citation du Symbole de St. Athanase : "Non conversione divinitatis in carnem, sed assumptione humanitatis in Deum". On pourrait en trouver là une application, peut-être inattendue pour vous, au sujet du caractère "non-mystique" de certains états que vous regardez cependant comme mystiques. Cela prouve une fois de plus combien il est nécessaire de savoir exactement ce qu'on entend par "mystique" ; il me semble bien que, si l'on écarte quelqu'un des caractères qui me paraissent essentiels à sa définition, ce mot n'offre plus aucun sens précis, et que, par suite, il n'y aurait même plus d'intérêt à le conserver, dès lors qu'on voudrait y faire tout rentrer, c'est un peu comme le cas des termes corrélatifs, qui ne peuvent avoir de sens que l'un par rapport à l'autre.

Il faut encore, pour n'être pas trop incomplet, marquer une différence des deux réalisations quant à leur préparation respectives : la préparation théorique est indispensable à la réalisation métaphysique, mais non à la réalisation mystique ; cela vous l'admettez comme moi. J'ajouterai seulement que cette préparation théorique ne concerne que ce qui est de l'ordre métaphysique pur, à l'exclusion de tout ce qui est de l'ordre des connaissances relatives (comme la connaissance proprement scientifique), qui est ici sans aucune importance. D'un autre côté, il y a aussi une certaine préparation qui est tout à fait particulière à la réalisation mystique : c'est celle que l'on pourrait appeler "morale", si ce mot ne risquait pas d'être pris dans un sens plutôt défavorable ; cette préparation, dont la nature est étroitement connexe de l'élément sentimental du mysticisme, étant de l'ordre des contingences humaines (sinon mêmes sociales), ne pourraient avoir aucun effet quant à la réalisation métaphysique. Cela vous paraîtra sans doute un peu étrange, car je crains que vous ne voyiez entre le point de vue métaphysique et le point de vue moral la possibilité d'un rapport qui, pour moi, ne peut pas exister. Je sais bien, d'autre part, que l'idée de "charité", à laquelle je pense plus particulièrement ici, est susceptible d'une certaine transposition analogique ; mais ne pourrait-on en dire autant de toute idée de n'importe quel ordre ? et, puisque l'ordre intellectuel est le seul qui soit en rapport <u>direct</u> avec l'universel, n'est-il pas préférable d'envisager seulement, au point de départ, ce qui est purement intellectuel, sans aucun mélange du domaine sentimental ? Du reste, les conséquences n'ont rien qui puisse inquiéter personne, puisque, dans les résultats, tout le reste se retrouvera également comme <u>par surcroît</u>.

Il semble d'ailleurs (mais vous ai-je bien compris sur ce point ?) que même la préparation "morale" ne vous apparaît pas comme absolument indispensable à la réalisation mystique ; cela vous aidera à comprendre qu'elle soit tout à fait indifférente à un autre mode de réalisation mais en même temps cela montrerait encore ce caractère "irrégulier" qui est propre au mode mystique. Là, il est bien vrai qu'il n'y a aucune méthode ; mais je ne peux pas dire comme vous qu'il n'y en a aucune pour "réaliser" en quelque mode que ce soit. Toute méthode n'est que préparatoire, bien entendu ; mais, même avec cette restriction, vous ne voulez pas l'admettre, parce que, dites-vous, " ce serait admettre que le surnaturel obéit à la nature". Est-ce bien exact ? : si cette préparation est <u>purement métaphysique</u> ? Le mot même de "métaphysique", ne veut-il pas dire "au-delà de la nature" ? Il n'y a pas de conciliation possible entre la métaphysique et un "naturalisme" quelconque, tandis que le mysticisme peut, sans se contredire et sans se nier lui-même, admettre un certain "naturalisme", à titre provisoire tout au moins. Parler de surnaturel ou de métaphysique, ce ne sont sans doute que deux façons différentes d'exprimer des choses équivalentes, pour ne pas dire identiques ; c'est pourquoi il importe d'insister avant tout sur le caractère "suprarationnel" de la métaphysique vraie. Bien entendu, rien de ce que les philosophes modernes croient pouvoir appeler métaphysique ne saurait rentrer dans une telle conception ; tout cela n'est pour moi que de la pseudo-métaphysique.

Le caractère relatif et "phénomènal" de l'ordre mystique se manifeste encore dans ce fait que les états mystiques sont susceptibles de contrefaçon : il y a une "mystique diabolique" aussi bien qu'une "mystique divine", et les apparences extérieures peuvent être les mêmes dans les deux cas. En métaphysique, il n'y a rien de tel, parce que, n'ayant pas affaire aux phénomènes, on est par là même en dehors de toute dualité de ce genre.

Quant au "don" mystique, je l'interprète en ce sens que l'individu ne peut, par ses moyens, entrer en rapport avec l'universel ou que, considéré simplement en lui-même il n'est absolument rien par rapport à l'universel. Je suppose bien, d'ailleurs, que les différences qui ne sont que dans le langage ne peuvent pas vous embarrasser : du langage métaphysique au langage théologique ou inversement une traduction peut être plus ou moins difficile, mais je suis persuadé qu'elle est toujours possible, à l'exception de ce qui, dans la métaphysique ne trouve pas sa correspondance en théologie (l'inverse d'ailleurs n'ayant pas lieu).

Je m'arrête, car ma lettre, déjà bien plus longue que la vôtre, finirait par devenir un véritable volume. Naturellement, je ne vous demanderai pas de me répondre tout de suite sur tous les points ; mais, si certaines choses vous paraissent trop peu claires, ce qui n'aurait rien d'étonnant, je vous serais reconnaissant de me le dire nettement et de provoquer de nouvelles explications.

Du reste, vous pouvez penser combien il m'est agréable de sortir un peu des préoccupations de la classe !

En récrivant à Germain, je lui ai parlé de nouveau des questions touchant l'enseignement de la philosophie ; il vous en aura sans doute fait part. Je me suis aperçu qu'il avait changé d'avis là-dessus depuis le mois de septembre ; je crains qu'il ne se fasse illusion sur la possibilité pour ses élèves de s'assimiler des notions métaphysiques, mêmes élémentaires.

A l'occasion de la nouvelle année, nous vous adressons, Chère Mademoiselle, nos souhaits les meilleurs pour vous et pour toute votre famille, et nous vous prions de croire à toute notre sympathie.

R. G.

ℰꙨℛ

Blois, 16 février 1919.

Chère Mademoiselle,

Assurément, je ne m'étonnais point encore de votre silence, mais je n'en ai pas moins été heureux que, cette fois, vous ne m'ayez pas fait attendre aussi longtemps votre réponse. Je ne vous savais pas à N. D. de Sion ; Germain ne m'en avait pas parlé. Il est vrai que, depuis quelque temps, il ne m'écrit qu'assez rarement, et surtout très brièvement, ce dont je l'excuse volontiers en pensant qu'il doit être assez absorbé en effet par son enseignement, étant donné surtout le nombre de ses élèves. D'ailleurs cela, ne l'empêche pas de me faire très obligeamment les commissions dont je l'ai chargé pour des livres dont j'ai besoin en ce moment.

Je suis heureux de savoir que votre thèse avance, et en même temps je vous envie un peu de pouvoir y travailler ainsi tranquillement. À quel sujet vous êtes-vous donc arrêtée définitivement ? Avez-vous l'intention de rester longtemps dans votre retraite ?

Contrairement à ce que vous pensez, je ne me suis guère occupé jusqu'ici de la préparation de l'agrégation ; je n'en ai guère trouvé le temps, m'étant débarrassé que depuis peu de mes classes supplémentaires, et de plus j'ai encore été assez fatigué par une nouvelle grippe. Ce qui m'ennuie le plus, c'est le grec, auquel il ne m'est vraiment pas possible de me remettre sérieusement. D'autre part, il y aura cette année un second concours réservé aux démobilisés, ce qui va sans doute diminuer sensiblement nos chances de réussite. Je voudrais pourtant bien, comme vous le dites, être débarrassé de tout cela le plus vite possible, pour pouvoir enfin revenir à des travaux plus intéressants.

Germain m'a bien parlé de certaines difficultés qu'il trouvait à ce que je vous exposais dans ma dernière lettre, et de certaines objections, qu'il voulait me faire à ce sujet, mais il ne précisait rien. Si ses objections sont en partie les mêmes que les vôtres, ma réponse sera pour vous deux en même temps.

Pour ce qui est des difficultés <u>logiques</u>, il me semble que vous vous les exagérez beaucoup, et même qu'elles ne sont pas tant dans ce que j'ai écrit que dans la façon dont vous l'avez interprété. Il faut croire que je ne me suis pas assez bien expliqué, bien que j'aie essayé de le faire le plus clairement possible. Et tout d'abord je tiens à vous dire que nous sommes tout à fait d'accord en ceci, que la métaphysique est d'ordre <u>supra-logique</u>, mais qu'elle ne peut pas pour cela contenir quoi que ce soit d'<u>illogique</u>. Si donc vous avez cru trouver quelque part une "violation du principe d'identité", ou une contradiction quelconque, soyez bien assurée qu'elle n'était point dans ma pensée. Peut-être cela tient-il simplement à la difficulté qu'il y a à exprimer certaines choses. Ce n'est pas cependant que je veuille "me retrancher dans l'ineffable quand on ne me comprend pas", comme vous semblez me le reprocher ; mais enfin il faut bien réserver toujours la part de l'inexprimable, ou bien alors il faudrait renoncer à toute métaphysique. Ceux qui croient qu'il est possible de tout exprimer ne pourront jamais que bâtir des "systèmes", à la façon de Descartes ; et ne pensez-vous pas comme moi qu'ils feraient beaucoup mieux de se tenir tranquilles ? Je vous avoue que, pour ma part, je préfère un positiviste à un pseudo-métaphysicien ; l'un a la mentalité bornée, mais l'autre l'a radicalement fausse. C'est pourquoi j'ai si peu d'estime pour toute la philosophie moderne ; et je pense qu'en Occident on ne peut trouver de vraie métaphysique que dans la scolastique, encore qu'elle me paraisse incomplète, et même doublement incomplète, ainsi que je crois vous l'avoir déjà expliqué : 1. - au point de vue théorique, en ce qu'elle ne va pas au-delà de l'Être ; 2. - au point de vue de la réalisation, qui en est absente. Pour tout le reste, c'est-à-dire tout ce qu'il y a de métaphysique dans la scolastique, je persiste à penser qu'un accord est parfaitement possible et souhaitable ; la plus grande difficulté me paraî(ssen)t même venir surtout de la terminologie, et aussi de certaines complications et subtilités extra-métaphysiques introduites par des discussions dont l'intérêt est tout à fait secondaire, et, sans doute des difficultés de ce genre ne sont nullement insurmontables.

Ceci m'amène directement à répondre à une de vos premières questions : peut-on séparer la théorie de ce qui se rapporte à la réalisation ? Il le faut bien, d'après ce que je viens de vous dire, et même il faut en quelque sorte séparer la théorie en deux, ce qui n'empêche pas, bien entendu, que la partie qui se borne à la considération de l'Être soit incomplète en elle-même, ni que la théorie tout entière doive normalement servir de préparation en vue de la réalisation ; mais, si la théorie doit être présentée en premier lieu, c'est que son étude doit évidemment être indépendante de ce qui ne peut venir qu'après. D'ailleurs, l'enseignement métaphysique véritable est tel, que chacun ne peut aller que jusqu'au point où le lui permet l'étendue de son horizon intellectuel. Autrement dit, chacun peut accepter tout ce qu'il peut comprendre, et ne peut même pas ne pas l'accepter dès lors qu'il l'a compris. Aucune considération étrangère à la métaphysique ne peut intervenir là-dedans, et cela s'applique d'ailleurs, quoique vous en pensiez, aussi bien à la réalisation qu'à la théorie ; il s'agit là de choses qui ne peuvent être ni en accord ni en désaccord avec quoi que ce soit d'autre, parce qu'il n'y a véritablement aucun point de comparaison. Aussi ce que vous pouvez penser des rapports de la métaphysique et de la théologie ne concerne-t-il exclusivement que cette portion de la métaphysique que vous connaissez, je veux dire celle qu'envisage la scolastique, et qui est proprement l'ontologie ; pour tout le reste, la question ne saurait se poser de la même façon.

Il faut encore que je vous fasse une autre remarque préliminaire : c'est que, comme je ne vous ai parlé que de la possibilité de la réalisation métaphysique (et je ne pouvais d'ailleurs pas vous parler d'autre chose), vous avez envisagé la question à un point de vue qu'on pourrait dire plus philosophique que vraiment métaphysique. Je veux dire par là que vous discutez comme s'il s'agissait de savoir si cela est ou n'est pas, alors que, pour moi, toute la question est de comprendre que cela est, et comment cela est. Du reste, il est un point sur lequel vous pouvez vous rassurer entièrement : c'est quand vous parlez d'une illusion possible à cet égard ; il ne peut pas y avoir d'illusion dans l'ordre intellectuel. Le danger est donc plutôt pour les mystiques, et là il est très réel, parce-que là il s'agit, en partie tout au moins, de <u>phénomènes</u>. Je vous ai déjà fait allusion à cela en parlant de l'opposition de la "mystique divine" et de la "mystique diabolique", et j'insisterai seulement sur la similitude extérieure des phénomènes dans l'un et l'autre cas. Ainsi, s'il s'agit de bilocation, par exemple, ou de l'insensibilité physique dans l'extase, on en trouvera sans doute beaucoup d'exemples dans la vie des saints, mais peut-être plus encore dans les histoires de sorciers, et les apparences sont rigoureusement les mêmes.

Enfin, je pense qu'il est tout à fait inexact de dire qu'il s'agit de "chercher mieux que la sainteté" ; la vérité est qu'il s'agit d'<u>autre chose</u>, et qu'il n'y a pas de commune mesure, encore que, dans la totalité absolue, tous les points de vue particuliers (c'est à dire différents du point de vue métaphysique ou universel) doivent évidemment se trouver compris "par surcroît". En tous cas, je ne crois pas que personne puisse prétendre que les moyens importent plus que la fin, ce qui, bien entendu, ne veut pas du tout dire qu'ils soient sans aucune importance.

Cela dit, je reviens à vos difficultés logiques. Vous me faites d'abord cette objection : "un être ne peut être simultanément et sous le même rapport individuel et universel". Assurément non, mais ai-je jamais rien dit de semblable ? il faut bien que ce soit <u>simultanément</u>, puisque l'un des deux états dont il s'agit est, non seulement extra-temporel, mais en dehors de toute condition de durée ou de succession sous quelque mode que ce soit, donc nécessairement en parfaite simultanéité avec tout le reste. Mais il est bien évident que ce n'est pas <u>sous le même rapport</u>, puisque c'est <u>en tant qu'il est autre chose</u> que l'être qui est un individu humain dans un de ses états n'est plus soumis aux conditions de l'existence humaine. Comme ces conditions sont celles qui définissent l'état d'existence qui est celui de l'individu humain comme tel, elles ne peuvent pas s'appliquer aux autres états, ni par conséquent à l'être en tant qu'on l'envisage dans ces autres états (et cela alors même qu'il s'agirait d'autres états encore individuels, dont chacun doit être soumis à des conditions qui lui sont propres et qui définissent son domaine). Je croyais que cela était suffisamment net, et il est vraiment bien difficile de trouver là une contradiction. Si c'est l'expression "en tant que" que vous me reprochez et que vous trouvez obscure, je vous répondrai qu'elle indique précisément le rapport sous lequel doit être envisagé l'être dont il s'agit, et qu'ainsi elle doit empêcher de penser que c'est sous le même rapport que l'être est à la fois conditionné et inconditionné, ce qui serait en effet contradictoire. Quant à dire que le sens de cette expression n'est pas du tout le même dans la phrase dont il vient d'être question et dans celle-ci : "l'homme, en tant qu'il est Dieu", que vous déclarez acceptable, je vous avoue que je ne vois pas du tout la différence ; ou du moins je n'en vois qu'une possible, qui est celle que vous voulez établir ensuite entre l'essentiel et l'accidentel, et, si c'est bien celle-là j'y reviendrai tout à l'heure, car je voudrais suivre autant que possible l'ordre de votre lettre pour être plus sûr de ne rien oublier.

Vous dites ceci : "Si vous parlez de l'être universel, sous quel rapport et par rapport à quoi est-il aussi un individu humain ? il faudrait que ce fût par rapport à autre chose que lui, mais il n'y a rien en dehors de lui." Je pourrais d'abord contester cette dernière affirmation, ne pouvant admettre que l'Être enferme en lui toutes les possibilités ; il y a toute cette autre partie de la métaphysique théorique qui dépasse le domaine de l'Être, et que vous avez le droit d'ignorer, mais dont je suis bien forcé de tenir compte. Cependant, ce n'est pas de cela qu'il s'agit actuellement ; il faut seulement en retenir que ce que je dis doit s'entendre, non seulement des états qui sont compris dans l'Être, et qui sont proprement les états d'existence, mais aussi des états qui sont au-delà de l'Être. Si je continue à parler d'"un être" dans ce dernier cas, c'est uniquement parce-que je suis bien forcé de lui donner un nom quelconque pour pouvoir en parler ; ce n'est pas une contradiction, c'est une simple imperfection du langage, d'ailleurs inévitable, car n'importe quel autre terme serait tout aussi inadéquat. - Je pourrais ensuite relever chez vous une contradiction, cette fois très réelle : vous venez de dire qu'"il n'y a rien en dehors de l'être universel", et vous dites plus loin (à propos de la conception de la création, dont je vous reparlerai en son lieu) : "Dieu a voulu qu'en dehors de lui quelque chose subsistât, et que ce quelque chose s'unit à lui." Comment pouvez-vous concilier ces deux affirmations ? La contradiction entre elles me paraît manifeste. J'ajoute que, pour moi, c'est dans le premier cas que vous auriez raison si Dieu n'était <u>que</u> l'Être, car, pour ce qui est de dire que quelque chose est <u>en dehors</u> de Dieu, cela revient tout simplement à dire que Dieu est limité. Je ne veux pas croire que la façon dont vous envisagez la création implique vraiment cette conséquence. - Je réponds maintenant directement à votre question : si l'être universel est aussi, en un sens, un individu humain, c'est tout simplement parce qu'il enferme en lui cette possibilité, ou, en d'autres termes, parce que tout individu humain représente une <u>possibilité d'être</u>. Il n'y a donc aucune difficulté si on envisage les choses à ce point de vue, qui est d'ailleurs le point de vue purement théorique, et non celui de la réalisation ; à ce dernier, ce n'est pas proprement de l'être universel qu'il faudrait parler ici, mais de la "<u>personnalité</u>" qui est le principe transcendant d'un individu humain dans un certain état, et d'autre chose dans les autres états. C'est par rapport à cette "personnalité", principe de tous les états <u>d'un être</u>, que la réalisation doit essentiellement être envisagée ; il me semblait pourtant bien vous en avoir parlé déjà. - Pour revenir au point de vue théorique, je ne vois aucun inconvénient, non pas à "affecter l'Infini de ce prédicat" qui est un individu humain avec ses conditions spéciales d'existence, mais à attribuer ce prédicat à l'Être (sans que celui-ci en soit aucunement "affecté"), car cet individu n'est au fond qu'une "manière d'être" (soit au regard de l'être universel, soit au regard de la "personnalité"), et à l'attribuer non seulement à l'Être, mais à l'Infini, c'est-à-dire à la Possibilité totale, car toute possibilité <u>d'être</u> est aussi, évidemment, une possibilité tout court, l'Être étant inclus dans la Possibilité totale. - Là encore, il n'y a pas de contradiction, dès lors que l'Infini n'est <u>affecté</u> par aucune attribution (et on pourrait dire que, les ayant toutes en tant qu'elles sont des possibilités, il n'en a aucune en tant qu'elles sont des déterminations) ; il ne peut en être autrement, car le rapport du fini à l'Infini de quelque façon qu'on veuille l'envisager ne peut-être que <u>rigoureusement</u> nul : c'est pourquoi on peut dire que le fini n'existe qu'<u>en mode illusoire</u> au regard de l'Infini, ce qui ne l'empêche pas d'être réel en lui-même, et cela parce qu'il est une possibilité. - Quant à "passer d'une façon continue d'un domaine à l'autre", cela ne peut se comprendre que s'il s'agit des domaines de deux états différents, mais analogues ; il ne peut plus être question de continuité s'il s'agit, d'une part, d'un certain état d'existence, et, d'autre part, de la <u>Totalité</u> des états. Je ne crois pas avoir jamais dit que la réalisation devait s'effectuer d'une façon continue, mais seulement, peut-être, qu'elle rend effective la continuité de tous les états entre eux, ce qui est bien différent. Je n'ai pas dit davantage que "l'individu pouvait, par son activité, sortir des conditions qui le définissent", puisque au contraire, l'être, en tant qu'il sort de ces conditions, n'est plus et ne peut plus être l'individu, celui-ci n'existant <u>comme tel</u> que dans ces conditions.

18 février. - Cette fois encore, j'ai été obligé d'interrompre ma lettre... pour faire des résumés d'histoire ancienne pour les élèves de sixième ! C'est vraiment intéressant...

Pour reprendre au point où j'en étais resté, j'ai maintenant à répondre à cette question : "Si c'est de l'être universel qu'il s'agit, comment a-t-il à entrer en possession de l'universel, puisqu'il est déjà universel ? " Évidemment, dès lors qu'on se place au point de vue d'un principe immuable et permanent, il ne peut être affecté ou modifié par un changement quelconque ; vous avez donc raison de dire que le mot de "réalisation" implique qu'on se place au point de vue des êtres individuels, qui, comme tels, sont "dans le devenir", je dirais plutôt dans la manifestation. Seulement, l'être individuel, pour "réaliser", n'a pas à "se faire infini", ce qui serait contradictoire ; il a à prendre effectivement conscience (si toutefois ce mot de conscience peut s'appliquer ici), qu'il n'est pas seulement l'être individuel, ou plutôt que l'être qu'il est dans un certain état est aussi autre chose dans d'autres états. - Bien entendu, il ne peut y avoir aucun changement au point de vue de l'universel, ni par conséquent au point de vue de la "personnalité", qui est un principe d'ordre universel ; cependant, c'est ici qu'il faudrait faire intervenir encore la distinction du "virtuel" et de l'"effectif" ; si peu clair que vous la trouviez. Pour tâcher de me faire mieux comprendre, je vais me servir ici d'une traduction en termes théologiques : La Rédemption a-t-elle simplement pour effet de rétablir l'ordre antérieur à la chute, ou bien n'y a-t-il pas quelque chose de plus ? Autrement dit, et pour employer les expressions de saint Paul, n'y a-t-il pas une différence entre le "premier Adam" et le "nouvel Adam" ? Je serais heureux d'avoir votre réponse à cette question, car je crois que cela faciliterait beaucoup les explications sur le point dont il s'agit.

J'arrive à votre distinction de l'essentiel et de l'accidentel, distinction qu'il ne m'est vraiment pas possible d'accepter ; Pour plus de clarté, il sera bon de l'envisager d'abord dans le cas où vous vous placez, et ensuite d'une façon tout à fait générale -- "Pour nous, dites-vous, le surnaturel est d'ordre accidentel". S'il en est ainsi, c'est que l'homme, en lui-même, n'a pas de fin surnaturelle ; je ne crois pourtant pas que vous puissiez accepter cela. Si "la grâce est un accident", la sainteté est quelque chose d'exceptionnel, on pourrait presque dire d'anormal, et il n'est pas vrai que tous y soient appelés ; quant à ceux qui ne reçoivent pas cette grâce "accidentelle", tant pis pour eux, mais ils n'en ont pas moins tout ce à quoi ils peuvent légitimement prétendre comme hommes. Il me semble apercevoir là-dedans des conséquences qui se rapprochent étrangement du jansénisme ; si vous voulez bien y réfléchir un peu, je ne doute pas que vous vous en rendiez compte sans peine. -Je sais bien qu'il pourrait sembler contradictoire de dire que le <u>surnaturel</u> fait partie, en quelque façon que ce soit de la <u>nature</u> humaine ; mais la contradiction n'est-elle pas tout simplement dans les mots ? Aussi, au lieu de "nature", je préfère dire "essence", bien que ce dernier terme devienne d'ailleurs inadéquat à son tour quand il s'agit de passer au-delà de l'être ; mais alors, comme je vous le disais déjà précédemment, il en serait exactement de même de n'importe quelle expression, et, pour peu qu'on prenne les précautions voulues, les inconvénients ne sont pas si grands que certains pourraient le croire. En tout cas, je ne suis pas de ceux qui pensent qu'on doit accorder une importance fondamentale à la terminologie, encore qu'il faille naturellement s'efforcer de faire en sorte qu'elle présente le minimum d'imperfection, et aussi le minimum de complication.

Maintenant, d'une façon générale, la distinction de l'essentiel et de l'accidentel n'est pas fondée logiquement parce qu'il n'est pas admissible qu'un attribut quelconque qui convient vraiment à un être ne fasse pas partie de son essence : "omne pradicatum inest subjecto" sans quoi il faudrait accepter la distinction Kantienne des propositions analytiques et synthétiques, avec toutes les <u>conséquences qu'elle</u> <u>entraîne</u>. Je ne crois pas que vous puissiez contester que toute proposition vraie doit être analytique : et l'inhérence de l'attribut au sujet ne peut se comprendre qu'en ce sens que l'attribut, quel qu'il soit, est un <u>élément constitutif</u> de l'essence du sujet. Il peut seulement y avoir lieu, dans ces conditions, de distinguer des attributs <u>inégalement importants</u>, et ce sont les moins importants qu'on appellera "accidentels", bien qu'il n'y ait en réalité qu'une simple différence de degré entre eux et les autres. -- Du reste, pourquoi vouloir que l'essence ne soit constituée que par <u>certains</u> attributs de l'être ? Je n'en vois pas de raison en dehors d'une proposition comme celle de Descartes, pour qui il faut qu'il y ait un attribut "principal" qui exprime à lui seul toute l'essence du sujet (et il le faut uniquement pour justifier son dualisme). Mais ne confondriez-vous pas "essence" et "espèce" ? L'individu participe de la nature de l'espèce, ou essence spécifique ; on peut même, en un sens, dire qu'il a en lui cette essence ; mais l'essence individuelle comporte en outre d'autres attributions (et même une indéfinité), sans quoi il n'y aurait aucune distinction possible des individus dans l'espèce. Si vous voulez appeler "accidents" les différences individuelles, je n'y vois pour ma part aucun obstacle, mais à la condition que vous n'opposiez plus l'accidentel à l'essentiel, puisque les "accidents" ainsi compris doivent faire partie de l'essence de l'individu, sans quoi ils seraient des attributs qui ne lui conviendraient pas vraiment. - Si vous voyez quelques objections à tout ceci, je vous serai reconnaissant de me l'indiquer.

Pour en revenir au surnaturel, j'ajouterai que, s'il est de l'essence de l'individu humain, ce n'est d'ailleurs que comme possibilité virtuelle et qui ne peut jamais être que <u>virtuelle</u> pour l'individu comme tel, puisque cette possibilité ne peut être effective qu'au-delà du domaine individuel. Je vous accorde donc que l'identification à Dieu n'est pas réalisable, c'est-à-dire ne peut pas être rendue effective, pour la créature en tant que créature, si vous entendez par "créature" l'individu comme tel (et je me demande si vous pouvez entendre autre chose). Quand j'emploie ici l'expression "en tant que", je veux dire que, pour qu'on puisse envisager l'"identité suprême" comme effectivement réalisée, le rapport sous lequel il faut envisager l'être n'est pas le rapport sous lequel il est "créature" ou individu, car il faut évidemment l'envisager comme inconditionné. D'ailleurs, en tant que l'être est inconditionné, il est permanent, et alors, pour parler rigoureusement, on devrait dire que l'identité est réalisée sans "identification". -- Ce que je viens de dire pour le surnaturel dans les individus est aussi ce qu'on peut dire pour l'intellect, qui, étant d'ordre universel, ne peut jamais être que virtuellement dans les individus. Du reste, ce sont là, au fond, que deux façons différentes d'exprimer la même chose, l'une plus théologique, quand on parle du surnaturel, et l'autre plus purement métaphysique, quand on parle de l'intellect.

Une dernière remarque sur cette question : Quand vous parlez d'un "don extérieur", qui n'aurait aucun fondement dans l'essence de l'être qui le reçoit, cela me fait penser aux "dénominations extrinsèques". Or, de ce que j'ai dit plus haut, il résulterait qu'il n'y a pas de dénominations purement extrinsèques, puisque de telles dénominations n'auraient aucune vérité. C'est d'ailleurs ce que dit Leibnitz, mais je crois qu'on peut lui donner raison sur ce point sans accepter pour cela toutes les conséquences qu'il veut en tirer quant à sa conception de la substance individuelle.

J'ai employé tout à l'heure, pour parler votre langage, le mot de "créature", et je l'ai fait en le prenant dans le sens que je considère comme le plus acceptable, bien que je ne sois pas tout à fait sûr que ce soit exactement le vôtre. Du reste, si j'avais pas pu m'en tenir au point vue métaphysique pur, je n'aurais pas eu du tout à me servir de ce mot, où plutôt de l'idée qu'il exprime ; c'est la façon dont vous posez la question (et je ne vous le reproche certes pas) qui me force à passer quelquefois au <u>point de vue théologique</u>. Il faut que je m'arrête un peu sur cette conception de la création, qui est d'ailleurs, non pas spécifiquement chrétienne, mais proprement judaïque dans son origine, et, par suite, commune à toutes les doctrines qui ont une racine judaïque, mais à celles-là seulement. Comme cette conception n'existe pas chez les Orientaux (à l'exception des musulmans), pas plus qu'elle n'existait chez les Grecs, il ne m'est pas possible de la regarder comme aussi fondamentale qu'elle semble l'être pour vous, ni comme ayant une signification véritablement métaphysique. Sa vraie raison d'être est tout autre, et, si l'on met chaque chose à sa place, ce n'est pas dans le domaine métaphysique qu'elle a à intervenir, mais seulement dans le domaine proprement religieux, au sens le plus stricte de ce mot. Cette conception peut certainement traduire tout un ordre de vérités de la façon la mieux appropriée à un certain niveau de compréhension, ce qui est fort appréciable ; mais sa nécessité réside surtout dans un danger inhérent à la mentalité de certains peuples ou de certaines races, danger qui est une tendance à admettre une "matière" coéternelle à Dieu, ou, si vous voulez, à substituer à la conception "divine" une conception "démiurgique". -- Quoi qu'il en soit, si c'est dans l'idée de création que vous trouvez un obstacle, je puis vous assurer qu'elle n'est nullement incompatible avec la réalisation de l'"identité suprême". Leurs "compossibilités" (si on peut employer ce mot) apparaît assez nettement dans certaines doctrines islamiques, et les musulmans ne sont pas moins attachés que les chrétiens à la conception de Dieu sous l'aspect de Créateur.

Il est d'autant plus étonnant que vous contestiez la possibilité de la réalisation métaphysique, que vous en avez en somme le principe essentiel dans l'affirmation de l'identité du connaître et de l'être, qu'Aristote exprime en disant que "l'âme est tout ce qu'elle connaît". Ce qu'il y a d'étrange, c'est qu'on n'ait jamais songé, en Occident, à tirer de ce principe les conséquences qu'il comporte, car, s'il n'est qu'une affirmation théorique, autant vaudrait dire qu'il n'est rien du tout ; mais je ne peux pas croire qu'on n'y ait vraiment jamais songé, et, pour bien des raisons, je suis persuadé qu'il y avait au moyen-âge, à cet égard, beaucoup de choses qui ne sont pas parvenues jusqu'à nous, et cela <u>dans l'Église</u>, ce qui vous étonnera peut-être davantage. Pour ces raisons et pour d'autres encore, je pense donc que l'attitude de l'Église sur ce point ne peut pas être aussi étroitement négative que vous le dites, qu'elle doit être plus "catholique" au sens étymologique du mot, encore qu'il soit pour le moins douteux que cette question soit de celles sur lesquelles l'Église peut avoir à se prononcer catégoriquement. Pour moi, la possibilité d'un conflit réel entre le point de vue métaphysique et tout autre point de vue, y compris le point de vue religieux, <u>est quelque chose de tout à fait inconcevable</u>. Vous dites qu'il faut prendre garde de "ne pas confondre les plans" ; un reproche de ce genre ne peut guère s'adresser à moi, qui ai toujours soin de marquer la séparation profonde qui doit exister normalement entre les différents points de vue, aussi bien que d'insister sur la hiérarchisation nécessaire des états multiples de l'être. Il y aurait beaucoup à dire sur ce dernier point, mais cela m'entraînerait vraiment trop loin ; aussi je veux seulement ajouter, à ce propos, que ce qui permet de synthétiser ces états multiples (sans qu'il en résulte aucune confusion entre eux), ce n'est point un élément <u>commun</u> comme vous le demandez, mais bien leur <u>principe</u> commun, qui est ce que j'ai appelé la "personnalité" ; en effet, ce qui leur est commun ne peut pas leur être immanent, mais doit nécessairement être transcendant par rapport à chacun d'eux. Je ne nie pas cependant qu'une certaine conception de l'immanence soit peut-être conciliable avec la transcendance ; mais il faudrait pour cela envisager chaque état, non plus isolément et en lui-même, mais dans la totalité et en union avec le principe.

20 février. -- Encore une interruption... Enfin, j'espère tout de même terminer aujourd'hui.

Vous dites que "Dieu en lui-même n'a que faire des créatures" ; je voudrais bien savoir exactement comment vous l'entendez. Je crois qu'il n'y a là, au fond, qu'une façon théologique d'exprimer ce que je disais moi-même plus haut en termes métaphysiques, que le rapport du fini comme tel à l'Infini ne peut être que nul. Cela revient encore à dire que " l'Infini (et même l'Être) est inaffecté par les modifications multiples qu'il comporte en soi, modifications par lesquelles il faut entendre tous les états possibles de tous les êtres possibles. Seulement, ce qu'il faut bien comprendre, c'est que toute possibilité d'être, par là même qu'elle est une possibilité, et qu'elle est la possibilité qu'elle est, doit être suivant le mode de manifestation (ou état d'existence) qui lui est inhérent, sans quoi elle ne serait pas ce qu'elle est, et même elle ne serait pas une possibilité d'être. De même, toute possibilité qui n'est pas une possibilité d'être est tout aussi réelle, bien que d'une autre façon, ne comportant aucune manifestation, puisque cette possibilité appartient essentiellement à l'ordre de la "non-manifestation", et ne pourrait entrer dans le domaine du manifesté (vous diriez sans doute "du devenir") sans être autre chose que ce qu'elle est, puisque ce domaine ne comprend que les possibilités qui se manifestent (et en tant qu'elles se manifestent), et que celles-ci sont, par définition, les possibilités d'être. Vous pouvez voir par-là que je prends tout autant de soin que vous-même d'éviter toute contradiction ; mais ce que je veux dire surtout ici, c'est que la distinction du possible et du réel n'a aucune valeur métaphysique, et que même elle est proprement antimétaphysique. C'est cette distinction, compliquée (ou peut-être même suscitée) par l'intrusion du point de vue moral, qui a amené Leibnitz à son extravagante conception du "meilleur des mondes". Du reste, tous les philosophes modernes n'ont jamais fait autre chose que de s'efforcer de trouver une limitation à la Possibilité universelle, pour la réduire à la mesure de leur entendement individuel ; c'est même par là qu'ils ont pu donner à leurs doctrines, la forme de "systèmes", qui est en elle-même la négation de la métaphysique.

Je me permets encore une question : en quel sens précis prenez-vous le mot "Mystère" ? S'il veut dire pour vous l'"inexprimable", ce qui est d'ailleurs son acception primitive et étymologique, je puis parfaitement l'employer aussi de la même façon. Par contre, si vous admettez la signification courante d'"inintelligible" ou d'"inconnaissable", je suis obligé de la rejeter, car l'inintelligible ne peut être que l'absurde, c'est à dire l'impossible ou le pur néant. Métaphysiquement, il n'y a pas d'inconnaissable ; il faut laisser cela à Kant (avec son "noumène") et à Spencer, ou, plus généralement, aux pseudo-métaphysiciens et aux positivistes, qui, pour une fois, se trouvent d'accord là-dessus. Il est vrai que c'est bien commode pour eux tous, si chacun peut décréter "inconnaissable" tout ce qui lui est inconnu, et appeler "mystère" tout ce qu'il ne comprend pas !

Il n'y a plus qu'un dernier point sur lequel je suis obligé de m'arrêter : c'est que vous paraissez trouver extraordinaire que je rattache l'"amour de charité" à l'ordre affectif, à quoi donc voudriez-vous que je le rattache ? Ce ne peut pourtant pas être à l'ordre intellectuel ; et j'avoue bien volontiers n'avoir jamais pu comprendre ce que Spinoza voulait entendre par "amour intellectuel", une telle expression me paraissant foncièrement contradictoire. Vous dites n'avoir jamais contesté que l'amour, l'humilité, etc., soient au principe de la voie mystique ; il me semble que c'est reconnaître que l'élément sentimental est essentiel à celle-ci, et alors nous sommes d'accord au moins sur ce point, car je n'ai jamais dit que cet élément constituait le <u>terme</u> de la voie mystique, mais simplement son moyen caractéristique, celui dont la présence fait qu'elle est proprement mystique. Seulement, voici quelle est la difficulté : l'ordre sentimental n'a de raison d'être que dans l'individu et par rapport à l'individu ; comment donc ce qui s'y rapporte pourrait-il conduire au-delà des possibilités individuelles ? En tout cas, s'il le peut, ce ne sera jamais qu'occasionnellement et comme "par accident" ; et du reste, dans ces conditions, <u>n'importe quoi</u> pourrait en faire autant et être pris tout aussi bien pour base ou support d'une réalisation ; mais, normalement, on ne peut attendre là rien de plus qu'une extension (qui peut être indéfinie) de l'individualité. Ce qui est de l'individu ne peut, en lui-même, avoir d'effet en dehors du domaine individuel, de même que ce qui est action ne peut libérer de l'action ; s'il en était autrement, l'effet ne serait pas dans la cause et lui serait supérieur. -- Je sais bien que l'idée de "charité" peut être transposée analogiquement, comme n'importe quelle idée peut l'être ; mais alors il ne saurait plus être question d'une application exclusive au domaine humain, qui est apparemment tout ce que vous envisagez. Il faudrait plutôt l'entendre au sens d'une "charité cosmique", comme les Arabes l'entendent, par exemple, quand ils parlent du saint qui "soutient les mondes par sa respiration" (ce qui se réfère d'ailleurs à une des significations symboliques du chapelet chez les Orientaux). En tout cas, si vous prenez la charité comme on le fait d'ordinaire, dans un sens moral et social, son caractère sentimental ou affectif est manifeste ; et le mot d'"amour" que vous y joignez vient encore confirmer cette interprétation. -- Quant à l'"abnégation de soi", elle me paraît qu'un reflet bien affaibli de ce que les Orientaux appellent de divers noms qui signifient tous l'"extinction du moi", extinction qui consiste en ce que les conditions individuelles, et par suite l'individualité elle-même, ne peuvent exister qu'en mode illusoire pour l'être qui a réalisé (sans qu'il y ait d'ailleurs rien de changé quant aux apparences) ; il me semble que je vous ai déjà indiqué cela la dernière fois. Ici encore, je ne vois pas qu'il y ait d'opposition véritable ; seulement, chacun va plus ou moins loin dans les possibilités de l'être, et il n'y a de métaphysique qu'autant qu'on envisage la communication avec les états supra-individuels, communication dont le seul moyen est la connaissance intellectuelle pure. Je pourrais dire de celle-ci à peu près ce que vous dites en l'appliquant à autre chose : en dehors de cela, il n'y a qu'illusion, mais sans vouloir nier par là que cette illusion soit aussi une réalité, et même toute la réalité que comportent les possibilités individuelles, humaines ou autres.

En terminant, je vais vous demander un petit service : vous seriez bien aimable, si cela vous est possible, de m'indiquer la façon dont le P. Blanche expose la réduction du principe de raison suffisante au principe d'identité. Vous m'en avez parlé un jour, mais seulement incidemment et d'une façon assez vague.

Excusez-moi si la dernière partie de cette lettre laisse un peu à désirer ; j'ai été repris aujourd'hui d'une assez forte fièvre. Si je ne me fais pas comprendre suffisamment, il est bien entendu que vous pourrez toujours me demander d'autres explications, et j'aurai le plus grand plaisir à vous les donner, d'autant plus que cela me fournit l'occasion de sortir un peu de toutes ces occupations insignifiantes qui me pèsent tant. Peut-être cette dernière raison vous fera-t-elle trouver <u>qu'il sera</u> <u>charitable</u> de votre part de ne pas trop différer une nouvelle réponse.

Ces dames me chargent de leurs amitiés pour vous, et moi je vous prie, chère Mademoiselle, d'agréer l'expression de mes sentiments respectueux.

R. G.

ℬ)⊂ℜ

Blois, le 30 Mars 1919.

Chère Mademoiselle,

Nous avions appris par Germain que la grippe vous avait atteinte ainsi que votre famille ; nous voyons avec peine, par votre lettre, que cela a été grave, mais nous espérons bien que vous ne tarderez pas maintenant à être toutes complètement rétablies.

Je vous adresse cette lettre à Saint-Germain, pensant que vous y êtes encore ; avez-vous l'intention de retourner à Paris prochainement ? Ma femme et moi, nous irons y passer les vacances de pâques, et nous comptons bien avoir le plaisir de vous voir pendant ce temps.

Vraiment, vous vous calomniez en vous déclarant peu rapide d'esprit ; pour ma part, je trouve que c'est tout le contraire. Je ne crois pas non plus que le travail que vous avez entrepris pour votre thèse soit réellement au-dessus de vos forces. Certes, je vous autorise bien volontiers à discuter dans ce travail, selon que vous en aurez l'occasion, certaines de mes idées, qui ne sont d'ailleurs miennes que dans l'expression, non en elles-mêmes. Il n'y a que les philosophes modernes, faiseurs de systèmes, qui, avec leur absurde prétention à l'originalité avant tout, puissent s'imaginer que les idées sont la propriété de quelqu'un ; et en fait, pour ce que sont leurs idées, cela n'a pas une bien grande importance.

Mais non, Germain n'a point répondu à la dernière lettre que je vous ai écrite, et je crois qu'il ne faut pas trop compter sur lui pour le faire. Je n'ai reçu de lui que quelques lignes de temps en temps, et encore voilà assez longtemps que je n'ai plus rien du tout ; il m'a annoncé plusieurs fois une plus longue lettre qui n'est jamais venue (je n'ai même pas pu savoir encore s'il serait à Paris à Pâques). Je comprends que vous ne soyez pas disposée en ce moment à répondre à tout ce que je vous disais, mais je ne vous en tiens pas quitte, et j'espère bien que vous le ferez lorsque vous serez tout à fait remise, d'autant plus que je vous faisais à mon tour certaines objections que je voudrais bien vous voir résoudre.

Vous dites que vous ne voyez aucun avantage à essayer de réaliser simultanément par deux voies différentes. À vrai dire, je ne crois même pas que cela soit possible, et il vaut mieux que chacun choisisse la voie qui lui est la mieux appropriée ; c'est même pour cela que la réalisation métaphysique ne supprime pas l'autre, ou même les autres s'il y en a, et ne les rend pas inutiles. C'est pour cela aussi que je vous disais qu'il est heureux que la réalisation mystique existe en Occident, où sans cela il n'y aurait plus absolument rien. Seulement, on ne peut pas dire qu'un mode de réalisation soit plus adapté qu'un autre à la nature humaine, d'une façon générale ; c'est bien à l'homme que s'applique la réalisation métaphysique, et non à je ne sais quel autre être dont nous n'avons pas à nous préoccuper (encore que la possibilité d'une telle réalisation doive se trouver en tous les êtres, dès lors qu'elle est d'ordre universelle, ce qui la distingue essentiellement de tous les autres modes plus ou moins spéciaux). - D'autre part, je dirais volontiers qu'un mode de réalisation qui est subordonné à un point de vue tel que le point de vue religieux (ou, plus généralement, à tout autre point de vue que le point de vue métaphysique pur) n'est par là même adapté qu'à <u>certains</u> hommes, et non à tous.

Autre remarque à ce propos : je n'ai jamais dit ni pensé que des traditions différentes devaient ou même pouvaient fusionner ou s'assimiler en quelque façon que ce soit, même dans leur partie théorique. Tout ce qui est possible et souhaitable, c'est une <u>entente</u> sur un certain terrain ; et cela ne peut être contesté dès lors qu'on admet que, la vérité étant une, il est possible d'établir des équivalences entre ses divers modes d'expression. J'ajouterai encore que la communication entre les diverses doctrines traditionnelles, dans des conditions qui n'enlèvent à chacune d'elles rien de son indépendance, ne peut s'effectuer que <u>par en haut</u>. Peut-être vous ai-je déjà dit cela, du reste ; malheureusement, il ne m'est pas possible actuellement de m'expliquer là-dessus aussi clairement que je le voudrais, d'autant plus qu'il serait fort difficile, je le crains, de trouver des individualités <u>qualifiées</u>, capables de prendre l'initiative d'un rapprochement effectif tel que celui auquel je pense. Enfin cela viendra peut-être quelque jour ; il ne faut jamais désespérer...

Vous dites que "l'initiative de la connaissance parfaite ne saurait venir que de l'objet même de cette connaissance". Je l'admets très volontiers ; mais, comme il faut ajouter que, dans le domaine dont il s'agit, la distinction du sujet et de l'objet ne s'applique plus, je ne vois pas que cela puisse constituer une objection valable. -- D'autre part, votre crainte des "anges mauvais" n'est nullement justifiée, car, si leur action est très certainement susceptible de s'exercer dans certains domaines, et en particulier dans le domaine mystique (cela, je serai moins que personne disposé à le contester, et vous avez dû déjà vous en rendre compte), il n'en est plus du tout de même dans le domaine métaphysique, ou d'ailleurs rien de "bon" ni de "mauvais" ne peut trouver place, car il est bien au-delà de toutes les distinctions et oppositions de ce genre, éminemment contingentes.

J'en viens maintenant à l'argument du P. Blanche, et tout d'abord je vous remercie de l'exposé que vous avez bien voulu m'en donner. Je vais essayer de vous dire ce que j'en pense. - Tout d'abord, je suis aussi d'avis que cette forme sous laquelle on énonce parfois le principe de causalité : "tout effet a une cause" ; est parfaitement insignifiante, car il est trop évident que l'effet et la cause ne sont tels que l'un par rapport à l'autre. Je pense également qu'il y a tout avantage à ne pas faire intervenir ici l'idée du temps, ni de quelque autre condition analogue (j'entends par là un mode quelconque de durée ou de succession), qui peut ne pas convenir à tous les états de l'existence universelle, mais seulement à certains d'entre eux. J'accepte donc parfaitement cette formule : "tout ce qui est contingent a une cause" ; mais il reste à s'entendre sur l'idée d'"être contingent". Je ne sais pas jusqu'à quel point on peut dire vraiment que cette idée et celle de "ayant une cause" sont "abstraites de l'expérience", d'autant plus que, pour moi, les idées abstraites sont uniquement des idées de qualités et de rapports ; il faudrait aussi préciser en quel sens on entend ici l'"expérience". Maintenant, si on dit que le principe de causalité n'est pas créé par l'intelligence, mais s'impose à elle, nous sommes tout à fait d'accord (je suppose naturellement qu'il s'agit de l'intelligence humaine individuelle) ; et d'ailleurs il en est exactement de même de tous les principes logiques, qui ne sont au fond qu'une traduction ou une expression, par rapport aux conditions de l'entendement humain, des véritables principes d'ordre universel ou métaphysique. Ce qu'on appelle "principes rationnels", ce ne sont pas, comme certains semblent le croire, des lois posées par la raison, et imposées par elle à ses objets ; c'est au contraire l'expression, sous une forme appropriée au mode rationnel de connaissance de principes transcendants (de l'ordre intellectuel pur), essentiellement indépendants de la raison, et qui s'imposent à elle. Je ne crois pas qu'on puisse contester l'origine purement intellectuelle du principe d'identité et de ceux qui en dérivent immédiatement ; pour le principe de causalité, la question est un peu différente, parce qu'il se réfère à l'être contingent, et c'est sans doute pour cela que la théorie aristotélicienne veut qu'il soit tiré de l'expérience ; mais pourtant si on peut le rattacher en quelque façon au principe d'identité, cette théorie pourra-t-elle être maintenue ? Je ne fais pour le moment que poser la question ; peut-être la suite permettra-t-elle d'y répondre plus facilement.

Pour la conception des "propositions synthétiques a priori", qui jouent un si grand rôle dans le système de Kant, je ne puis vraiment lui trouver aucun sens raisonnable ; là-dessus encore, il me semble donc que nous sommes bien d'accord. Toute proposition vraie est essentiellement analytique en elle-même : "omne praedicatum in est subjecto" : si l'attribut n'était pas contenu en quelque façon dans le sujet, il ne lui conviendrait pas vraiment, ainsi que je vous le disais déjà la dernière fois. Une proposition vraie ne pourra donc être synthétique <u>que pour nous</u>, lorsque nous ne serons pas capable de faire l'analyse de la notion du sujet de façon à voir comment celle de l'attribut y est contenue. Si cependant nous affirmons une telle proposition, c'est qu'elle exprime un fait que nous avons constaté ; la garantie de l'expérience peut seule nous assurer de sa vérité, sans que nous connaissions la raison de cette vérité (si nous la connaissions, la proposition deviendrait analytique). On n'a donc le droit d'affirmer une proposition qui se présente comme synthétique qu'à postériori, comme exprimant la constatation d'un fait d'expérience ; dire qu'une proposition est à la fois synthétique et à priori, c'est dire que nous ne savons pas, non seulement pourquoi elle est vraie, mais même si elle est vraie, n'étant garantie ni logiquement, puisque synthétique, ni expérimentalement, puisque à priori.

Maintenant, il reste à savoir comment toutes les propositions analytiques, c'est à dire en somme toutes les propositions vraies, peuvent être tirées du principe d'identité. Ne pourrait-on pas dire qu'elles doivent y être contenues <u>en principe</u>, de la même façon que toutes les déterminations possibles de l'être doivent être contenues dans l'être ? cela nous ramène à la façon dont il faut envisager l'être contingent. - Avant cela, il serait peut-être bon de s'entendre sur l'énoncé qu'on donnera du principe d'identité. Vous dites "principe d'identité <u>ou de non-contradiction</u>" ; cela vaut peut-être mieux que de dire comme Leibniz, "principe d'identité <u>ou de contradiction</u>". Je ne reviens pas sur la distinction de ces deux principes, le second étant d'ailleurs une conséquence immédiate du premier. Je ne sais pas si vous voyez exactement la différence que je fais entre "principe de contradiction" et "principe de non-contradiction", ce que je ne regarde nullement comme équivalent ; mais il me semble que nous avons déjà parlé de cela autrefois. Je vous rappelle donc simplement que, pour moi, le principe d'identité s'applique rigoureusement à l'être, tandis que le principe de non contradiction, en raison de sa forme négative, est susceptible de s'appliquer même au-delà de l'être : il est ce qui, dans l'être, s'affirme comme le principe d'identité ; mais ici cela n'importe pas, puisqu'il ne s'agit que de l'être. - À ce propos, vous ai-je jamais dit comment le principe d'identité contient tout ce qu'il y a de métaphysiquement valable dans ce qu'on est convenu d'appeler l'"argument ontologique" ? je ne m'en souviens pas, mais, si cela vous intéresse, nous pourrons y revenir.

Pour rester dans notre sujet, j'accepte donc, plutôt comme conséquence du principe d'identité que comme expression de ce principe lui-même, la formule donnée par le P. Blanche : "un être ne peut pas être et ne pas être". Cette formule s'applique bien à l'être dans toute son universalité (je suppose que c'est par distraction que vous avez écrit "sa généralité"), et elle a assurément un avantage à cet égard sur celle d'Aristote, encore que l'emploi du mot "même" n'implique peut-être pas forcément l'introduction de la catégorie de substance ; je vous serais reconnaissant de me donner sur ce point quelques indications complémentaires. - Maintenant, il est entendu que, lorsque des déterminations diverses s'introduiront dans l'être, suivant le degré que l'on envisagera, il faudra exprimer ces mêmes déterminations dans l'énoncé du principe qu'on y fera correspondre. Seulement, quand vous dites (vous ou le P. Blanche) que "l'être s'enrichit de déterminations de plus en plus particulières", il y a là un mot que je n'aime guère, et d'ailleurs je ne puis perdre de vue que tout plus déterminatif est en réalité un moins métaphysique. Comme je vous le disais déjà tout à l'heure, toutes les déterminations possibles de l'être sont en principe dans l'être pur, et il faut bien que celui-ci soit plus que n'importe lequel de ses modes.

Ceci dit, j'admets entièrement que la notion de causalité ne doit pas être appliquée à l'être pur, qui ne peut pas, malgré Spinoza et autres, être dit proprement "causa sui", parce que, pour être cause, il faut d'abord être. D'autre part, cette notion de causalité est cependant encore d'ordre universel ;

elle doit donc bien se placer au-delà de tous les genres, c'est-à-dire avant les catégories. Vous dites qu'elle se rapporte à l'existence ; cela est tout à fait évident si on prend ce dernier mot dans son sens propre et étymologique, qui, en somme est précisément celui "d'être dépendant". - Donc, au fond, "existant", "dépendant" et "contingent" ne sont qu'une seule et même chose ; si c'est bien là la pensée du P. Blanche, nous sommes tout à fait d'accord. L'existant est bien contingent, c'est à dire non nécessaire, en ce sens que, par définition, il tient son être d'autre chose que lui-même, ou, en d'autres termes, il n'a pas en lui-même sa propre raison d'être. D'autre part, le domaine de l'existence est celui de la manifestation universelle ; j'arrive donc à ceci : le contingent, c'est le manifesté. Vous diriez sans doute : le contingent, c'est le créé ; et c'est au fond la même chose, car "manifestation" et "création" ne sont que deux façons différentes de s'exprimer, suivant deux points de vue différents, l'un purement métaphysique, l'autre plutôt théologique.

Une courte parenthèse : est-il bien exact que l'aristotélisme soit vraiment dualiste ? En tout cas, ce dualisme irait beaucoup plus loin que celui de Descartes, car ses deux termes (acte et puissance) sont d'ordre universel, tandis que ceux du dualisme cartésien (esprit et matière) ne le sont aucunement ; mais n'y a-t-il pas encore quelque chose de plus, et s'agit-il bien, dans la pensée d'Aristote, d'un dualisme vrai, c'est à dire irréductible ? Il semble que l'être pur soit au-delà de la distinction de l'acte et de la puissance, et, s'il est le principe commun de l'un et de l'autre, ce n'est plus du dualisme ; vous seriez bien aimable de me dire ce que vous en pensez. En tout cas, je suis de votre avis quand vous dites que l'idée de création a profondément modifiée l'aristotélisme ; mais l'acte et la puissance peuvent être l'équivalent de ce que je préfère appeler essence et substance, c'est à dire les deux pôles de la manifestation universelle. Toute position dualiste est assurément intenable, et d'ailleurs dépourvue de toute portée métaphysique véritable ; c'est pourquoi il m'est difficile d'accepter que cette position ait été réellement celle d'Aristote.

Je reviens à la notion du "contingent" : un être contingent, n'ayant pas sa raison d'être en lui-même, est relatif et incomplet ; tels sont tous les êtres individuels, et même, plus généralement, tous les êtres manifestés en tant que manifestés (ou existants). Je pense qu'il n'y a pas lieu d'insister davantage là-dessus, et que vous devez voir sans peine tout ce qu'on peut en tirer concernant la relativité des "substances individuelles". - Mais en quel sens peut-on dire qu'un être contingent "peut exister ou ne pas exister" ? En ce sens que la manifestation n'est qu'un "accident" par rapport à son principe (lequel n'en est pas affecté) ; mais toute possibilité qui est une possibilité de manifestation doit par là même se manifester selon le mode que comporte sa nature, sans quoi elle ne serait pas ce qu'elle est. Ici encore, nous retombons sur des choses que je vous ai déjà dites dans une de mes précédentes lettres ; je me contenterai donc de vous y renvoyer. En un mot, l'existence est impliquée dans l'être et en dérive parce qu'elle est une possibilité d'être, et, d'autre part, elle doit contenir toutes les possibilités de manifestation en tant que celles-ci se manifestent ; mais tout l'ensemble de la manifestation universelle est rigoureusement nul au regard du non-manifesté, et c'est pourquoi on peut le regarder comme contingent, ou encore comme illusoire (sans lui dénier par là la réalité dont il est susceptible), encore qu'il ne puisse pas ne pas être ce qu'il est. Je crois que c'est sur cette façon d'envisager la contingence qu'il peut y avoir, pour vous quelque difficulté, et pourtant c'est la seule qui soit métaphysiquement soutenable, car toute distinction du possible et du réel est proprement anti-métaphysique.

Quant à la distinction de l'essence et de l'existence, il me semble qu'elle entraîne comme conséquence que l'existence n'est pas vraiment un "attribut", car tout attribut doit être compris dans l'essence, ou, si vous préférez, exprimer quelque chose de l'essence. On pourrait peut-être dire que ce qui est compris dans l'essence, c'est la <u>possibilité</u> d'existence, non l'existence elle-même, et cela montrerait encore le caractère accidentel ou contingent de cette dernière. - Pour moi, cette distinction de l'essence et de l'existence se fonde surtout sur ceci, que, si on envisage corrélativement l'essence et la substance par rapport à un être manifesté quelconque, l'existence se trouve du côté de la substance ; il me semble bien que je vous ai déjà parlé de cela aussi. - Je n'ajouterai plus qu'un mot : un être possible et un être existant qui ont même essence sont bien un même être, dès lors que l'être possible inclut la possibilité d'existence (et sans cela il ne pourrait avoir la même essence qu'un être existant), ou l'existence en principe, c'est-à-dire qu'il possède en mode permanent (effectivement ou virtuellement) ce que l'existence ou la manifestation ne développe qu'en mode transitoire. À part ce qui n'existe que négativement c'est-à-dire comme privation ou limitation, tout doit se retrouver dans le principe, mais, bien entendu, à l'état inconditionné qui est celui de la non-manifestation. Du reste, s'il n'en était pas ainsi, la "résurrection des morts" pour parler théologiquement, ne saurait avoir aucun sens. J'en reste là pour cette fois, en vous priant de réfléchir sur cette dernière considération et de me dire s'il vous est possible de voir la chose autrement, ce qui m'étonnerait un peu.

Avec mes souhaits de complet rétablissement, nous vous adressons, Chère Mademoiselle, notre souvenir le meilleur.

R. G.

ℰℭ

Blois, 1 juillet 1919.

Chère Mademoiselle,

Nous partons demain pour Paris, l'écrit de l'agrégation devant avoir lieu vendredi, samedi et lundi. Je pense rester jusqu'au vendredi 11, étant obligé de revenir ici pour la distribution des prix qui aura lieu le 12. Si vous pouvez venir nous voir le mardi 8, le mercredi 9 ou le jeudi 10, prévenez-nous par un petit mot ; inutile de vous dire que vous nous ferez grand plaisir. Je vous prêterai mon travail sur la substance ainsi que vous me le demandez.

Ma femme se joint à moi pour vous assurer, Chère Mademoiselle, de toute notre sympathie.

R. G.

ℰℭ

Paris, 10 juillet 1919.

Chère Mademoiselle,

Reçu votre petit mot ce matin ; je suis désolé du contretemps qui nous a fait manquer votre visite, mais je pense que vous pourrez nous la remplacer la semaine prochaine, car, après bien des hésitations, je pars seul demain pour Blois, pour la distribution des prix, et je reviendrai ici samedi soir pour jouir un peu des fêtes. Vous pourrez donc venir nous voir un jour quelconque de la semaine prochaine à partir de mardi, mais vous serez bien aimable de nous prévenir afin d'être sûre de nous trouver.

Notre souvenir le plus sympathique.

R. G.

ℰℬ

Paris, 30 juillet 1919.

Chère Mademoiselle,

Nous avons reçu votre carte hier soir, et nous avons appris ce matin seulement le résultat de l'admissibilité. Je suis un des 7 sur 24 qui se sont tirés de cette première épreuve. Il va maintenant falloir passer l'oral, ce qui, paraît-il, peut encore durer une quinzaine ! Nous avons Boutroux comme président du jury. - Voici quels ont été les sujets des 3 compositions : (1). - Rôle de l'intuition dans la connaissance. (2). - Le réalisme dans l'art. (3). - Les idées et les genres dans la philosophie de Platon.

Nous avons regretté de ne pas vous voir avant votre départ, et pensons bien qu'à la rentrée nous aurons plus de chance de nous rencontrer. Quand l'examen sera terminé, nous retournerons à Blois, puis nous irons passer une quinzaine en Tourraine ; comme vous le dites, je commence à avoir vraiment besoin de me reposer, et même de ne plus penser à rien pendant quelque temps si cela était possible.

Veuillez nous rappeler au bon souvenir de vos parents et accepter pour vous nos meilleures amitiés.

R. G.

ುಂ

Le Portail, par Champigny-sur-Vende (Indre et Loire),
8 septembre 1919.

Chère Mademoiselle,

J'allais vous écrire pour vous parler de mon examen quand nous avons vu dans l'Écho de Paris la nouvelle de la mort de Madame votre mère. Depuis votre réponse, il m'a été impossible de trouver le temps de vous donner des détails à ce sujet. Voici donc ce qui s'est passé : D'abord je dois vous confirmer que le résultat est négatif, car vous devez bien vous en douter. Nous étions sept admissibles, comme je crois vous l'avoir dit, et il y avait en outre sept anciens admissibles ; il y avait quatorze postes disponibles, et pourtant on a reçu que cinq candidats en tout. C'est la seule agrégation où on ait fait preuve d'une telle sévérité : partout ailleurs, il y a eu de quinze à vingt reçus. Du reste, il s'est produit là des choses tout à fait incompréhensibles : ainsi, parmi les anciens admissibles, on a refusé un professeur de l'École alsacienne de Paris, qui avait fait une leçon tout à fait remarquable, tandis que le seul candidat de cette catégorie qui ait été reçu avait fait une leçon à côté du sujet et avait dit des sottises au point de vue scientifique, ce dont aucun des membres du jury n'était capable de s'apercevoir. On a refusé également deux docteurs ès-lettres, dont un est maître de conférence dans une Faculté !

Parmi les nouveaux admissibles, on a reçu un Normalien qui, s'étant trouvé souffrant, avait été dans l'impossibilité de faire sa leçon ; c'est tout de même un peu extraordinaire. D'une façon générale, les candidats qui ont été reçus sont ceux qui ont fait preuve simplement de mémoire et d'érudition, sans aucune idée personnelle.

Pour ma part, j'ai eu la malchance d'avoir pour ma leçon un sujet de morale (l'idée de sacrifice) qui ne m'intéressait nullement ; pourtant, j'ai fait quelque chose qui se tenait, mais qui a dû certainement déplaire à Darlu, lequel présidait en l'absence de Boutroux ; celui-ci, probablement souffrant, n'a pu en effet assister à l'oral, malheureusement. Je ne pense pas qu'il ait pu y avoir autre chose que cela, car j'étais très satisfait de mes explications d'auteurs, même pour le Grec, auquel je m'étais remis plus facilement que je ne pensais. Il est vrai que, si j'avais eu un sujet de leçon convenant mieux à mes aptitudes, le résultat aurait probablement été le même, étant donnée la mentalité du jury. D'ailleurs, Lévy-Brühl lui-même m'avait dit que ce concours était fait surtout pour des candidats beaucoup plus jeunes, ce que les résultats confirment tout à fait. Vous savez que je n'ai jamais eu grande estime pour les examens et concours en général, mais malgré tout, si je n'avais pas vu les choses d'aussi près, je n'aurais pas pu croire que cela se passait de cette façon. Les résultats du concours des anciens admissibles sont particulièrement choquant, parce que, pour eux qui n'avaient que l'oral, tout se passait publiquement. Vous devez penser que, après cette expérience, je n'ai nulle envie de recommencer, bien que certains m'y engagent ; en tout cas, pour m'y décider, il faudrait que l'admissibilité soit maintenue, et on ne sait pas encore si cela sera. Bien entendu, je ne ferais pas plus de préparation que cette fois, car j'aime mieux consacrer mon temps à des travaux plus intéressants, auxquels je compte bien me remettre dès que j'aurai pris un peu de repos.

Je vous adresse ma lettre à Perros-Guirec, pensant que vous y êtes retournées comme vous nous le disiez, et que tous vous vous y remettrez un peu des terribles émotions par lesquelles vous venez de passer.

Croyez, chère Mademoiselle, à toute notre sympathie.

R. G.

ℬℭ

Blois, le 5 novembre 1919.
74, rue du Foix.

Chère Mademoiselle,

Nous venons seulement de rentrer à Blois après un séjour de deux mois à la campagne, pendant lequel j'ai pris un repos complet qui m'a fait beaucoup de bien. Nous pensons retourner à Paris vers la fin du mois, et nous espérons bien avoir alors le plaisir de vous voir. Bien entendu je vous communiquerai de nouveau mon travail sur la substance, ainsi que vous me l'aviez déjà demandé au mois de juillet, et je serais très heureux s'il peut vous être de quelque utilité pour votre thèse.

Je ne connaissais pas du tout, avant de recevoir votre lettre, cette nouvelle décision fixant une limite d'âge pour l'agrégation. D'après ce que m'ont dit mes collègues d'ici à qui j'en ai parlé, cette limite est de trente ans, mais n'est pas applicable aux candidats ayant déjà enseigné. Auriez-vous d'autres renseignements plus précis à ce sujet ? - D'autre part, je me demande si notre admissibilité sera maintenue ; il en avait été question, mais il ne semble pas qu'aucune décision ait encore été prise. Si je n'avais plus que l'oral à passer, je pourrais assurément tenter de me représenter, mais dans les mêmes conditions que cette fois, c'est-à-dire sans grande préparation, car je ne voudrais pas passer beaucoup de temps à étudier des auteurs plus ou moins insignifiants. Le plus ennuyeux c'est que ces auteurs changent à chaque fois ; il paraît que le nouveau programme est déjà publié, mais je ne l'ai pas encore vu. De plus, je me demande si le concours de 1920 ne sera pas entièrement réservé aux mobilisés. Quoiqu'il en soit, je ne pense pas attendre si longtemps avant de me remettre à mes travaux personnels, et je compte bien m'en occuper dès cet hiver, tout en tâchant de trouver quelques leçons.

Que devient donc Germain ? Il ne m'a pas donné le moindre signe de vie depuis le début des vacances, et pourtant je lui avais écrit en même temps qu'à vous ; vraiment, je ne peux pas m'empêcher de trouver qu'il est un peu trop négligent. Est-il rentré à Paris ? Je me demande ce qu'il va faire cette année, car maintenant, avec la limite d'âge, il ne pourra plus penser à se présenter à l'agrégation.

Ma femme me charge de ses amitiés pour vous, et moi, chère Mademoiselle, je vous prie de croire à mes sentiments respectueux.

R. G.

ଚ⃞ଔ

Paris, 16 décembre 1919.

Chère Mademoiselle,

Nous voici enfin à Paris depuis une huitaine de jours ; malheureusement, nous serons obligés de nous absenter pour un mariage entre Noël et le premier de l'an, de sorte que je me demande quand nous pourrons nous rencontrer. Venez-vous de temps en temps à Paris et avez-vous quelques instants libres ? Dans ce cas, vous n'auriez qu'à nous prévenir ; je dois vous dire toutefois que toute cette semaine je suis pris.

Nous avons vu Germain, qui nous a donné quelques explications complémentaires au sujet de la "revue universelle", dont je ne connaissais pas le projet avant que vous m'en parliez ; il nous a dit que l'apparition du premier numéro serait retardée jusqu'au mois de mars. Si je peux faire quelque chose pour la Revue, même en dehors de la partie philosophique, je le ferai très volontiers, enfin, nous en reparlerons.

Vous savez peut-être que Germain a reçu maintenant une réponse au sujet de l'agrégation ; il paraît qu'il pourra s'y présenter, parce qu'on tiendra compte des cinq années de guerre pendant lesquelles il n'y a pas eu de concours. Dans ces conditions, on aurait mieux fait de dire que la limite d'âge était fixée à 35 ans et non à 30... Merci pour l'envoi de l'article de Dimier ; je crois qu'il a raison dans son appréciation des vrais motifs de la mesure en question. - Il paraît que le bénéfice de l'admissibilité sera maintenue aux mobilisés qui se représenteront au concours spécial de l'an prochain, mais pour nous, il n'en est pas question ; si on ne nous le conserve pas, il est bien probable que je ne m'en occuperai pas.

Pour les leçons, j'ai en ce moment un élève ; c'est un commencement, mais je voudrais bien pouvoir en trouver quelques autres.

Quant à mes travaux, je voudrais avant de m'attaquer à la thèse de doctorat, pouvoir publier diverses choses moins importantes, ou plutôt moins volumineuses. Je crois qu'une des grandes difficultés, pour la thèse, sera de trouver le moyen de la faire accepter ; il est à craindre que je ne me trouve en présence de gens qui se déclarent incompétents. Je ne sais donc pas encore sous quelle forme je pourrai présenter cela ; en tout cas, vous devez bien penser que je ne veux à aucun prix faire un gros volume sur une simple question de détail, plus ou moins insignifiante, ce qui est le cas de la plupart des thèses. En somme, il s'agit pour moi de faire autre chose qu'un travail d'érudition, quelque chose qui ait vraiment une portée métaphysique, et pourtant d'un autre côté, il y a certains ordres de questions que je ne voudrais pas aborder dans une thèse ; vous voyez quelle est la difficulté.

À bientôt, je pense, chère Mademoiselle, le plaisir de vous voir ; en attendant, veuillez croire à notre bien sympathique souvenir.

R. G.

ઠ⃝ાରତ

Paris, 31 décembre 1919.

Chère Mademoiselle,

Je vous ai écrit il y a une quinzaine pour vous annoncer que nous étions enfin de retour à Paris, mais je crains fort que ma lettre ne vous soit pas parvenue, car elle a été mise à la poste en même temps que plusieurs autres, et d'aucune je n'ai eu de réponse. Je vous demandais alors s'il vous serait possible de venir nous voir au début de la semaine dernière, car nous pensions nous absenter entre Noël et le premier de l'an pour le mariage d'une de mes belles-sœurs ; mais, ce mariage ayant été fixé au 8 janvier, notre départ s'est trouvé un peu reculé. Nous quitterons Paris après demain, et nous comptons y être de retour vers le 15 ; j'espère bien qu'alors nous pourrons nous rencontrer.

Nous n'avons encore vu Germain qu'une seule fois, il y a à peu près trois semaines ; il m'avait alors donné quelques détails sur le projet de la "revue universelle" dont vous me parliez dans votre dernière lettre, et m'avait appris que le premier numéro ne pourrait paraître qu'en mars au lieu de janvier. Il m'avait dit aussi que, pour l'agrégation, il avait reçu une réponse d'après laquelle, pour la limite d'âge, on tiendrait compte des cinq années de guerre ; s'il en est ainsi, n'aurait-il pas mieux valu dire simplement tout de suite que cette limite était fixée à 35 ans ? Ce qu'il n'est pas possible de savoir encore, c'est si le bénéfice de l'admissibilité nous sera conservé ; mais on le conservera aux démobilisés qui se sont présentés au concours d'octobre ; s'il faut tout recommencer, je préférerai y renoncer purement et simplement, et d'ailleurs je pense que Dimier a raison dans l'article que vous m'avez envoyé. Je crois bien que je vous disais déjà tout cela dans ma précédente lettre ; si vous l'avez reçue, ce qui me paraît peu probable vous voudrez bien excuser la répétition.

Je répondais aussi à ce que vous me demandiez au sujet de mes travaux auxquels, du reste, j'ai pu enfin me remettre un peu depuis que nous sommes ici. Je ne crois pas que le mieux soit de commencer par une thèse de doctorat pour laquelle le plus difficile sera de faire accepter le sujet (je ne veux pas me laisser imposer une simple question de détail), aussi bien que la façon de le traiter ; ce que je crains le plus, c'est de me trouver en face de gens qui se déclarent incompétents. Il serait donc préférable que je publie d'abord autre chose ; mais ce sont les frais qui sont un peu effrayants en ce moment. D'autre part, il y a bien des questions que je ne voudrais pas aborder dans une thèse, mais auxquelles je me promets bien de consacrer tôt ou tard une série de travaux séparés, ce qui me semble d'ailleurs valoir mieux que des ouvrages trop volumineux. Enfin, j'espère que nous pourrons reparler un peu de tout cela prochainement.

Nous désirons, pour vous et les vôtres, que l'année nouvelle vous soit plus propice que celle qui vient de s'écouler, et nous vous prions de croire, Chère Mademoiselle, à nos sentiments les meilleurs.

R. G.

ಏ⊃⊂ಶ

Paris, 15 janvier 1920.

Chère Mademoiselle,

Nous avons trouvé votre lettre à notre retour à Paris, bien sûr votre silence est tout excusé, et d'ailleurs nous pensions bien qu'il ne vous serait guère possible de venir nous voir au moment des fêtes. Ce sera donc pour mardi prochain 20 janvier, ainsi que vous me le proposez ; nous n'avons aucun empêchement pour ce jour-là, et je serai très heureux de pouvoir parler avec vous ; j'espère donc qu'il vous sera possible de venir de bonne heure.

Pour la revue, j'aimerais à savoir d'une façon un peu plus nette quelle est l'idée qui, comme vous dites, lui sert de doctrine ; ce que j'en sais jusqu'ici est encore bien vague, mais je pense que vous pourrez me donner des renseignements plus précis à cet égard. Y a-t-il actuellement un programme plus ou moins défini, ou quelque chose qui en tienne lieu ? En tout cas, je croirais volontiers qu'il sera plus facile pour moi d'y faire quelque chose que dans les revues d'esprit universitaire ; la question est surtout de savoir ce qui sera susceptible d'intéresser les lecteurs auxquels cet organe s'adressera.

Quant à mes travaux en train, voilà quinze jours que je n'ai pas pu m'en occuper, mais je compte bien m'y remettre au plus tôt ; cela ne marchait pas trop mal avant notre absence.

Croyez, Chère Mademoiselle, à notre souvenir le meilleur.

R. G.

ഌҩ

Paris, 10 février 1920.

Chère Mademoiselle,

J'ai reçu votre lettre samedi, et hier seulement le manifeste de la" Revue Universelle" qu'elle m'annonçait. Merci de cet envoi ; Germain n'a pas pu retrouver son exemplaire. Bien entendu, je vous le rendrai quand j'en aurai pris connaissance.

Nous regrettons bien que vous ne veniez pas à Paris en ce moment ; peut-être pourrez-vous tout de même en trouver le temps un de ces jours. Quant à nous, nous acceptons en principe votre invitation à aller vous voir à Saint-Germain mais ce ne pourra être que dans quelque temps, car nous sommes encore tous plus ou moins enrhumés, et de plus, ayant mal au pied, j'évite de marcher autant que cela n'est pas absolument indispensable.

Mon travail, dont je continue toujours à m'occuper, n'est pas encore tout à fait terminé, mais je pense n'en avoir plus pour bien longtemps maintenant. Nous avons été chez Monsieur Rouart, il nous a confié les modèles d'images.

Croyez, Chère Mademoiselle, à notre sympathique souvenir

R. G.

ഌҩ

Paris, 28 février 1920.

Chère Mademoiselle,

Nous avons l'intention, si cela ne vous dérange pas, d'aller vous voir jeudi prochain. Dites-nous bien simplement par un petit mot si vous êtes libre ou si cela contrarie vos projets. Si la grève des chemins de fer n'est pas terminée, je pense que nous aurons toujours la ressource du tramway : est-ce que les départs de ces derniers ne s'effectuent pas toutes les demi-heures ?

Mon travail est maintenant terminé ; il ne me reste plus qu'à le recopier, ce qui n'est pas le plus agréable, mais le plus difficile sera probablement de trouver un éditeur.

Croyez, Chère Mademoiselle, à notre souvenir le meilleur et le plus sympathique.

R. G.

ℰℛ

Paris, 12 mai 1920,

Chère Mademoiselle,

Venez-vous toujours à Paris tous les mardis ? Il me semble que vous nous avez dit que vous étiez libre de 11 heures à 3 heures. Faites-nous donc l'amitié de venir déjeuner avec nous mardi prochain : nous pourrons au moins bavarder un peu.

Au sujet de la légende de Bacchus, il ne m'a pas été possible, malgré mes recherches, de trouver beaucoup de renseignements ; je n'ai même....

(Document incomplet)

Paris, 16 juillet 1920.

Chère Mademoiselle,

Nous avons regretté de ne pas vous voir avant votre départ, et nous espérons que l'état de santé de votre frère François ne s'est pas aggravé. Au moment où nous avons reçu votre lettre nous allions, de notre côté, vous écrire pour vous prier de nous excuser, car Françoise était au lit depuis le dimanche avec la rougeole, et nous aurions eu peur de vous porter cette maladie.

Nous avons communiqué vos renseignements à notre cousine, nous ne savons pas encore ce qu'elle va faire.

Dès le retour de Lévy-Brühl, je lui ai parlé de mon travail ; il m'a presque détourné d'Alcan, m'affirmant que celui-ci, même avec sa recommandation, ne voudrait pas se charger de faire les frais de l'édition. Je me suis donc adressé à Rivière, qui n'a pas refusé en principe, et à qui le sujet semble même plaire ; je lui ai remis mon manuscrit aujourd'hui, mais il demande quelque temps pour réfléchir et prendre conseil de différentes personnes, notamment du P. Peillaube. Croyez-vous qu'un mot de vous à ce dernier pourrait l'influencer favorablement ? Si oui, je vous prierais de bien vouloir le faire. Je ne sais pas quelles sont les autres personnes que Rivière à l'habitude de consulter ; je me doute un peu que Maritain doit en être, mais je n'ai pas de certitude comme pour le P. Peillaube. Je dois retourner voir Rivière dans une quinzaine, et je voudrais bien avoir une réponse définitive à cette époque.

Savez-vous si Germain s'est présenté à l'agrégation ? Pour nous, nous nous demandons s'il existe encore ; depuis un mois et demi que nous ne l'avons même pas aperçu.

Je pense que, si vous avez déjà quitté Saint-Germain, ma lettre vous parviendra quand même. Nous avons toujours l'intention de partir pour Blois dans les premiers jours du mois d'août.

Croyez, Chère Mademoiselle, pour vous et votre famille, à notre souvenir bien affectueux

R. G.

Nous irons entendre la "Légende de saint Christophe" mercredi. -- J'ai toujours le numéro des "Lettres" et le livre de Pécoul que vous m'aviez prêtés : vont-ils vous faire défaut ?

ℰ)⚭

Paris, 3 août 1920.

Chère Mademoiselle,

Il y a déjà quelque temps que je voulais vous écrire, mais j'ai attendu pour pouvoir vous donner le résultat pour mon livre : Rivière accepte de l'éditer à ses frais, et il m'a promis de le faire paraître avant la fin de l'année ; la convention a été signée hier. Comme vous devez le penser, je suis tout à fait satisfait, d'autant plus que je craignais que cela ne traîne beaucoup plus longtemps. En l'absence du P. Peillaube, c'est le secrétaire de la "revue de philosophie", l'abbé Hèzelay (est-ce ainsi que s'écrit son nom ? je le défigure peut-être), qui a pris connaissance de mon manuscrit et a donné un avis favorable ; il a consulté aussi Maritain, qui a appuyé ; vous voyez que tout est pour le mieux. Je vous remercie d'avoir bien voulu écrire au P. Peillaube ; ce ne sera peut-être pas inutile, car Rivière préférerait, si la chose est possible, que l'ouvrage paraisse dans sa collection, parce qu'il y a déjà ainsi une vente assurée ; mais il n'en fait pas une condition essentielle, puisqu'il s'est engagé avant d'avoir consulté le P. Peillaube.

Vous savez sans doute que ce pauvre Germain a été refusé à l'agrégation ; il en a été un peu surpris d'autant plus que les appréciations que Lalande lui a données sont tout à l'opposé de ce qu'il pensait. Il a bien mauvaise mine en ce moment et nous a produit une impression pénible ; je crois qu'il aurait grand besoin d'un repos complet. Il a demandé un poste pour la rentrée, mais je me demande s'il sera en état de faire une classe ; du reste, il n'est pas sûr qu'il obtienne quelque chose, bien que Lalande lui ait parlé d'un poste possible aux environs de Bordeaux.

Nous sommes heureux de savoir que François va mieux ; quand à Françoise, elle est tout à fait remise maintenant. Aussi allons-nous partir demain pour Blois, et nous reviendrons ici à la fin de septembre. J'ai mis de côté ce que vous m'avez prêté ; je vous le rendrai à la rentrée.

Nous avons été ravis de notre soirée à l'Opéra : nous avons trouvé les décors superbes et la pièce très intéressante.

Croyez, chère Mademoiselle, à notre bien sympathique souvenir.

R. G.

ᛞᏟᎡ

74 Rue du Foix, Blois.
Blois, 17 septembre 1920.

Chère Mademoiselle,

Votre lettre est venue me retrouver chez ma belle-mère, où nous avons passé trois semaines ; nous sommes rentrés à Blois mercredi dernier, et c'est pourquoi je ne vous ai pas répondu plutôt. Je pense que vous êtes maintenant de retour à Saint-Germain ; quant à nous, nous serons à Paris dans les premiers jours d'octobre.

Je suis en effet très satisfait de la lettre du P. Peillaube que vous m'avez communiquée, et j'accepte bien volontiers la proposition d'écrire quelques articles pour la "Revue de Philosophie". Cela me va tout à fait de faire quelque chose contre la théosophie ; je m'y mettrai dès mon retour à Paris, car ici il ne m'est pas facile de travailler, et d'ailleurs je n'ai pas mes documents sous la main. J'espère comme vous que cela réussira mieux qu'avec les milieux universitaires, et, à ce point de vue, il vaut peut-être mieux que mon livre paraisse chez Rivière que chez Alcan. -- Il n'y a qu'une chose qui m'ennuie : le P. Peillaube dit que Rivière n'est jamais prêt, et je m'en aperçois bien, car il m'a promis les premières épreuves à la fin d'août, et je n'ai encore rien reçu ; aussi je lui écris aujourd'hui pour tâcher de l'activer un peu car je voudrais bien que le volume puisse paraître avant la fin de l'année comme c'était convenu.

Je viens également d'écrire à Germain pour lui demander ce qu'il devient, car je n'ai pas eu de ses nouvelles depuis le commencement d'août, son état de santé est véritablement inquiétant, et il est malheureusement peu probable qu'il puisse faire quelque chose à la rentrée.

J'ai lu le premier volume du manuel de Maritain, que Germain m'avait prêté avant notre départ de Paris, et qui m'a intéressé en effet ; mais je trouve que c'est vraiment un peu compliqué pour être mis entre les mains des élèves. À part ce reproche général, il y a aussi dans l'introduction historique certaines choses dont je vous reparlerai lorsque nous aurons le plaisir de nous voir.

Croyez, je vous prie, Chère Mademoiselle, à nos sentiments bien sympathiques.

R. G.

ଧାର

Paris, 22 octobre 1920.

Chère Mademoiselle,

Nous sommes rentrés à Paris la semaine dernière seulement, mais nous voici tout de même à peu près réinstallés. Comme nous pensons que vous n'êtes pas sans avoir des occasions de venir ici, nous serions heureux de vous voir un de ces jours. Pourriez-vous nous prévenir par un petit mot pour être sûr de nous trouver ? J'aurais bien des choses à vous dire au sujet de mon ouvrage, dont l'impression n'est pas encore commencée. Ce serait trop long à vous expliquer par correspondance ; mais, en dehors du retard qui est déjà ennuyeux, je crains d'avoir quelques difficultés avec mon éditeur, et peut-être dans ce cas, pourriez-vous me rendre service ; nous parlerons de cela ensemble.

Le P. Peillaube est-il rentré, et quelle est son adresse ? Je voudrais le voir avant de commencer à préparer l'article qu'il demande, afin de savoir d'une façon un peu plus précise ce qu'il désire.

Nous avons reçu ces jours derniers des nouvelles de Germain que nous ne savions pas si loin de nous ; il semble bien mieux qu'ici, à attendre son pain de chaque jour, souhaitons qu'il puisse continuer, sans trop de fatigue.

Croyez, Chère Mademoiselle à notre souvenir le meilleur.

R. G.

Paris, le 27 novembre 1920.

Chère Mademoiselle,

Nous vous remercions des renseignements que vous nous avez envoyés au sujet des tableaux ; nous allons nous occuper de cette affaire, et nous vous dirons si nous avons abouti. Nous n'avons encore rien pu faire jusqu'ici, parce que nous avons tous été très fortement enrhumés, grippés même, et aussi à cause des préparatifs pour le mariage ; ce sont les mêmes raisons qui m'ont empêché de vous écrire plus tôt. Nous sommes revenus d'Angers hier soir, assez fatigués par le voyage ; enfin, nous serons un peu plus tranquilles maintenant, et nous espérons bien avoir le plaisir de vous voir d'ici peu.

J'ai été chez le P. Peillaube, qui m'a reçu fort aimablement, et qui m'a offert lui-même d'intervenir auprès de Rivière pour l'histoire de la thèse. Je pense qu'il a dû le faire, car, quand j'ai revu Rivière, celui-ci ne m'a plus fait d'objections et m'a dit seulement qu'on s'arrangerait par la suite pour les exemplaires à fournir (il en faut 67) ; il m'a annoncé en même temps que l'imprimeur venait enfin de mettre le travail en train. C'était bien vrai cette fois, car le commencement des épreuves est arrivé avant hier. -- D'autre part, tout est réglé du côté de la Sorbonne : j'ai enfin pu rencontrer Sylvain Lévy, qui m'a donné son approbation écrite ; le doyen a accordé immédiatement son autorisation et j'ai fait enregistrer le titre de la thèse au secrétariat. Il n'y a donc plus qu'à attendre, et je pense qu'à moins d'incidents tels qu'une nouvelle grève des imprimeurs, tout pourra être prêt vers le mois de février.

J'ai commencé à préparer mon article pour la revue du P. Peillaube, je le lui porterai dès que ce sera terminé.

Étant toujours sans nouvelle de Germain, je vais me décider à lui écrire pour savoir ce que signifie son silence prolongé. Je vais tâcher d'obtenir qu'il me renvoie enfin l'article qu'il a depuis si longtemps, et alors je vous le communiquerai ; peut-être, quand vous en aurez pris connaissance, aurez-vous une idée au sujet de son utilisation.

J'ai retrouvé quelques numéros de la revue de Pécoul, que j'ai mis de côté à votre intention.

Je n'ai pas encore pu aller voir Bernoville ; peut-être pourrais-je tout de même y arriver un de ces jours ; je voudrais bien avoir quelque explication au sujet des controverses interrompues.

Croyez, Chère Mademoiselle, à nos sentiments les plus sympathiques.

R. G.

Avez-vous pu obtenir quelques renseignements au sujet de Mère-Marie-Louise ?

Paris, 16 décembre 1920.

Chère Mademoiselle,

Jusqu'à ce moment, nous n'avons aucun jour pris pour les vacances ; nous pourrons donc aller vous voir quand vous nous ferez signe. Je vous prierai seulement de nous prévenir le plus tôt que vous le pourrez, afin que nous puissions disposer des autres jours, s'il y a lieu.

Françoise est au lit avec une seconde rougeole, mais bien plus bénigne que celle du mois de juillet ; nous espérons bien qu'elle sera remise pour les vacances, et que nous pourrons vous la conduire sans danger pour vos frères et sœurs.

Moi aussi, je serais très heureux de voir aboutir les projets dont vous me parlez ; nous nous en entretiendrons la semaine de Noël, mais j'espère bien que la température sera plus clémente, car sans cela j'aurai l'esprit comme le corps, absolument figé...

Toujours rien de Germain ; je vais prendre le parti de recopier mon article. Je n'ai pas encore tout à fait terminé la copie de l'autre, mais je pense pouvoir le porter au P. Peillaube mardi prochain.

Notre souvenir le meilleur

René Guénon

Paris, 19 janvier 1921.

Chère Mademoiselle,

J'ai enfin reçu lundi la suite de mes épreuves, un assez volumineux paquet, puisque cela fait maintenant à peu près le tiers de l'ouvrage. Si vous pouviez venir nous voir à l'un de vos prochains voyage à Paris, je vous remettrais ce commencement afin que vous puissiez le lire dès maintenant. J'espère que la suite ne se fera pas attendre aussi longtemps, et je voudrais bien que ce soit terminé vers la fin du mois prochain.

Avez-vous pensé à la question du sous-titre de mon article ? Je voudrais bien rendre répon (s)e à ce sujet au P. Peillaube le plus tôt possible, mais je vous avoue que je n'ai toujours aucune idée...

Est-ce que la petite opération que François devait subir s'est bien passée ? Nous aimons à croire qu'il n'y paraît déjà plus.

Croyez, chère Mademoiselle, à toute notre sympathie.

René Guénon Avez-vous pu enfin obtenir un renseignement pour la Mère Marie-Louise ?

ℰℛ

Paris, 7 mars 1921

Chère Mademoiselle,

Je suis, depuis samedi, en possession du rapport de S. L., qui est tellement curieux et extraordinaire que, si vous avez un moment vendredi prochain, je vous demanderai de venir en prendre connaissance. Je vous dis vendredi prochain car, l'autre vendredi, nous ne serons peut-être plus là.

Je n'ai pas rencontré Maritain samedi ; il n'était pas resté à déjeuner à Paris, et on n'a pas pu me dire quand il devait partir pour Louvain. Je me demande s'il sera encore là jeudi ; peut-être tenterai-je de retourner le voir ; en tout cas, si vous le rencontrez, vous pourrez le mettre au courant de ce qui m'est arrivé.

Croyez, chère Mademoiselle, à toute notre sympathie.

René Guénon

ಸಿ)ಬ

Blois, 27 mars 1921

EXTRAITS

Il me semble qu'il y a encore un petit malentendu sur ce que je vous ai dit à propos de votre article[6] et du "concept de contemplation". Ce que je vous reprochais, ce n'est pas du tout de dire que ce concept est précis dans l'Évangile : c'était de dire qu'il avait été "jusqu'alors confus", et cela d'une façon tout à fait générale et sans y apporter aucune restriction (....).

Autre chose encore : vous dites que "l'intellect créé ne pouvait en soi contempler Dieu" ; cela est évident s'il s'agit bien de l'intellect, <u>créé</u>, mais cette épithète peut-elle s'appliquer à l'intellect pur et transcendant, qui seul intervient directement dans l'ordre métaphysique ? Je pense au contraire qu'il faut la réserver aux facultés individuelles (Raison et autres éléments psychologiques). Car je ne vois pas que "créé" puisse ne pas être synonyme ou équivalent de "manifesté" et de "conditionné". En somme, création et manifestation sont une seule et même chose envisagée sous des points de vue différents (autrement, la création serait nécessaire et éternelle) ; mais, précisément, l'intellect pur est, en soi, de l'ordre du non-manifesté et de l'inconditionné, et, s'il n'appartenait pas lui-même à ce domaine, qui est celui de la métaphysique, il ne pourrait pas l'atteindre, pas plus que ne le peuvent la raison et les autres facultés <u>créées</u>, qui en vertu de leur nature même et de leurs conditions propres, n'en recevront jamais qu'une sorte de connaissance

---

[6] Il s'agit de l'article publié par N. M. Denis en février 1921 dans la "Revue Universelle", sous le titre : "La renaissance des études mystiques" (N. d. E.)

indirecte, par reflet et par participation (du moins tant que subsisteront les conditions limitatives qui définissent l'individualité c'est à dire jusqu'à ce que la réalisation totale soit effectuée, après quoi il ne peut plus être question de ces facultés comme distinctes de l'intellect même ou du principe de toute connaissance). (...)

༄༅

Paris, 7 mai 1921.

Chère Mademoiselle,

Nous avons bien reçu votre aimable carte de Sienne, et, me doutant que vous deviez maintenant être de retour, je pensais avoir la réponse que vous m'annonciez, et qui m'est en effet parvenue hier. Je m'empresse de vous récrire parce que, ce matin j'ai reçu enfin les premiers exemplaires de mon livre ; sans doute le tout n'est-il pas encore broché (l'imprimeur devait les envoyer au fur et à mesure qu'ils seraient prêts), mais cette fois, j'espère que cela ne tardera guère, et vraiment il est temps ; voilà déjà deux mois que tout était presque terminé, on le disait du moins. Si vous pouvez nous faire le plaisir de venir nous voir la semaine prochaine (est-ce toujours le vendredi que vous venez à Paris ?), je vous échangerai le manuscrit (dont je n'ai d'ailleurs guère besoin maintenant), contre un volume imprimé. Naturellement, je compte toujours sur l'article que vous avez bien voulu me promettre pour la "Revue universelle". Voudrez-vous bien aussi, quand vous aurez quelques instants, penser à un compte rendu plus bref pour les "Lettres" ? Je n'ai pas revu Pourvouville depuis longtemps, mais comme c'est lui qui m'en avait offert l'insertion, je ne pense pas qu'il ait changé d'avis.

Je n'ai pas revu Maritain non plus depuis notre retour ici ; il va falloir que je tâche de le rencontrer un de ces jours, mais j'attendrais que mon livre soit paru ; c'etait vraiment un peu ennuyeux d'en être toujours au même point ! Mon travail sur le Théosophisme est presque terminé ; je n'ai plus qu'un chapitre à rédiger ; j'attends aussi quelques renseignements complémentaires qu'on m'a promis, après quoi il ne me restera plus qu'à recopier, ce qui n'est pas le plus intéressant....

Nous avons enfin reçu il y a quelque temps, une lettre de ce pauvre Germain, qui nous a fait une impression pénible : il dit qu'il s'ennuie, qu'il ne sait pas comment il vit, et qu'il ne peut faire aucun travail. En lui répondant, j'ai raconté toute l'histoire de ma "thèse" depuis, nous n'avons pas d'autres nouvelles.

J'en viens maintenant à votre réponse ; et, tout d'abord, je vois avec satisfaction qu'il y a un certain nombre de points sur lesquels nous sommes bien d'accord ; sur d'autres, il se peut d'ailleurs que la différence soit surtout dans la terminologie. Ainsi, vous avez parfaitement raison de regarder comme nécessaire la distinction entre l'ordre naturel et l'ordre surnaturel ; mais cette distinction, exprimée autrement, n'existe pas nettement moins chez les Orientaux, à cette différence pourtant qu'ils n'accordent à l'ordre naturel qu'une importance bien moindre que ne le font les Occidentaux (je parle bien entendu, des Occidentaux qui admettent l'ordre surnaturel). Du reste, je pense avoir suffisamment insisté dans mon ouvrage, à diverses reprises, sur l'opposition irréductible des doctrines orientales à l'égard de tout "moralisme" ; si on n'y trouve peut-être pas aussi d'insistance que dans la théologie occidentale à rappeler expressément la distinction dont il s'agit, c'est que la chose est regardée comme allant de soi, et que personne ne pourrait penser que le rapport du fini à l'Infini ne soit autre chose que nul, donc que le fini comme tel (ou l'ordre naturel) ait quelque intérêt en lui-même.

Maintenant, l'expression "intellect humain" peut donner lieu à une confusion, car cet intellect "créé, manifesté, ou conditionné" dont vous parlez, qui ne connaît que "par reflet et par participation", et qui est bien effectivement tout ce que possède l'individu humain, en tant qu'individu, cet intellect-là n'est pas vraiment un intellect, mais c'est proprement la raison. Et j'ajouterai que cette raison n'est pas, par elle-même, "capable d'être élevée à l'état surnaturel" ; une telle élévation, pour la raison comme pour toutes les autres facultés individuelles, n'est pas autre chose que la "Transformation" qui est impliquée par surcroît en quelque sorte dans la réalisation totale. Après cette transformation, d'ailleurs, on ne peut plus dire que ce soit la raison ou une faculté individuelle quelconque puisque l'individualité même n'a plus alors qu'une existence tout illusoire (le caractère essentiel de l'individualité comme telle étant d'être conditionnée) ; c'est encore là une application de ce principe que je vous rappelais plus haut, que le rapport du fini à l'infini est rigoureusement nul. Si c'est cette raison que vous appelez "intellect humain" vous avez tout à fait raison de dire qu'elle "fait partie du monde et est une chose finie" ; si au contraire il s'agit de l'intellect transcendant (le seul, pour moi, qu'on puisse proprement appeler de ce nom d'intellect), il en va tout autrement, mais on ne peut le qualifier "d'humain ", puisqu'il est de l'ordre universel et qu'il n'est aucunement une faculté de l'individualité humaine. C'est cet intellect seul qui a, en soi, "la possibilité de devenir (ou plutôt d'être) tout ce qui est connaissance", les autres facultés ne l'ont que par "participation" à son essence, et cela dans les limites d'un certain domaine. Comme vous reconnaissez l'identité de l'être et du connaître, vous devez en tirer la conclusion que tout ce qui est connaissable ; donc, si l'être est "sans limite", la possibilité de connaissance doit aussi être illimitée (ce qui montre bien que, en soi, elle ne peut appartenir à un être limité, conditionné, individuel). Pour simplifier, je néglige ici la distinction, pourtant capitale métaphysiquement, entre l'Être et l'Infini ; rigoureusement, il faudrait dire que le connaissable s'étend, non seulement à tout l'être, mais aussi au-delà de l'être.

La distinction de la raison et de l'intellect (distinction dont l'absence me semble être pour beaucoup dans vos objections) correspond donc encore à celle des deux ordres naturel et surnaturel ; au fond, elle n'en est qu'un aspect. Je restreindrais les possibilités de la raison bien plus encore que vous ne le faites, et la "transformation" dont elle est capable (comme n'importe quoi peut l'être, d'ailleurs) ne m'apparaît que comme une conséquence secondaire de la réalisation. Quant à celle-ci, je dis avec vous que le principe n'en est pas dans l'homme individuel (puisqu'il est dans l'intellect transcendant), mais cela n'empêche que l'individualité doit lui fournir un point d'appui. Vous contestez qu'il puisse y avoir deux sortes de réalisations, parce que, pour vous, il n'y a point de réalisation quand "l'homme reste dans le plan de sa nature", c'est-à-dire, en somme, dans le domaine de son individualité. Pourtant, les extensions dont ce domaine est susceptible constituent bien tout de même une réalisation effective, si imparfaite et incomplète qu'elle soit, et alors même qu'il n'a assurément aucune commune mesure avec la réalisation supra-individuelle. Je dirai même que la première peut, dans certains cas, être une préparation pour la seconde, comme elle peut aussi, dans d'autres cas, lui être un obstacle. Cette réalisation de l'individualité <u>étendue</u> suffit déjà pour mettre en jeu des facultés qui échappent entièrement au champ d'investigation des psychologues, et qui pourtant n'ont rien de surnaturel, ni même de "préternaturel". Du reste, cette dernière expression prête à quelques objections : en toute rigueur tout ce qui n'est pas naturel est surnaturel, inversement, de sorte que le "préternaturel" doit être encore du naturel. Si l'on veut se servir de ce mot pour désigner ce qui, dans l'ordre naturel, est supra-normal en quelque sorte, on pourra l'appliquer à ces facultés, dont je parlais, mais comme je sais bien que ce n'est pas ainsi qu'on l'entend d'ordinaire il vaut mieux s'en abstenir. Je vous accorderai, d'ailleurs, qu'il y a parfois une possibilité de confusion entre l'exercice de ces facultés et certains phénomènes "préternaturels" au sens ordinaire ; mais, en tout cas, la confusion ne saurait aller plus loin et s'étendre jusqu'à l'ordre vraiment transcendant, où il ne peut, du reste, être question de "phénomènes", d'aucune sorte (ce qui exclut toute possibilité d'illusion).

Je ne sais si la façon dont on interprète la conception d'Averroès est bien exacte ; on ne peut dire que l'intellect proprement dit soit "Dieu", mais on peut dire peut-être qu'il est "divin" ; en tout cas, si l'on ne veut employer aucun terme d'apparence plus ou moins théologique, il est certainement "surhumain". La plus grande difficulté, ici, vient sans doute de ce que les Occidentaux sont habitués à ne considérer dans un être rien d'autre ni de plus que l'individualité, comme si l'individu était l'être complet ; et encore ce qu'ils envisagent n'est-il qu'une portion restreinte de l'individualité. Celle-ci est à la fois beaucoup plus et beaucoup moins qu'ils ne le pensent : beaucoup plus quant aux possibilités qu'elle comporte, mais beaucoup moins par rapport à l'être véritable ; il n'y a même aucune commune mesure entre l'individualité et l'être dont elle n'est que la manifestation sous certaines conditions spéciales et déterminées.

Je reviens à la question de la contemplation : les Orientaux, d'une façon générale ne séparent jamais l'idée de la réalité, et ici encore moins que partout ailleurs ; leur logique est, à cet égard, quelque peu différente de celle des Grecs, et plus encore de celle des Occidentaux modernes, en ce sens que, pour eux il n'y a pas la chose d'un côté et l'idée de l'autre, mais l'idée ne vaut que dans la mesure où elle est identique à la chose même. En tout cas, l'idée, même simplement théorique, que nous pouvons avoir de la contemplation, ne me paraît pas pouvoir être appelé proprement un concept, avec la signification qu'a ce mot en logique occidentale ; c'est là l'objection que j'avais voulu vous faire sur ce point. Maintenant, je serais heureux d'être persuadé que les théologiens n'envisagent pas la théorie pour elle-même uniquement, même quand ils ne parlent expressément d'aucune réalisation ; mais je crains que vous ne généralisiez trop, et il en est certainement chez qui les préoccupations d'un autre ordre ne s'aperçoivent guère. Quoi qu'il en soit, ce que vous dites a pour conséquence que tout véritable croyant devrait regarder le point de vue proprement "philosophique" comme insoutenable, et même condamnable ; là-dessus, ce n'est certes pas moi qui vous contredirai.

Quant aux moyens de la réalisation, vous dites, d'une part, que "vous ne croyez pas qu'aucun moyen, aucune tradition, aucun travail humain soit nécessaire à Dieu pour agir", et, d'autre part, que "le surnaturel pour nous ne se réalise que moyennant certaines conditions" ; comment conciliez-vous ces deux choses ? Je vous avoue que je ne le vois pas très bien ; mais je crois que nous sommes d'accord en ceci : si la préparation théorique est une condition indispensable pour la réalisation métaphysique, il n'en est pas de même pour la réalisation mystique, pour laquelle elle n'est pourtant pas inutile. Mais je ne vois rien d'étonnant à ce que les idées reçues directement par les mystiques soient identiques à celles qu'exprime la Tradition, dès lors que ces idées sont vraies, et que la vérité est une et existe indépendamment de l'esprit qui la conçoit. Tout cela s'explique parfaitement, soit par l'intuition intellectuelle, soit même, dans certaines limites, par cette extension des facultés individuelles dont je parlais tout à l'heure ; il existe, dans ce dernier ordre, une "clairvoyance" véritable, naturellement bien différente de celle des théosophistes et des occultistes (laquelle est surtout de l'auto-suggestion), mais qu'il est nécessaire de distinguer de l'intuition intellectuelle pure. Pour le caractère intransmissible de toute réalisation, nous sommes aussi tout à fait d'accord : les paroles et les autres symboles ne sont jamais qu'un moyen, un support ou un point de départ, et rien de plus ; le contemplatif peut être absolument incapable de traduire la vérité dont il a connaissance, et, du reste, il se rend toujours compte que toute expression est inadéquate. Je vous rappelle aussi, à ce propos, que toute conception métaphysique vraie doit toujours faire la part de l'inexprimable, qui est même ce qu'il y a de plus important ; théoriquement même, il y a là de l'incommunicable.

Je me demande si tous les mystiques accepteraient votre interprétation de ce qu'ils appellent le "pur amour" ; de plus, le désir, même entendu au sens analogique, ne peut être identifié à la volonté : dans ma pensée, c'était du désir et non de l'intelligence que la volonté se distinguait par l'actif et le passif. D'ailleurs, désir ou volonté ne sont jamais qu'un moteur initial, la fin étant, comme vous le dites, d'ordre intellectuel ; et il faut ajouter que, dans l'ordre transcendant, on ne peut plus faire aucune distinction entre des facultés, comme il en existe dans l'ordre individuel. Il y aurait encore beaucoup à dire là-dessus, mais nous pourrons en reparler, car j'espère bien que nous aurons d'ici peu le plaisir de vous voir.

En attendant, croyez toujours, chère Mademoiselle, à nos sentiments bien sympathiques.

René Guénon

ℰℐℭℛ

Blois, 28 juillet 1921,
74 Rue de Foix.

Chère Mademoiselle,

Je dois tout d'abord m'excuser d'avoir tant tardé à vous accuser réception de votre envoi et à vous en remercier ; il ne m'a pas été possible de trouver un instant avant notre départ de Paris, et, bien que nous soyons ici depuis samedi, nous sommes encore à peine réinstallés. Je me demande si vous êtes à saint Germain en ce moment mais, comme vous nous avez dit que vous vous absenteriez pas bien longtemps, je vous y adresse ma lettre, pensant bien que de toute façon on vous la fera parvenir.

J'ai pu régler l'affaire avec Valois avant de partir ; le traité est signé, et les conditions sont à peu près les mêmes que celles de Rivière. On espère que le volume pourra paraître vers le début de novembre. Je viens d'écrire quelques mots à Maritain pour lui annoncer que tout est arrangé, et pour lui demander quand je devrai lui envoyer mon article sur le théosophisme, dont je ne me suis pas encore occupé, mais que je pourrai préparer ici.

Germain est venu nous voir plusieurs fois ; nous l'avons trouvé mieux, mais pourtant cela ne paraît pas encore bien brillant. Vous savez sans doute qu'il pense revenir à Paris en septembre pour un cours de vacances ; quant à l'affaire de Seine-et-Marne, il trouve que c'est trop loin de la capitale, et aussi qu'il sera trop tenu ; il est donc à craindre que cela ne puisse pas durer bien longtemps, et pourtant c'est certainement ce qui vaudrait le mieux pour lui à tous égards. - Il nous a amené un soir son ami Rosenblum, dont il nous avait souvent parlé, mais que nous n'avions pas vu encore.

Si vous voulez bien m'envoyer, comme vous me l'aviez proposé, le numéro de la revue qui contient l'article de Maritain sur le spiritisme, cela me fera plaisir ; bien entendu je pourrai vous le retourner après en avoir pris connaissance.

Maintenant, je vais vous demander la permission de vous dire très franchement ce que je pense de votre article, ou plutôt de certains points de cet article. Naturellement je passe sur les éloges que vous m'adressez au début, et dont je ne puis que vous remercier. Mais si vous aviez assurément le droit de ne pas vous prononcer nettement sur la question de la véritable interprétation des doctrines orientales, vous avouerai-je que j'ai été un peu surpris de voir ces réserves revenir à plusieurs reprises au cours de l'article, et en des termes qui, pour ne marquer sans doute qu'un excès de prudence de votre part, n'en sont pas moins susceptibles d'être mal interprété par certains ? Etait-il donc si nécessaire de ménager les orientalistes officiels ? Si on doute que les doctrines que j'expose soient vraiment orientales, je me demande ce qu'elles pourraient bien être, car il me semble que tout le monde doit au moins reconnaître qu'elles n'ont rien d'occidental, et, quant à les avoir constituées de toutes pièces, cela demanderait une capacité intellectuelle que je n'ai certes pas.

Je voudrais ensuite vous signaler une omission dont je me suis demandé si elle était tout à fait involontaire : vous n'avez rien dit de mon attitude à l'égard du point de vue <u>philosophique</u>, ce qui, sur le terrain où vous vous êtes placée, semblerait pourtant tout à fait essentiel. Il est un peu gênant de vous voir employer l'expression de "philosophie hindoue", ou encore celle de "psychologie hindoue" alors que je me suis précisément attaché à montrer qu'il n'existe rien de tel. Vous souvenez-vous que, dans le début du rapport de Sylvain Lévi, je vous avais fait remarquer la phrase où il parlait de mon travail "sur les systèmes philosophiques de l'Inde", comme un signe d'incompréhension de sa part ? Comme ce n'est certainement pas cela chez vous, et comme j'avais justement attiré votre attention là-dessus, je ne vois pas bien les motifs de cette confusion ; serait-il indiscret de vous les demander ? C'est qu'une telle confusion aboutit parfois à des conséquences plus graves que l'emploi d'une expression impropre, car elle risque, sur certains points, de me faire dire juste le contraire de ce que j'ai dit : ainsi, n'affirmez-vous pas que "j'exclus la morale de la philosophie" ? Ah non, je ne l'en exclus pas, je la lui abandonne au contraire bien volontiers, et je suis persuadé qu'elle ne peut guère dépasser cet amas de théories hétéroclites que l'on réunit sous ce nom de philosophie. Et, à propos de morale, permettez-moi aussi de trouver peu justifié le rapprochement que vous faites avec Durkheim : s'il est arrivé à celui-ci ou à n'importe quel autre de dire quelque chose de juste sur un point particulier, il me semble que le fait qu'il l'a dit ne constitue pas une raison suffisante pour qu'on doive de parti pris, soutenir le contraire ; et il me semble aussi qu'on a bien le droit de reconnaître qu'un auteur a raison sur un point sans se solidariser avec lui le moins du monde et même en méprisant profondément l'ensemble de ses idées : l'erreur <u>totale</u> n'est-elle pas une pure impossibilité ? du reste, dans le cas actuel, l'accord avec Durkheim est bien superficiel : s'il insiste sur le caractère exclusivement social de la morale, ce qui implique assurément la relativité de celle-ci, son ignorance absolue de la métaphysique ne lui a certainement pas permis d'en voir ni même d'en pressentir les véritables raisons. Enfin, ce que je pense de la morale, je le pensais déjà exactement à une époque où je connaissais à peine le nom de Durkheim, et où je n'avais pas la moindre idée de ses conceptions ; c'est vous dire que je n'ai pu en être influencé.

Pour en finir avec la question de la morale, vous reconnaissez que la notion de "dharma" n'est point morale de soi ; cela me suffit, car les applications contingentes que chacun peut en faire ne me regardent pas, et on ne saurait rendre une idée responsable des fausses conceptions auxquelles elle peut donner lieu chez certains. En tout cas, je conteste que cette notion devienne morale "aussitôt qu'on l'applique au cas de la nature humaine" ; elle le deviendra seulement quand on la déformera en la concevant avec une nuance sentimentale, car c'est le sentiment qui fait le point de vue spécifiquement moral, non pas la volonté, quoi qu'en puisse dire Leibnitz, dont l'opinion m'importe aussi peu que celle de tout autre philosophe. - Enfin, ce que vous appelez le "problème humain" (qui n'est peut-être un problème que pour les Occidentaux, le même que pour les philosophes) peut comporter des solutions parfaitement exemptes de tout "moralisme" ; libre aux moralistes de les proclamer insuffisantes, probablement sans même chercher à comprendre, mais non d'en nier l'existence. Quant à moi, quoi que vous en disiez, je ne nie point l'existence de la morale philosophique, je n'ai eu que trop d'occasions de la constater ! je conteste seulement qu'elle vaille quelque chose ce qui est bien différent.

Autre question : vous dites comme moi que "la métaphysique ne saurait progresser en soi", mais vous ajoutez qu'"elle peut progresser dans l'esprit d'un métaphysicien". Il me semble que ce qui progresse dans ce cas, c'est simplement la compréhension de l'homme dont il s'agit, et la vérité métaphysique n'en est nullement affectée ; dire que c'est alors la métaphysique qui progresse c'est renverser les rapports. Encore faudrait-il ajouter que l'extension de la connaissance, dans ce domaine procède bien souvent d'une façon discontinue ; c'est là une conséquence de ce caractère intuitif que vous semblez lui contester, mais qui existe tout de même... Un commentaire ne contient rien de plus que le texte, et, si nous en avons besoin, c'est en raison de l'imperfection de nos conditions intellectuelles au début du moins, car il est un point au-delà duquel, non seulement le commentaire, mais le texte même devient inutile. Quant au rôle que vous attribuez aux "hommes de génie", vous me permettrez de rester très sceptique sur son importance et sur les résultats qu'on peut espérer des conceptions de telles gens quand certaines données leur font défaut ; je persisterai toujours à regarder l'immense majorité des "grands philosophes" comme de vulgaires ignorants à l'égard des seules choses qui m'intéressent, et qui n'ont rien à voir avec la science "profane".

Vous me reprochez d'établir une séparation trop profonde à l'intérieur de la connaissance humaine ; je craindrais plutôt de n'avoir pas réussi à la montrer aussi profonde qu'elle l'est réellement. À vrai dire, je ne sais pas si l'on peut parler encore de connaissance "humaine" quand il s'agit de la métaphysique ; si par "humain" on entend exclusivement l'être individuel, on ne le peut certainement pas. Mais, d'un autre côté, ce n'est nullement des anges qu'il s'agit en tout cela ; s'il se trouve que ce que la théologie dit des anges est métaphysiquement vrai des états supra-individuels de l'être, c'est là une concordance fort remarquable, qui aurait peut-être besoin d'être expliquée, mais contre l'existence de laquelle personne ne peut rien, pas plus qu'on ne peut faire que la connaissance véritable et complète n'implique pas l'identité effective du connaissant et du connu, indépendamment de toute subtilité d'interprétation philosophique. Tant pis si certaines vérités sont gênantes pour ceux qui ont peur d'aller trop loin, on ne peut les obliger à concevoir ces vérités, mais ils n'ont pas pour cela le droit de les nier et pourtant c'est ce qu'ils font le plus ordinairement, se comportant en cela comme les positivistes ; c'est là un effet de ce que j'appelle "l'esprit de système". Quand je parle de ces gens qui redoutent tout ce qui leur semble trop haut ou trop bas, qui cherchent à garder en tout une position moyenne, je ne peux pas m'empêcher de penser à ce malheureux Delbos, qui en était un exemple frappant ; je m'amusais à appeler cela une "conception bourgeoise de la philosophie" ; au fond, c'est peut-être l'esprit philosophique lui-même qui est ainsi fait... En tout cas, le thomisme tel que vous le présentez (bien entendu, quand je dis <u>vous</u>, ce n'est pas que de vous personnellement qu'il s'agit) peut faire une impression un peu analogue : ce n'est pas, pour moi, "un sommet entre deux erreurs", mais bien plutôt une vérité partielle qui reste à mi-côte. J'ajoute que le Thomisme lui-même, quoique certainement incomplet métaphysiquement, n'est pourtant peut-être pas aussi étroitement limité que le prétendent certains de ses interprètes actuels. Ce que je trouve tout à fait étonnant, c'est de vous voir attribuer à l'intelligence humaine un pouvoir véritablement extraordinaire, et que je lui refuse absolument : celui d'"outrepasser la vérité" ; si vous dites que l'homme peut concevoir plus que ce qui est, vous le faites tout simplement, sans vous en douter, supérieur à Dieu ! Avouez que l'"hyperintellectualisme" que vous dénoncez (et qui n'est en réalité que l'intellectualisme pur), s'il l'égale seulement aux anges (et encore ce n'est pas en tant qu'individu humain), est véritablement bien modeste...

Je ne veux pas insister sur la confusion de l'intellect et de la raison, ni sur celle de l'universel et du général ; nous en avons souvent parlé déjà, et je n'y vois que des effets de la tendance qui cherche à ramener la métaphysique aux limitations du point de vue philosophique. Je ne fais point de "théorie de la connaissance", quoi que vous en disiez, et les Hindous n'en font pas non plus, ils se contentent de la connaissance elle-même ; il faut laisser ce genre de théorie aux philosophes, et spécialement aux philosophes modernes. Il est bien vrai que je ne peux pas admettre que toute connaissance (y compris celle de l'ordre métaphysique) vienne des sens ; mais, pour ceux qui n'ont que des connaissances d'origine sensible (il y en a sans doute), il n'est au pouvoir de personne de leur faire comprendre ce que sont les connaissances d'une autre nature, pas plus qu'il n'est possible de faire comprendre à des nominalistes comme Poerkeley ce que c'est qu'une véritable idée générale ; c'est là une question d'"horizon intellectuel" plus ou moins étendu. La métaphysique n'est pas "une science abstraite" elle n'est pas même "une science" tout court, elle est "la connaissance" par excellence. D'ailleurs, il est bien entendu que l'universel est en toutes choses, mais encore faut-il savoir l'y reconnaître, et c'est là qu'intervient nécessairement l'intuition intellectuelle. - L'homme, dites-vous encore dans le même passage, "est à la fois plus simple et plus complexe" ; je ne comprends pas très bien. Il me semble que vous le simplifiez terriblement (je parle ici de la généralité des Occidentaux) en n'y envisageant que deux éléments en tout et pour tout ; mais, là-dessus aussi, la reconnaissance de la réalité me paraît préférable à toutes les théories philosophiques.

Vous me reprochez de négliger certaines distinctions ; c'est que je pense, ou que ces distinctions ne sont pas fondées, ou du moins qu'elles n'ont pas l'importance que vous leur attribuez. Quand je peux éviter une complication quelconque, j'en suis très heureux ; évidemment, cette attitude est tout le contraire de celle des philosophes, qui excellent en général à créer des problèmes artificiels. De même, je trouve inutile, sauf exceptions, l'emploi de toute terminologie compliquée ou trop spéciale ; il me semble en particulier et sans vouloir donner de conseil à personne, que les scolastiques gagneraient beaucoup à réserver leur terminologie aux traités didactiques et à tâcher partout ailleurs de la traduire en langage clair. Les difficultés inhérentes à la compréhension sont bien suffisantes sans qu'on vienne en ajouter d'autres, et personne ne devrait être obligé d'apprendre une langue spéciale pour pouvoir comprendre certaines idées. Il ne s'agit pas de chercher à mettre les idées à la portée de tout le monde, car vous savez bien que j'ai horreur de la vulgarisation ; mais je pense que ceux qui sont vraiment aptes à comprendre ne sont pas forcément les plus capables de retenir des mots plus ou moins extraordinaires ; du reste, s'il en était autrement, la nullité intellectuelle de la plupart des érudits ne s'expliquerait pas bien.

Pour les rapports de la métaphysique et de la logique, ce que vous en dites ne me persuade pas de modifier en quoi que ce soit ma façon de voir ; ici encore, c'est la question de l'intuition intellectuelle qui fait toute la différence entre nous. D'autre part, une notion qui ne participerait en rien de la nature de la chose serait absolument fausse ; la notion n'est pas proprement un "intermédiaire" entre le sujet et l'objet, elle serait plutôt leur point de contact, ou ce en quoi leurs natures coïncident (même dans les degrés les plus inférieurs de la connaissance, où cette coïncidence, naturellement, ne va pas bien loin ; mais la notion n'est vraie que dans la mesure où la coïncidence existe) ; et il me semble que, malgré tout, cela n'est pas très éloigné de la pensée d'Aristote. - Peut-être avez-vous raison, dans une certaine mesure, de rattacher la possibilité de concevoir ce qui est "au-delà de l'être" à l'indépendance essentielle de la métaphysique à l'égard de la logique ; mais il y aurait bien à dire là-dessus. En tout cas, je puis vous assurer que le refus d'identifier l'infini à l'être concerne bien l'être entendu comme vous le faites, et non pas seulement d'une manière "univoque" : L'être universel (et non pas général) est la première de toutes les déterminations, mais c'est encore une détermination, donc une limitation. - Je ne suis pas sûr que la notion d'"acte pur", chez Aristote soit parfaitement équivalente à l'idée d'infini ; à part ce point qu'il conviendrait d'examiner de plus près, nous sommes d'accord sur l'inexistence de cette idée d'infini chez les Grecs avant la période alexandrine, c'est-à-dire avant qu'un contact plus direct avec les Orientaux ne la leur ait fait connaître, ce qui prouve qu'ils étaient incapables de l'atteindre par eux-mêmes.

Vous dites que la question du panthéisme est peut-être plus complexe que je ne le pense, ce n'est pas tout à fait cela, mais ce point est encore un de ceux sur lesquels j'ai tenu à couper court à toute subtilité. Le mot de "panthéisme" étant de ceux dont on a le plus abusé, il était nécessaire d'en délimiter le sens d'une façon très nette, ce qui ne pouvait se faire qu'en le confinant au domaine philosophique, où il a pris naissance et dont on n'aurait jamais dû le faire sortir. - Je ne comprends pas très bien la distinction que vous voulez faire quand vous dites que vous entendez "personnel" au sens philosophique et non théologique ; s'il y a vraiment là une différence appréciable, cette distinction m'obligera à en faire une autre et à vous dire que, pour ma part, je ne l'ai entendu ni dans l'un ni dans l'autre de ces deux sens, mais bien au sens métaphysique, lequel a une tout autre portée. Il est très vrai que la triplicité des aspects principaux d'Îshwara qui constitue la Trimûrti ne correspond pas à la Trinité chrétienne, mais je ne l'ai pas prétendu non plus. Il y a dans la doctrine hindoue autre chose qui a beaucoup plus de rapports avec la Trinité ; seulement, je n'en ai pas parlé du tout, et avec intention. Maintenant, admettez-vous que la Trimûrti est constituée par trois aspects du Verbe ? Si oui, c'est encore un point sur lequel nous serons d'accord.

Voici autre chose que je ne comprends pas : "Pour les Orientaux, dites-vous, il y a de l'inexprimable, mais point de mystère." Pour eux et pour moi, mystère et inexprimable ne sont précisément qu'une seule et même chose ; et le sens primitif et étymologique du mot "mystère" semble bien nous donner raison. Si ce même mot en est arrivé à signifier pour certains quelque chose d'inconcevable, cela prouve tout simplement que ceux qui lui ont donné cette acception étaient en effet incapables de concevoir ce qu'ils ne pouvaient exprimer ou tout au moins se représenter par une image quelconque. Si vous affirmez qu'il y a de l'"inconnaissable", vous êtes avec Spencer et les positivistes ; ceux qui prennent cette attitude ne sont que logiques en concluant de là que la métaphysique n'existe pas, pour eux du moins, car cela ne l'empêche évidemment pas d'exister en soi, et aussi pour d'autres. - Vous semblez ensuite confondre "immutabilité" et "immobilité" ; puis vous dites que les Orientaux" <u>se croient</u> parvenus à la connaissance parfaite". Non, ceux qui y sont parvenus le <u>savent</u>, d'une façon certaine, et, quant aux autres, ils savent du moins où ils pourront trouver cette connaissance, pour peu qu'ils en aient les moyens intellectuels ; y a-t-il en Occident quelque chose d'équivalent à cela ? De même les sages hindous (les vrais bien entendu, ceux qui sont des sages <u>complets</u>) ne <u>tendent</u> pas à réaliser leur connaissance, ils la réalisent <u>effectivement</u> (sans quoi, d'ailleurs cette connaissance elle-même demeurerait imparfaite et insuffisante) ; je dirais volontiers qu'il y a là une question de <u>fait</u>, si le mot de "fait" ne se restreignait le plus ordinairement au domaine expérimental, dont il ne s'agit aucunement ici. Certes, il y a là bien autre chose que de "fugitives lueurs d'éternité" ; ce qu'un être a réalisé constitue pour lui une acquisition permanente, que rien ne saurait jamais lui faire perdre, et cela si incomplète et si partielle qu'ait été sa réalisation. Il n'est pas permis de parler ici d'"égarement philosophico-mystique" ; d'abord c'est fort impropre quand il s'agit de gens qui n'ont rien de mystique et pour qui le point de vue philosophique est inexistant ; je maintiens le sens que j'ai donné au mot "mystique", et, à moins que ce mot ne puisse s'appliquer indistinctement à n'importe quoi, ce qui est purement intellectuel ne peut être ni mystique ni pseudo-mystique, parce que, tout d'abord, il ne peut être ni religieux ni pseudo-religieux (et qui dit mystique dit forcément religieux par là même, ou bien, encore une fois, les mots ne signifient plus rien). Ensuite, si ce dont il s'agit pouvait être de l'"égarement" ou de l'"illusion", ce pourrait en être tout aussi bien de penser que 2 et 2 font 4, car il n'y a pas plus de certitude dans ce cas que dans l'autre ; vous donnez entièrement raison aux sceptiques, qui auraient seuls le droit de s'exprimer ainsi. Du reste, c'est toujours une chose extrêmement grave, quand on est en présence d'une doctrine véritablement traditionnelle, que de vouloir la taxer d'"erreur" ou de s'exprimer à son égard d'une façon peu respectueuse ; les Catholiques ont moins que quiconque le droit d'adopter une telle attitude, puisqu'ils se réclament aussi d'une doctrine qui a un caractère traditionnel (et c'est ce qui en fait sa valeur) ; en agissant ainsi ils s'exposeraient à être traités de même par les représentants des autres doctrines, si ceux-ci étaient animés d'un semblable esprit d'exclusivisme (ce n'est pas le cas, il est vrai, mais ce n'est pas une raison pour en profiter). Il est étonnant qu'on ne semble pas songer à cela, et puis, enfin, en admettant qu'il y ait lieu de discuter (et il y a lieu tant qu'on est pas arrivé à la compréhension parfaite d'une doctrine), ne peut-on le faire sans injurier ? (Je pense à ce propos au Père Mainage, prenant prétexte de ses conférences sur le théosophisme pour insulter les hindous de la façon la plus odieuse, tout en faisant preuve de la plus parfaite ignorance de leurs doctrines.) Il y a des procédés de discussion qui, même aux yeux de gens peu compétents, pourvu seulement qu'ils soient désintéressés dans l'affaire, ne donnent pas du tout l'impression qu'on a raison, ni même qu'on est bien sûr de soi...

Pour en revenir à la réalisation, vous dites que son terme est "essentiellement surnaturel" : je veux bien admettre cette façon de parler, encore qu'elle puisse prêter à équivoque ; et même en mettant de côté toute subtilité d'interprétation, ce qui est vraiment métaphysique, étant "au-delà de la nature" par définition, ne peut en effet être dit que "surnaturel". Vous déclarez que ce terme ne peut être atteint "sans le secours de la grâce" ; c'est possible, mais êtes-vous sûre que ce secours fait défaut, simplement parce que ce dont il s'agit ne s'appelle pas de la même façon dans toutes les langues ? Et encore le mot "grâce", à part l'inconvénient qu'il a d'être pris ordinairement dans une acception trop peu métaphysique, est une des traductions les plus approchées dont disposent les langues occidentales pour le mot sanscrit "prasâda" ; vous me direz alors que j'ai eu tort de ne pas parler de cela, mais je n'ai pas prétendu faire un exposé complet, et il y a bien d'autres choses non moins importantes que j'ai dû également passer sous silence. Enfin, vous prétendez que le but final de la réalisation ne peut être atteint "par les procédés de la métaphysique" ; les connaissez-vous donc ? Je me permets de le mettre formellement en doute, et il me semble que vous êtes ici beaucoup moins prudente que lorsqu'il s'agissait de vous prononcer sur le caractère authentique des doctrines que j'ai exposées.

Quant aux réserves qu'exigeraient le Brahmanisme "au point de vue de la foi catholique" vous avez grandement tort de penser que "cela va sans dire" ; il n'en est ainsi que pour ceux qui s'en tiennent là-dessus aux notions communes et superficielles (reportez-vous à ce que j'ai dit à propos de l'attitude des Jésuites en Chine au XVII° siècle). Il y a encore là une confusion de point de vue, et il faudrait à ce propos revenir à la définition de la religion, point que vous n'avez pas traité. S'il fallait à toute force établir une comparaison entre deux doctrines qui ne se placent pas sur le même terrain, celle qui peut admettre la coexistence de l'autre sans en être gênée me paraîtrait avoir l'avantage, car cela prouve qu'elle peut avoir tout ce que l'autre possède de vérité, avec quelque chose en plus. Savez-vous que beaucoup d'Hindous, parmi les plus strictement orthodoxes (les autres ne comptent guère), mettent chez eux le Christ à une place d'honneur ? D'autre part, je sais qu'il est des Catholiques éminents qui sont loin de partager votre façon de voir et de trouver les prétendues incompatibilités qui paraissent vous effrayer ; si j'avais le droit de tout dire, je pourrais même invoquer l'autorité d'un cardinal qui n'est mort que depuis peu d'années... Il me semble, du reste, que vous avez une tendance, peut-être fâcheuse, à identifier le Catholicisme tout entier au Thomisme, et même plus exactement, à une certaine interprétation du Thomisme, que je sais bien n'être pas celle de tous les scolastiques ni de tous les théologiens.

J'arrive à votre dernier paragraphe : vous dites que "c'est de sa propre Tradition que l'Occident trouvera la force de se réformer lui-même" ; pour ma part, je ne me souviens pas d'avoir dit autre chose, et je crois bien qu'il y a quelque chose de très semblable à cela dans ma conclusion. J'ajoute, il est vrai, que, pour suppléer à ce qui est métaphysiquement incomplet en Occident, il faudrait s'adresser à l'Orient, mais il est bien entendu que ceci ne concerne que l'élite. De plus, dans les conditions actuelles, il est fort peu vraisemblable que l'Occident soit encore capable de revenir à sa propre Tradition par lui-même et sans aucune aide ; c'est justement ici que devrait intervenir l'élite en question, avec l'appui de l'Orient. Il faut parfois se résigner à avoir des <u>alliés</u> qui ne sauraient être des <u>subordonnés</u>, ne pas admettre cela me paraît autrement <u>orgueilleux</u> que ce que vous essayez de flétrir de cette épithète. À ce sujet, je ne sais si j'ai bien compris l'expression "enseigner l'orgueilleuse sagesse de l'Orient" ; si elle veut vraiment dire ce que je crois, c'est encore une illusion à laquelle il faut renoncer : persuadez-vous bien que l'Occident n'a <u>rien</u> à enseigner à l'Orient (si ce n'est dans le domaine purement matériel, dont l'Orient ne veut pas entendre parler). Et il n'y a là aucun "orgueil" : la sagesse orientale (je pourrais aussi bien dire la sagesse purement et simplement) est entièrement dégagée de toute sentimentalité, l'orgueil et l'humilité lui sont pareillement étrangers... et indifférents.

Enfin, votre dernière phrase renferme une méprise qui m'a profondément stupéfait, où avez-vous bien pu découvrir que je propose "une rénovation hindouiste de l'antique Gnose, mère des hérésies" ? Si vous preniez le mot "Gnose" dans son vrai sens, celui de "connaissance pure", comme je le fais toujours lorsqu'il m'arrive de l'employer (et c'est le sens où on le rencontre, par exemple, chez certains Père de l'Église), je n'aurais certes pas à protester contre l'intention de "rénover la connaissance" à l'aide des doctrines hindoues, encore que je ne sois peut-être pas très qualifié pour prétendre à un tel résultat ; mais tout le reste de votre phrase ne montre que trop clairement que ce n'est pas du tout cela que vous avez voulu dire. D'abord, la Gnose, ainsi entendue (et je me refuse à l'entendre autrement) ne peut être appelée "mère des hérésies" ; cela reviendrait à dire que la vérité est mère des erreurs ; s'il y a des êtres humains qui comprennent mal la vérité, et si c'est de là que naissent les erreurs, la vérité ne saurait assurément en être rendue responsable ; il serait tout aussi juste de parler, par exemple, "du Catholicisme, père du Protestantisme" ! En fait, vous confondez tout simplement "Gnose " et "gnosticisme" ; n'allez-vous pas, en un autre endroit, jusqu'à qualifier à la fois la métaphysique hindoue (et par là, au fond, tout ce qui est métaphysique vraie) de "gnose parfaite" (ce qui est très acceptable, puisqu'il s'agit en effet de la connaissance intégrale) et de "gnosticisme absolu" ? Je ne puis me résoudre à croire que vous ne sachiez pas ce que c'est que le gnosticisme historiquement tout au moins ; mais alors pourquoi cette assimilation que rien ne saurait justifier ? Assurément, ce n'est pas la première fois que je rencontre une pareille confusion et que j'ai à la relever ; mais, jusqu'ici, elle était toujours le fait de gens qui, pour vanter le gnosticisme et le faire passer pour ce qu'il n'est pas, le décorait indûment du nom de Gnose ; je me suis même attiré quelques haines en le leur reprochant... Cette fois, c'est exactement l'inverse qui se produit : c'est la Gnose, au sens de connaissance pure, qu'on veut frapper de suspicion en l'assimilant à cette mixture hétéroclite qui s'appelle (ou s'est appelée le gnosticisme ; et pourtant, pour éviter toute fausse interprétation, je me suis soigneusement abstenu, dans tout mon ouvrage, d'employer ce mot de Gnose, malgré sa parfaite équivalence avec le sanscrit "Jnâna", et je me suis contenté de celui de métaphysique, qui peut presque toujours s'y substituer sans inconvénient (quand cela n'est pas possible, on peut parler simplement de "connaissance"). Il n'y a là, de ma part, ni habileté ni manque de franchise (votre phrase pourrait le faire croire), mais seulement le désir d'écarter tout ce qui risque d'être mal compris, dans la mesure où il est possible de le prévoir ; mais je n'ai pas réussi, puisque, malgré toutes mes précautions, la fausse interprétation s'est produite tout de même, et du côté où je l'attendais le moins ! Si clairement qu'on s'efforce d'écrire, c'est à désespérer de se faire comprendre ; vraiment, si on ne peut dire que la morale n'a qu'une portée purement sociale sans être assimilé à Durkheim et autres sociologues ni parler de la connaissance intellectuelle pure sans être associé aux gnostiques de toute espèce, voire même placé au-dessous des Théosophistes et dénoncé comme plus dangereux que ces malfaisants imbéciles, je commence à croire que le mieux serait tout simplement de garder le silence. Si ce n'était si fâcheux, ce serait plaisant, pour quelqu'un qui prend la défense de l'orthodoxie Traditionnelle dans tous les domaines, et qui ne veut rien connaître en dehors de cette orthodoxie, de se voir accuser de chercher à promouvoir l'hérésie ! ! Pour ce qui est spécialement du gnosticisme est-il besoin de dire que cette déformation grecque d'idées orientales incomprises ne m'intéresse pas le moins du monde ? Cela ne vaut pas beaucoup plus qu'un système philosophique. Aurait-il donc fallu que j'aille me défendre par avance, et sans aucun motif, de vouloir instituer quoi que ce soit ? Il ne me serait pas venu à l'idée qu'on pouvait me prêter de telles intentions, d'autant plus que j'avais dit que, dans ma conclusion, il ne s'agissait que de possibilités fort lointaines ; du reste, si l'élite dont j'ai parlé arrive à se constituer un jour, ce ne sera certainement pas par une <u>association</u> quelconque ; il faut pour cela des moyens d'un ordre autrement profond. En somme, je n'ai pas voulu dire autre chose que ce que j'ai dit, et tout cela prouve que, en voulant "parler franc", comme vous dites, on court grand risque de prêter aux gens des pensées qu'ils n'ont jamais eues. Cette dénaturation de mes intentions est si grave à mes yeux, que je me verrai obligé de profiter de la plus prochaine occasion pour formuler la rectification qui s'impose.

Je vous prie de ne voir dans toutes ces réflexions la marque d'aucune mauvaise humeur ; il n'y a que votre dernière phrase qui m'ait réellement heurté, et vous devez maintenant comprendre pourquoi ; la seule chose que je ne puisse admettre, c'est qu'on m'impute des idées qui ne sont pas les miennes. Pour tout le reste, d'ailleurs, ce n'est pas moi personnellement qui suis en cause ; c'est la doctrine, que j'expose fort imparfaitement, quoique de mon mieux, et qui, dans son essence et bien au-dessus de toutes les controverses dont elle peut être l'occasion : que nous comprenions la vérité ou que nous ne la comprenions pas, cela nous importe beaucoup, mais la vérité n'en est aucunement affectée. Peut-être ai-je tort d'écrire trop nettement ce que je pense, mais j'espère bien que vous ne m'en voudrez pas et que vous ne vous en froisserez nullement.

J'attends avec quelque curiosité votre article des "Lettres" ; savez-vous s'il paraîtra bientôt ?

Veuillez croire, chère Mademoiselle, à nos sentiments les plus sympathiques.

René Guénon

ఴ)ఎ

Paris, 19 novembre 1921.

Chère Mademoiselle

C'est à mon tour de m'excuser de ne pas vous avoir encore répondu ; moi aussi, j'ai été assez occupé depuis notre rentrée à Paris, et puis je voulais attendre, pour vous écrire que mon livre sur le Théosophisme soit paru ce qui ne pouvait guère tarder. C'est maintenant chose faite, et j'ai préparé hier divers exemplaires, dont un pour vous, bien entendu, pour que vous puissiez l'avoir sans retard, j'ai profité des envois que Valois faisait pour le service et je l'y ai fait joindre ; le tout devant sans doute partir aujourd'hui, je pense que vous le recevrez à peu près en même temps que cette lettre.

J'ai vu Maritain et Massis, qui sont d'accord avec moi pour vous prier de vous charger du compte rendu de l'ouvrage dans la "Revue Universelle", et d'en profiter pour faire la mise au point que je vous avais demandée. C'est d'ailleurs ce que Maritain vous avait déjà dit, et c'est Massis lui-même qui m'avait proposé d'arranger les choses de cette façon. Votre lettre me fait craindre seulement que ce compte rendu ne puisse paraître avant un certain temps ; je comprends bien vos raisons, mais, en m'écrivant cela, vous pensiez sans doute que le livre ne paraîtrait qu'à une date plus éloignée. En tout cas, je vous serai très obligé de préparer cela le plus tôt qu'il vous sera possible ; comme vous connaissez déjà la question par mes articles (quoique le volume soit beaucoup plus développé), il me semble que ce travail ne devra pas vous prendre beaucoup de temps.

En relisant la dernière phrase de votre article des "Lettres", j'ai bien vu que vous aviez voulu dire en effet ce que vous m'expliquez, mais la phrase peut aussi se comprendre dans l'autre sens, celui que je vous reprochais. Il arrive assez souvent qu'on ne s'aperçoit pas soi-même de ces doubles sens, parce que, comme on sait très bien ce qu'on a eu l'intention de dire, on ne voit que cela, et on ne pense pas que le lecteur pourra y trouver autre chose.

J'aime à croire que vous ne vous ressentez plus de votre grippe et que votre fatigue a disparu. Vous n'êtes sans doute pas sans venir quelquefois à Paris ; si un de ces jours vous pouviez disposer d'une heure ou deux, vous nous ferez très grand plaisir en venant nous voir ; nous pourrions parler un peu de votre thèse et des différents projets qui ont l'air de vous préoccuper.

J'avais d'abord pensé vous remettre mon livre quand je vous verrais, mais, quoique j'ai trouvé qu'il valait mieux vous le faire envoyer tout de suite, j'espère bien que cela ne vous empêchera point de venir sans trop tarder.

Veuillez croire, Chère Mademoiselle, à nos sentiments les meilleurs.

René Guénon

ಸಿ ೧೪

Paris, 3 janvier 1922

Chère Mademoiselle,

Si je n'ai pas répondu plus tôt à votre lettre, qui date déjà de plus d'un mois, c'est que nous pensions toujours avoir votre visite ainsi que vous nous le faisiez espérer. La dernière fois que j'ai vu Maritain, il m'a dit que Mademoiselle Bernadette était souffrante et que vous seriez peut-être obligée de la conduire dans le midi ; y êtes-vous allée ? Nous aimons à croire que son état ne présente rien d'inquiétant, et aussi que vous ne vous ressentez plus de vos deux attaques de grippe.

Chez nous, la santé n'est pas très brillante non plus : depuis que nous sommes revenu ici, nous avons tous des rhumes presque continuels. De plus, j'ai souffert tout ces temps-ci de maux de tête qui doivent être dus à la température anormale et malsaine, car beaucoup de personnes s'en plaignent également, et cela ne m'a guère permis de travailler. J'ai pu cependant faire deux articles qui m'avaient été demandés pour la "Revue Bleue", l'un sur les doctrines hindoues, l'autre sur les origines du Mormonisme ; cette dernière question est actuellement à l'ordre du jour à cause du "Lac Salé" de Pierre Benoît.

J'espère que, comme vous me le disiez, et malgré vos préoccupations, vous allez pouvoir préparer le compte rendu de mon livre pendant ces vacances, afin qu'il paraisse dans la "Revue Universelle" de février. Vous savez peut-être que, pour l'"Action Française", Daudet a l'intention de faire un article dans lequel il parlera de mes deux ouvrages en même temps.

Et votre thèse, avez-vous pu enfin vous y remettre un peu ?

Vers la fin de novembre, ma tante et ma femme ont aperçu Germain sur la place de l'hôtel de ville ; elles ont été fort étonnées, mais, comme elles étaient pressées, elles n'ont pas pu l'arrêter. Depuis, j'ai appris par Maritain qu'il avait quitté Sedan au bout d'un mois, qu'il avait été une quinzaine de jours à Chaugy, et qu'il était maintenant à Paris dans une compagnie d'assurance ; mais y est-il encore ? Nous avons su aussi, d'un autre côté, qu'il n'avait pas donné signe de vie à sa famille depuis son départ de Sedan. Quant à nous, nous ne l'avons pas encore vu, et nous nous demandons pourquoi. Avouez que sa façon d'agir est plutôt étrange.

Nous espérons bien que vous ne tarderez plus guère à venir nous voir ; nous serions heureux de pouvoir enfin parler un peu avec vous

Avec nos meilleurs vœux de nouvel an pour vous et les vôtres, veuillez recevoir, chère Mademoiselle, l'expression de nos sentiments bien sympathiques.

René Guénon

ℰ)ᑕЯ

Paris, 4 mars 1922

Chère Mademoiselle,

Je viens de voir Massis, qui, comme moi a reçu votre lettre hier soir ; il m'a chargé de vous transmettre les explications qu'il m'a données. Donc, voici la chose en deux mots : comme Johannet n'a traité que le point de vue politique, son article n'est pas considéré comme constituant un compte rendu de mon livre, et il n'empêchera nullement le vôtre de paraître.

Massis n'a pas encore vu votre article, mais il ne pense pas (et moi non plus) que vous vous soyez étendue sur le côté politique de la question ; si toutefois vous en avez parlé incidemment, il vous demanderait simplement de supprimer le passage qui pourrait faire double emploi avec ce qui a déjà été dit. Voilà ce qu'il a répondu à Maritain, qui, de son côté, lui a aussi écrit à ce sujet. En somme, tout s'arrange donc pour le mieux ; votre lettre m'avait inquiété ; je me demandais ce qu'il pouvait y avoir là dessous, et j'ai voulu tirer tout de suite la chose au clair. Si j'ai ainsi deux articles au lieu d'un, je n'aurais pas à m'en plaindre.

Johannet doit me faire aussi un compte rendu dans les "Lettres" ; il n'y a encore rien dans le numéro de mars, que j'ai reçu ce matin ; ce sera sans doute pour le mois prochain. D'autre part, il a parlé de moi dans un article de la "Revue Française", toujours à propos des dessous politiques du Théosophisme. J'ai eu deux très bons articles, l'un de Gonzague Truc dans l'"Epi ion", l'autre d'Eugène Tavernier dans la "Libre Parole". - Ces jours derniers, Daudet a reparlé à Massis de mes deux volumes ; il a toujours l'intention de faire quelque chose à ce sujet ; c'est dommage qu'il soit si occupé.

Nous espérons bien que, malgré tout ce que vous avez à faire, vous pourrez trouver quelques instants pour venir nous voir avant les vacances de Pâques, que nous irons passer à Blois comme d'habitude. Je souhaite que vous arriviez bientôt à terminer votre thèse ; ce sera une préoccupation de moins pour vous.

Pour ce qui est de Germain, il ne nous a pas donné le moindre signe de vie, malgré ses promesses, depuis le jour où il est venu avec vous. C'est à se demander s'il est encore à Boulogne ; c'est vraiment inquiétant en effet.

Croyez, chère Mademoiselle, à nos sentiments les plus sympathiques.

René Guénon

Paris, 24 mai 1922.

Chère Mademoiselle,

Nous pensions toujours vous voir comme vous nous l'aviez fait espérer, et c'est pourquoi je n'ai pas répondu plus tôt à votre lettre. Sans doute continuez-vous à être très occupée ; tâchez donc de trouver tout de même quelques instants pour venir jusqu'ici un de ces jours. Je voudrais bien savoir avec plus de détails ce qui vous est arrivé pour votre thèse avec les gens de la Sorbonne.

Maritain, que j'ai vu la semaine dernière, m'a dit que votre soutenance à l'institut aurait lieu probablement le 17 juin. Vous serez bien aimable de me dire si telle est bien la date fixée définitivement, et aussi de nous indiquer l'heure, car nous serions très heureux de pouvoir y assister.

Maritain m'a dit aussi que votre compte rendu était composé ; espérons donc qu'il va tout de même finir par paraître. Merci d'avoir parlé à Monsieur votre père, avant son départ, de ce pourquoi je vous avais écrit ; il est vraiment regrettable que cette exposition de Bruxelles se trouve juste au mois de juin.

Nous avons su par les Dubois que Germain était passé par Paris pour retourner à Ligny ; nous n'avons plus jamais de ses nouvelles directement. Il paraît qu'il a manifesté l'intention de se mettre à sa thèse ; que pensez-vous de cela ?

Mon travail sur le spiritisme est terminé, j'ai commencé ces jours-ci l'autre ouvrage, que je dois donner à Payot, et je crois que je n'aurai que le temps de le mettre sur pieds avant les vacances.

À bientôt, j'espère, chère Mademoiselle, et croyez toujours à nos sentiments les meilleurs

René Guénon

Paris, 3 juillet 1922

Chère Mademoiselle,

Nous avons bien regretté de ne pas vous voir la semaine dernière comme vous me l'aviez fait espéré ; sans doute le temps vous a-t-il manqué. Vous n'êtes probablement plus à saint Germain, mais je pense bien que ma lettre vous parviendra tout de même. J'ai reçu votre thèse il y a quelques jours, et je vous en remercie bien vivement ; j'aurais voulu pouvoir au moins la parcourir avant de vous écrire, mais cela ne m'a pas été possible : mon travail n'étant pas terminé. Je la lirai pendant les vacances, et je vous ferai part de mes réflexions. Nous voudrions bien quitter Paris le plus tôt possible, mais je ne sais pas encore quand je serai prêt ; ce ne sera probablement pas avant le 20 juillet au plus tôt.

Hier, chez Gonzague Truc, j'ai vu M. Guéguen (je ne sais si j'orthographie bien son nom), qui m'a parlé de vous. À ce propos, il faut que je vous dise que, comme il était question de votre thèse, Gonzague Truc a manifesté le désir d'en recevoir un exemplaire afin de pouvoir en parler dans un article ; il le ferait sûrement, car vous savez que tout ce qui concerne la scolastique l'intéresse beaucoup. Je ne sais si Rivière a fait un service de presse pour votre livre ; en tout cas, il me semble que vous pourriez lui demander de faire cet envoi, et je crois que ce serait une bonne chose.

Excusez-moi de vous écrire, pour aujourd'hui, que ces quelques mots en hâte, et croyez toujours, chère Mademoiselle, à nos sentiments les meilleurs.

René Guénon

Blois, 2 septembre 1922
74, rue Du Foix.

Chère Mademoiselle,

Au reçu de votre carte, j'ai écrit à Massis, et celui-ci m'a envoyé la "Revue Universelle" par retour du courrier. J'ai donc pu prendre connaissance de votre article, dont je vous remercie ; je crois que, malgré le retard qu'a subi sa publication, il n'a pas cessé d'être d'actualité ; peut-être vaut-il mieux, du reste qu'il y ait eu un certain intervalle entre l'article de Johannet et le vôtre. Votre rectification pour "gnose" et "gnosticisme" remet les choses au point ; espérons qu'elle dissipera toute équivoque dans l'esprit des lecteurs. - Ce que vous dites au sujet de l'ésotérisme est à peu près ce que je pense moi-même ; mais, pour ma part, je ne consentirai pas à appeler "ésotérisme de principe" ce qui n'est au contraire qu'un ésotérisme <u>de fait</u>, je veux dire celui qui, précisément, n'est justifié par aucune considération de principe, comme c'est le cas chez les Théosophistes et les Occultistes ; je dirai même que ce n'est là qu'un "pseudo-ésotérisme". Quant à la division des hommes en "initiés" et "non initiés", je suis persuadé qu'elle existe réellement, d'une façon toute naturelle, par la force même des choses, et cela dans tous les domaines. Peut-être n'est-ce pas là ce que vous avez voulu contester ; mais, même en un sens plus précis, je vois une différence assez nette entre la connaissance "initiatique" et la connaissance "profane". Il faudrait sans doute se mettre d'accord sur les termes, ce qui n'est pas toujours facile ; j'aurai sûrement plus d'une occasion de revenir sur ce sujet, qui n'est pas sans rapport avec la distinction que je fais entre "métaphysique" et "philosophie". Dans votre article, en tout cas, ce ne sont là que des détails, et il est peu probable que les lecteurs s'y arrêtent ; pour tout le reste, nous sommes entièrement d'accord.

À propos de Théosophisme, vous souvenez-vous que je vous avais parlé de l'adhésion de Vincent d'Indy au groupement des "veilleurs" (ex "affranchis") ? Cela vous avait fort étonnée, et vous ne le pouviez pas croire. À ce moment-là, je ne pouvais rien affirmer, car on me l'avait dit seulement et il pouvait y avoir erreur ; mais maintenant j'en ai la preuve : son nom figure sur la liste à côté de celui de Camille Flammarion que pensez-vous de cela ?

Je viens de terminer la lecture de votre thèse, qui m'a vivement intéressé.

Si vous me permettez de vous dire franchement ce que je pense, l'apparence en est peut-être un peu trop touffue, à cause de la grande quantité de textes que vous citez ; mais je crois que vous vous en êtes bien aperçue vous-même, et c'est sans doute difficile à éviter, étant donnée la part que vous faisiez au point de vue historique dans la façon dont vous traitiez le sujet. Tous les points ne m'ont pas paru également éclaircis et, surtout dans ce qui concerne Aristote, il semble qu'il y ait parfois un certain flottement ; et il se pourrait bien que la faute en soit surtout à Aristote lui-même, ou à l'état dans lequel ses œuvres nous sont parvenues. - Je crois que vous avez très bien fait d'insister sur le caractère analogique de la notion de puissance, et de distinguer comme vous le faites les différents sens dont elle est susceptible. La distinction du "possible" et du "potentiel" est extrêmement importante ; on pourrait peut-être dire là-dessus autre chose encore que ce que vous ne dites, mais c'est déjà beaucoup, et je ne sais si, en s'en tenant au point de vue scolastique, d'autres l'avaient ainsi fait ressortir avant vous. Je trouve tout à fait bien aussi ce que vous dites pour l'Infini et l'indéfini, notamment dans le paragraphe relatif au mouvement et au "devenir accidentel" (qui d'ailleurs, d'une façon générale, me paraît plus net que celui qui le précède et qui concerne la matière et le "devenir substantiel"). - À propos de matière laissez-moi vous signaler un détail qui n'est peut-être pas sans importance. A la page 36, vous dites ceci : " Le genre "animal" pourrait exister "comme matière" s'il existait une <u>substance chimique</u> déterminée d'où proviendraient tous les vivants". Vous prenez là le mot de "matière" dans son sens tout à fait moderne, et je ne crois pas du tout que cette explication soit conforme à la pensée d'Aristote que vous cherchez à éclaircir dans ce passage. Du reste, ce que vous ajoutez aussitôt après détruit une telle interprétation, qui ne se rencontre que dans cette seule phrase. --Vous avez grandement raison de signaler certaines confusions qui sont des sources de difficultés presque inextricables, comme le double sens du mot "substance" (je n'arrive pas à comprendre comment ce mot à pu être pris pour traduire (ουσια) et surtout la confusion du général et de l'universel. Pour cette dernière, j'approuve particuliérement ce que vous dites à la page 44 ; vous avez très bien fait de la rapprocher de la confusion du potentiel et du possible, qui paraît bien exister également chez Aristote. Seulement vous unissez un peu trop les points de vue logique et psychologique, qui, pour moi, sont fort différents. Par contre (et d'ailleurs les deux choses se tiennent), vous séparez trop le point de vue logique du point de vue ontologique ; vous devez bien admettre pourtant qu'il y a au moins correspondance entre les deux, sans quoi le premier ne serait guère valable, et l'on risquerait de donner raison dans quelque mesure au relativisme des modernes.

Une chose qui me paraît bien étrange (mais ce n'est point à vous que ce reproche s'adresse), c'est l'assimilation de la connaissance à un mouvement, même en étendant le sens de ce dernier mot autant qu'on voudra. De même, je ne vois guère que des inconvénients à élargir le sens du mot "action" de manière à y faire rentrer la connaissance ; pour moi, il y a là, dans le vocabulaire aristotélicien et scolastique, quelque chose de fâcheux, qui, en dépit de toutes distinctions qu'on peut introduire secondairement, est susceptible de faire naître bien des équivoques. Quand on sépare connaissance et action comme le font les doctrines Orientales, cela est autrement net ! Du reste, tout ce qui procède de la pensée grecque (malgré les corrections qui ont été apportées et dont je reconnais toute la valeur), me donne toujours l'impression d'être inutilement compliqué et encombré d'assez vaines subtilités, au milieu desquelles on risque souvent de perdre de vue l'essentiel. Il y a vraiment trop d'"analyse" là-dedans... et pourtant Aristote n'a pas le verbiage de Platon. -- Il ne me paraît pas que vous soyez arrivée à éclaircir suffisamment la conception de l'"intellect agent" ; il est vrai que cela est bien difficile, et même je pense que ce n'est pas possible si on se limite aux points de vue proprement Occidentaux. L'expression "faculté de l'âme" (page 160) est beaucoup plus vague que vous ne semblez le supposer ; le mot "âme" lui-même n'a-t-il pas une pluralité d'acceptions irréductibles ? Même si on le prend exclusivement comme équivalent de ψυχε, il n'est pas toujours aisé de voir au juste ce qu'il faut entendre par là ; en tout cas, le νουζ est généralement regardé comme supérieur à la ψυχε non comme en faisant partie ; mais cette question nous entraînerait bien loin. Ce qui est tout à fait exact, c'est que "le raisonnement est un signe d'infériorité intellectuelle" (page 162) ; mais ne conviendrait-il pas de réserver le nom de "concepts" aux seuls idées générales, à l'exclusion des idées universelles (ou transcendantales) ? D'autre part, il y a entre idées générales et idées abstraites une différence considérable, dont je ne vois pas que vous en teniez compte ; je sais bien que la confusion est courante, mais elle est tout aussi grave que certaines de celles contre lesquelles vous protestez avec raison. -- J'aurai peut-être encore quelques autres réflexions à vous soumettre, mais je m'arrête là pour aujourd'hui, non sans vous redire tout l'intérêt que j'ai pris à la lecture de votre travail.

Je viens de recevoir le commencement des épreuves de "L'erreur spirite" ; j'en suis content, car, avec Rivière, je crains toujours que les choses ne traînent en longueur.

Veuillez croire, chère Mademoiselle, à nos sentiments les meilleurs

René Guénon

ℰℭ

30 octobre 1922

Chère Mademoiselle

Voici déjà près de quinze jours que j'ai reçu le livre du P. Walace que vous m'avez renvoyé, et je suis vraiment confus de n'avoir pu trouver encore un instant pour vous en accuser réception. Il faut vous dire qu'on m'a demandé de me charger de la classe de philosophie à l'école des Francs-Bourgeois, et que, j'ai accepté d'autant plus que c'est tout près d'ici. Nous sommes donc rentrés à Paris depuis un mois déjà, mais j'ai été d'autant plus pris jusqu'ici que j'ai eu à corriger les épreuves de l'"Erreur spirite" ; c'est bientôt terminé maintenant, et j'espère que le volume pourra paraître dans le courant de novembre.

J'ai reçu il y a quelque temps une lettre de M. Mayer, me disant avoir eu mon adresse par vous, et me demandant de lui fixer un rendez-vous pour m'entretenir d'un projet d'écriture idéographique universelle. Je l'ai vu ; son idée me paraît intéressante, mais je me demande ce qu'elle donnera à l'application. Quoi qu'il en soit, il m'a laissé une brochure que j'examinerai plus à loisir quand j'aurai un peu de temps libre, et ensuite nous en reparlerons.

Aurons-nous le plaisir de vous voir prochainement ? Si vous venez toujours à Paris le vendredi, je suis libre l'après-midi de ce jour-là. De toute façon, nous espérons bien que vous ne tarderez pas à nous donner de vos nouvelles.

Veuillez croire, chère Mademoiselle, à nos sentiments les meilleurs.

René Guénon

ℰℐℛ

Paris, 6 mars 1923

Chère Madame,

Après avoir adressé mes félicitations à Saint Germain à l'occasion de votre mariage, j'ai attendu pour vous les envoyer directement, espérant toujours vous rencontrer ; et c'est ce qui vous explique pourquoi je suis si en retard pour vous parler de ce grand événement auquel nous ne pensions pas, puisque nous vous croyions encore dans l'Allier. Maintenant que vous voilà presque notre voisine, nous espérons bien avoir le plaisir de vous voir bientôt et de faire la connaissance de Monsieur Boulet. Comme d'habitude, nous nous absenterons pendant les vacances de Pâques, et nous serons de retour les premiers jours de la semaine de Quasimodo.

Mon livre sur le spiritisme va enfin paraître ces jours-ci ; j'ai été très ennuyé par le retard des imprimeurs : si tout avait marché normalement, cela aurait dû être prêt en novembre.

Ne soyez pas surprise de mon papier noir : nous sommes en deuil, depuis quelques jours, du père de notre petite Françoise qui était malade depuis si longtemps.

Nos bien sincères félicitations à Monsieur Boulet, et pour vous, chère Madame, croyez toujours à notre souvenir le meilleur.

René Guénon

ಌಃ಄

Paris, 30 octobre 1923.

Chère Madame

Que devez-vous penser de mon silence ? Je suis vraiment confus en voyant que votre carte date de deux mois déjà ! Je pense que vous devez être rentrés à Clermont ; mais, n'ayant pas votre adresse exacte, j'envoie cette lettre à Saint Germain, et je pense bien qu'ainsi elle vous parviendra.

Ma tante a été très souffrante et a dû subir d'urgence une opération au mois de juillet ; elle s'est très bien remise, fort heureusement, mais nous n'avons pu partir d'ici que le 10 août. Aussi les vacances ont elles passées bien rapidement, et c'est pourquoi il ne m'a pas été possible de vous répondre tout de suite. D'autre part, je me suis trouvé assez fatigué à la fin de l'année scolaire, mais maintenant nous sommes tous en bonne santé.

Nous avons été heureux d'avoir de vos nouvelles, et nous aimons à croire que l'état de Monsieur Boulet a continué à aller en s'améliorant. Nous espérons bien que vous n'oublierez pas votre promesse de venir nous voir cet hiver, car vous ne serez sans doute pas sans venir à Paris de temps à autre. Je serais content de pouvoir reparler avec vous des choses qui nous intéressent.

Mon volume "Orient et Occident" n'est pas encore paru, et pourtant, si tout avait marché normalement, il aurait dû être prêt en juin. Mais il faut toujours compter avec la négligence des imprimeurs : j'ai été des semaines sans recevoir la suite des épreuves, si bien que les dernières ne me sont parvenues que pendant les vacances. Cela devrait donc pouvoir enfin paraître maintenant, mais voilà que Payot me fait encore attendre, à son tour, sous prétexte de chercher quel sera le moment le plus favorable pour le lancement ; il me promet toujours une réponse qu'il ne se presse pas de me donner. Tout cela est vraiment bien ennuyeux !

J'espère entreprendre bientôt un nouveau travail, mais je ne sais trop encore ce que ce sera ; ce ne sont pas les sujets qui manquent...

Mes élèves ont été presque tous reçus en juillet, mais, malgré cela, je n'ai pas repris ma classe aux Francs-Bourgeois ; je vous raconterai cette histoire quand nous aurons le plaisir de vous voir. Pour le moment je n'ai plus qu'un cours de jeunes filles ; je voudrais bien pouvoir en avoir deux ou trois dans le même genre, c'est moins pénible qu'une classe et plus sûr que des leçons. J'en ai parlé de divers côtés, mais, jusqu'ici, je n'ai pas trouvé encore ; si par hasard vous aviez connaissance de quelque chose de ce genre, vous seriez bien aimable de m'en informer.

Veuillez, chère Madame, offrir notre meilleur souvenir à Monsieur Boulet, et croire à nos sentiments les plus sympathiques.

René Guénon

René Guénon à Pistoni

Le Caire, 25 Mai 1949.
(Poste restante, bureau central)

Monsieur,

Je viens seulement de recevoir votre lettre transmise par les éditions Gallimard, car la correspondance entre l'Europe et l'Égypte est actuellement très lente et surtout très irrégulière. -- Vous n'avez pas besoin de vous excuser de m'écrire en italien car, si moi-même je ne l'écris pas faute d'habitude, je le comprends du moins tout aussi facilement que le français.

Le prix de l'abonnement à la revue "Études Traditionnelles" est de 750 francs ; quant à ce qui a paru depuis la reprise de sa publication après la guerre (en octobre 1945) on m'a dit il y a déjà assez longtemps que les deux premières années étaient épuisées, mais je ne sais pas ce qu'il en est exactement. Comme vous le comprendrez facilement, la distance à laquelle je me trouve ne me permet pas de m'occuper de ces choses, et d'ailleurs, en réalité, je suis seulement un des collaborateurs réguliers de la revue et n'ai aucune part dans son administration. Il faut donc, pour tout cela, que vous vous adressiez directement à M. Paul Chacornac, libraire éditeur, 11, quai Saint Michel, Paris (5°).

Je vous signalerai d'autre part, pour le cas où vous n'en auriez pas eu connaissance jusqu'ici, la revue "Studi Iniziatici", dirigée par M. Corrado Rocco et publiée à Naples, via S. Bartolomeo, 47.

En ce qui concerne les éditions Gallimard, le prochain volume à paraître dans la collection "Tradition", et qui d'ailleurs est presque prêt maintenant, est "Hindouisme et Bouddhisme ", par Ananda K. Coomaraswamy. Ensuite viendra un second ouvrage de F. Schuon, "L'Oeil du Coeur", dont le manuscrit a déjà été remis à l'éditeur ; mais je ne saurais vous dire quand il paraîtra, car, à cause des difficultés dues à la situation actuelle, et qui du reste sont à peu près les mêmes dans tous les pays, toutes les éditions vont beaucoup plus lentement qu'on ne le souhaiterait.

Je pense que vous savez sans doute qu'un de mes livres, "Considerazioni sulla Via iniziatica" (Traduction des "Aperçus sur l'Initiation"), a paru il y a quelques mois aux éditions Bocca, dans votre ville même ; des traductions italiennes de plusieurs autres de mes ouvrages sont aussi en train actuellement.

Croyez, je vous prie, Monsieur, à mes très distingués sentiments.

R. G.

છ૭૦૨

Le Caire, 19 juin 1949.

Cher Monsieur,

Je viens de recevoir votre lettre du 9 juin, entre temps, M. Rocco m'avait dit aussi que vous étiez allé récemment le voir à Naples ; je suis heureux que vous ayez fait sa connaissance directement, car il pourra certainement vous donner des informations sur beaucoup de choses.

Parmi ceux de mes livres que vous voudriez avoir maintenant, il y en a plusieurs qui sont épuisés, et il paraît qu'il est impossible de les trouver actuellement ; mais, "Orient et Occident", "Autorité spirituelle", (dont M. Rocco termine en ce moment la traduction) et les "États multiples de l'être" ont été réédités l'année dernière, et le "Symbolisme de la Croix" doit l'être prochainement ; quant à la "Grande Triade", qui est le dernier ouvrage paru, elle existe encore. Pour se procurer tous mes livres, le mieux est de s'adresser toujours à la librairie Chacornac, qui a en dépôt ceux qui ont paru chez différents éditeurs ; il est en effet beaucoup plus simple de n'avoir à faire ainsi qu'à une seule librairie.

Je ne peux qu'approuver tout à fait ce que vous dites pour la pratique de l'exotérisme catholique, car j'ai moi-même insisté sur la nécessité d'un exotérisme traditionnel, aussi bien pour ceux qui veulent aller plus loin que pour les autres. Le seul inconvénient dans ce cas, c'est que le Catholicisme, du moins dans son état actuel, ne semble laisser aucune porte ouverte, si l'on peut dire, sur l'ésotérisme et l'initiation. -- L'interprétation que vous envisagez d'autre part à propos du Catholicisme serait justifié si ce mot pouvait être pris dans son sens étymologique, puisque celui-ci exprime une idée d'universalité ; mais, en fait, ce qui porte ce nom de Catholicisme est tout autre chose : ce n'est bien qu'une forme particulière de tradition, et qui de plus se limite strictement au point de vue exotérique. Du reste, il n'y a qu'à voir de quel exclusivisme ses représentants font preuve à l'égard des autres traditions ; je ne crois pas que, sauf dans le Judaïsme, on puisse le trouver ailleurs à un degré aussi accentué. -- Je ne voudrais certainement pas me substituer à M. Schuon pour l'interprétation de ce qu'il a écrit, surtout en ce qui concerne le Christianisme, qui soulève souvent bien des questions difficiles et plus ou moins obscures ; mais, pour ce qui est du passage que vous citez, il me semble que c'est très clair et qu'il n'y a pas à y chercher autre chose que ce qu'il exprime formellement et qui s'applique à toutes les formes d'exotérisme traditionnel aussi bien au Catholicisme qu'aux autres. J'ajoute que le cas du Catholicisme est loin d'être le seul exemple d'un mot que l'usage qui en a été fait a complètement détourné de sa signification originelle de telle sorte qu'il n'est plus possible de revenir à celle-ci. -- Je ne crois pas qu'on puisse dire que M. Schuon connaisse mieux le Christianisme orthodoxe ; mais la vérité est qu'il pense, et avec raison d'après tout ce que j'ai pu en savoir, qu'il s'y est conservé jusqu'à maintenant certaines choses dont l'équivalent a cessé depuis longtemps d'exister dans l'église latine.

Croyez, je vous prie, cher Monsieur, à mes sentiments les meilleurs.

R. G.

Le Caire, 24 juillet 1949.

Cher Monsieur,

Vos deux lettres me sont arrivées presque en même temps, et je m'excuse de n'avoir pu y répondre tout de suite ; j'ai beaucoup de correspondance en retard en ce moment, et il ne m'est pas toujours facile de la tenir à jour comme je le voudrais, car le temps me fait trop souvent défaut pour arriver à tout.

Il me serait malheureusement bien difficile de vous donner un avis sur les considérations que vous exposez dans votre lettre à M. Schuon, et cela pour deux raisons principales, dont la première est que, comme je crois vous l'avoir déjà dit, il ne m'appartient pas de répondre à des questions posées au sujet de ce qui a été écrit par quelqu'un d'autre, et que, ne sachant pas exactement ce que M. Schuon lui-même pourra en penser, il ne m'est vraiment pas possible de me substituer en quelque sorte à lui en l'occurrence, ou de vous donner une réponse qui risquerait peut-être de ne pas concorder entièrement avec la sienne, faute de voir assez nettement sur quels points précis portent les objections soulevées par vous. La seconde raison est celle-ci : je dois dire que ces considérations, en elles-mêmes, ne me paraissent pas entièrement claires, peut-être en partie parce qu'elles se rapportent à un point de vue que je n'ai pas l'habitude d'envisager, mais sans doute aussi parce qu'il y a réellement dans le Christianisme, et surtout en ce qui concerne son caractère originel, quelque chose qui est très obscur et difficile à préciser, et qui semble même bien avoir été obscurci intentionnellement ; vous avez d'ailleurs dû remarquer que, quand il m'est arrivé d'avoir à toucher quelque peu à ces questions, je ne l'ai jamais fait qu'avec la plus grande réserve. S'il ne paraît pas douteux que le Christianisme originel avait surtout les caractères d'un ésotérisme, il n'en est pas moins certain qu'il les a perdu très tôt, quelles qu'en aient été les raisons, et qu'il est arrivé à les perdre si complètement que le Catholicisme notamment, dans son état actuel, est l'exotérisme le plus rigide et le plus exclusif qu'on puisse concevoir, à tel point que ses représentants nient expressément l'existence même de tout ésotérisme, ce dont il n'y a peut-être d'exemple dans aucune autre tradition (les Juifs mêmes ne nient pas la

Kabbale, même quand ils reconnaissent n'y rien comprendre ou ne pas vouloir s'en occuper). Bien entendu, cela n'empêche pas le sens profond et ésotérique d'exister, mais il est entièrement en dehors du domaine dans lequel la religion chrétienne comme telle entend se renfermer volontairement ou involontairement, et sa forme occidentale plus exclusivement encore que ses formes orientales, qui laissent toujours au moins une possibilité de dépasser le point de vue exotérique, ce que le Catholicisme actuel ne veut au contraire admettre en aucune façon.

Quant à la distinction entre l'exotérisme et l'ésotérisme, ce que vous dites dans votre dernière lettre me paraît juste en un certain sens, mais on peut aussi marquer plus nettement leur différence à la fois par leur domaine et par leur but : le domaine de l'exotérisme est toujours celui de l'individualité humaine (avec ses prolongements indéfinis), tandis que, pour l'ésotérisme, il s'agit au contraire essentiellement de dépasser celle-ci, alors même qu'il la prend comme un point de départ et un support nécessaire ; le but de l'exotérisme est le "salut" (état encore individuel), tandis que le but ultime de l'ésotérisme est la "Délivrance" ou l'"Identité Suprême", c'est-à-dire l'état absolument inconditionné.

La question des rapports du Judaïsme et du Christianisme est certainement beaucoup plus complexe que ce que vous envisagez, car cela n'expliquerait pas l'existence persistante de la tradition judaïque jusqu'à nos jours, qui pourtant doit bien avoir aussi sa raison d'être ; mais c'est là un sujet qui entraînerait sans doute bien loin...

Je regrette de ne pas pouvoir vous donner plus complètement satisfaction pour cette fois, et je vous prie, cher Monsieur, de croire à mes sentiments les meilleurs.

R. G.

Le Caire, 5 septembre 1949.

Cher Monsieur,

Il y a déjà quelque temps que j'ai reçu votre lettre du 8 août, et je m'excuse de n'avoir pu y répondre plus tôt ; j'ai tant de correspondance que j'ai souvent bien de la peine à la tenir à peu près à jour.

Vous avez certainement raison de vouloir approfondir le plus possible l'étude de la tradition catholique, puisque c'est la vôtre ; mais malheureusement, pour ce qui est de trouver dans le Catholicisme, tel qu'il est actuellement en fait, une possibilité effective de dépasser l'exotérisme, c'est là une chose qui me paraît extrêmement douteuse, pour ne pas dire plus...

L'objection soulevée par votre ami contre la nécessité d'un rattachement initiatique régulier, du moins dans certains cas, montre seulement chez lui une incompréhension des lois cycliques et des conditions qui en résultent. Tant que dure le Kali-Yuga (et il est bien évident que nous y sommes encore), la "descente" se continue, et même d'une façon de plus en plus accentuée et rapide, jusqu'à la catastrophe finale. Le retour aux origines se produit, par une sorte de "retournement" instantané, au début même du cycle suivant, et non pas d'une façon graduelle au cours du cycle actuel. La possibilité dont il s'agit n'existe donc pas dans les dernières périodes de celui-ci, et même la simple qualification pour l'initiation y devient toujours de plus en plus rare ; c'est là toute la réponse à cet argument.

Je suis étonné que vous n'ayez eu aucune réponse au sujet des livres et des revues, mais, si vous êtes allé dernièrement à Paris comme vous vous le proposiez, j'espère que vous aurez pu y trouver sans difficulté tout ce que vous vouliez avoir.

Croyez, je vous prie, cher Monsieur, à mes sentiments les meilleurs.

R. G.

Le Caire, 22 septembre 1949.

Cher Monsieur,

J'ai bien reçu, dès la semaine dernière, votre lettre du 12 septembre. -- Je pense, d'après ce que vous me dites, que vous avez bien compris que l'argument de votre ami n'était pas valable, par là même que nous sommes toujours dans le Kali-Yuga et que, tant qu'il durera, l'obscuration spirituelle ne peut qu'aller en augmentant encore. Il va de soi que, par là même, les initiés (je veux dire naturellement les initiés effectifs) seront toujours de moins en moins nombreux, ainsi que vous le dites ; mais je ne comprends pas pourquoi certains, tout en étant vraiment qualifiés, se trouveraient en fait, même dans les circonstances les plus défavorables, dans l'impossibilité de recevoir l'initiation dans quelqu'une des formes traditionnelles où elles existent encore...

Quant à trouver dans le Catholicisme un moyen pour dépasser l'exotérisme, il faudrait pour cela qu'il existe une initiation prenant pour base cette forme exotérique qu'est le Catholicisme lui-même ; cela n'a évidemment rien d'impossible en principe, et il y en a sûrement eu au moyen-âge, mais malheureusement je doute fort qu'il en existe encore actuellement, ou alors elles sont tellement cachées et limitées à un nombre de membres si restreint qu'elles sont pratiquement inaccessibles ; ce n'est là qu'une situation de fait, bien entendu, mais on n'en est pas moins obligé d'en tenir compte.

Je ne vois pas du tout pourquoi ni comment la difficulté ne commencerait qu'en ce qui concerne les "grands mystères", car ne peut aborder ceux-ci que celui qui a tout d'abord parcouru entièrement la voie des "petits mystères". L'"état primordial" est la perfection et le terme des "petits mystères, et il me paraît bien évident que, avant d'y parvenir, (et de passer de là aux "grands mystères"), il faut nécessairement être passé par les degrés précédents, et, tout d'abord et avant tout, avoir reçu la première initiation donnant l'entrée au domaine des "petits mystères". Je ne vois donc pas comment une question se rapportant à l'"état primordial" pourrait se poser pour quelqu'un qui n'a même pas encore reçu cette première initiation, ni quel intérêt elle pourrait présenter dans ces conditions, car, en cela comme en toutes choses, on ne peut pas prétendre commencer par la fin.

Je regrette que mes réponses ne soient sans doute pas aussi satisfaisantes que vous l'auriez souhaité, et je vous prie, cher Monsieur, de croire à mes sentiments les meilleurs.

R. G.

ೞಀಛ

Le Caire, 29 septembre 1949.

Cher Monsieur,

J'ai reçu votre lettre du 17 septembre peu après avoir répondu à la précédente, et vous verrez que précisément j'avais été assez étonné de la phrase sur laquelle vous revenez. Je vous remercie des explications que vous me donnez à ce sujet, mais je dois dire franchement qu'elles me paraissent bien loin d'être entièrement claires. -- Je remarque d'abord que, quand vous parlez de "traditions de famille, de race, etc. ", vous employez ce mot de tradition dans un sens qu'on lui donne en effet souvent dans le langage courant, mais que je me refuse absolument à accepter ; pour nous, en effet, comme je l'ai souvent expliqué, ce nom ne peut être donné légitimement qu'à ce qui est essentiellement caractérisé par la présence d'un élément suprahumain, ce qui évidemment n'est pas le cas ici. -- D'autre part, tout ce que vous dites de l'intégration d'éléments traditionnels, même dans la mesure où il s'agit réellement de tradition religieuse, reste entièrement dans les limites du domaine exotérique et n'a par conséquent absolument rien de commun avec les "petits mystères". Il est possible qu'on arrive par là, dans le cas le plus favorable, à obtenir certains états "mystiques" ou quelque chose de comparable à ceux-ci, mais non pas, très certainement, la restauration de l'"état primordial". Il est d'ailleurs à craindre que, en fait, les résultats ne soient le plus souvent que d'ordre psychologique ou "subjectifs", c'est-à-dire tout à fait inexistants et illusoires au point de vue d'une réalisation quelconque. -- Il y a sûrement dans tout cela bien autre chose que de simples questions de terminologie ; au fond, j'y vois surtout une confusion entre l'exotérisme et l'ésotérisme, qu'il faudrait que vous vous attachiez avant tout à dissiper pour que nous puissions arriver à mieux nous comprendre...

Croyez, je vous prie, cher Monsieur, à mes sentiments les meilleurs.

R. G.

Le Caire, 8 novembre 1949.

Cher Monsieur,

J'ai reçu votre lettre du 25 octobre ; je vois que vous n'avez pas réalisé votre projet d'aller à Paris, mais il faut espérer que, sans avoir besoin de faire ce voyage, vous allez pouvoir vous faire envoyer ceux de mes livres qui vous manquent, ou du moins ceux qu'il est possible de se procurer actuellement, car il y en a qui sont épuisés et qui n'ont pas encore été réédités.

Je comprends bien que les questions dont vous m'aviez parlé demandent de la réflexion et de la méditation, et il n'est pas étonnant qu'il y ait dans tout cela des choses qui ne vous paraissent pas encore parfaitement claires. -- Bien que vous ne me demandiez pas de réponse cette fois, il y a cependant un ou deux points sur lesquels je voudrais appeler votre attention. D'abord, pour le sens qu'on donne communément au mot "tradition", et notamment quand on parle de "tradition de famille, de race, etc. ", comme vous le faisiez dans une précédente lettre, il me paraît bien douteux que ce qu'on a en vue puisse être considéré comme représentant des restes même dégénérés de la véritable tradition ; ce sont plutôt de simples "coutumes", c'est-à-dire quelque chose de purement humain et qui n'a jamais été rien de plus que cela. Les restes ou les "dépouilles" de la tradition sont ce que désigne proprement le mot de "superstition" entendu dans son sens étymologique, et c'est là quelque chose de tout à fait différent. -- D'autre part, il est vrai qu'il faut, d'une certaine façon, traverser le domaine psychique pour aller au-delà ; mais cela ne peut pas être considéré réellement comme une préparation en vue d'atteindre le spirituel, mais seulement comme une chose inévitable en fait, et en tout cas il est dangereux de s'y arrêter. Il faut au contraire viser constamment au-delà, sans se laisser détourner de la voie qui doit conduire au spirituel ; ce n'est qu'ensuite qu'on pourra aborder le psychique par en haut et y redescendre sans avoir plus aucun danger à en redouter, si toutefois cela présente encore un intérêt pour des raisons quelconques.

Croyez, je vous prie, cher Monsieur, à mes sentiments les meilleurs.

R. G.

ℰℛ

Le Caire, 22 janvier 1950.

Cher Monsieur,

Je viens de recevoir le faire-part de votre mariage, qui s'est croisé avec ma réponse à votre dernière lettre. Comme je vois qu'il date de près d'un mois déjà, je ne veux pas attendre d'avoir reçu une autre lettre de vous pour vous exprimer mes félicitations et mes meilleurs vœux à cette occasion.

J'envoie ce mot à l'adresse qui est indiquée au milieu de votre faire-part, car je suppose bien, d'après cela, que cette adresse doit être maintenant la vôtre.

Croyez, je vous prie, cher Monsieur à mes sentiments les meilleurs.

R. G.

ℰℛ

Le Caire, 12 février 1950.

Cher monsieur,

Je viens de recevoir votre lettre du 2 février ; je comprends bien que votre mariage et votre nouvelle installation n'ont guère dû vous permettre d'écrire ni d'étudier tout ces temps-ci, mais du moins est-ce là un empêchement qui n'est dû qu'à d'heureuses circonstances ! -- Je vois qu'en somme on peut vous écrire indifféremment à l'une ou à l'autre des deux adresses indiquées ; naturellement je ne savais pas que vous gardiez l'ancienne pour votre bureau.

Je suis content d'apprendre que vous avez enfin pu recevoir de Paris quelques-uns de mes livres, et aussi plusieurs années des "E. T." ; celles-ci doivent être probablement les seules qui ne sont pas encore complètement épuisées.

Pour ce qui est de mes articles sur "Christianisme et initiation", qui ont en effet un certain rapport avec les questions dont nous avons parlé précédemment signalez-moi, quand vous aurez retrouvé un peu plus de calme, ce qui vous paraîtra avoir besoin d'éclaircissements ; je vous les donnerai bien volontiers dans la mesure où je le pourrai. Je dois d'ailleurs dire franchement qu'il y a là-dedans bien des points qui restent obscurs malgré tout et sur lesquels il serait bien difficile d'apporter des affirmations précises (par exemple les changements qui se sont produits à certaines époques dans le rituel des sacrements, car on ne sait pas exactement ce qu'était celui-ci dans le Christianisme primitif, et il y a bien d'autres choses sur lesquelles on n'est pas mieux informé). Ce qui est même singulier, c'est que plus on cherche à examiner tout cela de près, plus on y découvre de complications et de difficultés inattendues, de sorte qu'il est bien douteux que tout puisse jamais être complètement élucidé... C'est pourquoi j'ai hésité longtemps avant d'écrire ces articles, et je ne m'y suis décidé que parce que je m'y suis trouvé en quelque sorte obligé par les questions et les réflexions de nombreux correspondants ; je ne sais pas encore s'il y aura lieu de revenir sur ce sujet un peu plus tard, et cela dépendra sans doute surtout de ce que pourront me communiquer des personnes qui sont mieux placées que moi pour faire certaines recherches, pour lesquelles il faudrait d'ailleurs pouvoir disposer de beaucoup de temps.

Veuillez, je vous prie, présenter mes respects à Madame Pistoni, et croire à mes sentiments les meilleurs.

R. G.

ഇ⊙⚬

Le Caire, 26 mars 1950.

Cher Monsieur,

Il y a déjà assez longtemps que j'ai reçu votre lettre du 14 février, mais cette fois il ne m'a pas été possible d'y répondre plus tôt, ayant été continuellement pris ces temps-ci par diverses choses urgentes. -- J'ai été heureux de savoir que votre santé s'était améliorée, et je veux croire que depuis ce temps vous êtes complètement rétabli.

Ce que j'ai dit dans mes articles au sujet de la permanence du caractère initiatique dans les rites répondait directement à une objection qui avait été présentée sous cette forme par un de mes correspondants. Il est bien entendu que ce n'est là qu'un côté de la question ; mais, d'autre part, je dois vous faire remarquer que je n'ai pas dit que le caractère originel du Christianisme avait été "perdu", puisqu'il s'agit d'un changement qui, en raison des conditions du monde occidental, présentait un caractère nettement providentiel. Pour que des initiés transmettent ce qu'ils ont reçu, il faut évidemment qu'ils en aient l'intention (et cela même dans le cas où il s'agit de simples initiés virtuels n'ayant pas clairement conscience de la véritable nature de ce dont il s'agit). Les initiés chrétiens ont très bien pu, à partir d'un certain moment, cesser d'avoir cette intention, et cela non pas par leur propre initiative, puisqu'il y a eu là une action providentielle, mais, suivant le langage de la tradition chrétienne, sous l'inspiration du Saint-Esprit. Il n'est d'ailleurs pas prouvé que les rites eux-mêmes n'aient pas subis alors certaines modifications plus ou moins importantes ; c'est là une question très difficile à résoudre d'une façon précise, mais il y a tout au moins des indices que de telles modifications se sont produites en fait au cours des premiers siècles du Christianisme. -- J'ajouterai à ce propos que la cessation voulue d'une transmission initiatique n'est pas une chose absolument exceptionnelle ; actuellement, certaines initiations sont précisément sur le point de s'éteindre par suite d'une décision de ne plus les transmettre à personne, pour des raisons qui sont en rapport avec les conditions de la période cyclique où nous sommes ; j'en connais notamment un cas ici même chez les Coptes.

Entre l'"extériorisation" du Christianisme, ou ce qu'on pourrait appeler sa "descente" dans le domaine exotérique, et l'apparition du mysticisme, il s'est écoulé un assez grand nombre de siècles, de sorte que la question que vous envisagiez à ce sujet ne peut pas se poser réellement.

L'être qui a obtenu le "salut" n'a rien réalisé effectivement ; il a seulement acquis une virtualité qui lui permettra d'arriver à une certaine réalisation dans le cours de ses états posthumes ; cette réalisation, se situant dans les prolongements de l'état humain, doit naturellement aboutir à l'"état primordial", mais elle peut être différée jusqu'à la fin du cycle actuel.

La "divinification" pour reprendre l'expression que vous employez, implique nécessairement la sortie du Cosmos (c'est-à-dire du monde manifesté) ; elle ne peut donc pas consister dans une harmonisation avec le rythme cosmique, et celle-ci ne peut-être dans tous les cas qu'une simple étape préparatoire. -- Par ailleurs, ce que vous dites au sujet de la présence d'êtres ayant en quelque sorte pour fonction de "restaurer l'équilibre" est certainement juste, et j'ajouterai même que, s'il n'y en avait pas constamment, le monde finirait aussitôt. Suivant la tradition islamique, il y a un tel être qui, chaque année, prends sur lui-même les trois quarts des maux qui doivent survenir en ce monde...

Croyez, je vous prie, cher Monsieur à mes sentiments les meilleurs.

R. G.

ഏരു

Le Caire, 9 mai 1950.

Cher Monsieur,

J'ai reçu depuis une semaine déjà votre lettre du 17 avril, mais je n'ai pas pu arriver jusqu'ici à trouver quelques instants pour y répondre. -- Au sujet des remarques faites par votre ami, je suis bien d'accord avec lui pour penser que l'initiation est plus nécessaire que jamais, mais à la condition d'ajouter : pour ceux qui sont réellement qualifiés pour la recevoir ; or c'est un fait que ceux-là sont de moins en moins nombreux, et c'est pourquoi il est naturel que les organisations initiatiques se ferment de plus en plus, surtout si l'on songe que celles qui sont demeurées trop facilement accessibles ont subi par là même une certaine dégénérescence plus ou moins accentuée suivant les cas. D'un autre côté, s'il est possible maintenant d'exposer certaines choses plus facilement qu'en d'autres temps, c'est parce qu'autrefois elles auraient pu être mal comprises par beaucoup, tandis qu'aujourd'hui elles risquent seulement de n'être pas comprises du tout, ce qui est beaucoup moins grave et moins dangereux, puisque la plupart des gens n'y font aucune attention et qu'elles sont pour eux comme si elles n'existaient pas ; il est donc tout à fait erroné de parler en cela de "divulgation", ces choses étant au contraire exclusivement destinées à servir d'indication au très petit nombre de ceux qui sont encore capables d'en profiter ; il n'y a donc là rien de contradictoire en réalité. -- Puisque le nom de J. Evola a été mentionné incidemment, vous savez sans doute que, malgré l'intérêt incontestable de ses travaux, j'ai toujours été obligé de faire de très sérieuses réserves sur certains points qui, chez lui, ne sont pas en accord avec l'orthodoxie traditionnelle.

Pour en venir à votre propre question, il n'est aucunement douteux qu'il y a eu un ésotérisme spécifiquement chrétien pendant tout le moyen-âge (il se peut même qu'il en existe encore des vestiges, surtout dans les Églises orientales) vous avez tout à fait raison de citer à cet égard Maître Eckhart, et il y en a d'autres qu'on a tort de prendre aujourd'hui pour des "mystiques". Cette coexistence de l'exotérisme et de l'ésotérisme dans une forme traditionnelle est parfaitement normale, et on en a un autre exemple dans le cas de l'Islam ; ce qui n'est pas normal, c'est la négation de l'ésotérisme de la part des représentants de l'exotérisme... Mais je vois qu'il y a lieu de dissiper une confusion : le but de l'ésotérisme est bien de conduire au-delà de toutes les formes (but qui au contraire n'est pas et ne peut pas être celui de l'exotérisme) ; mais l'ésotérisme lui-même n'est pas au-delà des formes, car s'il l'était, on ne pourrait évidemment pas parler d'ésotérisme chrétien, d'ésotérisme islamique, etc. ; du reste, l'existence même de rites initiatiques en est aussi une preuve suffisante. Comme ceci modifie forcément les considérations de la fin de votre lettre, je n'y insiste pas davantage, car il sera préférable que vous repreniez la question en en tenant compte.

Croyez, je vous prie, cher Monsieur à mes sentiments les meilleurs.

R. G.

ඛාඥ

Le Caire, 25 juillet 1950.

Cher Monsieur,

Vos trois lettres des 7, 14, et 19 juin me sont parvenues il y a quelque temps à peu d'intervalle, mais non pas dans l'ordre de leurs dates, car c'est même la première que j'ai reçue en dernier lieu. Il faut dire qu'il y eu tout ces temps-ci dans les courriers un désordre extraordinaire et tout à fait inexplicable : des lettres envoyées par avion sont restées jusqu'à deux ou trois mois en route, et j'ai fini par en recevoir en une seule fois une cinquantaine qu'on aurait pu croire perdues ; je ne suis pas encore arrivé à remettre à jour toute cette correspondance arriérée...

Pour l'objection faite par votre ami à propos de "vulgarisation" ou de "divulgation", je vois que vous et moi sommes bien d'accord ; il me semble que, quand il parle d'une si grande quantité de gens qui aujourd'hui s'intéressent à l'ésotérisme, il fait une confusion, car, en réalité, la plupart de ces gens ne sont attirés que par des caricatures ou des contrefaçons de l'ésotérisme, qui sont tout à fait dans leur goûts et à leur portée, tandis que, si on leur présente le véritable ésotérisme, ils sont bien incapables d'y comprendre quoi que ce soit. La multiplication des pseudo-ésotérismes à notre époque est d'ailleurs aussi une des raisons pour lesquelles il convient de présenter certaines notions traditionnelles authentiques, pour éviter à ceux qui méritent mieux, si peu nombreux qu'ils soient, de se laisser tromper et égarer par toutes ces choses ; et, si ces notions sont exposées telles qu'elles sont et sans déformation ni simplification abusive, comme il n'est pas dans leur nature d'être "à la portée de tout le monde", on ne peut pas parler en cela de "vulgarisation". Ce n'est pas parce qu'une chose est mise sous les yeux de tous qu'elle en est mieux comprise ; les anciens hermétistes usaient même parfois volontairement, dans leurs écrits, d'un procédé qui consistait à mettre précisément en évidence ce qu'ils se proposaient de dissimuler plus particulièrement... D'un autre côté, si au moyen-âge il n'y avait pas besoin de donner certaines indications par écrit, c'est que ceux qui cherchaient et qui étaient réellement qualifiés pouvaient trouver, en Occident même, des organisations initiatiques répondant à leurs aspirations, mais il n'en est plus de même aujourd'hui. Quant au Christianisme actuel, il serait assurément à souhaiter que votre ami ne se trompe pas, mais je crois qu'il se fait bien des illusions ; du reste, je ne vois pas plus que vous ce que pourrait signifier une "reconstruction" de l'ésotérisme s'il y avait une initiation chrétienne encore vivante, celle-ci devant, par définition même, avoir conservé cet ésotérisme intact.

Pour ce qui est de votre propre question, il doit être bien entendu que la constitution du Christianisme en exotérisme n'a pas eu pour effet de faire disparaître l'ésotérisme, qui s'est au contraire maintenu encore pendant bien des siècles avec des organisations correspondantes, bien que l'église extérieure n'ait pu que l'ignorer "officiellement", puisque ce sont là des choses qui ne relèvent pas de son domaine, celui-ci étant exclusivement celui de l'exotérisme. Quant aux "lueurs" d'intuition dont vous parlez, en dehors de toute transmission régulière, je suis bien loin de les contester, mais je ne pense pas qu'elles puissent jamais cesser d'être fragmentaires et dispersées, ni par conséquent remplacer l'initiation ; tant qu'on reste dans le seul exotérisme, il ne peut pas y avoir plus que cela ; en outre ce sont toujours des cas d'exception, dont on ne peut pas faire une règle, et parmi lesquels personne n'est en droit de penser qu'il pourra se trouver lui-même, car il n'y a là rien de volontaire.

Pour en revenir à votre ami, au sujet de ce que vous me citez de lui dans votre deuxième lettre, il n'y a en somme pas grand-chose à ajouter, car il revient beaucoup sur les mêmes choses ; je ne peux que maintenir qu'il n'y a pas de "divulgation", et je me demande ce que peut bien être cette "avalanche de publications" dont il parle, car je n'en vois au contraire qu'un nombre infime qui aient réellement une valeur traditionnelle. Il est d'ailleurs évident que, par la marche même du cycle, les initiables doivent être toujours de moins en moins nombreux, et cela jusqu'à la fin même du Kali-Yuga, car c'est alors seulement que la "descente" sera achevée (il faut bien comprendre que la remontée, pour rejoindre l'origine, ne s'effectue que par un "retournement" soudain et non pas graduellement). Je ne m'explique pas ce qu'il peut trouver qui ne soit pas suffisamment clair dans tout cela ; s'il ne comprend pas mes explications, je n'y peux véritablement rien... -- Ce que je viens de dire répond déjà en partie aux questions que vous avez ajoutées vous-même ; par ailleurs, il est possible que, comme vous le dites, la nécessité d'"anticiper" soit en un certain sens moindre vers la fin du cycle, mais il ne faut pas oublier qu'il y a aussi une autre nécessité, celle que quelques-uns au moins gardent jusqu'au bout le dépôt intégral de la tradition pour le transmettre au cycle futur. Ce que je ne comprends pas bien, c'est que vous pensiez que l'exotérisme soit préférable dans certains cas à l'ésotérisme, car ce n'est pas du même ordre, et vous paraissez envisager là une voie ésotérique en dehors des organisations initiatiques, tandis qu'il ne peut s'agir alors que d'une simple étude théorique dont je ne vois pas le danger. Enfin, il est bien entendu que tout exotérisme a forcément un côté "social" (cela n'est pas propre au seul Christianisme), et on peut dire en effet que cela explique en partie ses limitations.

Je vous remercie de m'avoir communiqué aussi dans votre troisième lettre, les nouvelles précisions données par votre ami ; naturellement, cela ne change rien à ce que j'ai déjà dit, malgré la distinction qu'il cherche à faire entre différents types d'initiation ; les "qualifications" initiatiques sont d'ailleurs tout autre chose que les "qualités" profanes avec lesquelles il semble avoir tendance à les confondre. J'ajoute seulement que certaines similitudes extérieures entre le langage des mystiques et la terminologie initiatique ne doit pas faire illusion ; les mêmes mots, comme celui d'"union" par exemple, ne sont aucunement pris dans le même sens, et je crois d'ailleurs l'avoir signalé en diverses occasions.

Croyez, je vous prie, cher Monsieur, à mes sentiments les meilleurs.

R. G.

ℰ〕🙰

Le Caire, 19 novembre 1950.

Cher Monsieur,

J'ai reçu hier votre lettre du 1° novembre ; croyez bien que vous êtes tout excusé de ne m'avoir pas récrit plutôt, car je vois que vous avez été fort occupé de bien des façons. Avant tout, je vous adresse toutes mes félicitations et mes meilleurs vœux à l'occasion de la naissance de votre fille ; bien entendu, je prends bonne note de votre changement de domicile.

Pour ce que vous me dites au sujet de votre ami, je connais naturellement l'école hermétique de Kremmez, et je dois dire que tout ce que j'en ai vu ne m'a jamais inspiré beaucoup de confiance ; vous savez sans doute qu'elle s'est divisée en plusieurs groupements rivaux, qui tous paraissent s'agiter beaucoup depuis quelque temps. Par contre, je n'avais jamais entendu parler jusqu'ici du comte Alberti, qui, si je comprends bien, doit avoir fondé aussi une autre organisation du même genre, en concurrence ou même en opposition avec celle-là ; pourriez-vous me donner quelques explications plus précises sur ce dont il s'agit. En tout cas, je n'ai pas besoin de vous dire que, au point de vue initiatique, il n'est guère possible de croire à la régularité de tout cela...

Quant à Scaligero, je n'aurais tout de même pas cru à tant d'incompréhension de sa part, et malheureusement, d'après ce que vous m'en dites, il est bien à craindre que ce ne soit irrémédiable ; mais vous devez bien penser que, si je lui ai répondu comme je l'ai fait, c'est beaucoup moins pour lui-même que pour ses lecteurs (Rocco se propose de faire paraître une traduction de mon article dans sa revue), et aussi pour tous ceux qui, sans être aussi obstiné que lui, pourraient commettre des erreurs d'interprétation plus ou moins similaires. C'est seulement en lisant son article suivant que je me suis rendu compte de son "steinerisme", par la façon dont il s'en prenait à Evola à ce propos ; son idée d'après laquelle les formes initiatiques auraient perdu toute valeur pour l'humanité "moderne" s'accorde d'ailleurs assez bien avec les théories de Steiner... En 1939, il m'avait envoyé son livre "La Razza di Roma", mais les "E. T." ont suspendue leur publication avant que j'aie pu en faire un compte rendu ; quand j'ai voulu le reprendre après la guerre, je me suis aperçu qu'il avait déjà perdu toute signification, du fait des événements survenus entre temps, et qu'il était devenu véritablement impossible d'en parler ; un livre qui dépend tellement de l'"actualité" ne peut certainement pas avoir une bien grande valeur !

Nous sommes d'accord pour les trois modes d'action dont vous parlez, à la condition de préciser que le troisième n'est possible, comme vous l'envisagez d'ailleurs sous forme interrogative, qu'après la réalisation spirituelle totale ; c'est alors le cas des "missionnés". C'est ce que j'ai appelé la "réalisation descendante" ; mais, comme les articles où j'ai traité ce sujet datent de 1939, je ne sais pas si vous en avez eu connaissance.

La façon dont vous envisagez les événements de votre vie peut être vraie, car tout a forcément une raison d'être et peut tout au moins avoir une valeur de "signes" ; seulement, le danger est d'y attacher une importance exagérée (je connais des gens qui attribuent une portée "cosmique" à tout ce qui leur arrive), et, sans les négliger entièrement, le mieux est peut-être de ne pas trop s'y arrêter...

René Guénon

Croyez, je vous prie, cher Monsieur, à mes sentiments les meilleurs

R. G.

೩)ೂ

Lettres de René Guénon
au professeur Théodore Monod[7]

Le Caire, 29 mai 1947
(poste restante, bureau central)

Monsieur,

Votre lettre m'est parvenue il y a quelques jours seulement, mon éloignement vous expliquera ce retard, car les communications postales sont encore très lentes et peu régulières.

Pour la question des relations précolombiennes avec l'Amérique, j'ai bien eu en vue notamment l'affaire dont vous parlez, et j'avoue ne pas voir quelle différence cela fait qu'elle concerne les latitudes boréales plutôt que les latitudes moyennes, puisque, en tout cas, c'est bien toujours de l'Amérique qu'il s'agit. J'ai appris qu'il avait paru récemment en Amérique un ouvrage important sur ce sujet : « *América : 1355-1364* » par Hjabuar R. Holand. Mais il y aurait aussi d'autres choses, en particulier une affaire irlandaise (il s'agirait plus précisément des moines culdes). On aurait aussi conservé le souvenir (mais je ne sais plus dans quelle région) d'un établissement formé par des hommes dont le costume, tel qu'on le décrit, n'est autre que celui des Templiers : et, chose singulière, cet établissement aurait été détruit à une date correspondant à peu près exactement à celle de la destruction de l'Ordre du Temple en Europe... Malheureusement, il m'est impossible lie retrouver maintenant les renseignements que j'ai pu avoir sur tout cela ; il faut dire que la 1 » édition de « La Crise du Monde Moderne » remonte à 1927, et aussi que je ne me suis jamais occupé que tout à fait incidemment de ces « à-côté » historiques. Il va falloir que je demande à un de mes amis, qui autrefois s'est intéressé plus spécialement à cette question, s'il peut me donner quelques

---

[7] Publiées dans *GRAAL N° Spécial Hiver 1987/88* (Colloque de Bagnoles-de-l'Orne).

précisions et, en ce cas, je ne manquerai pas de vous les communiquer.

Pour ce qui est de votre autre question concernant la « Tradition », il est exact, comme vous l'avez supposé, que la réponse se trouve dans mes ouvrages, qui sont tous basés essentiellement sur les données traditionnelles, ainsi d'ailleurs que ceux de quelques autres, notamment A.K. Coomaraswamy. Puisque vous voudriez trouver surtout un exposé d'ordre général, le mieux serait sans doute que vous puissiez lire mon « Introduction générale à l'étude des doctrines hindoues » ; malheureusement, comme tous mes ouvrages antérieurs à la guerre, elle est actuellement épuisée, mais elle doit être rééditée assez prochainement, sans doute vers la fin de cette année. À ce propos, et clans le même ordre d'idées, je me permettrai de vous signaler aussi notre revue « Études Traditionnelles » (éditée à la librairie Chacornac, 11, quai St-Michel) pensant que vous n'en avez peut-être pas connaissance.

Croyez, je vous prie, Monsieur, à mes très distingués sentiments.

ℰᴏᴄʀ

Le Caire, le 24 août 1947

Monsieur,

Voici les renseignements que je viens de recevoir au sujet de ce que vous m'aviez demandé sur les relations précolombiennes avec l'Amérique : « Les moines celtiques d'Irlande seraient allés évangéliser le Nord-Ouest du Canada, et de là ils seraient descendus peut-être jusqu'au Pérou, où l'on retrouve trace d'un évangélisateur blanc qu'on a identifié bien à tort avec l'apôtre Saint-Thomas. Quant aux Templiers, c'est au Mexique qu'ils auraient eu des possessions. Tout cela se trouve dans les travaux d'Eugène Beauvois, dont les tirages à part sont à la bibliothèque Nationale où on peut facilement les consulter.

D'autre part, j'ai vu qu'il a paru récemment un livre intitulé « Vers les Terres fortunées, 780-1490 » par Mornand (Éditions de la Nouvelle France,

1946) qui, d'après le compte rendu qui en était donné, se rapporte également à l'histoire des moines irlandais en Amérique ; la date de 780 serait, si j'ai bien compris, celle de la fondation de leurs premiers établissements qui seraient ainsi antérieurs aux expéditions normandes.

Croyez, je vous prie, Monsieur, à mes très distingués sentiments.

༄༅

Le Caire, 12 octobre 1947

Monsieur,

J'ai reçu il y a quelques jours votre envoi, avec votre lettre du 19 septembre, et je vous en remercie bien vivement à mon tour. Pour ce qui est de la question qui a été l'occasion de noire correspondance, il faudrait naturellement pouvoir examiner de plus près les travaux de E. Beauvois pour pouvoir se rendre compte de, ce que valent ses arguments ; mais d'après ce qui m'en a été dit, cela ne paraît pas pouvoir être assimilé aux déplorables fantaisies que vous dénoncez avec juste raison. Pour ma part, je me méfie tout particulièrement des imaginations ; linguistiques car j'en ai trop vu de toutes sortes.

J'ai été très intéressé par les brochures que vous avez eu l'amabilité de m'envoyer, d'abord pour leur contenu même, et aussi pour une raison dont vous ne pouviez certes pas vous douter quand vous m'avez fait cet envoi. Voici de quoi il s'agit : on m'a envoyé il y a quelque temps la copie de deux tableaux qui se trouvent dans la bibliothèque de la mosquée de Paris et qui intriguent tout le monde, car on ne sait pas quelle en est la provenance. Or l'un de ces tableaux porte la signature :

« Amadou Hampaté Bâ », que personne ne comprenait ; j'ai bien vu tout de suite qu'il s'agissait d'un nom soudanais, mais, naturellement, je n'en savais pas davantage. Ce tableau se rapporte à une interprétation ésotérique de la prière musulmane, en correspondance avec certains nombres, dont certains sont facilement explicables, mais dont d'autres présentent une disposition assez énigmatique. D'après ce que je vois, il n'est pas douteux que c'est votre ami qui en est l'auteur, et qu'il a dû le composer d'après les enseignements de son oncle. L'autre tableau, qui n'est pas signé, mais qui est probablement de même origine, paraît se rapporter à des correspondances de certains éléments de la musique arabe. Je voudrais maintenant vous demander s'il vous serait possible de me donner l'adresse d'Amadou Hampaté Bâ, afin que nous puissions avoir par lui-même quelques explications au sujet de divers points de ces tableaux qui nous intéressent à plus d'un titre. J'espère que cette question ne sera pas indiscrète et je vous adresse à l'avance tous mes remerciements pour ce que vous pourrez me faire savoir à ce propos.

ℰℭ

Le Caire, 15 décembre 1947

Cher monsieur,

Merci bien vivement de votre prompte réponse, je ne manquerai pas d'écrire à M. Amadou Hampaté Bâ dès que j'aurai pu prendre le temps de revoir tes points de son schéma de la prière qui me paraissent avoir plus particulièrement besoin d'explications, d'autant plus que ce que vous me dites de lui augmente encore mon intérêt en ce qui le concerne.

Je suis très intéressé aussi parce que vous m'apprenez de vos travaux en préparation, notamment sur l'enseignement de Tierno Bokar ; bien qu'étant en relation avec les « cahiers du Sud », je ne savais pas qu'on y avait l'intention de publier un volume sur le « Monde noir ». Quant à l'histoire de Kaydara, je pense que vous devez naturellement savoir que celui-ci n'est autre qu'El Khidr (Qôran, sûrat El Kahf).

Pour ce qui est de l'autre tableau dont je vous ai parlé, quel qu'en soit l'auteur, tout ce que je puis y distinguer est l'indication d'une correspondance de certains éléments musicaux avec les différents moments de la journée (comme dans la musique hindoue), et aussi quelque chose qui, par une relation entre ces mêmes éléments et les tempéraments humains, paraît avoir un rapport possible avec les effets thérapeutiques de la musique. Je sais que tout cela a existé en effet dans la musique arabe, mais ici c'est bien oublié actuellement ; ces choses ; se seraient-elles mieux conservées dans certaines régions plus ou moins reculée comme le Soudan ? Peut-être pourrez-vous me dire quelque chose à ce sujet, si ce n'est abuser de l'obligeance avec laquelle vous voulez bien m'offrir de me donner des informations à l'occasion et pour laquelle je tiens à vous exprimer encore tous mes remerciements.

Croyez, je vous prie, Monsieur, à mes meilleurs et très distingués sentiments.

ഗ‌ര

Le Caire, le 1er février 1948

Cher monsieur,

Merci de votre lettre du 21 janvier, que je viens de recevoir. Au sujet de Kaydara, je comprends très bien qu'en effet il ne vous était pas possible de donner beaucoup de précisions dans votre conférence ; je serai très intéressé par l'étude plus complète que vous avez en préparation actuellement.

Ce que vous me dites de la communication de M. Mercier confirme bien ce que je pensais ; il semble, d'après cela, que la connaissance de ces correspondances de la musique a dû se conserver clans certaines régions moins entamées que les autres par l'influence occidentale. Je prends bonne note de son adresse, car il se peut que je lui écrive quelque jour à ce sujet comme vous me le suggérez, si toutefois j'arrive à en trouver le temps, car il me fait toujours bien défaut pour beaucoup de choses !

Pour la même raison aussi, je veux dire le manque de temps, je n'ai pas encore examiné de nouveau le tableau de M. Hampaté Bâ, et par conséquent je ne lui ai pas encore écrit. Quand je le ferai, il est bien entendu que je ne manquerai pas de prendre la précaution que vous m'indiquez ; j'avais cru, d'après ce que vous me disiez précédemment, que cette hostilité de l'administration coloniale à l'égard de la Tijaniyak était du passé, mais, de toute façon, il est bien certain qu'on ne saurait trop se méfier des conséquences que peut avoir l'incompréhension de certaines gens... Je me rappelle à ce propos un exemple bien typique d'une semblable mentalité : croiriez-vous que dans l'Inde il y a quelque 30 ou 40 ans, les fonctionnaires anglais s'efforçaient d'interdire la lecture de la Bhagavad-Gîtâ parce qu'il est question de combats ?

Croyez, je vous prie, cher monsieur, à mes meilleurs et très distingués sentiments.

René Guénon à un docteur non identifié

Lettres de (A) à (Z4)

(A)

Le Caire, 17 août 1932
(Poste restante, bureau central)

Monsieur,

Je reçois votre lettre aujourd'hui seulement et la provenance de celle-ci vous expliquera la raison de ce retard. J'habite, en effet, l'Égypte, et la correspondance ne me parvient pas toujours très rapidement.

Je suis heureux de ce que vous me dites au sujet de mon "Introduction" et de l'intérêt que vous y avez pris ; j'espère qu'il en sera de même pour mes autres ouvrages, qui d'ailleurs se rattachent tous, sans exceptions, aux mêmes principes. La raison du silence fait sur ces livres est bien celle que vous dîtes ; mais maintenant, comme cette tactique ne suffit plus, on a recours à l'injure et à la calomnie, ce qui prouve que la vérité n'y est pas toujours bonne à dire, à notre époque moins que jamais...

Je n'aurais jamais cru que la haine de l'Orient et de tout ce qui s'y rapporte pourrait atteindre une pareille violence chez tant de gens en Europe, et qui, par ailleurs semblent n'avoir entre eux rien de commun en dehors de cette haine !

La question que vous m'adressez m'est souvent posée, et je dois dire qu'elle m'embarrasse toujours, car je ne connais pas d'ouvrages occidentaux, traductions ou autres, qu'il soit possible de recommander sans restriction.

La traduction de la Brihad-Aranyaka Upanishad dont vous parlez, qui a été publiée sous la signature de P. Hérold (c'est en réalité un travail collectif : Sylvain Lévi, Foucher, etc...) est à peu près incompréhensible, faute d'explications que ses auteurs auraient d'ailleurs été bien en peine de donner. Je suppose que, en dehors de cela, vous devez cependant connaître au moins la Bhagavad-Gîta, dont il existe d'assez nombreuses traductions ; celle de Burnouf qui a dû être rééditée assez récemment (mais j'ignore par quelle maison) a surtout le défaut d'être très vague. La plus récente, celle de Sanart (collection des classiques de l'Orient), (? ? ?) aux termes sanscrits ; en comparant les deux, on peut arriver à s'en tirer à peu près... Il n'y a en français aucune traduction d'Upanishads qui mérite d'être signalée ; quelques textes ont été cependant traduits autrefois par Pauthier dans les deux gros volumes intitulés" Les livres sacrés de l'Orient", mais je crois que c'est maintenant introuvable.

Ces vieilles traductions sont souvent préférables aux plus récentes, parce que, si elles contiennent aussi de multiples erreurs, du moins celles-ci ne sont-elles pas dues à l'influence d'idées préconçues.

Si vous savez l'anglais, vous pouvez voir la traduction des Upanishads de Max Müller (sacred books of the East, Oxford University Press), qui ne vaut ni plus ni moins qu'une autre, à la condition de ne tenir compte ni de la préface ni des notes. Même observation pour la traduction des Brahma-Sûtras avec les commentaires de Shankarâchârya et Râmânujâ par G. Thibaut dans la même série. En tout cas, je me permets de vous engager à ne voir des traductions qu'après avoir lu mes livres ; il y a beaucoup de choses que vous pourrez alors rectifier de vous-même.

Je vous signale encore la traduction de la vie de Milarépa (ouvrage thibétain) par J. Bacot (dans les classiques de l'Orient déjà nommés) ; cela est excellent, y compris la préface, qui est heureusement fort loin des conceptions habituelles des orientalistes.

Je n'ai rien publié sur la question dont vous parlez à propos de Grousset ; mais, en réalité, le Mahâyâna est tellement transformé que ce n'est même plus du Bouddhisme, mais plutôt du Tantrisme ; il y a donc eu là une "reprise" dans le sens traditionnel.

Veuillez croire, Monsieur, à mes sentiments distingués.

R. G.

ಒಡಿಚಿ

(B)

Le Caire, 3 décembre 1932.

Monsieur,

Je m'excuse d'être quelque peu en retard pour répondre à votre lettre ; ma correspondance est toujours extrêmement chargée.

Puisque vous avez pris soin de numéroter vos questions, je pense n'avoir qu'à les reprendre dans le même ordre pour y répondre.

1°-- Je n'ai pas encore eu l'occasion de développer la théorie de l'Apûrva ; c'est une des nombreuses choses que j'ai toujours l'intention de faire, mais aurais-je jamais le temps de les réaliser ?

2°-- Je pense qu'il y aurait bien des distinctions à faire dans ce qu'on appelle "folie", mais, en tout cas, il s'agit toujours d'un déséquilibre et d'un défaut de cohésion entre les divers éléments constitutifs de l'individualité ; ce n'est pas l'être intérieur qui est atteint, se sont ses moyens de manifestation qui sont altérés plus ou moins gravement.

Il n'est pas vraisemblable que Shakespeare ait eu une connaissance quelconque des doctrines hindoues, mais il a certainement connu (lui ou ceux à qui il a servi de porte-parole) les doctrines similaires ou équivalentes qui ont existé en occident au moyen âge, quoique, d'une façon toujours assez cachée et dont il subsistait encore bien des vestiges à son époque. Il y a chez lui beaucoup d'indices d'une telle connaissance, autres que ceux que vous citez ; en réalité, il ne s'agit d'ailleurs nullement là de "visions", mais de sciences très positives.

3°-- Il est bien entendu que l'homme ordinaire ne peut pas être pleinement conscient dans tous les états, ou, si vous préférez, y transporter à volonté le centre de sa conscience ; mais, d'un autre côté, il ne faut pas oublier qu'il s'agit là d'état de l'être réel et non pas d'états physiologiques ni même psychologiques. Je ne sais pas ce que c'est que le sommeil profond physiologique, je comprendrais mieux qu'on parle des manifestations physiologiques correspondant au sommeil profond ; et, s'il y a alors une apparence d'inconscience, n'est-ce pas tout simplement parce que l'être s'est retiré à une profondeur telle que la communication avec la modalité corporelle est réduite à presque rien ?

4°-- Je ne saisis pas bien le "défaut de concordance" que vous croyez voir en ce qui concerne l'évolution posthume ; il me semble qu'ici vous cherchez trop à simplifier, en supprimant les étapes intermédiaires qui correspondent aux multiples modalités de l'état subtil.

5°-- Pour la question concernant la procréation, il faut remarquer ceci : d'abord, au point de vue du Principe, le monde de la manifestation tout entier est rigoureusement nul, et ainsi la chose est sans importance ; ensuite, au point de vue de la manifestation, celle-ci, dès lors qu'elle est une possibilité, a sa raison d'être et sa place dans la Totalité, et ainsi sa suppression ne peut pas même être envisagée. D'autre part, l'être qui naît n'est pas un être qui commence à exister (ce qui n'aurait pas de sens) c'est un être qui entre dans un certain état de manifestation par lequel il doit passer aussi bien que par une indéfinité d'autres ; il se peut même que cet état se trouve être précisément celui qui lui servira de point d'appui, ou mieux de "base" pour atteindre la Délivrance.

6°-- Il me semble qu'il y a une équivoque sur les termes "conscience", "connaissance", etc... ; ils doivent tous être transposés analogiquement pour s'appliquer à l'état suprême, et ainsi ce qu'ils désignent n'a plus aucune commune mesure avec les modalités limitées qui, en ce qui concerne les états conditionnés, sont désignés par les même mots pour exprimer une certaine correspondance, qui ne saurait en aucune façon être regardée comme une identité, ni même comme une similitude ; cette question de l'application du sens analogique est extrêmement importante.

7°-- Les siddhis ou pouvoirs du Yogî ne sont bien, comme je l'ai dit, que des conséquences secondaires de son état et qui n'ont pas d'intérêt par eux-mêmes ; ceux qui recherchent de telles choses peuvent être certains de ne jamais atteindre le but qui seul compte. D'autre part, pourquoi vouloir que le jîvan-mukta ait un aspect spécial et un genre de vie particulier ? Étant au-delà des formes, il peut revêtir une apparence formelle quelconque ; étant parvenu au but, il n'a plus aucune règle à suivre, car toute règle n'est qu'un simple moyen, et "il est à lui-même sa propre loi". On dit que Râmakrishna avait atteint l'état de Parama hamsâ, c'est-à-dire un état spirituel élevé mais encore conditionnel ; il n'avait donc pas réalisé l'Identité suprême qui est obtenue une fois pour toutes et dont l'être ne sort pas, quelles que soient les apparences. Il est d'ailleurs très difficile de savoir exactement ce qu'il en est de ce cas de Râmakrishna, tout ce qui le concerne ayant été dénaturé par ses disciples, surtout par Vivékânanda. Quant à Romain Roland, mieux vaut n'en rien dire ; sa sympathie pour l'Orient est sans doute réelle, mais ne procède que d'une sentimentalité niaise et s'adresse à un Orient qui n'a guère de ressemblance avec la réalité ; il ne comprend rien à ces choses et ferait beaucoup mieux de ne pas se mêler d'en parler.

Je reviens à la suite de votre question : le Suprême Brahma contient la totalité des états, et il n'est aucunement affecté par la manifestation de certains de ces états, le fini ne pouvant pas affecter l'Infini, au regard duquel il est nul ; il n'y a donc là aucune difficulté.

8°-- La question concernant l'intuition intellectuelle ne se pose pas pour nous, car nous ne nous soucions pas de "critique de la connaissance" ; la philosophie profane n'a pas qualité pour s'occuper de ce dont il s'agit ; d'ailleurs, quand je vois le soleil, tous les raisonnements des philosophes ne réussiront pas à me prouver que je ne le vois pas, et c'est la même chose pour l'intuition intellectuelle (qui n'est pas une opération spéciale, mais une connaissance immédiate par identification du connaissant et du connu).

9°-- Voir la réponse à la 7° question : d'ailleurs, comment quelque chose (fût-ce la manifestation) pourrait-il être en dehors de la totalité absolue ? On ne peut pas dire que la Délivrance soit une "impossibilité" de manifestation, puisqu'elle totalise au contraire toutes les possibilités ; elle ne supprime que les limitations parce que celles-ci sont quelque chose de purement négatif.

10°-- La doctrine n'ignore ni l'affectivité ni aucune autre chose de cette sorte, mais elle les mets à leur place relative ; et, si ces choses peuvent dans certains cas être utilisées à titre de moyens préliminaires (c'est là une question de "nature individuelle") cela ne peut jamais mener bien loin.

11°-- Pour votre dernière question, à laquelle il n'est pas possible de répondre en quelques lignes (d'autant plus qu'il faut d'abord la poser nettement en la débarrassant de toute "littérature"), je ne puis que vous renvoyer à mon dernier ouvrage "Les États multiples de l'Être", je dois d'ailleurs vous avertir qu'il n'est guère possible de le comprendre sans avoir lu d'abord "Le Symbolisme de la Croix" auquel il fait suite directement ; c'est la continuation de la série commencée par "L'Homme et son devenir".

Je reconnais qu'une anthologie des Écritures sacrées ne serait pas inutile, mais je n'ai aucun goût ni aptitude pour une besogne de traducteur, et je dois dire franchement que j'ai autre chose à faire ; je ne puis que souhaiter qu'il se rencontre quelqu'un qui puisse faire convenablement ce travail.

J'ai fait venir le numéro de l'"information" que vous me signaliez car, naturellement, je ne vois pas ici de journaux français et n'ai aucun moyen de les voir, n'ayant pas la moindre relation avec les Européens. J'avoue que l'article en question ne m'a pas paru très clair, surtout dans ses conclusions ; en tout cas, le Japon, quelles que soient ses ambitions, n'est guère qualifié pour prendre la tête des peuples asiatiques, car il n'a jamais fait que copier la civilisation des autres, et sa domination ne serait pas acceptée beaucoup plus volontiers que celle des Occidentaux.

Croyez, je vous prie, Monsieur, à mes sentiments distingués.

R. G.

ॐ

(C)

Le Caire, 15 juillet 1933.

Monsieur,

Voilà bien longtemps déjà que j'ai reçu votre lettre et je m'excuse de n'avoir pu y répondre plus tôt ; en effet, même en y consacrant tout mon temps, il me devient matériellement impossible de tenir à jour une correspondance qui va sans cesse en augmentant...

Vous demandiez s'il n'y avait pas quelque inconvénient à parler en mode positif de l'"impensable" : je dirais même qu'il y en a à en parler de quelque façon que ce soit, tout langage étant forcément, à cet égard, imparfait et limitatif. Aussi, ne faut-il prendre tout ce qu'on peut dire à cet égard que comme des "façons de parler", uniquement destinées à suggérer l'inexprimable ; du point de vue absolu, le silence seul conviendrait.

Pour voir ce qu'il en est au juste de l'"interversion" que vous relevez dans la Chhândogya Upanishad, il faudrait pouvoir se reporter au texte même que je n'ai pas ici à ma disposition. D'autre part, pour ce qui paraît prêter à une interprétation "réincarnationniste", cela est certainement imputable aux traducteurs, dont l'incompréhension matérialise le sens de certaines expressions, en réalité toutes symboliques.

Ce n'est que du point de vue de la manifestation qu'on peut parler des états multiples d'un l'être, puisque, en dehors de la manifestation, l'être est au-delà de cette multiplicité. Je ne saisis pas très bien cette objection, car je ne vois pas en quoi la "conscience" peut bien intervenir là-dedans (et encore faudrait-il s'entendre sur le sens précis à donner ici au mot "conscience"). Il ne s'agit pas des apparences mais de la réalité dès lors que tels et tels états sont des manifestations d'un même être, qu'importe que cet être, en tant que situé dans ces états, en ait conscience ou non ? Cela, assurément ne change rien à ce qui est.

Vous dites n'avoir pas trouvé de réponse au "pourquoi" du caractère douloureux de la manifestation ; il y a à cela une raison bien simple : c'est que, métaphysiquement, la question ne se pose pas. La douleur, le plaisir, etc... ne sont que de simples modifications correspondant à des possibilités comme toutes les autres, et leur cas ne mérite pas d'être envisagé d'une manière spéciale. Il serait peut-être plus intéressant de se demander le "pourquoi" de l'ignorance, car cela est d'une portée plus universelle ; mais ce "pourquoi" au fond, ce n'est pas autre chose que la limitation ; et le mot "délivrance" signifie précisément affranchissement de toute limitation (sans qu'il soit aucunement besoin de parler ici de quelque chose d'"indésirable", car cela se rapporte aussi bien à des états où le désir n'a rien à voir).

Pour votre question relative au symbolisme musical, on pourrait objecter la part de sentimentalité qui vient à peu près inévitablement se mêler à ce que la musique exprime ou suggère ; mais je dois dire pourtant que cette objection ne vaut que contre la musique occidentale moderne, dans laquelle il y a certainement quelque chose de "faussé". Sans avoir la prétention d'y connaître quoi que ce soit, je dois dire qu'il m'est à peu près impossible d'y trouver un rythme vrai, tandis que celui-ci se sent immédiatement dans la musique orientale.

La véritable musique, celle qui peut jouer valablement le rôle que vous envisagez, est en réalité purement mathématique ; cela n'est donc pas si loin du symbolisme géométrique, et ce ne sont que deux formes d'expression reposant sur une même base.

D'ailleurs, il ne faut pas oublier que tout ce qui se rapporte au symbolisme authentique est "science exacte", au sens le plus rigoureux de cette expression, et ne laisse pas la moindre place à la "fantaisie" ou à la "rêverie" ; et il ne saurait en être autrement dès lors que le symbolisme n'est en aucune façon le produit d'une invention humaine.

Pour les questions ayant trait à la "réalisation", il est bien évident que le jîvan-mukta n'est plus un individu, quoiqu'il en garde les apparences, puisqu'il est au-delà des limitations qui définissent l'individu comme tel ; mais son état est tout le contraire d'une "extase", car ce mot, étymologiquement, exprime l'idée de "sortie de soi", et alors il n'y a plus rien hors de "soi" ; sous cette réserve ce que vous dites du passage de Tchang-Tseu est exact. Seulement je ne vois pas comment se justifie la conséquence que vous en tirez en ce qui concerne une "absence de rapport" entre le jîvan-mukta et son enveloppe formelle ; il n'est plus affecté par celle-ci, mais il peut s'en servir, suivant la comparaison hindoue, "comme le charpentier se sert de ses outils" ; et il ne faut pas oublier que tout est contenu dans le "soi".

Quant à savoir s'il existe réellement des jîvan-mukta, ce n'est pas une question sur laquelle il y ait à discuter, c'est une question de fait ; quand vous voyez le soleil, les plus beaux raisonnements des philosophes ne peuvent rien contre ce fait ; ici, c'est exactement la même chose. Plus généralement, il n'y a pas à discuter sur la possibilité d'un état quelconque ; pour celui qui ne l'a pas atteint, c'est parfaitement inutile, et, pour celui qui l'a atteint, il est évident que la question ne se pose plus.

Mais, ce qui m'étonne, c'est que vous parliez d'ouvrages traitant de cas historiques de jîvan-mukti ; comment cela pourrait-il exister, puisqu'il s'agit de quelque chose qui échappe forcément à toute investigation "extérieure" ?

L'auteur d'un tel ouvrage n'étant pas lui-même un jîvan-mukta, pourrait toujours se tromper, si bien que cela ne servirait à rien ; et, en allant plus au fond des choses, je dois ajouter que le véritable jîvan-mukta est toujours inconnu quant à ses "pouvoirs", tout ce qu'on peut dire, c'est que, ayant réalisé la "totalité", il a par là même, et "par surcroît" tout ce qui appartient à tous les états ; cette seule considération rend superflue d'entrer dans des détails quelconques à cet égard ; et, notamment, pour ce qui est des "siddhis", je pense que, pour bien des raisons, il est préférable de ne pas s'y appesantir (surtout à cause du côté "phénoménique" qui détourne tant de gens de l'essentiel).

Le jîvan-mukta étant essentiellement "au-delà du nom et de la forme", il est bien clair qu'il peut revêtir n'importe quelle forme, sans avoir à recourir à aucun moyen "magique" ; n'oublions pas que la magie appartient entièrement au domaine de l'illusion et ne dépasse pas les possibilités (et même les possibilités inférieures) de l'individu. A la vérité, ce n'est pas le "centre qui, dans le cas que vous envisagez, doit être transporté ici ou là (vous avez parfaitement raison de le dire non localisable), mais inversement, telle ou telle chose qui est amenée à coïncider avec le centre (quoique ce ne soit là encore, bien entendu, qu'une façon de parler, mais peut-être la moins inexacte).

La "Voie Métaphysique", la "Voie Rationnelle" et les "Enseignements secrets de la Gnose" n'ont jamais eu d'éditeur à proprement parler et sont depuis longtemps complètement introuvables ; à moins qu'on ne les rencontre dans quelque catalogue d'occasion, mais cela même n'arrive pas bien souvent.

Si vous voulez étudier le sanscrit, je ne saurais trop vous engager à apprendre les caractères, ce qui ne demande pas un bien grand effort ; il ne peut pas y avoir de transcription qui ne soit pas "déformante", et surtout celle qu'ont inventée les orientalistes est, pour moi du moins, complètement illisible (et leurs signes spéciaux doivent être à peu près aussi difficiles à apprendre que les véritables caractères).

Quant à la grammaire et au dictionnaire dont vous parlez, je ne puis rien vous en dire, car je ne les connais pas du tout.

Recevez, je vous prie, Monsieur, l'expression de mes sentiments distingués.

R. G.

(D)

Le Caire, 19 décembre 1933.

Monsieur,

Me voici, cette fois encore, bien en retard pour vous répondre ; la raison en est que j'ai été assez sérieusement fatigué ces temps derniers, et, cette fatigue s'étant portée surtout sur la vue, je me suis trouvé complètement incapable d'écrire pendant tout un mois ; il en est résulté une telle accumulation de correspondance et de toutes sortes d'autres choses que je ne sais plus comment arriver à remettre tout cela à jour...

1°-- Vous parlez des "êtres (illusoires) de l'Univers", les êtres ne sont pas illusoires ; ce qui est illusoire (ce qui d'ailleurs ne veut pas dire irréel), ce sont seulement les états contingents. D'autre part pour ce qui est de la continuité des états d'un être, il serait inconcevable que cette continuité n'existe pas ; là-dessus, je ne puis que vous renvoyer aux représentations géométriques exposées dans le "Symbolisme de la Croix."

Mais qu'importe que ces états s'ignorent entre eux (vous pouvez aussi ignorer, pour l'avoir oublié, ce qui est arrivé dans tel ou tel moment de votre existence et l'état même ou vous êtes actuellement) ; ce qui importe, c'est l'être auquel appartient ces états et qui, lui, n'en ignore aucun.

2°-- La question du passage à l'unité et à la multiplicité, c'est la question même des possibilités ; je l'ai traité aussi complètement qu'il se peut dans les premiers chapitres des "États multiples de l'Être". La Possibilité totale seule est illimitée, une pluralité d'infinis étant contradiction ; les possibilités ne peuvent donc être que limitées.

3°-- Malgré votre explication au sujet de l'emploi que vous avez fait du mot "extase", je continue à penser qu'il est impropre de toute façon : le jîvan-mukta n'est pas sorti du moi, puisque, dans son cas, il n'y a plus de moi ; évidemment on ne peut pas sortir de ce qui n'existe pas... Peut-être est-ce précisément pour cela qu'on ne peut pas parler ici "d'absence", ni d'apparence "phénoménale" spéciale. Tout cela ne peut avoir une raison d'être que dans les cas où l'être a atteint des états encore conditionnés (états qui peuvent même n'être que de simples modalités de l'état humain, ainsi qu'il en est pour les mystiques par exemple). C'est seulement quand on envisage les choses du point de vue d'un état tel que le nôtre que l'état inconditionné paraît être tout ce qu'il y a de plus éloigné ; en réalité, c'est exactement le contraire, par là même qu'il contient tout (c'est d'ailleurs pourquoi il est possible d'y parvenir à partir de n'importe quel état). Les difficultés que vous envisagez proviennent simplement, au fond, de ce qu'on en parle comme d'un état ; il n'est guère possible de faire autrement, sans doute, mais il faut bien comprendre qu'il ne se situe pas dans une série d'états ; le tout n'est pas une des parties.

Je dois vous faire remarquer aussi que, pour la réalisation suprême, on ne peut pas parler "d'évidence purement interne", parce qu'il n'y a pas d'interne ni d'externe, toute distinction étant dépassée ; j'ajoute que, tant qu'on n'en est pas encore arrivé là, l'interne, en tout cas, vaut toujours plus que l'externe ; et, pour ce qui est du scepticisme des "occidentaux", je pense que vous conviendrez que cela est sans importance !

Je n'arrive pas à comprendre ce que vous dites d'une "double personnalité" ; c'est là une chose qui ne peut exister pour aucun être, sous quelque état que se soit ; à plus forte raison pour celui qui est au-delà de toute dualité. Il y a sûrement là une équivoque, car vous parlez d'une personnalité "soumise à l'ignorance" ; or, la personnalité n'est jamais soumise à l'ignorance, qui ne concerne que l'individualité. Un "dédoublement de personnalité" est une chose inconcevable, puisque la personnalité est le principe unique de tous les états. D'autre part, pourquoi parler de l'"impossibilité pour le moi de subsister tel quel" dès lors qu'il n'y a pas de moi ? Mais est-il nécessaire que l'auteur croie à l'existence réelle d'un personnage pour en jouer le rôle ? Enfin, aucune possibilité, même "prise particulièrement" ne saurait être interdite à celui chez qui il y a totalisation de l'être ; et, si nous parlons à ce propos de "caprice" ou d'"arbitraire", c'est uniquement parce que le point de vue de la totalité nous échappe (l'expression même de "point de vue" devient d'ailleurs inexacte ici, bien entendu).

4°-- Quant à votre question au sujet des "pouvoirs", lorsque vous dites : "sans possibilité de phénomènes contraires à l'ordre naturel de l'Univers ", si vous parlez de l'ordre total, c'est évident, puisque tout y rentre nécessairement ; seulement, je ne sais pas pourquoi on l'appellerait "naturel"...

Mais il peut s'agir de phénomènes qui soient complètement en dehors de l'ordre habituel d'un certain état, pour qu'ils impliquent l'intervention d'autre chose (qui peut être d'ailleurs très différent suivant les cas, même si les phénomènes comme tels, c'est-à-dire les apparences, sont semblables : cas du saint et du sorcier par exemple. Mais, dès lors qu'il est question de "phénomènes", cela n'a qu'un intérêt bien relatif ; pour l'être qui est parvenu à un certain état, même encore bien éloigné de la Délivrance, l'exercice de tels "pouvoirs" est totalement indifférent ; et, s'il lui arrive de les exercer accidentellement, c'est pour des raisons d'un autre ordre ; c'est là tout ce qu'on peut dire d'une façon générale. Quand il s'agit de jîvan-mukta, je ne pense pas que ses "pouvoirs" soient distingués des attributs de Brahma (en tant que "non suprême", car le "suprême n'a pas d'attributs, il est "nirguna") d'une façon autre que nominale ; on en parle aussi comme on parle du jîvan-mukta lui-même et c'est exactement la même chose.

Enfin je m'étonne que vous puissiez dire que, la totalisation étant réalisée, il n'y a plus de place pour telle ou telle chose, quelle qu'elle soit d'ailleurs ; cela est contradictoire : s'il y a vraiment totalisation, il y a place pour tout.

Je m'excuse de ces réponses un peu sommaires, et où je ne suis pas sûr de n'avoir pas oublié quelque point ; je dispose de peu de temps, mais je ne voulais pas tarder davantage encore.

Merci pour l'article joint à votre lettre ; il y a là justement en ce qui concerne l'emploi du mot "extase", un assez bel exemple des confusions si communes à notre époque : "extase naturiste", qu'est-ce que cela peut bien vouloir dire ? C'est comme le mot "religion" qu'on applique aujourd'hui à n'importe quoi... Pour ce qui est d'Arniel, d'après ce que j'en connais, il ne s'agit que d'états simplement "psychologiques" ; cela ne va même pas jusqu'au mysticisme. Mais le plus beau dans cet article, c'est l'identification du nirvana au néant (parce qu'il est "suppression de la vie", comme si la "vie" était tout...) : voilà ce que comprennent les occidentaux ! On trouve malheureusement des choses de ce genre un peu partout ; et l'aptitude qu'ont tant de gens à parler de ce qu'ils ignorent est quelque chose d'invraisemblable ; c'est un signe particulièrement frappant du désordre de l'époque actuelle...

Croyez toujours, je vous prie, Monsieur, à mes distingués sentiments.

R. G.

ᔓᔔ

(*E*)

Le Caire, 4 septembre 1934.

Monsieur

Des mois se sont écoulés depuis que j'ai reçu votre lettre, et, pendant tout ce temps je me suis trouvé empêché d'y répondre par une série de circonstances indépendantes de ma volonté ; je vous prie de vouloir bien m'en excuser. Croyez bien d'ailleurs, que vous êtes loin d'être le seul dans ce cas ; il s'est accumulé une telle quantité de correspondance en retard que j'ai peine à m'y reconnaître !

Je vais tâcher de répondre aux questions contenues dans votre lettre en suivant l'ordre indiqué.

1°. -- Dans le Non-Être, on ne peut envisager réellement ni multiplicité ni même unité ; c'est pourquoi on parle seulement de "non dualité". Mais, d'autre part, il est bien évident que tout y est en principe, même la distinction des êtres ; il faut seulement remarquer que distinction, ici, ne veut pas dire séparation, cette dernière n'étant que le fait des conditions limitatives inhérentes aux états contingents.

2°. -- Il est bien entendu que le Non-Être n'est pas affecté par l'Être, ni à plus forte raison par la manifestation dont celui-ci est le principe. Mais l'absence de toute manifestation ne peut pas même être supposée, puisqu'elle reviendrait à supprimer les possibilités de manifestation, c'est-à-dire à les mettre en dehors de la Possibilité universelle, donc à limiter celle-ci. Analogiquement, on ne peut pas exclure un seul point de l'espace, bien que l'étendue du point soit nulle.

L'erreur n'est que la conséquence de l'ignorance, et, par conséquent, elle est forcément négative comme celle-ci ; elle ne peut jamais être positive en réalité, car rien ne peut s'opposer à la vérité, celle-ci étant infinie et identique à Brahma (Satyam Jnânam Anantam Brahma). Plus généralement, tous les attributs des êtres manifestés qui résultent seulement de leurs limitations (dues aux conditions spéciales qui définissent leurs états contingents) sont réellement négatifs, même s'ils prennent pour nous l'apparence de qualités positives. Les choses étant ainsi rectifiées, je ne vois pas qu'il y ait là la moindre difficulté, mais je crois que, en parlant de "contre vérité", vous avez confondu les vérités partielles et contingentes, auxquelles une erreur peut s'opposer en effet, avec la Vérité totale qui est seule à envisager ici.

3°. --a) Vous demandez comment on sait qu'il existe en fait des hommes possédant l'état de jîvan-mukta (et je dirai même qu'il en existe toujours) ; on pourrait répondre qu'on le sait par la Tradition, mais ceci, naturellement, exigerait d'autres développements... Cependant, on peut dire aussi que, s'il n'en existait pas, le lien conscient de l'humanité terrestre avec le Principe se trouverait rompu, et qu'alors, cette humanité même cesserait d'exister.

b) Les états de l'être étant en multitude indéfinie, toute classification qui en est donnée ne peut être forcément que schématique ; ce qu'elle indique, ce sont toujours des "ensembles", si l'on peut dire, ou encore des étapes principales si l'on se place au point de vue de la "réalisation".

c) Il y a effectivement des états où l'être peut présenter l'apparence de celui qui est plongé dans le sommeil profond ; mais le terme d'"extase", qui concerne les" états mystiques", ne convient pas ici, car il signifie "sortie de soi-même", et, s'il s'agit vraiment de réalisation métaphysique à un degré quelconque, l'être est au contraire "concentré en soi-même".

d) Les états qui ont été réellement acquis par un être le sont une fois pour toutes, et non pas seulement momentanément ni même pour la durée de la vie terrestre (laquelle ne peut d'ailleurs aucunement affecter les états supérieurs).

4. -- Les raisons pour lesquelles les êtres parvenus à certains états peuvent exercer "accidentellement" des "pouvoirs" plus ou moins extraordinaires relève de ce qu'on appelle parfois le "gouvernement caché du monde" ; il serait donc bien difficile de s'expliquer là-dessus avec quelque précision.

5. -- Les animaux étant, comme nous-mêmes, des êtres dans un certain état de manifestation, il est naturel qu'ils aient comme nous leur "évolution posthume" ; mais leur "voie" est autre que celle des êtres qui passent par l'état corporel en tant qu'individus humains ; il serait donc sans aucun intérêt pour nous de chercher à la connaître en détail.

6. -- L'espace et le temps ne sont que des conditions spéciales de l'état corporel ; mais quel rapport nécessaire peut-il bien y avoir entre eux et la causalité ? Cette association me paraît complètement inintelligible... La nécessité de la causalité, d'ailleurs, s'imposant à la raison humaine (en dépit de toutes les discutions artificielles des philosophes), ne saurait être établie par elle, mais relève de ce qui lui est supérieur, c'est-à-dire de l'intuition intellectuelle ; et que pourrait-on demander de plus, puisque l'intuition intellectuelle est la connaissance immédiate et infaillible ?

7. --Non, certes, je n'ai rien d'un "converti", à aucun point de vue ; et je ne conçois même pas que ces choses puissent avoir eu un "commencement" pour moi ; c'est d'ailleurs pourquoi mon"exemple", si je puis dire, ne pourrait être d'aucune utilité pour quoi que ce soit...

La "scission" qui s'est faite entre l'Orient et l'Occident ne peut s'expliquer que comme conséquence des "lois cycliques" ; c'est dire que cette question nous entraînerait bien loin. J'y ai déjà fait allusion dans la "Crise du monde moderne" ; peut-être y reviendrais-je plus explicitement dans un autre ouvrage qui en sera en quelque sorte la suite, et que je me propose d'écrire dès qu'il me sera possible d'en trouver le temps.

En vous redisant encore mes excuses pour mon retard, je vous prie, Monsieur, de croire à mes distingués sentiments.

R. G.

ʂɔɞ

(*F*)

Le Caire, 19 novembre 1934.

Monsieur,

J'ai bien reçu vos deux lettres, dont la première s'est croisée avec la mienne. -- Merci pour le N° d'"Art et Médecine", qui m'est bien parvenu également, et pour les coupures jointes à votre dernière lettre ; j'ai lu le tout avec intérêt.

Ce que vous dites au sujet du Vêdânta est juste, mais je crois que malheureusement la plupart des occidentaux, de nos jours, sont devenus complètement incapables de réfléchir... -- On ne peut pas parler d'"acquérir la buddhi", puisqu'elle est en tous les êtres ; il s'agit seulement de prendre conscience de ce qui est, mais il est bien entendu que tous les individus humains ne sont pas "qualifiés" pour cela.

1°. Il n'entre pas dans mon rôle d'indiquer les moyens "pratiques" de réalisation, ce serait d'ailleurs tout à fait inutile, non pas seulement à cause de l'incompréhension occidentale, mais parce que, sans transmission initiatique régulière, ces moyens sont inopérants ; ce qui peut en être appris par les livres ne sert donc absolument à rien.

2°. On m'avait déjà signalé que Grouont, dans son nouvel ouvrage, avait omis de me citer, et je n'en ai pas été très surpris ; il a dû recevoir à ce sujet des observations du groupe Maritain, qui auront provoqué cette suppression... Il est bien entendu que ses interprétations sont tendancieuses et qu'il faut se garder de les accepter telles quelles et sans examen. Ce qui est exact en ce qui concerne Râmânuja, c'est qu'il y a chez lui une prédominance de la voie "bhakti" ; mais on ne peut dire en aucun cas que cette voie mène au même but que celle de "jnâna" ou de la connaissance : Îshwara n'est pas le suprême Brahma, mais seulement le Non-Suprême.

3°. Si l'homme n'était plus susceptible de l'identité suprême, il ne serait plus l'homme ; ce n'est pas une certaine forme corporelle qui le fait être tel ; il ne pourrait donc plus être question d'humanité. L'existence matérielle n'est d'ailleurs pas quelque chose qui puisse être conçu comme ayant une réalité propre et séparée ; la manifestation, si elle n'était reliée au Principe, n'existerait en aucune façon.

4°. L'humanité occupe le centre d'un certain état de manifestation ; mais celui-ci n'est qu'un état quelconque parmi les autres, lesquels sont en multitude indéfinie, tant du côté des états inférieurs que de celui des états supérieurs (inférieurs et supérieurs par rapport à celui que nous considérons ainsi plus spécialement parce qu'il est le nôtre).

5°. Radam était certainement assez "érudit" pour avoir pu penser à l'" Abîme " des gnostiques en écrivant la phrase que vous citez ; mais le fait de leur avoir emprunté ce terme ne prouve pas qu'il y ait eu de sa part une compréhension réelle, dont il paraît bien avoir été tout à fait incapable.

6°. a) Si je ne parle pas de la doctrine des anciens Égyptiens, c'est que je n'ai pas la prétention de la connaître, et que je pense même que personne actuellement ne peut savoir ce qu'elle était en réalité. La tradition qui est vivante maintenant en Égypte est la tradition islamique et nulle autre ; l'ancienne tradition égyptienne est une chose morte depuis bien des siècles, et personne ici ne s'en occupe (les égyptologues sont tous des Occidentaux). Remarquez que le cas est à peu près le même pour le Druidisme en France ; encore les Français actuels sont-ils en partie de descendance celtique, tandis qu'on ignore totalement ce qu'ont pu devenir les descendants des anciens Égyptiens.

b) J'ai entendu dire que Hegel aurait fait quelques emprunts aux doctrines hindoues, mais sans doute à la façon de Schlyel, Schopenhauer et autres, c'est-à-dire en les dénaturant pour les ramener à sa propre façon de voir. De tous les philosophes allemands, il n'y a que Leibnitz qui a eu quelque connaissance réelle, et encore cela n'allait pas très loin ; du reste, au fond, tout ce qui est "philosophie" n'est qu'une sorte de jeu auquel on aurait bien tort d'attacher une importance réelle ; il peut arriver que ce que dit un philosophe soit vrai ou faux, mais, dans tous les cas, ce n'est jamais que construction en l'air...

c) Je ne connais rien de W. Oken, si ce n'est son nom ; en tout cas, ce qui est bien certain, c'est que la théorie du Zéro métaphysique n'a pas de "créateur", puisqu'elle est traditionnelle, et c'est surtout dans le Taoïsme qu'elle est développée avec le plus de netteté.

7°. L'indifférence des Hindous à l'égard des Occidentaux s'explique simplement par l'absence de tout souci de "propagande" ; quant à moi, pour la même raison je me borne à exposer certaines choses sans intention de convaincre qui que ce soit, et uniquement pour ceux qui peuvent les comprendre... s'il s'en trouve ; en tout cas, dès lors que cela est fait, (peu importe par qui), il est inutile que d'autre le refasse. -- Mais pourquoi me qualifier d'"européen" ? Je vous assure bien que je ne me suis jamais senti tel sous aucun rapport !

8° D'autres que vous m'avaient déjà fait la même remarque au sujet du "Symbolisme de la Croix" ; évidemment, il est toujours possible d'y joindre quelques figures ; il ne m'avait pourtant pas semblé que ce soit nécessaire, car je pensais que chacun pouvait facilement les tracer s'il en éprouvait le besoin ; enfin, ce sera à voir en cas de réédition...

Si, malgré ce que vous dites, vous aviez encore des explications à me demander, ne craignez pas de le faire ; je vous prierai seulement de vouloir bien toujours excuser le retard de mes réponses. Quant à l'offre que vous me faites très aimablement, je vous en remercie, mais il n'est pas dans mes habitudes de recevoir quoi que ce soit en échange de quelques renseignements. Je vous demanderai seulement, lorsque vous rencontrerez quelque chose que vous jugerez susceptible de m'intéresser, de vouloir bien penser à me l'envoyer comme vous l'avez fait cette fois.

Croyez, je vous prie, Monsieur, à mes très distingués sentiments.

R. G.

(G)

Le Caire, 12 février 1935.

Monsieur,

J'ai reçu il y a quelques jours votre lettre et son contenu, ainsi que le paquet contenant le "Monde éthérique" ; merci de tout. En dehors de la traduction du "Tao-Te-King" du P. Wieger, je n'en connais que deux autres dont on puisse tirer quelque chose : l'une est celle qui est incorporée dans la "Voie Rationnelle " de Matgioï ; l'autre est celle d'Alexandre Ular ; mais, malheureusement, je crois bien que ces deux ouvrages aussi sont maintenant tout à fait introuvables.

Pour l'expression "acquérir la buddhi", il y a une différence avec ce que vous me citez : on ne peut dire d'une faculté (qui d'ailleurs est en tout être) ce qu'on peut dire d'un état.

1. Ce que vous dites en ce qui concerne le cas de l'isolé, et l'application que vous y faites du passage des Brahma-sûtras, est parfaitement exact ; il est

d'ailleurs bien entendu que ce ne peuvent être là que de rares exceptions.

2. Depuis que les vrais Rose-Croix se sont retirés de l'Occident, il semble bien qu'il n'y existe plus aucun centre initiatique réellement vivant. Il y a encore des vestiges, je veux dire quelque chose qui représente bien des organisations initiatiques, mais en fort mauvais état ; la Maçonnerie et le Compagnonnage. En dehors de cela, il n'y a que charlatanisme ou fantaisie, en un mot "pseudo-initiation",... et même aussi parfois quelque chose de pire, qui relève de la "contre-initiation". -- Je dois cependant ajouter qu'il est possible qu'il y ait encore çà et là quelques Kabbalistes ; mais ils ne se font pas connaître et doivent être fort difficiles pour accepter des élèves, même parmi les Juifs ; quant aux non Juifs, cela leur est pratiquement inaccessible.

3. Ce que vous dites des limitations de Râmânuja est tout à fait exact : sa doctrine vaut pour un certain point de vue relatif, mais non au-delà. On pourrait dire qu'il est hétérodoxe "négativement", quand il se mêle de nier ce qui dépasse son propre point de vue ; il en est d'ailleurs de même de quiconque, étant compétent pour un certain domaine seulement, prétend juger de ce qui est au-delà ; et vous pourriez en faire l'application aux docteurs des religions exotériques, quelles qu'elles soient qui ont la prétention de formuler une appréciation quelconque sur ce qui relève de l'ésotérisme.

Je connais la "Philosophie comparée" de Masson-Oursel, et aussi l'auteur ; sympathie à l'égard des doctrines orientales, ou du moins de ce qu'il croit qu'elles sont, cela n'est pas douteux ; mais compréhension ? Je puis bien vous assurer que non ; le pauvre garçon qui a le malheur d'être à la fois agrégé de philosophie et élève des orientalistes, est bien incapable de sortir jamais de ses cadres universitaires ! Il a écrit sur mes livres dans le "Mercure de France" et je ne sais plus où encore, des comptes rendus qui sont parmi les plus remarquables par leur complète incompréhension... -- La sympathie ne suffit pas et peut porter à faux ; il ne faut pas oublier que, sans même parler des théosophistes chez qui la chose est poussée jusqu'à la caricature, il y a des gens qui se sont pris de sympathie pour un Orient fantaisiste qu'ils ont rêvé et qui font le plus grand tort au véritable Orient ; Keyserling et Romain Rolland en sont des exemples assez typiques.

Je ne puis vous parler cette fois du livre de Wachsmuth, car je n'ai pas eu le temps de le voir encore.

Le passage d'Oken est en effet assez curieux, mais très confus ; il y a certainement ce que vous dites : confusion entre le zéro mathématique et le Zéro métaphysique ; au fond, il n'arrive pas à sortir du domaine de la quantité, et il est visible qu'il ne sait pas faire les transpositions nécessaires.

Quant à Paul Valéry, je me demande toujours ce qu'il veut dire, et s'il n'y a pas chez lui une sorte de "jeu" pseudo-intellectuel plutôt qu'une pensée sérieuse ; il est bien à craindre que l'influence dont vous parlez, si elle existe, ne soit purement verbale. Autrefois, le malheureux Alfred Jarry s'était emparé de quelques formules des Upanishads qu'il répétait à tort et à travers au milieu de ses divagations ; en avait-il jamais compris un seul mot ? Celui-là était devenu fou, ce qui n'est certes pas le cas de Valéry ; mais je vous le cite pour montrer qu'il ne faudrait pas se laisser illusionner par des emprunts extérieurs qui n'impliquent pas forcément une assimilation quelconque.

À un autre point de vue, je me méfie aussi beaucoup de ce qu'on peut trouver chez les philosophes ; il faut toujours craindre de trop leur prêter, car au fond ils sont terriblement bornés. Sans doute, il peut bien y avoir chez eux quelques lueurs, surtout à leur insu ; mais ils ont vite fait de se reprendre et de noyer cela dans l'amas de leurs théories "rationnelles" !

Un des articles du "Temps" concerne le livre de Granet ; vous aurez vu, par ailleurs, celui qui lui est consacré dans le "Voile d'Isis" de janvier. J'ai le livre lui-même devant moi depuis plusieurs mois déjà ; mais il ne m'a pas encore été possible de trouver le temps de le lire !

Croyez toujours, je vous prie, Monsieur, à mes très distingués sentiments.

R. G.

ೋ○ೄ

(*H*)

Le Caire, 22 mars 1935.

Monsieur,

Merci de votre nouvel envoi, qui m'est parvenu avant-hier.

L'article de Monterlant est vraiment curieux, mais... n'y a-t-il pas là surtout chez lui une certaine tendance à vouloir faire du paradoxe ? J'ai entendu exprimer sur son compte des opinions bien différentes, et certaines vont jusqu'à le considérer comme une sorte d'"initié" (?) ; pour ma part, je crois tout simplement qu'il a parfois certaines "lueurs", ainsi qu'il arrive d'ailleurs à beaucoup d'écrivains et de poètes, sans que cela puisse jamais aller très loin... -- J'ai lu aussi l'article de Thérive qui vient ensuite, et dont le titre fait attendre autre chose ; il y aurait en effet beaucoup à dire sur les "mythes du feu", mais, comme tout ce qu'il écrit, cela reste très "littéraire" et superficiel...

Depuis que je vous ai écrit, j'ai lu le livre sur le "Monde éthérique" ; cela est bien confus, et il y a là surtout un mélange des vues fantaisistes de Steiner (empruntées d'ailleurs en bonne partie aux théosophistes, avec de simples changements de terminologie) avec des théories de science moderne, dont tous ces gens semblent toujours fortement impressionnés. Avec tout cela, on n'arrive pas à savoir très exactement de quoi il s'agit et où cela se situe. En fait, d'après les doctrines traditionnelles, l'éther n'appartient pas du tout au domaine subtil ; il est seulement le premier de tous les éléments du monde corporel, celui dont les autres (et par conséquent les corps qui en sont formés) dérivent directement ou indirectement. De plus, il n'est pas possible de parler d'une pluralité d'éther, puisqu'il s'agit de ce qui, dans le monde corporel, représente un état d'indifférenciation, où les qualités qui seront manifestées dans les autres éléments sont dans un état de neutralité, les contraires s'y équilibrant parfaitement. C'est d'ailleurs pourquoi l'éther, la "quintessence" des hermétistes, est symbolisée par le centre de la croix dont les extrémités des quatre branches correspondent aux quatre autres éléments. -- Quant aux conceptions concernant les premières races humaines, c'est de l'extravagance toute pure ; c'est d'ailleurs entièrement tiré de la "Secret Doctrine" de H. P.

B. -- Ce qui est assez curieux, c'est la tendance qu'ont les disciples de Steiner à essayer d'appliquer surtout leurs idées à des choses assez variées : enseignement, médecine, chimie,... jusqu'à l'agriculture ! On se demande quelles intentions il y a au juste derrière tout cela...

Croyez, je vous prie, Monsieur, à mes très distingués sentiments.

R. G.

(I)

Le Caire, 5 mai 1935.

Monsieur,

Reçu votre lettre il y a une dizaine de jours déjà, mais je n'ai pu trouver le temps d'y répondre plus tôt.

Pour votre remarque au sujet du "Monde éthérique", c'est Steiner lui-même qui a placé son organisation "anthroposophique" sous le patronage de Goethe, puisqu'il a donné le nom de "Goetheanum" à son institut de Dornach ; au fond, je crois que la seule raison qu'on puisse trouver à cela, c'est que Goethe a toujours passé, à tort ou à raison, pour avoir appartenu à quelque groupement plus ou moins "rosicrucien". -- J'avais entendu souvent faire de grands éloges du second Faust ; mais je dois dire que, quand j'ai eu l'occasion de le lire (en traduction, il est vrai, puisque je ne sais pas l'allemand), j'en ai été très déçu ; je ne sais si c'est parce qu'il y a là une forme d'expression à laquelle je ne suis pas habitué, mais je n'y vois qu'un symbolisme très vague et nébuleux, que je comparerais volontiers à celui du "Peer Gynt" d'Ibsen. Je ne crois pas qu'on puisse trouver là une dérivation gnostique ; à vrai dire, la légende de Faust a bien une origine initiatique, mais la question serait de savoir jusqu'à quel point Goethe en a conservé le caractère primitif...

1°. Il est bien difficile de parler de la "contre-initiation" plus nettement que je l'ai fait dans quelques-uns de mes articles ; elle répond à un dessin proprement "satanique ", c'est-à-dire qu'elle tend à développer l'être dans un sens allant à rebours de la spiritualité ; quant à son action générale dans le monde, elle prétend aller à l'encontre de la réalisation du plan divin, ce qui est d'ailleurs forcément illusoire, car rien ne peut s'y opposer réellement, et même tout y contribue bon gré mal gré.

2°. Votre représentation arithmétique pour les trois gunas me paraît très acceptable ; mais il faut remarquer qu'il y a d'autres cas où le "positif" et le "négatif" sont pris pour représenter, non pas le "supérieur" et l'"inférieur" comme ici, mais seulement deux termes corrélatifs et complémentaires ; il faut donc avoir bien soin d'éviter toute confusion entre ces différentes applications.

3°. Le symbole dont il s'agit est la figure de Ganêsha, symbole hindou de la Connaissance.

4°. Pour le passage de "L'Homme et son devenir" que vous faites remarquer, il n'y a pas réellement de contradiction : l'"âme vivante" est une chose, et la "conscience véritable de l'être" en est une autre qui ne lui est pas indissolublement liée ; cette conscience peut fort bien être transférée à un degré plus profond, comme il arrive déjà, pendant la vie, dans le sommeil profond, qui est aussi véritablement un état informel, donc supra-individuel ; mais il est bien évident que l'"âme vivante" individuelle n'est pas détruite pour cela.

5°. La participation à la doctrine peut évidemment comporter bien des degrés, et elle peut n'être qu'indirecte et virtuelle ; l'initiation même peut demeurer virtuelle quant à ses effets ; à plus forte raison en est-il ainsi quand il s'agit de la participation "exotérique" des profanes. Cependant, dès lors qu'il y a un rattachement réel à la tradition, même indirectement, ce n'est pas quelque chose de simplement théorique ; c'est donc d'un autre ordre qu'une adhésion rationnelle à une "croyance" ; et il faut bien prendre garde que ce ne sont pas là des choses qui peuvent s'interpréter en termes "psychologiques". Quant à savoir si ce lien est vraiment rompu dans le cas de "conversions" dont vous parlez, la question n'est pas si simple : il se peut qu'il en soit parfois ainsi, mais non pas forcément toujours ; il faudrait pour s'en rendre compte, pouvoir constater ce qui se passera à la mort de l'être considéré, et, si l'on peut dire, de quel côté il se dirigera alors.

6°. Je ne suis pas étonné que l'ouvrage dont vous parlez vous ait déçu quant à ce que vous pensiez y trouver ; du reste, jusqu'à quel point les "néo-Thomistes" comprennent-ils saint Thomas ? En tout cas, il est certain que les citations même de saint Thomas peuvent toujours être intéressantes et utiles ; le passage que vous citez est remarquable en effet, et on pourrait sans doute en trouver d'autres du même genre. À cause de cela, j'accepte bien volontiers votre offre de m'envoyer le livre, lorsque toutefois vous n'en aurez plus besoin vous-même. -- Je ne sais pas si on peut établir un rapport direct avec le Tao partout où il est question de "voie" ; il n'en est pas moins vrai qu'il y a là tout au moins l'emploi d'un même symbolisme. D'autre part, il est tout à fait certain que c'est par l'intermédiaire des Arabes qu'Aristote a été connu en Europe au moyen-âge ; les traductions latines ont été faites alors sur les traductions arabes, et non pas directement sur le texte grec. -- Albert le Grand et saint Thomas étaient rattachés à une organisation hermétique ; mais il est possible que la dénomination de "Rose-Croix" n'ait pas été encore en usage à cette époque ; je ne crois pas qu'elle ait pu apparaître en fait avant le 14° siècle.

7°. Pour les "fulgurations "de Leibnitz, votre rapprochement avec Râmânuja n'est peut-être pas sans fondement, mais il y en a encore un autre plus frappant avec le symbolisme thibétain du "Vajra" ; je l'ai indiqué dans un article du "Voile d'Isis" sur les "Pierres de foudre", que je n'arrive pas à retrouver en ce moment. -- Quant au rapport des "perceptions confuses" et des "perceptions distinctes" dans la monade, il est dérivé de la théorie aristotélicienne de la puissance et de l'acte, mais avec des complications assez curieuses. -- Ce qui est absurde, c'est, comme vous le dites, le "choix" de Dieu parmi les mondes possibles ; il faut dire d'ailleurs que l'idée leibnitzienne du "Meilleur des mondes" est tirée de considérations mathématiques exactes en elles-mêmes, mais mal appliquées.

8°. Sûrement, les événements actuels ne me donnent que trop raison ; j'aurais bien préféré qu'ils ne le fassent pas aussi complètement, ni surtout d'une façon aussi rapide !

J'ai déjà entendu parler du nouveau livre sur la "méditation bouddhique" ; d'après ce qu'on m'en a dit, il semble qu'il s'agit d'une présentation passablement "occidentalisé". Je me demandais s'il en serait fait un service pour le "Voile d'Isis ; rien n'étant encore venu, c'est peu probable maintenant. Là encore, je me permets donc d'accepter votre offre, mais toujours, bien entendu, sous la réserve que vous ne teniez pas à garder le volume vous-même ; merci d'avance.

Croyez toujours, je vous prie, Monsieur, à mes très distingués sentiments.

R. G.

ಐCನ

(J)

Le Caire, 31 mai 1935.

Monsieur,

Les livres me sont arrivés quelques jours après votre lettre, ainsi que cela se produit d'ailleurs souvent pour les imprimés ; merci de cet envoi ainsi que des coupures.

Il est entendu que je vous retournerai l'"Intuition intellectuelle" ; je vous en parlerai quand j'aurai lu cela. Pour le moment, j'ai pu seulement jeter un coup d'oeil sur les deux autres volumes. Cette "adaptation de la Bhagavad-Gîtâ est, en effet, encore un bel exemple de l'incompréhension occidentale ; et je me demande vraiment comment on peut se permettre d'écrire et de publier quelque chose sur un sujet qu'on ignore aussi complètement ; la façon de procéder de l'auteur me rappelle les traductions de Salet... -- Quant à la

"Méditation bouddhique", c'est une sorte de résumé plutôt élémentaire, où on sent la préoccupation constante de choisir ce qui peut convenir aux Occidentaux ; cela ne peut sûrement pas mener bien loin, mais du moins c'est assez inoffensif, et cela vaut toujours mieux que les fantasmagories des théosophistes !

Je ne connais le livre de L. Snali que par un compte rendu très élogieux que j'ai vu dans un journal italien, mais qui ne m'a pas beaucoup renseigné sur le fond ; si vous voulez bien me le communiquer, je vous le renverrai en même temps que l'autre volume.

La réponse que vous avez reçu de L. Lavelle est bien, en somme, celle qu'on pouvait attendre d'un "universitaire" tel que lui ; on ne peut même pas espérer éveiller un intérêt quelconque chez ces gens-là, ni les sortir de leurs pseudo-problèmes... Je me demande toujours, d'autre part, jusqu'à quel point des philosophes tels que ce Jospers (que j'ignorais tout à fait) comprennent eux-mêmes ce qu'ils disent, et si l'influence orientale, quand elle existe, va plus loin qu'un simple emprunt de formules qui restent pour eux purement verbales.

J'espère que le "Voile d'Isis" vous intéressera, je regrette de n'avoir pas pensé à vous en parler plus tôt...

1°. On a bien souvent reproché aux Bouddhistes la contradiction que vous relevez, et, en effet, on ne voit pas trop ce que peut être pour eux l'être qui passe d'un état à un autre ; sans doute cela prouve-t-il tout simplement l'impossibilité de pousser logiquement jusqu'au bout la théorie de l'"impermanence".

2°. Je ne vois pas pourquoi l'acquisition de la connaissance ne se poursuivrait pas dans le "vie prolongée", surtout si elle a déjà été préparée d'une certaine façon pendant l'existence terrestre ; l'être n'est jamais "fixé" tant que le but final n'est pas atteint.

3°. On peut sans doute parler d'hérédité pour certains éléments psychiques, mais il y a aussi des ressemblances qui s'expliquent plutôt par "affinité". L'individu est en quelque sorte la résultante de la rencontre d'un certain être avec un certain milieu, et il doit forcément y avoir une "convenance" de ce milieu avec cet être. -- L'article de Maeterlinck exprime bien, comme vous le dites, la conception occidentale, qui, là comme ailleurs, ne tient compte que du "sens horizontal" représenté ici par le milieu, et ignore totalement le "sens vertical", c'est à dire ce qui appartient proprement à l'être réel. -- J'ajoute que, dans une époque comme la nôtre, les affinités sont certainement moins nettes et les cas d'exception plus nombreux que dans une période plus régulière.

Croyez, je vous prie, Monsieur, à mes très distingués sentiments.

R. G.

ഇൻ

(K)

Le Caire, 2 juillet 1935.

Monsieur,

J'ai reçu votre lettre la semaine dernière, en même temps qu'un numéro d'"Art et Médecine" ; les reproductions qu'il contient sont intéressantes, mais c'est dommage que le texte s'en tienne à des points de vue si "profanes" et extérieurs. -- Les livres me sont arrivés quelques jours plus tard ; merci du tout. -- Je ne savais pas que celui de Suali avait été traduit en Français. J'ai celui de Mukerji, assez "mélangé" en effet ; enfin, je vous renverrai le tout en même temps.

Depuis que je vous ai écrit, j'ai lu la brochure de R. Jolivet, et je dois avouer que, en dehors des citations de saint Thomas, je n'y ai pas trouvé grand-chose d'intéressant ; toutes ces subtilités "à côté" et toutes ces histoires d'"abstrait" et de "concret" ne correspondent pour moi à rien de réel ; je me demande d'ailleurs jusqu'à quel point saint Thomas lui-même ne peut être rendu responsable du rôle fantastique attribué à l'"abstraction" par les scolastiques modernes... Quoi qu'il en soit, j'ai remarqué une chose qui me paraît très importante : c'est que, presque partout où on traduit par "esprit", le texte latin porte en réalité le mot "mens", ce qui, évidemment, n'est pas du tout la même chose. Alors les passages qui semblent nier l'intuition intellectuelle s'expliquent d'eux-mêmes, puisque c'est en ce qui concerne "mens" qu'ils la nient : cela revient à dire que "Buddhi" n'est pas incluse dans "manas", ce qui est exact ; et il est vrai aussi, d'ailleurs, que "Buddhi" n'est pas une faculté "humaine (individuelle). En somme cela suffirait à résoudre toutes les difficultés ; seulement, ces gens sont loin de se douter que l'être qui est humain est aussi tout autre chose.

M. Fleury, qui est à la fois spirite et panthéiste, m'accablait jadis de lettres qui n'étaient pleines que de "discutailleries" philosophiques dont son article peut vous donner une idée ; voyant qu'il était impossible de lui faire comprendre quoi que ce soit, j'ai fini par cesser de lui répondre. Encore cet article du "Mercure" est-il plutôt moins mauvais qu'un autre qu'il a fait paraître il y a quelques années dans une revue intitulée l'"Esprit français", qui, je crois a cessé sa publication depuis lors.

L'article sur l'"oraison" n'est pas de moi, mais de F. Schuon ; cela n'empêche pas, d'ailleurs, que j'en approuve tout à fait le contenu.

Je viens justement de lire la "Pensée chinoise" de Granet, n'en ayant pas eu le temps jusqu'ici ; il y a là-dedans une documentation intéressante, surtout en ce qui concerne les nombres ; mais il est bien évident qu'au fond il ne comprend pas, et ses interprétations "sociologiques" renversent les choses en donnant comme origine ce qui n'est qu'une simple application.

L'article de ce Docteur Naacune, que je ne connais pas du tout, est assez intéressant en effet ; seulement, je me demande ce que c'est que cette histoire d'un ouvrage perdu de saint Augustin, qui aurait été intitulé "Beauté et Convention" ; ce titre me paraît bien "anachronique"...

Je ne connaissais pas les passages de Nietzsche et de Shakespeare que vous me citez, et qui sont effectivement assez curieux, ce dernier surtout. -- quant à Malbranche, je ne crois pas qu'il ait rien eu d'un ésotériste, car alors il n'aurait pas été influencé par Descartes comme il l'a été ; ce qui peut parfois en donner l'illusion chez lui, c'est tout simplement ce qu'il a emprunté au platonisme (ou au néo-platonisme), que d'ailleurs il a dû connaître surtout à travers saint Augustin.

Je passe maintenant à vos différentes questions.

1°. Il faut bien comprendre que cette "prolongation indéfinie de la vie individuelle" n'est pas quelque chose que l'homme obtient par lui-même, mais une conséquence de sa participation à une Tradition ; et il est clair que la raison n'en est pas tant de le maintenir dans son individualité, ce qui en soi n'aurait aucun intérêt, que de lui permettre d'obtenir, dans ce prolongement et d'une façon en quelque sorte "différée", ce qu'il n'avait pas pu atteindre pendant sa vie terrestre.

2°. Le passage à un état plus élevé (en tant qu'état) n'implique pas forcément que l'être doive " y naître" dans une condition "centrale" comme l'est celle de l'homme dans notre état ; dans celui-ci, il y a aussi des animaux, des végétaux, etc., et, dans les autres états, il y a naturellement quelque chose qui correspond à tout cela ; un être peut donc, tout en étant dans un état plus élevé, s'y trouver dans des conditions moins avantageuses. -- Quant à la "chute des anges", il faut y voir surtout un symbolisme, qui est d'ailleurs loin d'être parfaitement clair. Dans les doctrines orientales, il n'est jamais question de "chute " à proprement parler, mais seulement d'un éloignement du Principe dans le processus de la manifestation (ceci pour le développement de chaque état envisagé en lui-même et isolément).

3°. La "naissance" et la "mort" n'apparaissent comme des modifications exceptionnelles qu'autant qu'on se place dans le cycle même dont elles marquent le commencement et la fin ; autrement il n'y a pas de différence entre elles et les autres modifications ; l'explication que vous envisagez à ce sujet est donc tout à fait exacte, et c'est bien là ce que j'ai voulu dire.

4°. De même, au sujet de l'espèce, la réponse à l'objection dont vous parlez est bien en effet que l'espèce n'a de réalité que dans le sens "horizontal" exclusivement. Il y a longtemps que je me propose de traiter la question de l'espèce et de ses conditions, d'une façon plus développée ; je ne sais si j'aurai quelque jour l'occasion de réaliser ce projet...

Croyez, je vous prie, Monsieur, à mes très distingués sentiments.

R. G.

ಐಂಕ

(*L*)

Le Caire, 26 août 1935.

Monsieur,

J'ai bien reçu, voici déjà une dizaine de jours, votre lettre de 2 août, puis votre paquet dont je vous remercie.

Je ne connaissais que de réputation les "Propos de table" de Luther, n'ayant jamais eu l'occasion de les lire (je ne sais pas l'allemand), mais ce que vous m'en dites ne m'étonne pas ; quoi qu'il en soit je ne serais pas fâché de voir cela de plus près...

J'ai lu le livre de L. Suali ; comme vous me l'aviez dit, c'est bien présenté ; un reproche qu'on pourrait lui faire c'est d'employer assez souvent des expressions spécifiquement chrétiennes qui peuvent donner lieu à de fausses assimilations.

Si vous n'êtes pas trop pressé d'avoir vos livres, j'attendrai encore quelque temps avant de vous les renvoyer, afin de pouvoir y joindre le "Buddha" d'Oldenberg quand je l'aurai vu, puisque vous voulez bien me le communiquer également. -- J'y joindrai aussi votre exemplaire de la

"Méditation bouddhique", car j'en ai reçu un autre qui a été envoyé, assez tardivement du reste, comme service au "Voile d'Isis".

Je vous remercie de l'offre que vous me faites si aimablement de m'envoyer la "Mythologie asiatique", que je ne connais pas du tout. On peut très bien m'adresser un colis postal ; cela est déjà arrivé plusieurs fois, et ils me sont toujours très bien parvenus ; je trouve en ce cas un avis à la poste.

On m'avait déjà parlé de ce livre sur le "culte de Civa" ; la citation suffit à en indiquer l'esprit ; c'est véritablement inouï, et d'ailleurs bien anglais...

L'histoire de la mandragore est une chose vraiment bien curieuse ; j'en ai vu autrefois une qui figurait très nettement un homme, une femme et un enfant. Ceux qui prétendent que les racines qui présentent de telle formes ont été travaillées n'en ont certainement jamais vu, car, par leur contexture même, c'est là une chose tout à fait impossible.

Au sujet du passage de Shakespeare, l'expression "maturité" est tout à fait exacte en effet ; elle est d'ailleurs employée régulièrement dans l'Inde dans un sens identique ; quant aux vers de Leconte de Lisle, je ne les connaissais pas, ou tout au moins je n'en avais aucun souvenir ; j'avoue que j'en suis un peu étonné, car il ne m'a jamais semblé qu'il ait pu atteindre une compréhension bien profonde ; peut-être est-ce comme il arrive très souvent, quelque chose qu'il s'est approprié sans y saisir beaucoup plus que les mots ; en tout cas, ce ne peut pas être l'effet d'une simple coïncidence...

F. Schuon est bien le véritable nom de l'auteur de l'article sur l'"oraison" ; il est d'origine alsacienne, mais habite actuellement la Suisse ; il a même formé, à Bâle et à Lausanne, deux groupes de jeunes gens qui étudient fort sérieusement les doctrines métaphysiques ; je crois que c'est là une chose qu'il serait plus difficile à réaliser en France !

Rivaud me paraît, d'après ce que je connais de lui, moins étroitement "borné" que beaucoup d'autres universitaires ; mais lui aussi est bien pris par le préjugé de tout rapporter aux Grecs ; et, même chez ceux-ci, il y a sûrement bien des choses qui lui échappent ; sa confusion au sujet des nombres le montre bien. Il est vrai qu'on voit souvent, à notre époque, des gens qui vont encore bien plus loin en ce sens, jusqu'à confondre le nombre avec le chiffre !

À propos des nombres, je ne vois pas qu'il y ait, dans le symbolisme chinois, la différence que vous pensez y trouver : le Tao "sans un nom" est le Zéro métaphysique, indiqué peut-être même encore plus nettement là que partout ailleurs ; c'est seulement le Tao "avec un nom" qui peut être identifié à la "Grande Unité" (Tai-i), représentée par le Pôle ; mais je me demande si Granet a quelque idée de cette distinction tout à fait essentielle ; quant au deux, il représente bien partout la "polarisation" : les couples "Ciel-Terre", "Yin-Yang", etc., sont bien toujours au fond, des aspects de la dualité Purusha Prakriti (contenue dans l'unité d'Îshwara ou de l'Être). Et c'est au trois que commence proprement la manifestation : "un a produit deux, deux a produit trois, trois a produit tous les nombres" (qu'on a tous en effet dès qu'on a quatre, puisque $1+2+3+4 = 10$; et c'est pourquoi, dans les idéogrammes chinois, le signe $+ = 10$, et 10 puissance $4 = 10000$ désigne l'indéfinité de tous les êtres).

Dans le diagramme du Tai-Ki, il n'y a pas réellement d'axe vertical, car il doit être regardé comme tracé dans un plan horizontal ; on pourrait seulement dire qu'un des axes joue un rôle "relativement vertical" par rapport à l'autre ; mais alors pourquoi serait-ce le diamètre plutôt que la demi-circonférence (ou mieux l'ensemble des deux demi-circonférences) ? Je ne vois rien qui l'indique, et même la figure telle qu'elle est disposée habituellement (voir page 280 du livre de Granet) semble bien indiquer tout le contraire. Vous voudrez bien me dire si vous avez vu autre chose qui vous ait fait penser cela ; en tout cas, même si ce que vous dites se rencontrait quelquefois, ce ne serait encore pas une difficulté insurmontable, car il ne faudrait y voir qu'un cas particulier de cet échange des nombres et des symboles que Granet lui-même signale à plusieurs reprises (échange des nombres pairs et impairs entre le Ciel et la Terre, attribution de l'équerre à Fo-hi et du compas à Niu-Koua, etc.), mais dont, d'ailleurs, sa manie des explications "sociologiques" l'empêche de comprendre le véritable sens, car, satisfait de ce qu'il croit avoir trouvé à ce point de vue, il n'a même pas l'idée de chercher plus loin...

Comme à l'habitude, je termine par vos questions numérotées :

1°. La phrase que vous me signalez dans le "Cadeau" ne peut pas avoir de sens panthéistique, à cause de ces mots : "au point de vue absolu", qui impliquent nécessairement que l'ensemble des êtres est envisagé comme totalité principielle ; ce qui précède, c'est à dire l'affirmation de la différence "au point de vue relatif " (qui est celui de toute manifestation), écarte précisément toute conception panthéiste ou immanentiste.

2°. La limitation comme telle n'est que quelque chose de purement négatif ; elle n'a donc pas d'existence principielle, si l'on peut dire ; il ne peut être question de limitation que du point de vue des êtres contingents (je pense que c'est bien ce que vous voulez dire quand vous parlez des possibilités de manifestation considérées comme "effectuées") ; l'erreur de point de vue, chez ces êtres, consiste à prendre la limitation (ou ce qui en résulte, et qui est par conséquent aussi négatif qu'elle-même) pour une attribution positive. En somme la limitation ne procède pas d'autre chose que de la "distinctivité" : chaque possibilité particulière, si on l'envisage séparément des autres, devient par là même exclusive (ou négative) de celle-ci ; mais, si on la rapporte au contraire à la totalité, la limitation disparaît par là même, puisque pour la totalité, il ne peut évidemment y avoir aucune limitation.

3°. a) Les états de manifestation autres que l'état humain sont bien représentés par les spires de l'hélice se suivant dans des plans différents ; il n'y a d'ailleurs pas lieu de limiter cette correspondance dans le sens ascendant à la seule modalité corporelle, chaque état comprenant naturellement des modalités multiples, aussi bien que l'état humain lui-même.

b) La difficulté que vous signalez, en ce qui concerne les spires horizontales qui s'éloignent du centre en s'élargissant, correspond seulement à une imperfection du symbolisme géométrique, qu'on ne peut corriger que par la considération du "sens inverse" : dans ce qu'il s'agit de représenter, c'est au contraire ce qui est le plus étendu (c'est-à-dire le moins limité) qui est le plus près du centre. Cette difficulté se présente aussi quand on veut représenter les "cieux", suivant Dante par exemple : on ne peut les figurer que par des cercles allant en s'agrandissant du plus bas au plus élevé, mais, en même temps, c'est le plus élevé qui est le plus proche du centre divin ; cela est facilement concevable, mais il est impossible d'en obtenir une figuration correcte.

c) Je ne vois pas pourquoi, dans la "remontée" d'un état à un autre, les modalités iraient nécessairement en s'éloignant du centre, puisqu'il y a dans chaque état des modalités qui correspondent à celles des autres. Tout ce qu'on peut dire, c'est que, la multiplicité des états étant indéfinie, la "remontée" continuerait indéfiniment, si l'être, dans un certain état (qui peut d'ailleurs être quelconque), n'arrivait à atteindre de façon effective le centre même, ce qui lui permet dès lors de s'échapper par l'axe, au lieu de continuer à tourner indéfiniment autour du cylindre (dans la rotation du "samsâra").

4°. Si la liberté de l'être humain individuel est de l'ordre des quantités infinitésimales, c'est que l'individualité elle-même l'est aussi, quand on la rapporte à l'ensemble ; il ne se peut pas que cela ne soit pas rigoureusement proportionné. D'autre part, il est bien évident que, si l'on parle de la liberté qui appartient proprement à l'individu humain comme tel, elle ne peut s'appliquer qu'à l'intérieur de son cycle de manifestation humain, ce qui revient à dire qu'elle apparaît comme nulle dès qu'on sort de ce cycle ; mais, bien entendu, elle n'est pas nulle quand on s'en tient à la considération de l'activité de l'homme individuel.

Croyez, je vous prie, Monsieur, à mes meilleurs et distingués sentiments.

R. G.

༄༅

(*M*)

Le Caire, 23 septembre 1935.

Monsieur,

Merci tout d'abord de l'envoi que vous m'annoncez ; je ne l'ai pas reçu encore, mais cela n'a rien d'étonnant, car, en général, les colis postaux sont à peu près un mois en route ! Je vous reparlerai donc une autre fois du contenu de ce colis... -- Merci aussi pour le coupon joint à votre lettre.

Ce que vous dites du poème de Leconte de Lisle ne m'étonne pas, et confirme en somme ce que je pensais : les deux derniers vers doivent représenter une formule qu'il a trouvé je ne sais où et qu'il aura reproduite sans la comprendre au fond...

Je ne connais de J. de Gaultier que sa "Sensibilité métaphysique", qu'il m'avait envoyé et que j'ai eu d'ailleurs un mal terrible à lire jusqu'au bout ; et je n'ai jamais pu arriver à savoir au juste où il voulait en venir... Si le "Bovarysme" dont vous parlez peut donner une idée un peu plus claire de ses théories, j'accepte donc volontiers votre offre de me le communiquer, car peut-être saurais-je mieux par là à quoi m'en tenir sur son compte !

1°. Je viens de relire encore la note de Granet (page 280), mais je n'arrive pas à voir comment les deux demi circonférences, dont l'ensemble forme une courbe s'enroulant autour de l'axe relativement vertical, seraient engendrées par le tracé de l'autre axe ; la question, comme vous le dites n'a sans doute qu'une importance secondaire, mais en tout cas je dois avouer qu'il y a, dans la façon dont vous envisagez la figure, quelque chose qui m'échappe...

2°. Pour le passage du "Cadeau", l'explication que vous envisagez cette fois est certainement correcte, et je ne vois pas qu'il y ait rien à y ajouter.

3°. Pour la question de la limitation, peut-être les difficultés que vous exposez viennent-elles surtout de ce qu'un point de vue purement logique ne peut plus être d'aucune aide au-delà d'un certain domaine ; en tout cas il ne peut représenter alors rien de plus qu'une sorte de traduction très imparfaite... Quoi qu'il en soit, il est bien entendu que, au point de vue de l'absolu (si l'on peut dire), c'est-à-dire du côté du Principe, il ne peut y avoir d'erreurs ou, pour parler plus exactement, d'illusions ; celle-ci ne peut donc se trouver que du côté de la manifestation, et elle s'y trouve forcément comme inhérente à la manifestation elle-même comme telle, dès lors que celle-ci implique une multiplicité dont les éléments, envisagés distinctivement, ne peuvent pas ne pas se limiter les uns les autres. C'est là, en somme ce qui conditionne toute manifestation, qui n'est, par suite, que relative et contingente, ce qui revient encore à dire qu'elle est illusoire par rapport au Principe. L'illusion disparaît avec le point de vue distinctif, mais la manifestation aussi par là même. Maintenant, si l'on se demande pourquoi il en est ainsi, la question au fond est sans objet : c'est, tout simplement, parce que toute possibilité est réalisée de la façon que comporte sa nature, et celle des possibilités de manifestation comporte nécessairement et par définition même, cette réalisation qui ne peut être qu'en mode illusoire ; mais il doit être bien entendu qu'illusoire ne veut point dire irréel, mais seulement d'un moindre degré de réalité, puisque l'illusion a toujours son fondement dans la réalité principielle des possibilités. -- Je ne sais pas si j'arrive à expliquer la chose très clairement, mais du moins ce qu'il y a de certain, c'est que les difficultés ne tiennent ici qu'au langage, comme d'ailleurs il en est toujours lorsqu'il faut envisager les choses à la fois du côté du Principe et du côté de la manifestation.

4°. Il est évident que l'être qui élargit son domaine (que ce soit dans un mouvement vertical ou horizontal), et qui par là même s'affranchit de certaines limitations, ne peut être dit s'éloigner du centre ; il pourrait plutôt être dit s'en rapprocher, quoique, en toute rigueur, il en soit toujours à la même distance tant qu'il subsiste quelque limitation, en raison de l'incommensurabilité de l'absolu et de tout relatif (et c'est pourquoi la Délivrance implique une discontinuité radicale à l'égard de tout état conditionné, étant en dehors de la série indéfinie de ces états). Au fond, il s'agit bien toujours de la même imperfection inévitable du symbolisme géométrique ; il faut d'ailleurs remarquer que, dans celui-ci, le centre de l'être doit être considéré comme indéfiniment éloigné de l'axe du cylindre, les points de celui-ci que nous pouvons figurer représentant seulement les centres respectifs des différents états. -- Mais, de toute façon, je ne vois pas qu'on puisse employer un mot comme celui de "mécanisme" ; on pourrait sans doute dire que ce n'est là aussi qu'une façon de parler, mais je pense qu'elle ne peut qu'amener trop facilement des idées fausses. Du reste, dans tous les cas, et même quand il ne s'agit que du simple point de vue de la physique ordinaire, le mécanisme n'est certainement qu'une représentation erronée, et c'est là que réside un des principaux défauts des théories scientifiques modernes ; peut-être pourrais-je m'expliquer plus complètement là-dessus dans le volume que je me propose d'écrire dès que je pourrai enfin en trouver le temps...

5°. Il est bien entendu que le néant n'est que pure impossibilité, et, par conséquent la "conversion" que vous envisagez aux confins de l'indéfini s'impose en effet ; il y a là une sorte de "point d'arrêt", comme il y en a aussi analogiquement au point de vue cosmique, dans les périodes cycliques. -- Un néant ayant quelque positivité est proprement inconcevable ; il est vrai qu'il y a, surtout dans les conceptions philosophiques occidentales, bien d'autres "pseudo-idées" qui ne sont pas moins contradictoires...

Ce qui se trouve à la page 169 du "Symbolisme de la Croix" est une citation de la "Voie Métaphysique", ce que vous en dites me paraît exact, car l'hypothèse envisagée n'est évidemment réalisable que si on se place en dehors des deux états considérés ; les mots "actuel" et "précédent" ne valent plus alors que pour indiquer l'ordre de leur enchaînement causal ; et il est d'ailleurs clair que la conscience individuelle ne peut s'étendre au-delà des limites de l'individualité.

Croyez, je vous prie, Monsieur, à mes meilleurs et distingués sentiments.

R. G.

ᏸᏣ

(*N*)

Le Caire, 12 octobre 1935.

Monsieur,

J'ai reçu avant-hier votre lettre, qui s'est croisée avec le mot dans lequel je vous annonçais la bonne arrivée de votre colis ; votre autre paquet m'est parvenu aussi en même temps, et je vous en remercie. -- Je préfère, quand je le peux, répondre tout de suite aux lettres, car autrement il s'en accumule tellement que je n'arrive plus à m'y retrouver...

Merci pour le traité de Nâjârjuna ; je suis bien de votre avis sur cette dialectique, assez fréquente chez les Bouddhistes et qui vaut presque celle des Grecs ! Au fond cela a plutôt un intérêt de curiosité, car il est évident que ces subtilités ne peuvent toucher à l'essentiel... La traduction n'est pas toujours très compréhensible ; son auteur, quoique japonais, semble suivre les méthodes des orientalistes européens (et en particulier de Sylvain Lévi), qui ne se soucient guère de savoir si ce qu'ils traduisent présente un sens quelconque.

Je vous reparlerai du livre de J. de Gaultier quand je l'aurai lu ; à en juger par son autre ouvrage plus récent, je doute fort qu'il puisse y avoir chez lui quelque influence orientale appréciable...

Les passages de Shakespeare que vous me citez sont assurément curieux ; il est sans doute difficile de savoir exactement jusqu'où va l'intention consciente dans l'emploi de telles expressions, mais il ne semble pas douteux que Shakespeare, ou ceux à qui il a servi de porte-parole, aient eu certaine connaissance d'ordre ésotérique.

Vous me parlez de l'ouvrage de M. de Gaigneron ; je dois avouer que je ne sais pas du tout de quelle façon il a traité certaines questions ; ce que je crains un peu, c'est que, malgré toute la bonne volonté que je lui connais, il n'arrive pas à s'exprimer d'une façon parfaitement claire sur tous les points... -- Quoi qu'il en soit, le mécanisme" est une des grandes erreurs qui sont à la base des conceptions scientifiques modernes ; peut-être pourrai-je expliquer cela plus complètement dans le prochain ouvrage que je me propose d'écrire dès que j'en trouverai enfin le temps...

Pour la figure du Tai-Ki, on peut se demander en quel sens au juste les deux demi-circonférences intérieures "valent" la demi-circonférence extérieure, car ce ne serait pas exact si on le prenait au sens d'une égalité quantitative. D'autre part, j'avoue ne pas comprendre qu'une demi-circonférence puisse être engendrée par le tracé d'un demi-diamètre ; elle ne peut l'être que par la rotation de celui-ci, qui alors n'a plus une position fixe comme celle de la perpendiculaire à l'axe relativement vertical ; il y a encore là quelque chose qui m'échappe. Pour la phrase tirée de l'"Introduction" de Shankara, votre interprétation me paraît tout à fait exacte, et je ne vois rien à y ajouter.

Enfin, pour ce qui se rapporte au "Secret des Mantras", je vois qu'il s'est produit là une confusion qu'il importe de dissiper. Quand Shiva est considéré comme un des termes de la Trimûrti, il est bien le principe "Transformateur" (terme plus exact que celui de "destructeur" : il détruit la manifestation comme telle, sans doute, mais pour la ramener aux Principes) ; mais, dans un texte shivaïte comme c'est le cas, Shiva est pris comme synonyme de Paramâshwara, qui contient tous les aspects (et alors l'aspect "transformateur" est appelé Rudra).

Croyez, je vous prie, Monsieur, à mes meilleurs et distingués sentiments.

R. G.

ℰᴐᴄ℞

(O)

Le Caire, 18 octobre 1935.

Monsieur,

J'ai reçu au cours de cette semaine, deux nouveaux envois de vous : "A. Esculape" et l'"Esprit médical", où j'ai trouvé quelques articles intéressants ; merci encore.

Dans l'article sur Avicenne, il y aurait à relever quelques inexactitudes, notamment l'habituelle confusion à propos de "mysticisme" (c'est curieux de voir comme elle est de plus en plus courante en Occident), et la traduction du mot "Hokmah", qui signifie "sagesse", par "philosophie" ; celle-ci, en arabe, n'est jamais appelée autrement que "falsafah", qui est une altération de son nom grec...

Incidemment, je vois, parmi les annonces de collaboration à l'"Esprit médical", celle d'un assez sinistre personnage : Elian J. Finbert, trop connu ici, et fort peu avantageusement à tous points de vue ! Cet individu a éprouvé le besoin, il y a deux ou trois ans, de faire paraître sur moi, dans les "Nouvelles littéraires", un article de racontars aussi ineptes que mensongers. Je ne sais si vous lisiez le "Voile d'Isis" à cette époque, ni par conséquent si vous y avez vu la réponse que je lui ai faite... et à la suite de laquelle il s'est bien gardé de donner signe de vie.

Je viens de lire le "Bovarisme" ; cela se lit certes bien plus facilement et plus agréablement que la "sensibilité métaphysique", mais j'y ai retrouvé les mêmes tendances déjà affirmées : un "agnosticisme" radical, et même quelque chose de plus, puisque cela va, comme chez les sophistes grecs, jusqu'à la négation de la vérité (et non pas seulement de la possibilité de la connaître) ; un empirisme assez grossier au fond, confondant constamment l'idée avec l'image ; et cette façon de tout traiter en "jeu"... Il y a aussi quelque chose de curieux dans la confiance que l'auteur témoigne à la "physiologie", à l'"hérédité", etc., alors que, en même temps, il veut se montrer sceptique à l'égard des théories scientifiques actuelles comme de tout le reste ; cela est plutôt contradictoire ! Il est d'ailleurs évident que, quand il parle de "métaphysique", il entend ce mot dans un sens qui n'a rien de commun avec le nôtre ; et, quant à des influences orientales possibles, je n'en vois guère d'autres, pour ma part, qu'une idée de "mâyâ" assez mal comprise et déformée...

Je n'ai pas encore eu le temps de voir le livre d'Oldenberg, plus volumineux ; mais j'ai maintenant tant de choses à vous que je crois bien qu'il faudra finalement que je vous les renvoie en deux fois, à cause du poids. S'il en est ainsi, je répartirai les livres suivant leur format, afin que les paquets risquent moins de s'abîmer ou de se défaire en route.

Croyez, je vous prie, Monsieur, à mes sentiments les meilleurs.

R. G.

ℰℛ

(**P**)

Le Caire, 31 octobre 1935.

Monsieur,

J'ai reçu encore plusieurs envois de vous depuis que je vous ai écrit ; je ne veux pas tarder davantage à vous en accuser réception et à vous remercier du tout.

Le numéro de "Visages du Monde" consacré à l'Inde est fort bien illustré ; quant aux articles, comme ils n'ont en somme qu'un caractère "pittoresque", il n'y a rien à redire... sauf pourtant en ce qui concerne certaines notes sur les temples, dont le ton, qui veut être "plaisant", est d'assez mauvais goût. Savez-vous ce que c'est au juste que cette "Titayna", dont j'avais déjà entendu parler comme d'une aviatrice, mais sur laquelle je ne sais en somme rien de précis ?

Par une coïncidence assez curieuse j'ai reçu d'autre part, juste en même temps, un numéro du "Larousse mensuel" qui contient un article sur la "pensée indienne" ; mais ce n'est, à vrai dire, que le résumé des opinions courantes des orientalistes...

L'interview du Docteur Carrel m'a un peu étonné, agréablement d'ailleurs, car je ne pensais pas qu'il était de ceux qui se rendent compte de l'aboutissement inévitable de la civilisation moderne ; ce qu'il dit des répercussions de certaines inventions sur les êtres humains est parfaitement juste.

Le compte rendu du livre de Chesterton sur saint Thomas ne donne pas l'impression de quelque chose de très profond ; j'ai lu autrefois un livre de lui dont le titre m'échappe ; il semble qu'il ait parfois des idées assez curieuses, mais peut-être surtout par la forme paradoxale sous laquelle il les présente.

Au sujet de Ravaisson, je me demande s'il est vrai que Bergson l'ait si bien compris qu'on le dit : il semblerait en effet que Ravaisson ait entrevu quelque chose de l'intuition intellectuelle, bien que ce soit toujours resté vague chez lui ; pour Bergson, au contraire, il ne s'agit jamais que de l'intuition sensible ; que de confusions dues à ce qu'on ne sait pas faire cette distinction essentielle !

L'histoire rapportée dans l'article de "Gringoire" est assez curieuse ; malheureusement, les articles de ce genre sont tellement "romancés" en général qu'on ne peut jamais savoir exactement ce qu'il y a de vrai là-dedans...

Enfin, j'ai reçu hier la suite de l'étude sur la mandragore, et je vois qu'elle doit se continuer encore. Il y a là-dedans des choses vraiment curieuses au point de vue "documentaire" ; par ailleurs, l'auteur se fait évidemment de l'ésotérisme en général et de l'hermétisme en particulier, une idée plutôt singulière ; il faut dire qu'il paraît la devoir en grande partie aux modernes "occultistes", surtout à Éliphas Lévi ; on ne saura jamais combien d'idées fausses ces gens-là auront contribué à répandre !

Je pense pouvoir vous retourner prochainement quatre volumes : ceux de J. de Gaultier, de Mukerji, de Tucci, et la "Méditation bouddhique". À cause du format, comme je vous le disais la dernière fois, je réserverai la brochure de R. Jollivet pour vous la renvoyer en même temps que le livre d'Oldenberg, lorsque j'aurai lu celui-ci.

Croyez, je vous prie, Monsieur, à mes sentiments les meilleurs.

R. G.

(Q)

Le Caire, 17 novembre 1935.

Monsieur,

J'ai reçu cette semaine votre lettre du 5 novembre ; depuis la dernière fois que je vous ai écrit, j'ai reçu aussi votre envoi de trois articles de "Passiflora" ; les figures qui sont reproduites là-dedans sont vraiment curieuses et je vous en remercie.

De mon côté je vous ai expédié la semaine dernière un paquet contenant quatre livres comme je vous l'avais annoncé ; il n'est donc plus temps de penser à un autre mode d'envoi, mais, de toutes façons je ne pense pas que la différence de frais puisse être bien considérable. Il ne me reste donc plus à vous renvoyer que la brochure sur l'"intuition métaphysique" et le livre d'Oldenberg ; je n'ai pas encore eu le temps de voir ce dernier.

Merci beaucoup de votre offre de m'envoyer l'"Histoire de l'Extrême-Orient" de Grousset ; si vraiment cela ne doit pas vous priver, je l'accepte avec plaisir.

Les "Contes de Goha le Simple" ne sont pas de Finbert, mais de Georges Adis, qui est mort depuis assez longtemps déjà. Quant à Finbert, il avait fondé autrefois à Alexandrie une revue intitulée "Les Messages d'Orient", avec Carlo Suarès (l'admirateur de Krishnamurti) ; mais, celui-ci n'ayant pas tardé à s'apercevoir que c'était surtout un prétexte pour lui soutirer des fonds, cette revue a cessée de paraître après 5 ou 6 numéros.

Au sujet de J. de Gaultier, les rapprochements que vous indiquez pourraient sans doute se soutenir, mais je crois que, s'ils existent, c'est bien à son insu ; cela ne change d'ailleurs rien en ce qui concerne ses tendances générales, qui sont évidemment opposées à toute doctrine traditionnelle.

Je ne connais rien de Calderon en dehors de ce qui a été dit dans le "Voile d'Isis"; le premier article m'avait paru un peu vague, et me donnait l'impression de choses dont Calderon lui-même pouvait bien n'avoir pas été très nettement conscient; mais je dois reconnaître que le dernier me paraît beaucoup plus précis et plus convainquant à cet égard.

1°. Je comprends mieux maintenant ce qui avait amené vos remarques sur la figure de Tai-Ki, mais, comme vous l'admettez vous-même, ces assimilations ne me semblent pas parfaitement exactes. Si l'on considère la circonférence comme représentant un aspect passif, son corrélatif, correspondant à l'aspect actif, n'est pas autre chose que son centre lui-même, qui est d'ailleurs la trace de l'axe vertical dans le plan horizontal; et cette corrélation ne peut pas être assimilée purement et simplement à celle des deux axes du plan horizontal (qui sont deux diamètres rectangulaires de la circonférence).

2°. Pour l'hélice évolutive, le sens ascensionnel n'est pas un simple postulat, mais une conséquence nécessaire de la continuité existant entre tous les états de manifestation du fait même de leur enchaînement causal. Quant à la phase d'expiration, que vous envisagez comme descendante, la vérité est qu'elle ne comporte pas d'état de manifestation; ce qu'on peut appeler l'"émission" des êtres dans le courant de la manifestation doit être considéré comme s'effectuant en un point indéfiniment éloigné vers le bas, de même que le retour au Principe s'effectue en un point indéfiniment éloigné vers le haut; mais, en réalité, ces deux extrêmes coïncident, l'origine et la fin ne pouvant être qu'identiques dans l'absolu. -- J'ajoute qu'on ne peut pas considérer uniquement l'expansion et la concentration comme se succédant l'une à l'autre; on les retrouve toujours l'une et l'autre à tous les degrés de la manifestation, ce qui donne lieu dans celle-ci à des aspects apparemment "antinomiques"; il y a là des considérations assez complexes à faire intervenir si l'on veut entrer dans des détails plus précis sous ce rapport...

3°. Votre point de vue pourrait se soutenir en effet si l'être était assuré de retrouver, dans un autre état, une position "centrale" correspondant à celle de l'homme dans le nôtre, mais ce n'est là qu'une possibilité parmi une indéfinité d'autres ; il y a donc beaucoup plus de chance pour qu'il se trouve désavantagé par son passage à un autre état. C'est en ce sens qu'il faut entendre ce qui est dit dans je ne sais plus quel texte, que "la naissance humaine (ou son analogue) est difficile à obtenir".

4°. Je n'ai pas, pour le moment, le loisir d'examiner de très près les passages de la "Chhândogya Upanishad" que vous m'indiquez, mais il ne me semble pas qu'il y ait là de biens grandes difficultés.

5, 10, 7. -- Vous avez raison de dire qu'il ne faut voir là que des analogies ; il y en a d'ailleurs de semblables dans bien d'autres textes (par exemple chez Platon) ; mais les théosophistes et autres qui n'entendent rien au symbolisme prennent tout dans le sens le plus grossièrement littéral et "terrestre"...

6, 2, 1-2. -- L'interprétation du passage peut donner lieu à des doutes, parce que l'expression "Non-être" n'a pas toujours et partout la même signification et peut ne pas se rapporter forcément à Ce qui est au-delà de l'être (exemple : le (? ? ?) de Platon, qui n'est que la potentialité indistinguée). Maintenant, il faut dire aussi que le point de vue de Râmânuja correspond à un certain niveau de réalité ; il doit donc se trouver dans les Upanishads des passages qui peuvent s'y rapporter, comme il en est pour tout autre point de vue légitime dans son ordre.

8, 11, 1-3. -- Il me semble que le "sommeil profond" n'est ici considéré comme "non-connaissance" que par rapport à la manifestation ; et il est bien, en effet, au-delà de la connaissance distinctive.

8, 12, 1. -- La différence entre le "jîvan-mukti" et le "vidîha-mukti" n'est en somme que dans les apparences qu'ils présentent pour les autres ; le "jîvan-mukti" lui-même ne peut être regardé réellement comme "incorporé", puisqu'il n'est plus aucunement affecté, conditionné ou limité par le corps ; du reste, l'état conditionné étant nul par rapport à l'inconditionné, quelle différence la présence ou l'absence du corps pourrait-elle faire quant à la possibilité d'obtenir la Délivrance ?

Le coupon joint à votre lettre n'est pas valable, faute d'avoir été timbré par la poste ; je suis donc obligé de vous le retourner ci-joint, et j'espère que vous pourrez faire réparer cette omission sans difficulté.

Croyez, je vous prie, Monsieur, à mes sentiments les meilleurs.

R. G.

ℬℭ

(R)

Le Caire, 24 décembre 1935.

Monsieur,

J'ai reçu ces jours derniers votre lettre du 10 décembre, ainsi que les articles que vous m'y annoncez, et dont je vous remercie ; et vous devez savoir maintenant que votre colis postal m'est bien parvenu aussi la semaine précédente.

Je vous retournerai le "Journal Médical" en même temps que vos deux livres que j'ai encore ; de celui d'Oldenberg, je ne suis arrivé jusqu'ici à lire que l'introduction : quelle incompréhension complète à l'égard des doctrines védiques !

Je n'ai pas reçu le "Lama aux cinq sagesses" ; j'accepte donc volontiers votre offre de me le communiquer aussi. Ce que vous m'en dites peut correspondre à une conception de certaines écoles bouddhistes ; il en est sûrement qu'il serait bien difficile d'exempter de tout reproche de contradiction... D'autre part, il est exact que les théosophistes, au début du moins, se sont surtout recommandés du bouddhisme thibétain, mais je pense que c'est bien à tort ; là comme ailleurs, les "renaissances" humaines n'ont en somme qu'une signification toute symbolique. -- Quant aux phénomènes "magiques" dont vous parlez à propos de Milarépa, ils peuvent très bien être réels ; je ne vois pas du tout ce qui peut s'y opposer ; la question qui se pose à propos des choses de ce genre n'est pas celle de leur réalité, mais celle de l'importance qu'il convient de leur attribuer.

Non, je ne connais pas la traduction de la "Brihad-Aranyaka Up." par Sénart ; l'échantillon que vous me citez ne paraît pas témoigner d'une grande compréhension, ce qui d'ailleurs ne m'étonne pas. -- Je ne sais si je vous ai dit que celle qui a été publiée sous le nom d'Hérold est en réalité une œuvre collective, à laquelle collaborèrent Sylvain Lévi, Foucher et autres ; mais, à cause de leurs situations "officielles", ils préfèrent ne pas la signer et s'abritent derrière Hérold qui, je crois bien, n'a jamais su le sanscrit...

Je n'ai pas encore eu le temps de lire le livre de Gaigneron, de sorte que je ne peux guère vous en parler pour le moment ; je dois dire que, d'une façon générale, je n'aime pas beaucoup la forme dialoguée... D'un autre côté, je crains un peu, d'après ce que j'ai aperçu, qu'il ne se soit lancé parfois, par exemple à propos de théologie, dans des considérations qui auraient demandées à n'être abordées qu'avec plus de précautions. Quant à sa théorie du "damier", je suppose que ce développement lui appartient en propre, car je n'ai vu cela nulle part ailleurs ; pour la phrase que vous relevez, j'avoue que, jusqu'à plus ample examen, cela ne me paraît pas parfaitement clair.

Je ne pense pas que le passage de l'article d'Abdul-Hâdi où il est question d'"hallucination collective" à propos du monde sensible doive être interprété dans un sens "subjectiviste", mais bien plutôt au sens de la "mâyâ" hindoue ; du reste, l'hallucination n'est jamais, au fond, qu'une erreur portant sur le mode ou le degré de réalité de quelque chose, car on ne peut en aucun cas percevoir ce qui serait absolument irréel. Il y a aussi, dans ce passage, une allusion au rôle cosmogonique de l'homme, en rapport avec la position "centrale" qu'il occupe dans ce monde, et par suite de laquelle celui-ci, dans son ensemble dépend effectivement de lui d'une certaine façon. -- Sous ces réserves, les rapprochements que vous notez n'en sont pas moins intéressants, surtout en ce qui concerne Daudet. J'ai pourtant l'impression qu'il y a dans les idées de celui-ci, pour autant que ces articles me les font comprendre, quelque chose qui n'est pas entièrement "clarifié" et mis au point ; c'est dommage qu'il ne prenne jamais le temps d'approfondir plus complètement les questions auxquelles il touche... D'un autre côté, il est peut-être regrettable qu'il ait pris ce mot d'"universaux" qui peut donner lieu à des confusions, car c'est un terme connu de philosophie scolastique, mais avec un sens tout à fait différent de celui qu'il lui donne quelque peu arbitrairement.

J'ai maintenant, par l'article du "Journal Médical", une idée plus nette et plus complète du livre du docteur Carrel ; vous avez sans doute raison à ce sujet, et il semble bien que la partie critique soit en effet la meilleure ; quant à ce qu'il envisage pour remédier aux méfaits de la civilisation moderne, il est permis de douter que tout cela puisse avoir une bien grande efficacité. Du reste, il semble que beaucoup de gens se rendent enfin compte des inconvénients du prétendu "progrès", mais qu'ils ne voient guère comment il serait possible de sortir de cette situation, parce que ce sont toujours les principes qui leur font défaut...

Je ne connaissais pas du tout les travaux de Pawlow ; c'est curieux, mais je me demande si cela peut aller bien loin ; il est bien entendu que le "psychique" et le corporel sont liés, contrairement à la conception cartésienne, mais, malgré tout, il semble que des méthodes de ce genre ne permettent de saisir que les manifestations les plus superficielles.

Je vois que Finbert continue à prétendre s'occuper de l'Orient, qu'il ne connaît guère, car, comme tous ses pareils, il n'a jamais vécu ici que dans les milieux occidentaux ou "occidentalisés". -- Cela me fait penser aux frères Voronoff, qui sont d'une semblable origine : j'ai appris dernièrement qu'ils avaient autrefois exercé la médecine ici, et qu'ils en étaient partis à cause du peu de succès qu'ils rencontraient auprès de la clientèle...

1°. Vos énoncés me paraissent tout à fait corrects, sauf que, en parlant de l'hélice dans son ensemble, on ne peut l'appeler "trajectoire individuelle", puisque ses différentes spires correspondent à tous les états de manifestation, individuels ou non. Quant à l'autre aspect, s'il n'est pas figurable, c'est qu'il se réduit au point que les mathématiciens disent improprement "à l'infini" sur l'axe, c'est-à-dire au point où les deux extrémités de celui-ci se rejoignent et coïncident.

2°. Je ne pense pas qu'on puisse dire réellement que l'état humain et l'état non humain qui lui fait suite soient "étrangers l'un à l'autre", puisqu'ils sont deux manifestations d'un même être ; ils ne sont étrangers qu'en tant qu'on les envisage séparément comme individualités ; mais, dès lors qu'on dépasse les limites d'un seul état, ce n'est pas l'individualité qui est à considérer, c'est ce dont elle n'est une manifestation parmi les autres.

Croyez, je vous prie, Monsieur, à mes sentiments les meilleurs.

R. G.

ೞ ⊘

(S)

Le Caire, 26 janvier 1936.

Monsieur,

J'ai reçu votre lettre du sept janvier, en même temps que les coupures que vous m'annonciez, puis un N° d'"Art et Médecine" et la suite de l'étude sur la mandragore, et enfin je viens de recevoir le "Lama aux cinq sagesses", que j'attendais pour vous répondre ; je vous en remercie bien vivement, et je vous en reparlerai quand je l'aurai lu.

Je pense pouvoir vous renvoyer d'ici peu ce que j'ai encore à vous, car j'ai enfin presque terminé le livre d'Oldenberg ; c'est sûrement un travail consciencieux au point de vue historique, mais ses préjugés occidentaux s'affirment parfois avec une curieuse naïveté, par exemple quand il veut faire certaines comparaisons avec le Christianisme, dont il paraît se faire l'idée la plus niaisement sentimentale qu'on puisse imaginer ! Je ne reviens pas sur l'introduction, car je vous ai déjà dit ce que j'en pensais ; là c'est l'incompréhension totale...

Pour ce qui est des phénomènes magiques dont vous parlez, je sais que cela existe, mais je dois dire que je n'ai jamais eu la curiosité de chercher à en voir ; il me suffit d'en comprendre la possibilité, ce qui est la seule chose intéressante là-dedans. -- Cela me rappelle une histoire : quelqu'un ventait un jour à Mohyid-din ibn Arabi un personnage qui s'élevait en l'air et faisait d'autres choses extraordinaires de ce genre ; Mohyiddin répondit simplement : "Il faut croire que c'est un homme qui n'a pas grand-chose à faire !"

Pour l'article du docteur Pron sur la "métagnomie", je vois qu'en somme il essaie de faire une part à toutes les hypothèses, y compris celle des spirites, ce qui est un peu fâcheux ; quant à l'histoire des "archives âkâshiques", c'est un emprunt pur et simple aux théosophistes, et il est bien évident qu'il y a là une belle confusion entre l'ordre corporel et l'ordre subtil.

Je n'ai jamais rien écrit sur Plotin, et même j'avoue que je n'ai jamais eu le temps de l'étudier de près ; mais je sais qu'il y a là en effet bien des rapprochements à faire avec les doctrines orientales, de sorte que je ne suis nullement surpris de ceux que vous avez relevés, et qui me paraissent tout à fait justifiés. Seulement, il y a une chose qui m'a toujours étonné : c'est cette histoire d'états que Plotin aurait atteint un certain nombre de fois dans sa vie, et qui, par là même, semblent n'avoir rien eu de permanent, ce qui se comprend mal au point de vue initiatique ; il y aurait eu là, en tout cas quelque chose de très incomplet sous le rapport de la réalisation.

1°. La difficulté que vous notez pour l'emploi du mot "informel" me paraît inévitable, car on est bien forcé de l'appliquer à tout ce qui échappe, de quelque façon que ce soit, à la condition individuelle.

2°. Les états de manifestation qui se font suite sont, sans doute, étrangers l'un à l'autre en un certain sens, mais seulement si on les envisage en eux-mêmes et séparément, ce qui ne répond jamais qu'au point de vue le plus extérieur, et nullement à la réalité même de l'être. -- Je suis content que mon dernier article vous ait apporté quelques éclaircissements ; mais peut-on vraiment parler de quelque chose qui serait légitime pour l'homme "ignorant", alors que, au fond, c'est en réalité l'"ignorance" elle-même qui est illégitime ?

Croyez, je vous prie, Monsieur, à mes sentiments les meilleurs.

R. G.

ℬℭ

(*T*)

Le Caire, 30 avril 1936.

Monsieur,

J'ai reçu hier le paquet de livre que vous m'aviez annoncé, et, bien que je vous aie écrit il y a peu de jours, je ne veux pas tarder davantage à vous en remercier, ainsi que d'un autre envoi arrivé en même temps, et dans lequel j'ai trouvé le N° d'"Art et Médecine" sur la Syrie, ainsi que quelques articles et des extraits de Gobineau ; devrai-je vous retourner ces derniers avec les livres ?

Les idées de Gobineau, sur bien des points, ne sont certes pas conciliables avec les doctrines traditionnelles ; parler d'un Livre sacré comme d'une composition humaine est, pour nous, une chose véritablement inouïe ! -- quant au Bâbisme, il est bien impossible d'y trouver des influences mazdéennes comme il le prétend ; c'est une hérésie islamique et rien d'autre. Il y a là, en ce qui concerne les lettres et les nombres, des applications des sciences traditionnelles, mais en grande partie détournées dans un sens hétérodoxe. Rien de tout cela n'a d'ailleurs subsisté, car le Bâbisme est devenu le Béhaïsme, qui n'est plus qu'un vague "moralisme" à l'usage des Occidentaux...

Croyez, je vous prie, Monsieur, à mes sentiments les meilleurs.

R. G.

ಐಖ

(U)

Le Caire, 2 juin 1936.

Monsieur,

Votre lettre m'est arrivée en même temps que l'article sur Raspoutine, dont je vous remercie. J'ai souvent constaté en effet que les "pouvoirs" naturels des guérisseurs ou autres de ce genre se rencontrent surtout chez des gens qui, au point de vue intellectuel, sont très grossiers et bornés. Dans le cas actuel il y a cependant autre chose, en ce sens qu'il ne paraît pas douteux que le personnage a été utilisé comme un instrument, probablement plus ou moins inconscient. Chose assez curieuse, l'organe d'une organisation pseudo-rosicrucienne d'Amérique a publié récemment un article présentant Raspoutine à la fois comme un grand homme politique et comme un véritable saint !

La semaine dernière, en continuant le rangement de mes livres, j'ai retrouvé celui de Gobineau, que je ne savais plus avoir ; comme vous le dites, il y a là-dedans assez peu de choses intéressantes, et c'est bien superficiel.

Je vous remercie de votre offre pour les livres de Madame David-Neel mais j'ai tous ceux que vous énumérez. Je l'ai connue il y a bien près de trente ans ; elle était théosophiste à cette époque ; elle est sûrement intelligente, mais semble n'avoir jamais pu se défaire de l'attrait des "phénomènes" ; d'un autre côté, elle est assez intrigante et peu désintéressée, et je me suis toujours demandé si ses voyages n'avaient pas quelques dessous politiques.

Pour le livre de Wells, "L'île du docteur Moreau", je n'en connais que le titre ; puisque vous voulez bien me le communiquer, j'accepte donc très volontiers.

Contrairement à ce que nous pensions, M. Riv. nous a fait le service de son livre ; je me suis trouvé ainsi dans l'obligation d'en faire un compte rendu que vous verrez dans un des prochains numéros des E. T. Je pourrai donc vous renvoyer votre exemplaire avec les autres volumes que vous m'avez prêtés.

J'ai lu le livre de Chevillon ; ce qui concerne Bhagavan Dos est bien conforme à ce que je pensais ; l'auteur n'a sûrement pas déformé les propos de son interlocuteur, qui sont bien ceux, non pas d'un "pandit", mais d'un théosophiste. Le "Central Hindu Collège" de Bénarès n'a d'ailleurs jamais été autre chose qu'une institution dépendant de la S. T., et Arundale en a été longtemps le directeur.

Je ne suis pas étonné que vous n'arriviez pas à trouver le "Roi du Monde", car il y a déjà longtemps qu'il est complètement épuisé, ainsi que l'"Ésotérisme de Dante" ; j'ai bien l'intention de les faire rééditer, mais je ne sais trop quand ce sera possible, car je voudrais faire à l'un et à l'autre des additions assez importantes.

Il est bien exact que l'état grossier ne représente qu'une modalité, et non l'intégralité d'un degré d'existence ; mais on peut cependant envisager aussi un "centre" pour cette modalité, car l'analogie s'applique à tous les degrés ; suivant la parole du Prophète, "Toute chose a un cœur". -- D'autre part, il est évident que la manifestation grossière ne pourrait même pas exister sans des éléments subtils, de même que la manifestation subtile, à son tour, n'existerait pas sans principe non-manifesté ; c'est là, en somme, une question de hiérarchie "causale" à observer...

Croyez, je vous prie, Monsieur, à mes sentiments les meilleurs.

R. G.

ೞೠ

(*V*)

Le Caire, 1° juillet 1936.

Monsieur,

Voilà déjà une quinzaine de jours que j'ai reçu de vous un numéro d'"Aesculape", et je m'excuse de ne pas vous en avoir remercié plus tôt. -- Il y a dans ce n° des choses assez curieuses, notamment cette histoire des "Sciapodes" qui m'a fait repenser à d'autres choses du même genre : je me suis souvent demandé quelle pouvait être l'origine de ces descriptions d'êtres fantastiques qu'on trouve chez les anciens, et s'il n'y aurait pas là une bonne part de symbolisme qui, à une certaine époque, aurait cessé d'être compris. Il est d'ailleurs bien probable que la géographie a été autrefois tout autre chose que ce qu'elle est pour les modernes... -- Une histoire de ce genre qui persiste encore, c'est celle des "hommes à tête de chien" : je connais ici des gens qui sont persuadés qu'il en existe réellement quelque part du côté du Soudan ou de l'Éthiopie...

J'ai trouvé aussi dans la même enveloppe un article sur un soi-disant "cas de réincarnation" ; même si les faits rapportés sont exacts, il est évident qu'ils doivent s'expliquer autrement. Comme l'intervalle n'est pas suffisant pour qu'il puisse s'agir de "mémoire ancestrale", il y aurait là un cas de transfert à peu près complet des éléments psychiques d'une individualité à une autre, qui, pour être exceptionnel, n'a assurément rien d'impossible.

Comme je n'arrive pas à terminer mes lectures en ce moment, je vais, pour ne pas vous faire attendre trop longtemps, vous renvoyer tout au moins les deux livres de Marquès-Rivière et de Chevrillon, ainsi que l'article de Bréhier sur Plotin. -- Il ne me serait d'ailleurs sans doute pas possible, à cause du poids, de vous retourner le tout en une seule fois par la poste ; et, si je n'ai aucune difficulté pour recevoir ici un colis postal, j'en aurais davantage pour en expédier un.

Croyez, je vous prie, Monsieur à mes sentiments les meilleurs.

R. G.

(W)

Le Caire, 3 juillet 1936.

Monsieur,

Alors que je venais de vous écrire et de vous envoyer, ainsi que je vous le disais une partie des livres, j'ai reçu votre lettre contenant de nouveaux extraits de Plotin, ainsi que votre envoi de "Visages du Monde" et de divers articles ; merci de tout !

Pour Plotin, les titres que vous avez mis aux différents passages me paraissent en somme convenir très bien ; il ne me paraît d'ailleurs pas improbable que Plotin, à Alexandrie, ait pu être en contact direct avec des représentants de différentes doctrines orientales. Seulement, en ce qui concerne la question de la "mâyâ" dont vous parlez, j'avoue que les choses ne m'apparaissent pas d'une façon parfaitement nette : il y a chez lui une théorie de la "matière intelligible " qui peut s'y rapporter, mais que je n'ai jamais vu exposée bien clairement nulle part... -- Pour le "mouvement", il faudrait en réalité traduire "changement", car le terme grec a un sens beaucoup plus général que celui de "mouvement local" ou changement de situation, qui ne représente qu'un simple cas particulier.

Je vous remercie de votre offre de me communiquer les volumes parus des "Ennéades", mais je ne puis vraiment accepter, actuellement tout au moins, car il me serait tout à fait impossible de trouver le temps de lire cela avec l'attention nécessaire.

Je connais très bien le docteur Fiolle, et je savais depuis un certain temps qu'il préparait ce livre ; il paraît même qu'il a dû me l'envoyer, mais, chose bizarre, je ne l'ai pas reçu, si bien que je me demande s'il a été égaré à la poste ou s'il s'agit d'une négligence de l'éditeur, ce qui arrive parfois ; de toute façon je pense que la chose s'éclaircira bientôt et que finalement je recevrai le volume, qui, en tout cas, s'inspire bien en effet de la doctrine traditionnelle comme vous l'avez remarqué.

Je ne savais pas ce que vous me dites au sujet de la femme du docteur Carrel, et qui peut expliquer certaines choses quant à ses idées, où il y a sûrement beaucoup de "mélange"...

L'article d'Elie Faure est, comme vous le dites, plutôt obscur, mais d'inspiration assez moderne en somme, ne serait-ce que par la tendance à prendre le changement pour une fin en lui-même ; et, si la vie n'était réellement rien de plus que ce qu'il dit en manière de conclusion, je ne vois pas très bien comment il pourrait y avoir lieu de la prendre si "joyeusement", ou même de lui donner seulement un intérêt quelconque !

Croyez, je vous prie, Monsieur, à mes sentiments les meilleurs.

R. G.

ℰℐℂℛ

(**X**)

Le Caire, 18 août 1936.

Monsieur,

L'envoi que vous m'aviez annoncé et que je croyais égaré m'est enfin parvenu hier, et tout ce que vous m'indiquiez s'y trouvait bien ; il ne s'agissait donc que d'un simple retard de la poste, qui d'ailleurs est souvent bien irrégulière, surtout pour les imprimés.

Il semble que Daudet se soit assez bien rendu compte de quelques-unes des "déficiences" du livre de Carrel ; mais lui-même sait-il très exactement ce qu'est en réalité le "spirituel" et en tout ce qu'il implique ? Je crains que, là-dessus, il ne s'en tienne aux notions religieuses d'ordre tout à fait exotérique...

Quant à Claudel, je me demande si vraiment il se prend lui-même au sérieux ; il me semble que, dans son cas comme dans celui de Valéry, il y a beaucoup de "jeu d'idées" !

On me dit que Bergson se serait converti au catholicisme ; mais je me demande si cette nouvelle est bien vraie ou si ce n'est qu'un simple bruit ; en avez-vous entendu parler ?

Pour ce qui est des "découvertes" de la physique actuelle, je ne sais s'il finira par en sortir quelque chose d'un peu moins confus ; pour le moment, même ce qu'il peut y avoir de vrai là-dedans ne s'y présente que comme théories et hypothèses plus ou moins inconsistantes ; et peut-il en être autrement dans une "science" qui ne part pas des véritables principes, et qui n'arrive que "par chance" à retrouver quelques fragments de vérité ?

Pour les monstres, vous avez tout à fait raison ; il est certain qu'il y a dans tout cela des confusions multiples entre des choses très différentes. L'"Histoire naturelle" de Pline est un des plus beaux exemples que je connaisse de ce mélange de faits observés et de symbolisme incompris... En tout cas, pour l'histoire de la "cuisse d'or" de Pythagore, dont il est question dans l'article que vous m'avez envoyé, il n'y a aucun doute sur son caractère purement symbolique ; elle se rattache d'ailleurs directement au symbolisme de l'Apollon hyperboréen.

J'ai lu l'"Ile du Docteur Moreau, " où il est aussi question de monstres, mais de monstres artificiels ; et cela m'a fait penser à cette île disparue dont parle Diodore de Sicile, où auraient vécu des hommes et des animaux extraordinaires qui auraient été, eux aussi, le produit de certaines expériences ; il est possible, après tout, que Wells ait eu connaissance de cette histoire et que cela ait contribué à lui donner l'idée de son livre...

Croyez, je vous prie, Monsieur, à mes sentiments les meilleurs.

R. G.

(Y)

Le Caire, 24 août 1936.

Monsieur,

J'ai enfin terminé la lecture de tout ce que j'ai encore à vous, c'est-à-dire les deux volumes de Maeterlinck, celui de Valéry et celui de Wells. Je préfère ne pas les garder plus longtemps, d'autant plus que, si d'autres venaient encore s'y ajouter, cela finirait par être trop volumineux pour un seul envoi. J'en fais donc un paquet que je vous expédierai sans doute dans deux ou trois jours, en même temps que d'autres envois que j'aurai à faire alors à la poste.

Au sujet de "L'Ile du Docteur Moreau", je pensais ces jours-ci qu'on pourrait assez facilement transposer toute cette histoire dans l'ordre subtil, comme celle d'un magicien ayant donné une individualité factice à des "influences errantes", qui finissent un jour par se retourner contre lui et le tuer, et qui ensuite, lorsqu'il n'est plus là pour les maintenir, se désintègrent peu à peu et retournent à leur état premier ; mais, bien entendu, il est plus qu'improbable que Wells ait eu cette idée !

Pour Valéry, mon impression est bien, comme je vous le disais l'autre jour, celle d'un simple "jeu d'idées" sous lequel il n'y a pas grand-chose (ou, s'il s'y trouve parfois quelque chose tout de même, il ne l'a pas voulu) ; cette sorte de parodie de l'intelligence, si l'on peut dire, a d'ailleurs toujours été une chose assez commune en France, malheureusement... -- Je me souviens d'avoir lu autrefois, du même Valéry, une "Introduction à la méthode de Léonard de Vinci" où il y avait bien des vues plus ou moins contestables, mais qui, malgré tout, était certainement moins "creuse" que son chapitre sur "Léonard et les Philosophes". -- La "Peur des Morts" est une chose véritablement inouïe !

Quant à Maeterlinck, son cas est différent, car il y a apparemment beaucoup plus de sincérité chez lui ; mais, si les réflexions de toute sa vie n'ont pu aboutir qu'a cette sorte d'"agnosticisme" c'est vraiment triste... Je n'en suis d'ailleurs pas très étonné après ce que j'avais déjà vu de lui, mais il semble qu'il y ait encore de moins en moins de "lueurs" et que son horizon mental aille en se rétrécissant ; et je crois du reste que cela arrive assez souvent à ceux qui n'ont pas pu dépasser un certain point de vue "philosophique"...

Croyez, je vous prie, Monsieur à mes sentiments les meilleurs.

R. G.

(Z)

Le Caire, 3 septembre 1936.

Monsieur,

J'ai reçu ce matin votre lettre du 27 août, votre envoi d'articles et votre paquet de livres ; tout ce que vous m'indiquez s'y trouvait bien, merci du tout. -- Il est entendu que je vous retournerai les "Contes pâlis" et l'"Idée fixe" ; quant au livre de Wells, je vous l'ai déjà renvoyé avec les autres, et peut-être même les avez-vous maintenant. Pendant que j'en suis à Wells, il a fait partie en effet d'une sorte de groupement qui avait élaboré le plan d'une organisation sociale intitulée "panarchie", et où il y avait des gens ayant appartenu aux milieux théosophistes (cela date d'avant la guerre) ; mais de là à vouloir faire de lui un "ésotériste", il y a vraiment bien loin...

J'ai la "Psychologie des foules" de G. Le Bon ; celui-ci était certainement très intelligent, mais d'assez mauvaise foi à certains égards ; ainsi il n'a jamais voulu reconnaître que c'est à son séjour dans l'Inde qu'il devait l'origine de beaucoup de ses idées.

Je ne sais pas du tout ce que veut dire "Kodo", qui est évidemment un mot japonais ; en tout cas, la façon dont est menée la politique actuelle du Japon est bien tout ce qu'il y a de plus éloigné des principes taoïstes !

Ce que vous dites de Daudet est tout à fait juste. -- Quant à Lavelle, je n'ai jamais bien pu définir ses tendances, mais j'ai toujours eu l'impression qu'il n'était pas capable d'aller bien loin ; du reste la formation philosophique universitaire est vraiment une chose terrible, et je crois qu'il doit être bien difficile de se défaire des limitations qu'elle impose...

L'article sur Freud m'a rappelé de vieilles histoires : R. Dalbier, l'auteur du livre dont il est question là-dedans, et qui est un disciple de Maritain, a manifesté, dans diverses circonstances, une haine féroce contre moi !

Quant à l'article sur Newton il est réellement curieux en effet, mais, s'il montre bien son intérêt pour l'alchimie, il ne prouve aucunement qu'il ait eu un lien effectif avec la Maçonnerie ; ses relations avec Desaguliers, dont l'auteur a oublié de faire état, ne prouvent elles-mêmes non plus rien à cet égard.

L'"Erreur spirite" et le "Théosophisme" sont bien deux livres entièrement distincts. -- Quant à la "Crise du Monde moderne", elle n'est nullement épuisée ; comme l'"Homme et son devenir", elle a été reprise par Denoël et Sterle (19, rue Amélie) à la suite de la faillite Bonard ; mais ce qui me paraît vraiment bizarre, c'est qu'il y a déjà plusieurs personnes à qui on a fait la même réponse qu'à vous.

Évidemment, pour la "démocratisation" du catholicisme, j'ai pensé à la tendance que vous dites, et aussi à ces "mouvements" actuels qu'illustre singulièrement l'emblème dont vous m'envoyez la reproduction. -- L'article de Maurras va bien encore dans le sens de ce que je disais dans le même compte rendu ; c'est même assez étonnant de sa part, mais il faut croire que certaines choses finissent tout de même par devenir un peu trop apparentes... -- Il est vrai que tout cela rentre dans l'ordre universel, comme vous dites, mais ce n'est pas une raison pour se renfermer dans une sorte de "quiétisme" ;

sur ce point, je vous demanderai d'attendre les articles que je me propose d'écrire pour les prochains N° des "Et. Trad. ", et qui apporteront peut-être quelques éclaircissements sur toutes ces questions.

Quant à l'"organisation", je ne crois pas qu'il soit très utile de chercher à donner beaucoup de précisions dans les circonstances actuelles ; quoi qu'il en soit, c'est un fait que les organisations initiatiques qui n'ont pas subi une certaine dégénérescence ne revêtent pas la forme de "sociétés".

Croyez, je vous prie, Monsieur, à mes sentiments les meilleurs.

R. G.

(Z1)

Le Caire, 19 septembre 1936.

Monsieur,

J'ai pris connaissance du contenu de votre dernier envoi, et je vous renverrai ces jours-ci, comme convenu, le livre de Valéry et les "Contes pâlis" ; je pense que mon autre paquet vous est bien parvenu.

Les "Contes pâlis" (c'est la première fois que je vois ce mot écrit ainsi avec un h) sont réellement bien ; seulement, le titre du "Roi du Monde" n'est pas absolument justifié, et j'ai d'ailleurs un doute sur l'exactitude de la note placée en tête et concernant certaines statues revêtues d'ornements royaux, qui, d'habitude, sont considérées simplement comme représentant le Boddhisattwa avant qu'il ne soit parvenu à l'état de Bouddha.

Les "Contes magiques" sont moins intéressants, comme vous me l'aviez dit ; je me demande cependant si certains d'entre eux tout au moins n'auraient pas un double sens, mais qui, bien entendu, ne peut guère transparaître dans une version comme celle-là.

Le "Chant de Hiawatha", que je connaissais de nom seulement, contient des choses vraiment curieuses ; c'est dommage qu'on y sente parfois un certain "arrangement", surtout dans la fin...

Quant à l'"Idée fixe", vous aviez bien raison de parler de "virtuosité", mais c'est une virtuosité plutôt décevante, et qui en définitive ne fait que confirmer encore mon opinion sur son auteur ; je serais bien étonné si, au fond de lui-même, il était autre chose qu'une sorte de sceptique qui s'amuse à retourner les idées dans tous les sens... Ce que je remarque encore plus particulièrement à cet égard, c'est sa négation formelle qu'il y ait quoi que ce soit d'immuable dans l'esprit ; et il est d'ailleurs bien clair que ce qu'il conçoit comme "esprit" n'est en réalité rien de plus ni d'autre que le mental...

Dans "Unité de l'Asie", ce qu'il y a surtout d'intéressant à noter, c'est la reconnaissance du caractère "spirituel" des civilisations orientales ; mais, après cela, comment quelqu'un peut-il continuer à se placer résolument du côté où il avoue que la spiritualité fait défaut ? Ce sont là les énigmes de la mentalité occidentale... Il y a d'ailleurs des choses justes, mais aussi des erreurs, par exemple pour la Russie, qui n'a guère d'affinités réelles avec l'Asie ; l'auteur paraît s'être basé là surtout sur les affirmations d'un certain "parti eurasien" que, même parmi les Russes, presque personne ne prend au sérieux ; ces gens ont cherché autrefois à entrer en relation avec moi, mais j'ai vite laissé tomber une correspondance qui était tout à fait dépourvue d'intérêt...

Nous n'avons pas reçu le livre de Madame David-Néel sur le Bouddhisme, et il est très improbable que nous le recevions maintenant ; j'accepte donc l'offre que vous avez bien voulu me faire de me l'envoyer, et je vous en remercie à l'avance.

Croyez, je vous prie, Monsieur, à mes sentiments les meilleurs.

R. G.

(Z2)

Le Caire, 26 septembre 1936.

Monsieur,

J'ai reçu en même temps votre lettre et votre envoi d'articles ; merci du tout. De mon côté je vous ai expédié avant hier les deux livres ainsi que je vous le disais dans une dernière lettre.

Je ne connais pas "Au pays des brigands gentilshommes" dont vous me parlez ; je crois que c'est le seul livre de Madame David-Néel (à part le dernier) que je n'ai pas lu.

L'article de Semenoff est vraiment un beau gâchis ; cela ne m'étonne d'ailleurs pas de sa part... Quant à l'article sur le Yoga, c'est encore plus ridicule ; on m'a dit cependant que le livre de C. Kerneiz (F. Guyot) dont il est question là-dedans est mieux que la généralité des productions occidentales sur le même sujet ; du reste, j'ai vu de lui divers articles qui, sans aller bien loin, étaient du moins assez sensés (notamment contre l'agitation de la vie moderne).

L'article de la "Croix" contre le bouddhisme est surtout remarquable par ses attaques injurieuses ; il est curieux qu'il y ait des gens pour qui cela semble tenir lieu d'argumentation ! À part cela on y trouve surtout les confusions courantes en occident... D'un autre côté, il faut dire que le bouddhisme japonais, du moins en ce qui concerne les branches qui sont citées en la circonstance, est lui-même une espèce de "modernisme" très influencé par des idées occidentales.

J'avais déjà vu des histoires sur la "Talking mongoose" dans des revues anglaises ; on ne sait pas trop ce qu'il y a de vrai là-dedans, mais, en tout cas, si la chose est authentique, il ne peut s'agir là que de manifestation d'une "influence errante" ; quant au "canshee", je ne connaissais pas le mot, mais ces phénomènes "prémonitoires", sous des formes diverses, sont en effet assez commun dans certains pays.

Ce que dit M. de Unammoro ne me paraît guère pouvoir s'interpréter autrement que vous le faites : puisqu'il écarte expressément l'alcoolisme comme cause pathologique, il est vraisemblable qu'il doit s'agir de la siphilis ; mais celle-ci est-elle réellement répandue à un tel point en Espagne ? J'avoue que je n'en sais rien...

L'article sur Blondel m'a un peu étonné ; il faut croire, d'après cela, qu'il s'est produit chez lui un certain changement, car ce que je connaissais de lui indiquait surtout des tendances très modernes et, par bien des côtés, apparentées à celles de Bergson. Peut-être ce changement est-il dû à la disparition du Père Laberthonnière, qui exerçait sur lui une très grande influence ; certains assurent même que, dans l'ouvrage sur l'"Action", il y a en réalité plus du P. Laberthonnière que de Blondel lui-même.

Je ne sais pas grand-chose de Ch. Nicole, mais la façon dont vous envisagez sa conversion me paraît bien être la plus plausible ; l'importance donnée à des faits de ce genre ne semble vraiment pas très justifiée... Quant à l'impression produite par Duhamel, elle se comprend facilement quand on sait à quel point lui-même est sentimental !

L'extrait du livre de M. de Saint-Aulaire est intéressant en effet ; il y a seulement des réserves à faire sur l'expression "sage de Sion", qui n'est qu'une allusion à la trop fameuse mystification des "protocoles". Quoi qu'il en soit, il n'est pas douteux que le personnage dont il est question semble bien relever de la "contre-initiation" à un degré ou à un autre ; le cas n'est d'ailleurs pas très rare parmi les Juifs qui ont perdu le sens de leur tradition. Il ne faut d'ailleurs pas exagérer leur part là-dedans ; on pourrait citer aussi des personnages qui ne sont nullement juifs et qui jouent à cet égard un rôle encore plus important...

Ce qui est le plus stupéfiant, c'est l'article de Daudet sur la grande pyramide ; j'ai déjà constaté assez souvent chez lui des admirations et des emballements assez bizarres, mais, cette fois, cela dépasse vraiment la mesure. Je viens justement de lire ce livre de Barbarin, et vous verrez ce que j'en dirai dans mes comptes rendus ; pour le moment, je me contenterai donc de vous signaler que la propagande des prophéties "pyramidales", si l'on peut dire, est encore un des mystères de la politique anglaise ; alors, j'en suis à me demander si l'"anglophilie" de Daudet, qui est poussée très loin, ne serait pas pour quelque chose dans l'intérêt qu'il a pris à cette histoire...

J'ai depuis longtemps l'édition anglaise du "Bardo-Thödol" mais je n'ai pas vu la traduction française, qui ne nous a pas été envoyée ; aussi, n'ai-je pas eu l'occasion d'en parler dans le "Voile d'Isis". La transposition dont vous parlez me paraît tout à fait correcte ; du reste, en envisageant les choses ainsi, il s'agit bien encore du "monde intermédiaire", où se fait le passage d'un état à un autre. Je pense tout à fait comme vous pour le "Shûnya" et, d'une façon plus générale, la doctrine mâhâyâniste est réellement traditionnelle sur beaucoup de points où elle apparaît en somme comme beaucoup plus shivaïte que bouddhique au sens ordinaire de ce mot. Sur le "dorjé" crucial (karma-vajra) et diverses autres formes, vous verrez justement quelque chose dans un article sur les "armes symboliques" que j'ai écrit pour la mi-octobre.

Vos remarques au sujet d'Ulysse sont très justes ; ses voyages ont toujours été regardés, dans l'antiquité comme ayant une signification initiatique (de même aussi que celui des Argonautes). Il semble même qu'il y avait toute une interprétation ésotérique et traditionnelle d'Homère, qui ne se serait perdue qu'à une époque relativement récente ; Mario meunier qui a eu naturellement l'occasion d'étudier ces questions de plus près, en est tout à fait persuadé.

Croyez, je vous prie, Monsieur, à mes sentiments les meilleurs.

R. G.

ᏀᏣ

(Z3)

René Guénon

Le Caire, 18 octobre 1936

Monsieur,

Merci de votre envoi de livres qui m'est arrivé en même temps que votre lettre du 4 octobre. Si je comprends bien, je devrai vous retourner seulement les deux volumes de Mme David-Néel.

J'ai déjà lu plusieurs livres de Seabrook, mais je ne connaissais pas celui-là ; en général, il s'y trouve pourtant çà et là des choses assez intéressantes, parce qu'il n'a pas le parti pris habituel des voyageurs occidentaux ; mais ce que vous me dites de ce volume me fait craindre qu'il ne vaille pas les autres...

J'ai les "Sectes bouddhiques japonaises" de Stinilberg Oberlin ; c'est en effet un ouvrage impartial, ce qui est bien déjà un mérite en pareil cas.

Je ne me souviens plus si Mario Meunier m'avait parlé des "Allégories Homériques " d'Héraclide ; je vous remercie de votre proposition au sujet du texte, mais je dois vous avouer que je suis tout à fait comme vous à cet égard : j'ai fort oublié le grec n'ayant presque jamais eu l'occasion de m'en occuper.

Pour l'histoire de la "Talking mongoose", je n'ai pas voulu dire que, à supposer la chose vraie, il s'agisse d'une véritable mangouste, d'autant plus qu'on ne voit pas très bien comment elle serait venue là, mais il peut se faire que ce soit une forme prise par une sorte de "coagulation" d'une influence errante, sans qu'il y ait besoin pour cela d'une opération de la jeune fille ou d'une autre personne puisqu'il arrive parfois que de telles choses se produisent dans des lieux complètement inhabités ; ce qui est curieux, c'est que à notre époque, la théorie spirite de la nécessité des "médiums" semble avoir fait perdre de vue l'existence de manifestations spontanées.

Il paraît que le livre sur la grande pyramide a eu un succès extraordinaire et se vend par milliers grâce à une propagande trop savamment organisée pour n'être pas suspecte ; il y a dans ces soi-disant "prophéties" des choses tout à fait absurdes ; vous verrez d'ailleurs ce que j'en dit dans mes comptes rendus (probablement en novembre)...

J'avais déjà entendu parler de K. Mansfield et de son séjour chez Gourdjieff, que certains disent même avoir avancé sa mort ; j'ai connu des gens qui étaient en relations avec ce Gourdjieff, dont on n'a jamais pu savoir au juste s'il était Russe ou Bulgare, en tout cas, il semble bien que c'était, non seulement un charlatan, mais un assez sinistre personnage ; je ne sais pas ce que tout cela est devenu ni s'il subsiste encore quelque chose de cette organisation.

Je suis content que vous ayez pu enfin avoir la "Crise du Monde moderne" ; pour la difficulté que vous me signalez, elle tient tout simplement à ceci : le développement d'un cycle, considéré par rapport à l'hélice évolutive, s'effectue bien seulement dans un plan horizontal ; mais, considéré en lui-même et isolément de l'ensemble, il s'effectue dans un sens descendant ; il y a là deux points de vue qu'il ne faut pas confondre.

Pour les "protocoles", la mystification consiste en ce que le pseudo-document a été fabriqué par la police russe et attribué à une organisation sioniste, laquelle est tout ce qu'il y a de plus "exotérique" et dépourvue de "secrets" quelconques. Que l'"esprit" corresponde cependant à quelque chose qui existe réellement, c'est là une tout autre question ; c'est d'ailleurs ce qu'il y a de plus étonnant, étant donné que la plus grande partie dudit document a été purement et simplement copié dans un vieux pamphlet dirigé contre Napoléon trois !

Croyez, je vous prie, Monsieur, à mes sentiments les meilleurs.

R. G.

৪০০৩

(*Z4*)

Le Caire, 17 novembre 1936.

Monsieur,

J'ai reçu à la fois votre lettre et l'enveloppe contenant les diverses coupures annoncées, et je vous en remercie. Je suis heureux de ce que vous me dites de la "Crise du Monde moderne" ; vous ai-je dit qu'une traduction italienne de ce livre va paraître incessamment ?

L'article de Thériet n'est pas mal en effet cette fois ; ce n'est d'ailleurs pas l'intelligence qui lui manque, mais il y a chez lui comme une volonté de rester "superficiel". Quant à Ramon Fernandez, dont il parle, je m'étonne de ses "évolutions" quand je me rappelle l'avoir connu ami et disciple d'Augustin Cochin !

Le passage de Proust est vraiment curieux, en effet, mais il montre encore qu'il ne suffit pas de "sentir" certaines choses quand manque la connaissance, qui ne peut pas s'inventer ou s'improviser...

Le "cordon d'argent" est une expression symbolique comme le "rayon solaire" ; il est bien entendu que certains peuvent avoir des "visions" qui prennent cette forme, ou qu'ils traduisent en ces termes ; mais le tort est de les prendre littéralement et pour ainsi dire "matériellement", et c'est alors que les choses deviennent incompréhensibles

J'ai lu le "Moine blanc de Tombouctou" (cela se lit très vite du reste) ; votre appréciation était juste, et c'est sûrement inférieur aux autres livres de Seabrook. Il doit y avoir là autre chose que ce qu'il dit ; les allusions à diverses initiations, que vous avez d'ailleurs marquées, tendent bien à l'indiquer... Mais alors il se présente une sorte de contradiction avec le rôle d'agent politique français joué par le personnage, à moins que, en agissant ainsi, sa véritable intention n'ait été de limiter en quelque sorte les dégâts de la "civilisation". Son mariage aussi est une autre énigme, car, contrairement à ce qui est affirmé, il ne peut être régulier ni au point de vue musulman ni au point de vue catholique...

J'ai vu, non le volume "Inde, magie", mais les articles sous la forme desquels il a paru tout d'abord ; ce n'est certes pas "transcendant" ; certaines histoires concernant les animaux sont encore ce qu'il y a de mieux là-dedans. Quant à "À la poursuite de la sagesse", qui si je comprends bien, vient de paraître aussi, je me demande si Magre va me l'envoyer comme il l'a fait pour plusieurs autres livres ; je vous redirai donc cela dans quelque temps. Ce n'est pas qu'Aurobindo Ghose soit si occidentalisé, mais c'est son entourage, en bonne partie français, qui est terrible, "arrangeant" ce qui se publie sous son nom, empêchant de l'approcher les gens qui ne plaisent pas aux "disciples", etc... Je ne me suis jamais bien expliquée cette bizarre situation...

Je suis un peu étonné de l'article de "La Croix" sur le livre d'Otto Rahu, surtout si longtemps après la publication de celui-ci ; il y a dans ce livre bien de la fantaisie, et ce n'est pas entièrement la faute de l'auteur, qui est assez mal tombé dans ses "enquêtes". Quant au soi-disant "Parzieval-namah" iranien, personne ne l'a jamais vu ; l'existence en a été seulement supposée par un écrivain autrichien dont le nom m'échappe.

J'ai lu le "Siddharta" de H. Hesse, il y a quelques années, quand il a été publié dans une revue (je crois bien que c'est dans "Europe"), et l'impression que j'en ai gardée s'accorde bien avec ce que vous en dites. Donc, pour le moment, j'accepte votre offre de me communiquer "l'Ombre de Makoui" que je ne connais pas, et le volume de contes de V. de l'Isle-Adam ; merci d'avance.

Croyez, je vous prie, Monsieur, à mes sentiments les meilleurs.

R. G.

ಸಿಂಧ

René Guénon au Révérend Père Victor Poucel

Le Caire, 14 juillet 1946

Mon Révérend Père,

Je viens de recevoir votre lettre, et je suis heureux de savoir qu'on vous a bien fait parvenir mes derniers livres, ou au moins trois d'entre eux ; peut-être avez-vous aussi maintenant le quatrième.

J'ai vu le compte-rendu parfaitement compréhensible du "Règne de la Quantité" qui a paru dans les "Études" dont j'ai appris aussi la tendance actuelle à ménager toutes les idées modernes "scientistes" et "évolutionnistes", ce que je trouve vraiment déplorable. J'ai même su que vous-même n'y aviez pas été traité avec beaucoup plus de compréhension ; je ne m'explique donc que trop bien que vous ne comptiez guère qu'on accepte les notes que vous avez envoyées...

En ces derniers temps, on m'a parlé de vous de divers côtés, et on m'a dit que vous aviez fait paraître encore plusieurs volumes (je ne connaissais que les deux premiers) mais je ne savais pas que vos travaux s'étaient trouvés arrêtés par la maladie ; je veux espérer pourtant que ce ne sera que momentané, et je fais des vœux pour que vous acheviez bientôt de vous rétablir. Qui sait si vous viendrez ici... et si nous pourrons nous rencontrer un jour ?

J'ai été bien peiné de ce que vous m'apprenez au sujet de notre pauvre ami Ch. Grolbeau, car j'ignorais encore sa mort. A la vérité, je m'inquiétais de ne rien savoir de lui depuis la reprise des communications, et je ne connaissais personne auprès de qui je puisse m'en informer ; je me demandais si sa santé, si fragile déjà depuis longtemps, aurait pu résister aux événements ; mais qu'est-il donc arrivé exactement ? Je comprends très bien votre point de vue, et j'admire que vous soyez arrivé par vous-même à des conceptions qui contrastent si heureusement avec l'idée "amoindrie" que se font du Christianisme la plupart de nos contemporains. — D'un autre côté, je comprends aussi qu'il y ait, dans mon propre point de vue, certaines choses qui peuvent étonner ceux qui n'y sont pas habitués, bien que je m'efforce de les expliquer aussi clairement que possible (peut-être trop clairement aux yeux de certains.)

Il doit être bien entendu que le point de vue ésotérique et initiatique (qu'il faut se garder soigneusement de confondre avec les contrefaçons modernes), auquel se réfère proprement la conscience de l'unité essentielle de toutes les traditions sous l'apparente diversité des formes extérieures, est tout à fait distinct du point de vue exotérique et religieux, lequel n'est point de mon ressort. Un point aussi sur lequel il faut éviter toute équivoque, c'est que tout ce qui mérite réellement le nom de "Tradition" (et c'est toujours ainsi que je l'entends) est proprement "supra-humain" et que, par conséquent, les "initiatives humaines" auxquelles vous faites allusion ne sauraient y avoir la moindre part. -- En fait, j'expose simplement certaines vérités pour ceux d'où qu'ils viennent, qui peuvent les comprendre plus ou moins complètement, et mon rôle doit se borner à cela ; c'est à chacun d'en tirer des conséquences conformes à ses propres tendances, car une même voie ne saurait convenir à tous indistinctement (et c'est d'ailleurs pourquoi la diversité des formes est nécessaire). Seulement (et j'appelle tout particulièrement votre attention là-dessus) comme je l'ai écrit quelque part, on peut être au-dessus des formes traditionnelles particulières (par la conscience effective de son unité) ou au-dessous d'elles, et "l'indifférence religieuse" dont vous parlez se situe incontestablement au-dessous ; ceux qui pencheraient de ce côté prouveraient donc tout simplement par là qu'ils n'ont rien compris....

Veuillez agréer, mon révérend Père, l'expression de mes bien respectueux sentiments.

René Guénon

28 septembre 1946

Mon Révérend Père,

J'ai bien reçu votre lettre m'apprenant votre venue ici, et j'aurais bien voulu qu'il me soit possible de vous voir ces jours-ci ; mais malheureusement, je me trouve assez souffrant depuis quelque temps, ce qui est d'ailleurs d'autant plus fâcheux pour moi à tous les points de vue que je suis toujours surchargé de travail et n'ai vraiment guère le temps d'être malade.

Je me vois donc forcé de vous prier d'attendre un peu, et, lorsque je me trouverai mieux, je vous écrirai de nouveau pour tâcher d'arranger une rencontre.

J'espère que vous voudrez bien excuser ce contretemps involontaire, et, je vous prie, mon Révérend Père, de croire à mes meilleurs et bien respectueux sentiments.

René Guénon

Correspondances échangées entre René Guénon et André Bastien[8]

Paris, 21 juin 1948

Vénéré Maître,

C'est avec une bien grande joie que j'ai appris par mon ami Maridort, que vous vouliez bien m'accepter au nombre de vos correspondants ; j'apprécie à sa très grande valeur cet accueil, car je me doute combien la correspondance doit vous coûter de temps, temps certainement plus utile à d'autres tâches de plus grand intérêt.

J'ai fait connaissance avec votre œuvre en 1936 et le premier ouvrage que j'ai lu a été « L'ésotérisme de Dante », ouvrage suivi peu après de tous les autres, y compris le « Roi du monde » que, ne trouvant pas, je fus obligé de copier sur l'exemplaire d'un de vos amis : M. Gallo. Depuis de longues années je suis abonné aux « Études traditionnelles », dont je possède la collection complète.

J'appartiens à la « Grande Triade », à laquelle j'ai adhéré aussitôt que j'ai eu connaissance de son programme. Je connais depuis longtemps Patrice Genty qui me fit connaître Clavelle.

Je ne suis encore qu'au début de la Voie qui mène à la Lumière, et peut-être même cette voie n'est pas ma voie, car je me sens tellement loin encore d'un simple début de commencement de réalisation, et mon être est encore trop éparpillé. Je persiste néanmoins, sachant bien que ce n'est que l'effort qui évertue les possibilités que l'on porte en soi. Je serais très heureux si cette correspondance m'apportait des conseils pour éviter une partie des écueils

---

[8] D'après photocopies du manuscrit

que tout débutant rencontre fatalement.

Maridort me dit que vous désirez connaître ce qu'a été Georges Lagrèze, que j'ai connu avant la guerre. Il est assez difficile de se faire une opinion juste sur un individu, et surtout de savoir le degré de sincérité qu'il manifeste. Lagrèze m'a toujours paru déformé par le théâtre, car il était régisseur du théâtre de Strasbourg et jouait de petits rôles dans des tournées. Il avait, sans nul doute, le goût des titres et des parchemins, comme beaucoup de personnages obscurs qui souffrent de complexe d'infériorité. Son pseudonyme ésotérique était MIKAEL. Il a fait partie du Martinisme vers 1907 je crois et a été nommé inspecteur pour l'Égypte où il devait aller en tournée théâtrale. C'est là qu'il fit la connaissance de Sémélas et de Dupré. Je me souviens d'une photo qui les représentait tous trois occupés à des fouilles qui donnèrent jour à des reliques provenant d'une commanderie du Temple (c'est Dupré qui les détenait, je ne fais que raconter ce que Lagrèze m'en a dit car je n'ai pas eu l'occasion de les voir), il y avait aussi, parait-il, un poignard magique qui disparut lors du bombardement de la maison de Dupré à Épernon. C'est même la seule chose qui aurait disparu alors que cette maison abritait les collections de très grande valeur de son gendre Roland Dorgelès, l'écrivain connu.

Il était également ami de Mallinger et du docteur Crampon, car il était Chevalier Bienfaisant de la Citée Sainte (dernier degré du rite rectifié auquel il appartenait). Il disait aussi avoir reçu la consécration du « Sacerdoce universel », il était 96° de Memphis-Misraïm, 33° REAA, membre d'ordres plus ou moins éphémères tels que ceux des Samaritains inconnus, d'Hermès Tétramégiste, et tant d'autres.

Il m'avait montré, lors d'une visite le carton plein de diplômes, chartes, décors et insignes qu'il possédait. Il avait été consacré Évêque gnostique par le coadjuteur de Genty et a consacré par la suite plusieurs évêques dont je crois Ambelain et Amadou, peut-être d'autres, mais je n'ai pas la possibilité de le savoir.

Ce qui m'a toujours le plus surpris, c'est de voir qu'il avait reçu tant d'initiations alors que son regard fortement divergent semblait lui ôter toute qualification initiatique.

Il possédait les archives de Téder (ou du moins une partie) et c'est par lui qu'Ambelain est entré en possession de papiers concernant votre radiation de la loge Humanitad, dont il a parlé lors de sa dernière conférence, à laquelle j'assistais avec Maridort, mais il s'est bien gardé d'imprimer quoi que ce soit à ce sujet dans sa brochure qui reproduit le texte de sa conférence.

Lagrèze était lié avec Meslin, Chaboseau père et fils, Ambelain, et avait beaucoup insisté avant-guerre pour faire nommer Augustin Chaboseau président de l'A.M.O.R.C., ce qui devait lui permettre d'être sans doute son délégué adjoint ou son inspecteur plus ou moins général.

Il est mort en 1945 je crois et je pense que ses archives sont entre les mains d'Ambelain, ou du moins que ce dernier en a une copie J'espère que ces renseignements vous permettront de vous faire une opinion du personnage. À différentes occasions il m'a été donné de m'entretenir avec lui de questions métaphysiques et je me suis rendu compte que ces sujets ne le passionnaient guère et que ses connaissances n'étaient pas très profondes.

Au sujet des « Frères d'Orient », dont Maridort me demande de vous écrire ce que je sais, je ne puis que vous répéter ce que Dupré en disait. Ce serait d'eux que Martinès Pasqually aurait reçu son initiation (?). Leur sceau était le Chrisme du Labarum. Je crois que Sémélas avait dû forger cette légende pour donner plus de poids aux cahiers rédigés par lui pour l'Ordre Martiniste de Papus. Dupré a été tué au cours d'un bombardement aérien vers la fin de la guerre.

Il faudrait demander confirmation de ce fait à la Mairie d'Épernon, où il résidait depuis la guerre. Je savais aussi qu'il était le successeur de Sémélas à la tête de la société du Lys et de l'aigle (sa femme était DEA et Sémélas DEON, tous deux représentaient les intermédiaires divins placés à la tête de cet ordre). Dupré semblait être de très bonne foi dans ses affirmations.

Tous ses renseignements, bien fragmentaires ne vont guère vous donner les précisions que vous espériez. Questionnez-moi sur les points de détail, si je peux vous apporter d'autres matériaux, je le ferai avec plaisir.

En attendant le plaisir de vous lire, je vous prie d'agréer Vénéré Maître, l'expression de mes sentiments les plus respectueux et les plus fraternels

ℰᴏ)ᴄʀ

A. Bastien
90 rue de la Jonquière Paris 17°
Le Caire, 10 juillet 1948

T∴C∴F∴,

Je vous remercie de votre lettre reçue il y a déjà quelques jours ; il est vrai que j'ai une correspondance plutôt surchargée, comme vous le pensez, mais elle a bien aussi son importance, puisque, à la distance où je suis, c'est le seul moyen pour moi de m'occuper de bien des choses...

Je ne me doutais pas que vous connaissiez Gallo ; il y a bien des années que je n'avais entendu parler de lui ; qu'est-il donc devenu ?

J'ai naturellement eu connaissance en son temps de votre affiliation à la G.T., que je prévoyais d'ailleurs d'après ce que m'avait dit précédemment notre ami Genty, qui m'a bien souvent parlé de vous. Je souhaite que vous en ayez toute satisfaction ; la GT n'en est naturellement encore qu'à ses débuts, mais elle promet de donner des résultats très intéressants.

J'ai rencontré Lagrèze il y a bien près de quarante ans (il était déjà acteur en ce temps-là), mais je ne l'ai jamais revu depuis, et je n'en ai gardé qu'une impression tout à fait quelconque. Aussi ai-je été quelque peu surpris quand j'ai appris le rôle qu'il avait joué en diverses circonstances, et d'abord dans la constitution de la fameuse F.U.D.O.S.J. Il semble que, à ce moment-là, il était plus ou moins associé avec Victor Blanchard, mais qu'ils ont dû se brouiller par la suite ; mais il n'y a pas longtemps que j'ai su qu'il était lié avec les Chaboseau. Quant à l'invraisemblable histoire des « Frères d'Orient », c'est par Genty que j'en ai entendu parler en premier lieu, il doit y avoir une dizaine d'années ; j'ai toujours pensé que ce n'était qu'une mystification de Séméléas, qui me paraît avoir été très capable de monter cette affaire de toutes pièces. Il n'y a d'ailleurs très certainement jamais existé de Commanderie du Temple en Égypte ; pour ce qui est des objets découverts dans une fouille, ils pouvaient très bien avoir été placés là tout exprès, et j'ai eu connaissance d'autres histoires du même genre arrivées ici... Je crois d'ailleurs comme vous que Dupré était de bonne foi là-dedans et qu'il n'a été que la dupe de Sémélas ; quant à Lagrèze, je ne sais pas du tout ce qu'il peut en être, mais son goût des titres et des diplômes pouvait très bien le disposer à croire aussi tout ce qu'on lui raconterait, dès lors qu'il pouvait en résulter pour lui quelques satisfactions de ce genre .- Au sujet de Dupré, d'après ce que me dit Maridort dans sa dernière lettre (plus récente que la vôtre de quelques jours), je crois comprendre que vous auriez eu finalement confirmation de sa mort ; la chose m'intéressait à un tout autre point de vue : nous pensions, Genty et moi, qu'il avait peut-être les manuscrits d'Abdul-Hâdi, et nous aurions voulu savoir ce qu'il étaient devenus...

Une chose qui m'étonne, c'est que Lagrèze ait eu les papiers de Téder, car j'aurais plutôt cru qu'ils étaient en la possession des gens de Lyon ; il y a là quelque chose que je ne m'explique pas bien. Cela confirmerait d'ailleurs les dires de Gloton, d'après qui les dits papiers auraient été entre les mains de Jules Boucher ; il est très possible en effet qu'Ambelain, s'il les a reçu de Lagrèze, les ait communiqués à celui-ci. - Je ne savais pas qu'Ambelain était encore revenu dans sa conférence sur l'histoire de la L.. Humanidad ; il est compréhensible qu'il ait supprimé cela dans sa brochure, ne serait-ce qu'à cause de l'avant-propos dans lequel il me cite si longuement ! Ce qui est stupéfiant,c'est que cette brochure constitue un véritable démenti à son précédent livre sur le Martinisme, tant en ce qui concerne les « Frères d'Orient » que sur divers autres points. Je me demande où tout cela veut en venir exactement ; il y a des confusions qui ne me paraissent pas entièrement involontaires, notamment entre les grades des Élus Coëns et ceux du régime rectifié ; mais jusqu'à quel point Ambelain est-il réellement mandaté par ce dernier ? En tous cas, le Régime Rectifié n'a vraiment pas de chance, car il attire bien des gens plus ou moins suspects ; un peu avant la guerre, il avait été question de constituer un Grand Prieuré en Belgique, mais la chose n'a pas eu de suite, et je dois dire que j'y ai bien été un peu pour quelque chose, ayant su ce que valaient les éléments auxquels on se proposait de faire appel !

Un point sur lequel j'aurais été curieux d'avoir quelques précisions est celui-ci : d'après ce que Ambelain raconte dans son livre, Lagrèze, pendant la guerre, aurait prétendu se substituer de sa propre autorité au Sup∴ Cons∴ du Rite Écossais, sous prétexte que celui-ci était alors en sommeil, et il aurait conféré ainsi le trente-troisième degré à un certain F∴ Aurifer ; savez-vous qui est ce personnage, qui joua un des principaux rôle dans la prétendue reconstitution des Élus Coëns, et ne serai-ce pas Ambelain lui-même, bien que celui-ci reconnaisse d'ailleurs que cette transmission du trente-troisième degré dans ces conditions était irrégulière ? Je ne vois pas trop qui cela pourrait être d'autre, d'autant plus qu'il est dit que « Mikaël et Aurifer étaient tous deux possesseurs de l'épiscopat Cathare selon la filiation de J. Doinel ».

Pourriez-vous aussi me dire un peu ce qu'est Amadou, sur lequel je ne sais pas grand-chose ? Genty m'a parlé de sa brochure sur saint Martin, que je n'ai d'ailleurs pas vue, et Clavelle m'a dit seulement que c'était un jeune homme assez peu intéressant ; il serait actuellement en Amérique.

Pour en revenir à Sémélas, il semble que l'« Ordre du Lys et de l'Aigle » a dû se continuer après sa mort, car j'ai vu, dans les dernières années avant la guerre, des N° d'une sorte de journal intitulé « Justice et Vérité » (si je me souviens bien, car je suis incapable de les retrouver actuellement), où il n'en était pas question directement, mais sur le titre duquel s'étalait, très reconnaissable, l'insigne de l'Ordre en question ; avez-vous connaissance de cela ?

Merci d'avance pour tout ce que vous pourrez me dire sur ces histoires plutôt embrouillées, et croyez, je vous prie, T.C.F., à mes bien fraternels sentiments.

R.G.

ஓఙ

Paris, 18 septembre 1948

Vénéré Maître

J'ai trouvé votre lettre au retour des vacances et je vous remercie d'avoir répondu si longuement à la mienne. Je vais essayer de vous donner les renseignements que vous me demandez, regrettant de n'être pas mieux documenté

Gallo est toujours dessinateur et s'occupe avec sa femme de préparations microscopiques et de dessins histologiques qu'il vend aux marchands de microscopes. Ce métier lui permet de vivre très simplement. Je le vois une à deux fois par mois et l'ai mis au courant du désir que vous aviez d'avoir de ses nouvelles. Il pense souvent à vous et se rappelle les moments où vous partagiez le pain et les pêches qui constituaient votre repas. Il est resté à l'écart des mouvements plus ou moins spiritualistes et se contente de recevoir quelques amis de temps en temps. Il continue à étudier les philosophies extrêmes orientales et indoues sans abandonner pour cela la « Divine Comédie » qu'il lit dans le texte. Il me charge de vous transmettre son meilleur souvenir et de vous dire qu'il prend toujours un très vif intérêt à lire vos ouvrages et vos articles.

Ce que vous avez appris sur les Frères d'Orient par le canal de Genty venait des Chabouseau qui le tenaient de Dupré et qui lui avaient raconté cette fable très certainement issue de Sémélas. Je vais tâcher de savoir si la femme de Dupré a encore des papiers de son mari et des manuscrits d'Abdul-Hâdi. Je profiterai d'un jour de congé pour pousser jusqu'à Épernon, mais je vais déjà essayer de savoir si madame Dupré est toujours à Épernon en lui écrivant.

Les papiers (ou du moins une partie des papiers) de Téder étaient entre les mains de Lagrèze qui les a confiés ou transmis à Ambelain avec qui il était très lié. Ce dernier étant ami de J.B. les lui aura communiqués sans doute. Aurifer est le pseudo d'Ambelain et Lagrèze lui a transmis le trente-troisième degré du R.E.A.A. de sa propre volonté alors que si le S.C. était dissout officiellement, ses membres devaient se rencontrer à l'occasion sans aucun doute, puisque la plupart des ateliers avaient conservé des contacts entre leur membres. Ambelain reconnait d'ailleurs dans sa brochure la non validité de cette élévation.

Je ne connais d'Amadou que son petit livre et je sais seulement qu'il est en Amérique où il a fait paraître une petite revue, bien mal composée en français, qui s'intitule « Les Cahiers de l'Homme-Esprit » et qui se prétend l'organe du groupement des Amis de Saint Martin.

La revue « Justice et Vérité » était bien la continuation de D'EON la revue de Sémélas ; j'en ai vu aussi des numéros avant la guerre et elle était tirée en polycopie ou procédé similaire (le texte était dessiné à la main, calligraphié par Dupré qui était dessinateur de son métier). En 1939 le « Lys et l'aigle » existait toujours mais réduit à quelques membres qui se réunissaient chez les uns ou les autres, ils avaient commencé l'édition de l'œuvre de Molitor par le même procédé typographique que leur journal ; j'en ai eu le premier cahier entre les mains et ne parviens pas à le retrouver. J'ai vu aussi à cette époque un cahier ronéotypé sur le tarot qui se trouve cité par Chaboseau dans son livre traitant également de ce sujet. Si je me souviens bien, la clé d'interprétation des arcanes aurait été le schéma graphique du chrisme des fameux « Frères d'Orient ».

Je crois que Dupré avait un gendre qui s'occupait aussi des mêmes questions et qui a dû continuer « l'Ordre du Lys et de l'Aigle ». Il me semble qu'il était instituteur. En tous cas je vais essayer de me renseigner sur ce qu'il en subsiste.

J'ai eu l'occasion de revoir Patrice Genty pendant les vacances car je me suis arrêté à Auray et j'ai fait un détour à Quibron. Il est en excellente santé et savait par vous que nous étions en correspondance.

Votre lettre m'est parvenue ouverte par la censure égyptienne, le côté de l'enveloppe avait été coupé et une bande collante avec des caractères arabes était recollé sur l'ouverture. Recevez-vous vos lettres également vérifiées ?

Je lis en ce moment des articles de Grasse d'Orcet dans la « Revue Britannique », je pense que vous les connaissez, ils sont parus entre 1888 et 1900. Ses explications semblent très ingénieuses, mais que doit-on en retenir ? Son explication des textes ou des sculptures par la méthode phonétique dans le genre des rébus repose-t-elle sur des bases sérieuses ? J'aimerais connaître votre avis sur ce point.

Je vous en remercie d'avance, et en attendant d'avoir le plaisir de vous lire, je vous prie d'agréer, Vénéré Maître, l'expression de mes sentiments les plus respectueux et les plus fraternels.

A. Bastien

ℰⓇ

Le Caire, 11 octobre 1948

T∴C∴F∴,

Je viens de recevoir votre lettre du 18 septembre ; cela peut être considéré actuellement comme un délais normal, car il y en a beaucoup qui sont plus d'un mois en route. Les lettres qui me sont adressées me parviennent toujours bien intactes ; quant à celles qui sont expédiées d'ici, ce que vous me signalez s'est déjà produit aussi pour quelques autres ; mais d'ailleurs, dès lors qu'il n'est question ni de politique ni d'affaires commerciales, il n'y a aucunement lieu de s'en inquiéter.

Puisque vous voyez souvent Gallo, vous serez bien aimable de le remercier pour moi de son bon souvenir et de lui transmettre aussi le mien, ainsi qu'à sa femme. Je ne savais pas du tout ce qu'ils pouvaient faire maintenant ; est-ce qu'ils habitent toujours rue Bonaparte ? Il a sûrement bien fait de se tenir toujours à l'écart des divers milieux occultistes ; d'un autre côté, je ne crois pas qu'il ait jamais repris d'activité maç.. depuis le temps déjà bien lointain où il était à Bologne.

Genty m'avait dit aussi, dans sa dernière lettre, qu'il vous avait vu pendant les vacances.-- Je ne peux pas retrouver actuellement les anciennes lettres dans lesquelles il me parlait des Frères d'Orient peut-être m'avait-il dit que cette histoire venait des Chaboseau, mais je ne m'en souviens plus. Par contre, je me rappelle très bien que, entre autres invraisemblances, on prétendait que le Martinisme ne comportait tout d'abord qu'un seul degré, et que les deux autres avaient été ajoutés seulement à la suite d'un voyage de Lagrèze en Égypte, alors que les trois degrés ont existé en réalité dès sa constitution par Papus ; je ne m'explique pas comment A. chaboseau, qui savait sûrement à quoi s'en tenir là-dessus, a bien pu contribué à répandre une pareille fable. Il y a d'ailleurs, de la fausseté de cette assertion, une preuve dont la vérification est à la portée de tout le monde : c'est la publication des cahiers des trois degrés dans le « Lucifer démasqué » de Jean Kostka ; cela est bien antérieur à la tournée théâtrale de Lagrèze, dont je ne connais pas la date exacte, mais qui n'a certainement eu lieu qu'après 1900.

Je ne savais pas que Madame Dupré vivait encore ; il serait intéressant de savoir si elle quelques manuscrits d'Abdul-Hâdi, car jusqu'ici, malgré toutes nos recherches de divers côtés, il n'a pas été possible d'en retrouver quoi que ce soit.-- Vous m'avez dit précédemment que Roland Dorgelès était le gendre de Dupré ; mais je suppose que celui dont vous parlez cette fois et qui aurait continué l'Ordre de Lys et de l'Aigle doit être un autre.-- Je vois que je ne m'étais pas trompé pour la revue « justice et vérité » ; il n'y était pas fait expressément mention du Lys et de l'Aigle, mais il y avait sur le titre un dessin que j'avais reconnu. Il me semble que l'adresse de cette revue était au Pré Saint Gervais, à un nom qui m'était tout à fait inconnu, et qui est peut-être celui de ce gendre de Dupré.-- Dans la bibliographie du « Tarot » de A

Chaboseau, je trouve la mention d'un « Tarot » sous le nom de Dupré qui est peut-être ce cahier dont vous parlez, et aussi celle d'un autre « Tarot » de Sémélas indiqué comme « hors commerce » et dont je me demande si ce ne serait pas plutôt de celui-là qu'il s'agit.

L'irrégularité du 33° degré d'Ambelain est évidente, et j'avais bien remarqué qu'il le reconnaissait d'ailleurs lui-même. D'un autre côté, comme il semble se poser comme plus ou moins mandaté par le Régime Écossais Rectifié, je serais assez intéressé de savoir quelle est exactement sa situation dans celui-ci ; auriez-vous quelques précisions là-dessus ?

Genty et Faugeron m'ont parlé autrefois des articles de Grasset d'Orcet, mais je n'ai jamais eu l'occasion de les lire ; il semble bien, d'après ce qu'ils m'ont dit, qu'il y ait là-dedans des choses très curieuses, mais qu'on ne peut-être pas accepter entièrement sans réserve, d'autant plus que, au point de vue historique, cela est évidemment bien difficile à vérifier. Quant au genre d'interprétation dont vous parlez, il n'est pas purement fantaisiste comme il pourrait en donner l'impression, mais ce n'est que plus grave, car cela se rattache très certainement à une de ces initiations déviées auxquelles j'ai fait allusion à différentes reprises. On trouve aussi des choses de même origine dans un certain nombre d'autres écrits plus ou moins récents, à commencer par les « Rômes » de Vaillant (le rôle des Bohémiens dans la transmission de ces choses est d'ailleurs à noter particulièrement), et notamment dans les ouvrages du sois-disant Fulcanelli. Je me souviens aussi entre autres (et j'y pense en ce moment parce que vous parlez de sculptures), d'un livre bizarre intitulé « L'Art sacerdotal antique », par un certain Antoine Monnier. Ambelain lui-même a hérité quelque chose de cela, quoique probablement d'une façon indirecte, et je l'ai d'ailleurs signalé au sujet de son livre sur les Cathédrales ; et même ce pauvre Paul le Court, qui sûrement ignore tout à fait la nature de ce dont il s'agit, n'est pas entièrement exempt de cette influence, du fait de ses relations avec feu Dujols (de qui provient en réalité tout ce qui a été publié sous le nom de Fulcanelli). --À ce propos, j'ai à peine besoin de vous dire que les prétendus Frères d'Héliopolis sont tout aussi imaginaires que les Frères d'Orient (mais peut-être cette autre invention sert-elle à dissimuler quelque chose de plus réel) ; ce qui est vraiment curieux, c'est la facilité avec laquelle on se plaît à situer en Égypte toutes sortes de choses inexistantes !

Bien frat.. à vous

René Guénon

P.S : Je pense que vous devez avoir vu le livre de J.B. ; il n'est pas sans intérêt, mais il y a quelques fantaisies sur certains points, et surtout beaucoup trop de « magie »...

ℰℭ

Paris 15 décembre 1948.

Vénéré Maître,

Je viens de m'apercevoir en répondant à une lettre de Genty, que j'avais complètement omis de répondre à votre dernière lettre du 11 octobre, je vous prie de m'en excuser, ayant un surcroît de travail à l'approche des fêtes.

J'ai transmis votre bon souvenir à Gallo qui demeure 34 rue du dragon, depuis 1939. Il n'a jamais repris d'activité maç.. depuis son entrée en France.

J'ai en effet rencontré Genty pendant mes vacances et au sujet de ce qu'il vous a dit, il est parfaitement exact qu'A. Chaboseau répandait le bruit que c'est à la suite de la rédaction des cahiers par Sémélas que le Martinisme comporta trois degrés. A Chaboseau disait que la transmission qu'il avait reçue ne comportait que les deux lettres et les six points, ce qui est assez pauvre. J'ai pu vérifier dans le livre de Kostka, que je possède, le bien fondé de votre rectification.

Faute de temps je n'ai toujours pas été à Epernon pour savoir si la veuve de Dupré avait les manuscrits d'Abdul-Hâdi. Le gendre de Dupré qui s'occupait du Lys et de l'Aigle et de la parution du journal « Justice et Vérité » s'appelait Marcel Camus et habitait avant-guerre au Pré Saint Gervais, probablement à l'adresse du journal, que j'ai cherché en vain dans mes affaires sans parvenir à le retrouver.

Dans la bibliographie du tarot de Chaboseau il est question du tarot de Sémélas, édition ronéotypée et non mise dans le commerce et du tarot de Dupré, suite d'articles parus dans la revue EON. Les deux ouvrages sont différents.

Je dois un jour prochain rencontrer Ambelain, et je le verrai en compagnie de Maridort, et nous le questionnerons sur sa situation actuelle dans le Régime Ecossais Rectifié ; je crois que Lagrèze lui avait conféré le titre de Chevalier Bienfaisant de la Citée Sainte (C.B.C.S.) d'après ce que je me souviens d'entretiens qui remontent à 1943.

Vous me dites que tout ce qui a été publié sous le nom de Fulcanelli provient de Dujols, je crois connaître par ce que m'en a dit J. Boucher, que Fulcanelli a été réellement Champagne, l'illustrateur des livres de Fulcanelli. Ce Champagne a été le maître de Boucher et lui a dédicacé ses livres en les signant Champagne (je les ai vus) et Boucher possède une photo de la tombe dudit Champagne enterré aux environs de Paris (ma mémoire ne se souviens plus de tous les détails que J.B. m'avait fournis, mais je pense lui redemander à l'occasion d'une rencontre). À ce propos, J.B. avait eu l'intention de tout expliquer : l'origine du pseudo Champagne et la création des soi-disant Frères d'Héliopolis, au moment où est paru un livre de Canceliet sur les Logis Alchimiques. Canceliet essayait de se faire passer pour Fucanelli en profitant de l'obscurité qui enveloppait le véritable auteur des deux livres (Mystères des Cathédrales et Demeures Philosophales). Depuis Boucher a abandonné toute spéculation alchimique, il se consacre plus particulièrement en ce moment au symbolisme maç.. et il prépare une suite à son livre qui vient de paraître et réservé au symbolisme des Hauts Grades. Il publie en ce moment, et sous forme de feuilleton romancé, dans la revue Destins, une espèce d'auto-biographie intitulée « Les mésaventures d'Hugues Colbert, etc... » Il s'est intéressé à l'alchimie alors qu'il était chimiste chez Poulenc et fréquentait le docteur Rouhier qui y travaillait également.

Faute de temps bien des faits actuels sont inaperçus de moi, et je n'ai pas l'occasion de connaître en détail tous les groupements qui continuent à graviter dans l'ombre.

Je profite de cette lettre pour vous prier d'accepter mes meilleurs voeux de Noël et de Nouvel An, avec les délais habituels, vous les recevrez probablement au moment nécessaire.

En attendant le plaisir de vous lire, je vous prie d'agréer, Vénéré Maître, l'expression de mes sentiments les plus respectueux et les plus fraternels.

A.Bastien

ഗ‌ദ

Le Caire, 12 janvier 1949.

T∴C∴F∴,

Je viens de recevoir votre lettre du 15 décembre ; vous êtes assurément bien excusable de ne m'avoir pas répondu plus tôt...-- Merci d'avoir fait ma commission à Gallo.

Pour la question des manuscrits d'Abdul-Hâdi, cela n'a naturellement rien de pressé, et je sais trop bien qu'on n'arrive pas toujours à trouver assez de temps pour tout !

Chose curieuse, je ne réussis pas plus que vous à retrouver les N° de « Justice et Vérité » que j'ai sûrement quelque part ; je me rappelle que l'adresse était au Pré Saint Gervais, mais je ne sais plus du tout quel était le nom du directeur ou du gérant et si c'était celui du gendre de Dupré dont vous parlez.

Pour le Martinisme, la transmission d'A. Chabouseau était indépendante de celle de Papus, mais, si mes souvenirs sont bien exacts, celui-ci également n'avait rien reçu de plus que ce que disait Chabouseau. Quant aux cahiers des trois grades, ils ont sûrement été rédigés par Papus lui-même dès le début de son organisation ; une autre preuve encore que les trois grades existaient bien alors est le discours d'initiation au grade de S.. ·J.. par Stanislas de Guaïta, qui a paru dans l'« Initiation » presque au début et a été reproduit, avec divers autres articles, dans le recueil intitulé « La Science Secrète », éditée en 1890 ; le titre, ainsi que je viens de le vérifier, porte expressément la mention : « Tenue .du 3° degré » ! À la suite de la publication du livre de Kostka, Papus a prétendu avoir fait dans les cahiers certaines modifications (il l'a écrit, je crois, dans sa brochure intitulée « Le Diable et l'Occultisme », que je ne retrouve pas en ce moment), mais en réalité il n'y a jamais rien changé du tout, car tous les exemplaires aurographiés que j'ai, et qui sont ceux qui étaient en usage postérieurement à 1900, sont exactement identiques à ce qui se trouve dans « Lucifer démasqué ».

Comme Maridort, dans ses dernières lettres qui sont plus récentes que la vôtre, ne me parle pas d'Ambelain, je pense que sans doute vous n'avez pas encore rencontré celui-ci comme vous en aviez l'intention ; je suis curieux de savoir si vous pourrez arriver à éclaircir cette question de sa situation dans le Régime Rectifié. Il semble décidément que Lagrèze se soit mêlé de tout ; je me demande s'il pouvait être plus qualifié pour conférer régulièrement le grade de C.B.C.S. que pour le 33° écossais...

Il est vraisemblable que le nom de Fulcanelli aura été inventé par Champagne, de même que l'histoire des soi-disant « Frères d'Héliopolis » ; mais cela ne me paraît pas en contradiction avec le fait que les livres qu'il a fait paraître sous cette signature aurait été entièrement rédigés avec la documentation de Dujols ; Faugeron, qui fréquentait beaucoup ce dernier, était très affirmatif là-dessus et partageait l'indignation de Madame Dujols à l'égard de ce procédé.-- Je n'ai jamais eu beaucoup de renseignements sur ce Canseliet qui est intervenu par la suite dans cette affaire ; je crois qu'on m'a dit qu'il habitait Bordeaux, et il doit être ou avoir été en relations avec Paul le Court, car celui-ci a publié autrefois quelque chose de lui dans Atlantis.

Quand j'ai connu Rouhier, il travaillait en effet chez Poulenc, mais je ne savais pas du tout que J. Boucher y avait travaillé également. Dans sa « Symbolique maçonnique », celui-ci a effectivement annoncé déjà son intention de faire paraître un autre livre sur le symbolisme des Hauts Grades.- - À propos de J.B., sauriez-vous quelque chose sur le groupe de « Kad » (il a collaboré à sa revue), dans lequel une scission s'est produite récemment ? Il parait, d'après ce que m'a dit Marius Lepage, que le défunt « Martinisme Traditionnel » a encore exercé de ce côté une influence plutôt fâcheuse !

Merci de vos bons vœux ; à mon tour, je vous adresse aussi tous les miens pour cette nouvelle année, regrettant seulement qu'ils ne puissent vous parvenir qu'un peu tardivement.

Bien frat.. à vous.

René Guénon

ജാര

4 mars 1949.

Vénéré Maître

J'espérais pouvoir vous donner plus de renseignements au sujet des manuscrits d'Abdul-Hâdi, mais je n'ai pas encore pu aller à Épernon. Néanmoins j'ai appris que tous les papiers de Dupré étaient en possession de son gendre. Ayant trouvé les N° de « Justice et Vérité », j'ai noté deux adresses, celle du journal : 97 rue Campans à Paris 19° et celle de M.Gaston Pascal 8 rue des écoles au Pré Saint Gervais. J'espère qu'à ces adresses j'aurai des renseignements.

Tout à fait d'accord avec vous au sujet des rituels cités dans « Lucifer Démasqué », mais il y a eu des cahiers polycopiés qui ont circulés, et qui étaient l'œuvre de Sémélas. Ces instructions développaient les textes de Papus. Si j'en peu trouver le texte je vous l'enverrai.

J'ai rencontré Ambelain qui a cessé tout travail maç.. à la suite d'incidents qu'il m'a relatés. La loge Saint André d'Égypte, qui fut créée pendant l'occupation, suivait un rituel du rite rectifié ; à la libération cette loge devait s'intégrer à la G.. L.., mais des dissensions survinrent et elle fut mise en sommeil, ses membres se répartissant dans divers ateliers. C'est au cours de la séance de clôture que des incidents se sont produits : on reprochait à Ambelain sa conduite à la libération de Paris où il aurait, parait-il voulu piller des anti-maçons notoires (c'est du moins la version fournie par Ambelain). À la suite de cette mise en sommeil il s'est désintéressé de la question et si dans la brochure consacrée au Martinisme il fait des allusions, ce n'est que par forfanterie vis-à-vis de ceux qui lui reprochaient sa conduite. Incidemment il m'a parlé des travaux d'Equinoxe qui furent tentés, avec succès, par un groupe contrôlé par Ambelain, pendant les années 42 à 44. Suivant les rituels martinésistes, il aurait eu personnellement la vision de l'Ange de la Terre. Il doit me montrer à l'occasion le procès-verbal des séances d'évocation qu'il a consignées au jour le jour.

Les grades de 33° et de C.B.C.S. lui ont été donnés par Lagrèze, en communication, et, sans la moindre valeur. Il ne prétend du reste pas à leur validité.

Je ne connais pas l'adresse de Cancelier, mais je crois qu'il vit retiré dans la banlieue de Paris. Je pourrai me renseigner à l'occasion si cela vous intéresse.

Rien appris au sujet de KAD. J'espère pouvoir vous donner des précisions plus tard.

J'ai eu l'occasion de feuilleter la notice envoyée aux libraires pour annoncer la parution d'un livre de Philippe Encausse sur Papus. C'est son ancien texte qu'il a développé puisque le livre doit avoir plus de 500 pages. Dans la table des matières je relève à votre attention le titre suivant :

L'ordre Martiniste. - Initiation de Papus au Martinisme.- Les premières loges parisiennes. - Téder, Jean Bricaud, Chevillon. - L'exclusion de René

Guénon. - Le Martinisme lyonnais. etc...

L'ouvrage est en souscription et paraîtra prochainement... Ce sont les éditions OCIA 3 rue Cardinal Mercier Paris IX° qui lancent le prospectus.

Je m'excuse de vous avoir répondu si tardivement, j'espérais pouvoir vous fournir des renseignements sur Dupré et c'est la raison de ce retard.

En attendant le plaisir de vous lire, je vous prie d'agréer, Vénéré Maître, l'expression de mes sentiments les plus frat ..

A. Bastien

ഓരു

Le Caire, 31 mars 1949

T∴C∴F∴,

J'ai reçu avant-hier votre lettre du 4 mars ; je n'ai pas besoin de vous dire que votre retard à m'écrire est tout excusé.-- J'avais appris la semaine dernière par Maridort ce que vous me dites au sujet des manuscrits d'Abdul-Hâdi ; il faut espérer que vous pourrez réussir à en avoir communication et, s'il s'y trouve des choses réellement intéressantes, à en prendre une copie ; ce sera la première fois, malgré toutes les recherches faites jusqu'ici de divers côtés, qu'on aura pu en retrouver quelque chose ! Je serais curieux, à un autre point de vue, de voir les cahiers de Sémélas si vous pouvez les trouver ; il est bien certain en tout cas qu'ils sont très postérieurs à ceux de Papus, et je ne m'explique toujours pas comment certains ont pu contester une chose si évidente ...

En ce qui concerne Ambelain, je ne savais rien des incidents dont vous parlez, et, d'après sa brochure sur le Martinisme, j'étais loin de me douter qu'il avait cessé toute activité maç∴ ; dans ces conditions, ses insinuations tendant à faire penser qu'il joue un rôle important dans le Rite Rectifié sont vraiment bien peu sérieuses ; mais du moins est-il heureux qu'il ne se fasse pas d'illusions sur la validité des grades que Lagrèze lui avait conférés de sa propre autorité ! Au point de vue du Rite Rectifié, la L.. Saint Andrée d'Égypte devait d'ailleurs être irrégulière, car, comme je l'écrivais dernièrement au F.. Mercier à un autre propos (il s'agissait de la possession actuelle de ce Rite par le G.. O..), la condition de régularité est la reconnaissance par le Grand Prieuré d'Helvétie, celui-ci étant, en tant que continuateur de l'ancien Directoire Helvétique Romand, la seule Obédience dudit Rite qui a existé sans interruption depuis l'origine.

Je croyais avoir entendu dire que Canseliet habitait Bordeaux, mais il est vrai qu'il peut bien avoir changé de domicile depuis lors ; je ne serais pas fâché d'avoir quelques renseignements sur ce personnage, mais il est bien entendu qu'il ne faut pas vous déranger exprès pour cela.-- Pour le procès-verbal des séances d'évocation qu'Ambelain doit vous montrer, il n'y a aussi qu'à attendre qu'il tienne sa promesse, car naturellement cela n'a rien d'urgent.

Je vous remercie de ce que vous me signalez au sujet du nouveau livre de Ph. Encausse ; il sera bon de voir cela quand il paraîtra... Cette nouvelle réédition de la même histoire m'amène à me demander s'il ne serait pas en relations plus ou moins étroites avec Boucher, Amblain, etc. ; savez-vous ce qu'il en est ?

Au sujet du groupe de « Kad », il paraîtrait, d'après ce que m'a dit Marius Lepage, que le martinisme « Traditionnel » de Chaboseau a encore exercé de ce côté une influence plutôt fâcheuse. Il existe maintenant deux groupements distincts, les « Amis du Druidisme » et les « Amis de la Tradition Celtique » ; je suppose que les premiers persistent dans leurs idées de reconstitution rituelles artificielles et plus ou moins fantaisistes, tandis que les seconds ont eu le bon esprit d'y renoncer entièrement.

Bien frat.. à vous

René Guénon

19 juin 1949

Vénéré Maître,

Toujours en retard pour répondre, je vous prie de m'excuser encore cette fois ; depuis le mois de mai ma femme est malade et l'opération n'a été évitée, si toutefois on l'évite, que de peu.

J'ai vu Madame Dupré à deux reprises et elle m'a affirmée que son mari n'avait jamais eu les manuscrits d'Abdul-Hâdi en sa possession. Elle n'a rien détruit des archives de son mari et ses recherches faites sur ma demande n'on rien données de nouveau. Le groupe du Lys et de l'Aigle continue avec une vingtaine de membres, dans la région parisienne. Ils ne font aucun prosélytisme et leur groupe ne comprend que des membres fidèles d'avant-guerre et ayant connu Dupré.

Eugène Dupré a été tué à Épernon le 12 juin 1944, à la suite de l'éclatement de bombes dont un avion se débarrassait avant de s'abattre au sol.

J'ai eu communication des procès-verbaux d'Ambelain dans lesquelles il relate ses expériences de « travaux d'équinoxe » suivant les méthodes de Martinès, et qui se sont déroulées de septembre 1942 à juin 1944. Il a cessé ses évocations à la suite de conseils donnés par le docteur Rouhier, et après avoir obtenu la manifestation corporelle de ce qu'il croit être l'ange Ariel. Il animait une apparition lumineuse de gemmes et la lampe d'autel clignotait à la manière d'une respiration, alors qu'il avait la sensation très nette d'une présence supra-humaine. Ces expériences étaient faites en présence de sa femme et de leur fille. Il a été suivi dans ses expériences par une douzaine de ses amis qui n'ont pas obtenu de résultats probants. Depuis cette date, il a renoncé à toute évocation, dans une sorte de « terreur sacrée ».

Le livre du docteur Encausse n'a toujours pas paru. Vraisemblablement, il a dû avoir ses renseignements par le canal Boucher-Ambelain, mais sans doute connaissait-il et fréquentait-il Lagrèze qui, à l'origine de cette campagne, possédait les papiers de Téder et les exhibait à tout propos.

Je n'ai rien appris au sujet de Kad, des Amis du Druidisme et des Amis de la Tradition Celtique, peut-être que par le canal de Genty vous pourrez en savoir plus long.

Ces derniers temps, en raison de la maladie de ma femme, je n'ai guère eu le temps et l'occasion de rencontrer des amis à qui j'aurais pu poser des questions au sujet de ses groupements plus ou moins fantaisistes. Les anciens disciples d'Ivanof ont dû continuer de leur côté à se réunir ou à former des groupes dissidents, mais là non plus, faute de temps je n'ai rien appris de nouveau. Dans la presse « moderne » il paraît de temps à autres des articles sur tous les « Mages » qui continuent à exercer des ravages parmi tous ceux qu'attire le merveilleux. La contre-initiation ne chôme pas de nos jours.

Henri Meslin est mort le 9 mars des suites d'un oedème généralisé et Chaboseau a pris sa place à la direction-gérance du Lotus Bleu.

Toujours à votre disposition, et en m'excusant du retard de ma réponse, je vous prie d'agréer, Vénéré Maître, l'expression de mes sentiments les plus frat..

Bastien

ಬಿCR

Le Caire, 25 juillet 1949.

T∴C∴F∴,

Je viens seulement de recevoir votre lettre du 19 juin, et je suis bien peiné d'apprendre les inquiétudes que vous a causées et que vous causent même encore la santé de Madame Bastien ; je veux croire qu'une opération pourra décidément être évitée, et je vous adresse tous mes vœux pour son rétablissement.-- Je comprend trop bien que, avec ces préoccupations, vous n'ayez guère pu voir les uns et les autres tout ces temps-ci ; je n'ai pas besoin de vous dire que votre retard à m'écrire est tout excusé !

Puisque Madame Dupré n'a rien retrouvé dans les papiers de son mari malgré ses nouvelles recherches, voilà encore, au sujet des manuscrits d'Abdul-Hâdi, un espoir évanoui, et c'était en quelque sorte le dernier ; c'est vraiment bien extraordinaire que tout ait disparu ainsi sans laisser la moindre trace...

Maridort m'avait donné un aperçu du contenu des procès-verbaux d'Ambelain ; ce qui m'a paru le plus curieux là-dedans, ce sont les séries de « coïncidences » qui manifestement n'ont pas été voulues et qui semblent bien montrer qu'il y a eu autre chose que de l'auto-suggestion ; mais, à part cela, je dois dire que je ne vois pas bien à quoi peuvent aboutir des expériences de ce genre, ni surtout quel bénéfice d'ordre spirituel on peut espérer en retirer !

Ph. Encausse semble tarder beaucoup à faire paraître son livre, à moins que ce retard ne soit le fait de son éditeur, ce qui n'aurait rien d'extraordinaire dans les circonstances actuelles. Ce que vous supposez au sujet de l'origine de ses renseignements est en effet très vraisemblable ; je n'ai jamais su s'il était en relation avec Lagrèze, mais c'est bien probable aussi, car je me souviens qu'autrefois il m'avait paru très préoccupé de retrouver toutes les personnes qui avaient connu son père.

Il semble que « Kad » ait cessé de paraître, ou du moins je n'en ai plus entendu parler ; il est vrai que cette publication a toujours été très « intermittente ». Par contre, je continue à recevoir le bulletin des Amis de la Tradition Celtique, « Ogam », qui témoigne d'un réel effort dans le sens des idées traditionnelles ; ce qui est seulement un peu inquiétant, c'est que j'ai constaté, dans un des derniers numéro, la réapparition de J. Boucher... Il parait, d'autre part, que celui-ci s'est attiré à la G.. L.. une histoire assez fâcheuse ; avec un caractère aussi agressif que le sien, cela n'a d'ailleurs rien de très surprenant.

J'avais appris par Genty, il y a quelque temps, la mort de Meslin ; je ne savais pas qui le remplaçait au « Lotus Bleu », mais je m'étais bien douté tout de suite que ce ne pourrait guère être que Chaboseau.

Bien frat.. à vous.

René Guénon

René Guénon à René Burlet[9]

Le Caire, 31 juillet 1949

[...]

Pour votre tableau utilisant le swastika, si vous ne pensez pas pouvoir l'exposer en public, ce n'est certainement pas une raison pour vouloir le détruire, car vous n'avez alors qu'à le « réserver » pour vous-même et pour quelques-uns. - Aucun des deux sens de rotation n'est bénéfique ou maléfique en lui-même ; tout dépend de la forme traditionnelle que l'on considère, ce qui est bénéfique pour l'une pouvant être maléfique pour l'autre et inversement, conformément à leurs caractéristiques propres. Dans une même forme traditionnelle, le sens opposé à celui qui est considéré comme bénéfique est parfois employé, non pour des actions maléfiques, mais pour ce qui est en rapport avec des événements malheureux, par exemple pour les rites funéraires. Il arrive aussi que la différence de sens sert de signe distinctif à deux traditions que les circonstances ont amenées à coexister dans une même région, comme le lamaïsme et le bön au Thibet. L'opposition swastika-sauvastika est une pure fantaisie au point de vue linguistique : le nom de swastika est le seul qui s'applique dans les deux cas indistinctement et sauvastika n'est qu'un adjectif qui en est dérivé et qui désigne ce qui se rapporte au swastika. Quant aux expressions « vers la droite » et « vers la gauche », elles sont très équivoques et peu satisfaisantes ; ce qu'il faut considérer en réalité pour éviter toute erreur, c'est si une personne accomplissant la rotation aurait sa droite ou sa gauche tournée vers le centre.

Croyez, je vous prie, cher Monsieur, à mes sentiments les meilleurs.

René Guénon

---

[9] *Les Cahiers de l'Herne*, 1985.

Le Caire, 22 novembre 1950

Cher Monsieur,

Le premier numéro de votre revue[10] m'est arrivé peu après que je vous ai écrit ; je trouve qu'en somme, dans l'ensemble, c'est très bien pour un début, en particulier vos notes sur la fresque, car, comme je vous le disais, je pense qu'il est tout à fait essentiel d'insister sur le côté « métier », et aussi, bien entendu, les articles de R. Pouyaud, à qui je trouve seulement toujours un peu trop de partialité contre le gothique ; d'autre part, la comparaison entre la peinture et la musique, au point de vue rythmique, est vraiment très curieuse. J'ai fait tout de suite un compte rendu, et vous verrez que j'ai préféré passer sous silence les quelques points qui auraient pu donner lieu à des objections ; en cela, je veux parler surtout de l'article de Dom Angerico Surchamp, qui ne m'a guère satisfait car il exprime une vue vraiment bien étroite du symbolisme ; qu'il y ait lieu de tenir compte de la théologie, je crois bien que tout le monde doit être d'accord là-dessus, mais ce n'est pas tout, et cela n'empêche pas d'y mettre aussi bien d'autres choses qui dépassent ce domaine, comme on le faisait constamment au moyen âge ; seulement, les exotéristes exclusifs ne voient rien de tout cela [...].

René Guénon

---

[10] *Sur le Métier.*

René Guénon

26 Lettres de René Guénon à Louis Charbonneau-Lassay

Paris, 24 novembre 1924
51, rue St Louis-en-l'Île (IVe)

Cher Monsieur,

J'aurais voulu vous remercier tout de suite de vos aimables envois, mais le temps m'a manqué pour le faire ; j'espère que vous voudrez bien excuser mon retard.

Merci aussi de votre élogieuse appréciation sur mon « Théosophisme » ; j'aime à croire qu'« Orient et Occident » vous intéressera également, bien que ce soit un ouvrage d'un genre tout différent.

Il y a quelques confusions dans la conférence de Mgr. Janssens : confusion entre les théories théosophiques et les doctrines hindoues (ce qui fait le plus grand plaisir aux théosophistes, dont on prend ainsi les prétentions au sérieux au lieu d'en montrer l'inanité), entre le Brâhmanisme et le Bouddhisme, etc. Ces méprises, d'ailleurs, sont dues au P. Mainage, dont les initiatives ne sont pas toujours des plus heureuses, parce qu'il lui arrive trop souvent de parler de ce qu'il ne connaît qu'insuffisamment.

Votre dernier article de « Regnabit » est fort intéressant, et je pense qu'on pourrait tirer, des faits que vous y signalez, un certain nombre de conséquences importantes, d'autant plus qu'il n'y a pas qu'en Égypte qu'on trouve des rapprochements de ce genre. Le rôle attribué au cœur dans les doctrines hindoues n'est pas moins remarquable ; je donnerai là-dessus quelques indications dans mon prochain ouvrage. D'autre part, il y aurait aussi des recherches à faire du côté des traditions de l'Amérique centrale et du Mexique, dans lesquelles ? ? ? ou Quetzalcohuatl ? ? ? était appelé « cœur de la terre » ou « cœur du monde ».

J'ai pensé aussi à un rapprochement possible entre le vase hiéroglyphique et le symbole du Graal ; il y aurait bien des choses à dire là-dessus.

Si je ne craignais d'être indiscret, je me permettrais une petite question : est-ce avec intention que vous avez rapproché, dans une même phrase, Melchissédec et les trois Mages de l'Évangile ? C'est au moins curieux, car cela correspond à des choses auxquelles j'ai eu l'occasion de penser souvent en ces derniers temps.

À propos des symboles du Christ dont nous avons parlé, vous vous souvenez peut-être que, pour le cheval, je vous avais dit que j'y voyais une allusion au cheval blanc de l'Apocalypse, à quoi vous aviez objecté que le Christ devait plutôt être représenté par le cavalier ; mais je vous avais répondu qu'il pouvait l'être à la fois par le cavalier et par le cheval lui-même. Depuis lors, j'ai trouvé la confirmation de cette façon de voir dans un ouvrage du cardinal Billot, qui dit exactement la même chose ; j'ai noté le passage : « Partout où paraît dans l'Apocalypse un personnage monté, la monture et le personnage figurent ensemble la même chose ... Le cheval blanc avec son cavalier représente un objet unique, qui est Jésus-Christ Vainqueur » (La Parousie, p. 283, en note). Je crois vous avoir dit que le symbole du cheval blanc existe aussi dans l'Inde, et précisément avec la même signification.

J'ai repensé également au symbole de l'étoile à six branches, qui peut fort bien, comme vous le disiez, représenter l'union de la nature divine et de la nature humaine dans la personne du Christ. Le triangle $\triangledown$ serait la nature humaine, « faite à l'image de Dieu », donc figurée comme le reflet inversé du triangle divin $\triangle$. Au moyen-âge, le ternaire humain « spiritus, anima, corpus » était très souvent assimilé au ternaire des principes alchimiques « sulfur, mercurius, sal ».

D'autre part au point de vue kabbalistique, le double triangle est la figure du nombre 6, qui est le nombre de l'union et de la médiation ; c'est aussi le nombre de la création, et, comme tel, il convient encore au Verbe : sous ce dernier rapport, le symbole n'est pas autre chose que la traduction du « per quem omnia facta sunt » du Credo. - Il est remarquable aussi que, en Chine, six traits disposés autrement représentent également le principe médiateur, qui unit en lui les deux natures céleste et terrestre.

Bien entendu, ces diverses interprétations ne s'excluent nullement ; il y a toujours une multiplicité de sens dans un même symbole, et c'est même là un des principaux avantages du symbolisme, beaucoup moins étroitement limité, comme moyen d'expression, que le langage ordinaire.

Ou se trouve donc exactement, dans l'Évangile, cette parole : « Je suis la Porte » ? Je n'ai pas pu arriver à retrouver la référence. - Un fait curieux (et j'y pense précisément à propos de la porte), c'est qu'un certain nombre de symboles sont communs au Christ et à la Sainte Vierge ; ce point me semble digne d'attention.

Il y aurait beaucoup à dire sur le sigle « Sol et Luna », qui était d'un usage constant dans le symbolisme hermétique ; j'espère bien que nous aurons l'occasion de reparler de tout cela.

Ne passez-vous jamais par Paris au cours de vos voyages ? S'il vous arrivait d'y venir quelque jour, nous serions fort heureux d'avoir votre visite.

M. de Frémond, à qui j'avais signalé votre article sur les contrefaçons du Sacré-Cœur, m'a écrit que c'était lui qui avait trouvé à Bordeaux, en 1916, l'insigne en forme d'étoile multicolore ; peut-être le saviez-vous, mais, quant à moi, j'ignorais ce détail.

Ma femme se rappelle à votre bon souvenir, et moi, cher Monsieur, je vous prie de recevoir l'expression de mes sentiments les meilleurs.

R. G.

ℰ𝒪ℛ

Paris, 23 décembre 1924
51, rue St Louis-en-l'Île (IVe)

Cher Monsieur,

Je suis vraiment confus d'avoir tant tardé à répondre à votre lettre. C'est que j'aurais bien voulu pouvoir vous donner quelques indications au sujet du signe du monastère des Carmes, mais jusqu'ici, hélas ! je n'ai rien trouvé encore. Je n'ai jamais vu aucun signe qui ressemble à celui-là ; j'en ai parlé à des amis qui n'ont pas pu les déchiffrer non plus, mais qui vont chercher de leur côté. Il semble que ce soit un monogramme ; mais, même en ce cas, la disposition n'en est sûrement pas arbitraire et devait avoir quelque raison symbolique. - Est-ce dans la pierre que ce signe est gravé ? S'il en était ainsi, ce pourrait être une de ces « marques de maîtres » qu'on rencontre assez fréquemment sur les anciens édifices. Je sais bien que, le plus souvent, l'élément principal en est constitué par une variante du signe constantinien, telle que ⨉ ou ✳ (il y en a une de ce genre à la chapelle du château de Champigny-sur-Vende), mais il a pu en exister aussi d'autres types. Je sais qu'il a été fait en Angleterre des recherches (?) sur ces signes corporatifs, mais je n'ai pas retrouvé de renseignement précis là-dessus, et j'ignore où cela a été publié. En tout cas, si je finis par découvrir quelque chose d'intéressant d'un côté ou de l'autre, je ne manquerai pas de vous les communiquer. - Avez-vous quelques détails sur ce frère Guyot dont vous nous parlez, et qui faisait figurer la croix gammée dans sa signature ? Ce fait me paraît assez digne de remarque.

Pour le sceau formant un cœur, je pense qu'il n'y a ni doute ni hésitation à avoir, et qu'on ne puis pas y voir autre chose qu'une représentation du Sacré-Cœur, à ajouter à toutes celles que vous avez déjà découvertes ; nous sommes tout à fait d'accord sur ce point.

De même pour Melchissédec et les Mages : il y a en effet, dans les deux cas, l'union des deux pouvoirs sacerdotal et royal dans les mêmes personnages ; et je suis même persuadé que, en se référant à certaines traditions orientales, il est possible d'établir entre eux un lien beaucoup plus étroit. Je pensais bien que le rapprochement indiqué dans votre article n'était pas accidentel ; j'en avais été d'autant plus frappé que je n'ai rencontré que bien peu de personnes qui aient eu l'idée d'un tel rapprochement, assez naturel cependant.

Je ne crois pas que l'étoile à six branches et le double triangle puissent, à proprement parler, être regardés comme deux symboles réellement distincts ; ce sont plutôt deux formes différentes d'un même symbole. En tout cas, les significations qui se rapportent au nombre 6 sont certainement communes aux deux formes. On pourrait peut-être voir aussi un certain rapport entre la première et l'étoile des Mages, ce qui, d'ailleurs, ne nous éloignerait pas tant des autres significations qu'il peut le sembler au premier abord.

Pour la multiplicité de sens et d'applications d'un même symbole, ce que vous dites du poisson est très juste ; on pourrait faire la même remarque pour beaucoup d'autres, notamment pour le cerf, qui est aussi le Christ et le fidèle, et même plus souvent le fidèle, en raison de cette parole de Job (VII, 2)[11] : « Sicut cervus desiderat ad fontes aquarum. » - À propos du poisson, vous savez sans doute que ce symbole est fort ancien, et qu'il se trouve presque toujours en relation avec un aspect du Verbe. Je ne veux pas parler seulement de l'Oannès chaldéen et du Dagon syrien (dont il a été souvent question dans les publications du Hiéron de Paray-le-Monial) ; dans l'Inde aussi, le poisson représente la première manifestation de Vishnou.

J'ai appris récemment qu'il existe au porche sud de l'église de Perros-Guirec, une représentation de la Trinité dans laquelle le Fils est figuré sous la forme d'un lion ; le saviez-vous ? Je crois que la chose est assez rare ; j'espère en avoir une photographie, que je pourrai vous communiquer si vous ne l'avez déjà.

Je souhaite que vous ayez bientôt quelque occasion de revenir à Paris ; en ce cas, il vous suffirait de nous envoyer un petit mot pour nous prévenir de votre visite, afin d'être plus sûr de nous rencontrer ; je sors d'ailleurs très peu.

Ma femme me charge de vous présenter ses compliments, et moi, cher Monsieur, je vous prie de recevoir l'expression de mes sentiments les

---

[11] Ps 42-2

meilleurs.

R. G.

ℰℬ

Paris, 25 février 1925.
51, rue St Louis-en-l'Île (IVe)

Cher Monsieur,

Nous avons été désolés d'apprendre que vous vous ressentiez encore des suites de votre malencontreuse asphyxie ; nous aimons à croire que vous êtes maintenant tout à fait rétabli.

Je vais tâcher de répondre à vos différentes questions, dont vous n'avez point à vous excuser, car c'est toujours avec grand plaisir que je vous donnerai, si je le peux, les renseignements qui vous seront utiles.

D'abord, si le double triangle est appelé « sceau de Salomon », c'est parce que Salomon avait, dit-on, un anneau sur lequel était gravé ce signe, et dont la possession lui donnait le pouvoir de commander à toutes les forces de la nature ; cette tradition est commune aux Juifs et aux Musulmans. Le même signe porte encore d'autres noms, notamment celui de « bouclier de David », et aussi celui de « bouclier de Mikaël » ; cette dernière désignation est particulièrement intéressante à cause du rôle tout spécial qui est attribué dans l'angélologie hébraïque à Mikaël, l'archange solaire, par qui se manifeste la gloire divine.

Quant au triangle dans lequel est inscrit le nom de יהוה, je ne crois pas qu'on puisse dire qu'il ne soit qu'un emblème vide de sens dans les églises chrétiennes ; sa signification demeure toujours. D'autre part, je ne pense pas non plus qu'il en soit question dans les prescriptions liturgiques de la Bible, ni qu'il figure actuellement dans les synagogues, où le signe le plus habituel est le double triangle avec le nom שדי (Shaddaï = le Tout-Puissant). Du reste, vous savez que les Juifs sont très réservés dans l'emploi du nom tétragrammatique יהוה, qu'ils écrivent aussi rarement que possible, et qu'ils ne prononcent jamais, le remplaçant par Adonaï (le Seigneur) dans la lecture du texte sacré. On dit qu'autrefois le Grand-Prêtre seul avait le droit de le prononcer une fois l'an, lorsqu'il pénétrait dans le Saint des Saints. Il est probable que le triangle contenant ce nom devait être un signe réservé, qu'on n'exposait pas publiquement, parce qu'il avait un caractère particulièrement sacré ; il y a quelque chose d'analogue dans l'Inde, mais le mot qui est inscrit dans le triangle est Aum.

Pour l'inscription d'Antinoé, je ne vois pas d'autre traduction littérale possible que celle-ci : « Un seul Dieu de nouveau ». Je l'ai montrée à un helléniste de profession, et même à un Grec ; ils n'y ont pas vu autre chose. Maintenant qu'est-ce que cela peut vouloir dire ? On ne peut naturellement faire qu'une hypothèse ; voici l'interprétation que je proposerais : retour à l'idée de l'unité divine, qui avait été connue à l'origine, puis s'était obscurcie, et qui reparaît dans toute sa pureté avec le Christianisme. Je vous donne cette explication pour ce qu'elle vaut ; en tout cas, il me semble qu'elle est assez plausible.

Je pense être arrivé presque tout de suite à lire l'autre inscription, celle de la clef sigillaire. J'y vois très nettement un nom propre au génitif : Χρυσωγονου, « de Chrysogone » (c'était probablement le nom du propriétaire de l'objet), suivi de deux lettres isolées λ. N. qui ne peuvent être que des initiales, et dont je n'arrive pas à deviner la signification. Vous savez que le signe ȣ est mis habituellement pour ου ; il y a bien une faute d'orthographe, car il faudrait Χρυσογονου, avec ο et non ω, mais cela arrive souvent dans les inscriptions ; il y en a une aussi dans l'autre, car παλλιν avec deux λ n'existe pas, et la seule forme correcte est παλιν. C'est sans doute parce que vous avez cru voir d'abord le chiffre du Christ que vous n'avez pas pu lire la suite ; pourtant, vous n'aviez peut-être pas entièrement tort, car il est très possible que les deux premières lettres XP aient été isolées intentionnellement pour rappeler ce chiffre. Si j'arrive à trouver quelque chose pour le sens des deux dernières lettres, je ne manquerai pas de vous le faire savoir.

J'arrive à l'ουροβορος ; je vois bien ce que veut dire M. Le Cour : <u>Aour</u>-φορος, « porte-lumière », ce serait un équivalent de Lucifer ; mais cette déformation du mot et cette étymologie hybride sont purement fantaisistes. C'est en hébreu qu'<u>Aour</u> (ou plutôt <u>Aor</u>) signifie « lumière » ; mais M. Le Cour, depuis qu'il a trouvé ce mot dans les enseignements du Hiéron, veut le voir partout ; il me paraît avoir des notions linguistiques plutôt singulières ! En réalité, le mot ουροβορος n'a absolument rien de mystérieux : il est formé de ουρα, « ? ? ? », et βορος, « qui dévore » (mot identique au latin <u>vorax</u>, car <u>b</u> et <u>v</u> se changent très facilement l'un en l'autre). Il y a bien, comme vous le dites, un mot ουρος qui signifie « gardien », et c'est ainsi que le nom de l'étoile Arcturus veut dire « le gardien de l'Ourse » (ce qui est curieux, c'est qu'<u>Arthur</u> est exactement le même nom <u>arth</u>, signifie « ours » en gaélique, et cette forme est très proche du grec αρχζορ). Il y a aussi d'autres mots ουρος : l'un désigne l'? ? ? ou aurochs ; un autre est pour ορος, « montagne ? », il y a même ορος pour ορος, « limite ». Mais, dans les composés, ουρα, « queue » se change aussi en ουρος, comme dans αιλουρος, « chat », c'est-à-dire l'animal à la queue changeante (et non pas le « gardien d'Eole », comme on pourrait traduire très littéralement, et ce qui serait pourtant tout aussi faux que les interprétations de M. Le Cour).

Quant à l'origine de ce symbole du serpent qui se mord la queue, il est très possible qu'elle soit égyptienne ; rien ne prouve d'ailleurs qu'elle ne remonte pas plus loin que l'époque alexandrine. Je me méfie toujours quand on attribue quelque chose aux Gnostiques sans préciser davantage ; il y en a eu de tant de sortes, et ce qu'on en sait est si incomplet ! Du reste, il est bien probable qu'ils se sont servis de beaucoup de symboles qu'ils n'ont pas inventés. Le sens le plus habituel de l'ουροβορος est celui, non pas d'éternité, mais de perpétuité, c'est-à-dire d'indéfinité temporelle ; c'est un symbole cyclique, ce qui ne l'empêche pas d'avoir en même temps d'autres significations. D'ailleurs, d'une façon générale, vous savez que le serpent a un aspect bénéfique et un aspect maléfique, et qu'il en est de même pour beaucoup d'autres figures symboliques ; le lion, notamment, est aussi dans ce cas. Il y aurait toute une théorie à développer là-dessus, et je crois qu'on ne l'a jamais fait ; il est vrai que ce sont là des choses assez difficiles à expliquer.

J'oubliais à propos d'<u>Aor</u>, de vous signaler un rapprochement assez remarquable avec le latin <u>aurum</u> ; les alchimistes représentaient l'or par le soleil, et les Hindous l'appellent « lumière minérale ».

Autre chose encore : certains interprètent le nom d'Orphée par deux mots hébreux : <u>Aor-rophê</u>, signifiant « celui qui guérit par la lumière » (le second de ces mots se retrouve dans le nom de Raphaël, l'ange de Mercure) ; ce serait même une des raisons pour lesquelles Orphée aurait été pris pour représenter le Christ. Nous nous souvenons très bien d'avoir vu chez vous cette figure d'Orphée dont vous me parlez ; je lirai avec beaucoup d'intérêt la notice que vous préparez sur ce sujet.

Je ne me rappelle pas avoir vu de figures associant la croix à la grenade, mais je ne suis pas surpris qu'il en existe ; car la grenade est un symbole tout à fait analogue à la rose, qui a aussi parmi ses divers sens, celui de fécondité. Ce symbole n'est pas seulement phénicien, il est aussi hébraïque, puisque des grenades figuraient sur les chapiteaux des colonnes du Temple de Jérusalem. À propos du symbole phénicien, j'ai vu en Algérie des monuments de l'époque romaine sur lesquels étaient associés la croix et le croissant, et qui pourtant n'étaient ni chrétiens ni musulmans (le croissant était l'emblème de Tanit).

Vous me demandez comment se nomme le Verbe chez les Hindous ; il n'a pas seulement un nom, il en a un grand nombre, suivant les aspects sous lesquels on l'envisage. En effet, d'abord, la <u>Trimûrti</u> ne correspond pas à la Trinité chrétienne comme on l'a quelquefois supposé ; mais elle est constituée en réalité par trois aspects du Verbe, en qui toutes choses ont leur commencement (aspect producteur, <u>Brahmâ</u> = A), leur support (aspect conservateur, <u>Vishnu</u> = U), et leur fin (aspect transformateur, <u>Shiva</u> = M). Le monosyllabe <u>Aum</u> est un nom synthétique renfermant les trois aspects, auxquels ces trois lettres correspondent comme je viens de l'indiquer, sans parler de leurs autres significations symboliques. D'autre part, un nom très général est <u>Îshwara</u>, « le Seigneur » ; un autre est <u>Swayambhû</u>, « Celui qui subsiste par soi-même » ; et il y en a encore bien d'autres. Dans le cas dont il s'agissait, celui du cheval blanc, c'est la dernière manifestation de <u>Vishnu</u>, à la fin de monde, c'est-à-dire du cycle actuel ; vous voyez que c'est identique à ce qui se trouve dans l'Apocalypse.

La semaine dernière, nous avons eu la visite de M. de Frémond, venu ici pour quelques jours ; je lui avais envoyé le manifeste de la Société du Rayonnement intellectuel du Sacré-Cœur, et il m'a dit qu'il l'avait communiqué à un vicaire général de Nantes qui en avait paru tout effrayé, trouvant que c'était là un plan beaucoup trop hardi, etc. ; il est étonnant de voir combien de gens ont peur de tout ce qui sort un peu de l'ordinaire !

Jusqu'ici, je n'ai pas encore pu trouver le temps de préparer quelque chose pour « Regnabit » comme le P. Anizan me l'avait demandé ; j'espère que j'y arriverai tout de même, mais il faut d'abord que je termine des comptes-rendus de livres que j'ai là depuis près d'un an ! Il me semble, si vous n'y voyez pas d'inconvénient, que je pourrai prendre comme point de départ certaines des choses que contiennent vos articles déjà parus, et qui se rattachent très directement à celles que j'ai en vu (par exemple dans votre article sur les symboles égyptiens). La difficulté, c'est de présenter les choses d'une façon qui puisse sembler acceptable aux gens qui ne sont pas habitués à ces considérations.

Savez-vous quels jours et à quelles heures on peut trouver le P. Anizan chez lui ?

Si j'étais sûr de le rencontrer, je tâcherais d'aller le voir un jour où j'aurai un peu de temps libre.

Ces dames vous adressent leur meilleur souvenir, et aussi, cher Monsieur, je vous prie de croire à mes sentiments bien cordiaux.

R. G.

Paris, 18 juin 1925.

51, rue St Louis-en-l'Île (IVe)

Cher Monsieur,

Votre lettre du 8 juin m'est bien arrivée, mais je n'ai jamais reçu le n° de « Regnabit » où vous avez parlé du pélican et que vous m'avez envoyé. Comme vous m'annoncez l'envoi des n°s parus depuis mars et que je n'ai encore rien reçu, je commence à m'inquiéter un peu et à craindre que le paquet ne se soit encore perdu ou n'ait été soustrait à la poste, ce dont je serais fort ennuyé. Du reste, le service des imprimés semble se faire très mal en ce moment ; des paquets qui m'ont été envoyés de Paris même, ces temps derniers, ont mis quatre et cinq jours à me parvenir !

Merci pour le n° de la « Croix » contenant l'article sur l'Inde ; le correspondant de la croix dans ce pays, qui est vraisemblablement l'auteur de cet article, est Mgr Rossillon (?), coadjuteur de Vizigapatam (?). Malheureusement, comme la plupart des missionnaires, il ne paraît pas avoir une compréhension très profonde de l'esprit hindou ; ainsi, pour les véritables Hindous, l'affirmation de l'unité fondamentale de toutes les doctrines traditionnelles n'a jamais impliqué l'idée d'aucune tentation de fusion entre les formes multiples dont chacune a sa raison d'être. Il attache certainement trop d'importance aux manifestations de quelques milieux plus ou moins européanisés, qui sont fort peu intéressants et dont l'influence est à peu près nulle. Les sectes d'inspiration européenne et plus spécialement anglo-saxonne ont fort peu de succès dans l'Inde ; la « Râmakrishna Mission », mentionnée dans l'article, est dirigée par une Australienne ! Ce qu'il y a de certain, c'est que les Hindous en général ont beaucoup de sympathie pour le catholicisme, alors qu'ils n'en ont aucune pour le protestantisme ; il est d'autant plus regrettable que les missionnaires ne se trouvent en contact qu'avec les éléments les moins intéressants de la population ; les Jésuites semblent l'avoir compris et cherchent actuellement à se rapprocher des Brâhmanes.

Merci de vos renseignements très intéressants sur N. D. du Charmier (?) ; je serai très heureux, quand nous irons à Loudun, de voir tout cela avec vous.

– Je n'avais pas pensé que Ruma (?) pouvait être un nom franc (je ne pensais qu'à un nom gallo-romain), mais la chose est en effet très vraisemblable.

J'avais reçu, avant votre lettre, un mot du P. Anizan, et j'ai été le voir le mardi de la semaine dernière ; il est très content de savoir que vous et moi arrivons aux mêmes conclusions sur bien des points, et par des moyens très différents. J'espère lui donner un premier article avant de partir en vacances ; nous sommes d'ailleurs entièrement d'accord sur les idées essentielles.

J'ai reçu hier un mot de Genty, qui ne rentrera qu'à la fin du mois à Paris ; je lui dirai alors que vous acceptez son offre, mais comme ce sera en juillet, où faudra-t-il qu'il vous adresse le cliché ? Si vous pouvez utiliser celui-ci directement pour votre dessin, cela simplifiera beaucoup les choses.

Je ne pensais pas, en vous envoyant (à propos de l'ibis) l'annonce de l'« Ésotérisme de Dante », vous donner l'idée de le faire venir tout de suite ; j'avais au contraire l'intention de vous en offrir un exemplaire ; mais puisqu'il en est ainsi, j'aurai du moins le plaisir de vous envoyer ces jours-ci mon autre volume, dont les premiers exemplaires sont arrivés hier.

L'ibis est, chez les Égyptiens, l'hiéroglyphe de Thoth, c'est-à-dire de la Sagesse. Dans l'Amérique centrale, le héron blanc représente le centre spirituel du monde. En appliquant ces symboles au Christ, on n'en a donc pas altéré la signification. - Sur le sceau dont vous me donnez le dessin, il est difficile de savoir si l'oiseau représenté est un héron ou une cigogne, mais c'est presque certainement l'un ou l'autre. - En Extrême-Orient, c'est plutôt la grue qui tient la même place dans le symbolisme.

Quelle est donc la provenance de ce monogramme dit de Henri III, dans lequel la forme de l'S au double serpent est vraiment bien curieuse ? Pour le signe mérovingien dont vous m'envoyez l'empreinte, il ne me paraît pas douteux que c'est bien le même symbole. - Quant à l'ouroboros, vous avez tout à fait raison de le rapprocher du « cycle annuel » ; d'ailleurs, dans la « Pistis Sophia », ouvrage alexandrin qu'on attribue généralement aux Gnostiques valentiniens (mais qui pourrait tout aussi bien appartenir aux

Ophites), le corps du serpent est représenté comme divisé en douze « éons » (le sens primitif du grec αιων est aussi celui de « cycle ») qui correspondent aux douze signes du zodiaque. D'autre part, le symbole du « cycle annuel » a une très grande importance dans beaucoup de traditions anciennes et peut donner lieu à une foule de considérations très curieuses, permettant d'expliquer en même temps certaines particularités de la disposition des zodiaques qui figurent au portail des églises. Peut-être arriverai-je quelque jour à faire une étude sur cette question, quoique ce soit assez compliqué et difficile à exposer clairement, comme d'ailleurs tout ce qui se rattache aux théories cycliques ; jusqu'ici, je n'ai eu que l'occasion d'y faire quelques allusions çà et là.

Avec le meilleur souvenir de ces dames, recevez cher Monsieur, l'expression de mes sentiments bien cordiaux.

R. G.

ഔ ൽ

Blois, 22 août 1925.
74, rue du Foix.

Cher Monsieur,

Nous pensons partir jeudi prochain pour Chiché, et nous arrêter à Loudun au retour ; mais quand sera-ce exactement ? Peut-être la semaine suivante, peut-être seulement au commencement de l'autre. En effet, il y a encore une complication : il paraît que notre belle-sœur est en ce moment à Charroux, et nous ne savons pas pour combien de temps ; ma femme lui a écrit hier pour lui demander quand elle pensait rentrer à Loudun. Dès que je saurai quelque chose de plus précis, je vous l'écrirai ; mais je suis désolé de ne pas pouvoir vous fixer plus longtemps à l'avance, et je le serais plus encore si cela devait vous gêner en quoi que ce soit pour vos déplacements projetés.

J'ai reçu hier les épreuves de mon article sur le Graal ; je les ai aussitôt corrigées et renvoyées directement à l'imprimeur comme c'était convenu.

Tous mes remerciements pour votre si aimable proposition de faire vous-même les gravures qui seront nécessaires pour mon prochain article ; je suis confus de vous donner ce mal, mais je vous avoue que la chose m'inquiétait un peu, d'abord à cause de mon inhabilité au dessin, et ensuite à cause des clichés qu'il aurait fallu faire faire, ce qui aurait pu être un ennui pour le P. Anizan, car je crois bien que jusqu'ici c'est vous qui avez fait tous ceux qui ont paru dans « Regnabit ». Je dois ajouter qu'il ne s'agit, en la circonstance, que de figures très simples et, pour la plupart, presque géométriques. - Je me demande si je vais arriver à préparer cet article avant notre départ, et pourtant je le voudrais bien, afin que nous puissions examiner cela ensemble quand j'aurai le plaisir de vous voir. Le temps passe avec une rapidité incroyable, et on n'arrive jamais à faire tout ce qu'on voudrait, loin de là ; du moins c'est ainsi pour moi, et je crois bien, hélas ! que je ne suis pas le seul dans ce cas.

Voilà déjà plusieurs fois que j'oublie de vous demander si vous avez fait paraître l'étude sur le Christ-Orphée dont vous m'aviez parlé il y a un certain temps ; cela m'intéressera beaucoup.

Je me demande si le Chauvet dont je vous signalais l'autre jour une étude sur « Sol et Luna » ne serait pas le Dr Chauvet, de Nantes, qui s'est beaucoup occupé d'hermétisme, et qui a publié divers articles et brochures sous le pseudonyme de Saïr ; le connaissez-vous ?

Je viens de trouver quelque chose de curieux à propos de l'ibis à Elien, indiquant les diverses raisons symboliques pour lesquelles cet oiseau était vénéré par les Égyptiens, dit notamment que, quand il ramène sa tête et son cou sous ses ailes, il prend la figure d'un cœur.

Je viens aussi de lire l'article de M. Le Cour sur le Mercure gaulois, et j'y ai retrouvé quelques-unes de ses singularités habituelles ; il est vrai qu'il y a dans le même n° du « Mercure de France », un article sur les Étrusques, signé Gabriel Arthaud (un nom que je ne connaissais pas du tout), qui le dépasse de beaucoup en fait d'extravagances linguistiques ! C'est à se demander si cette revue va se faire une spécialité de ces sortes de choses. - Pour en revenir à M. Le Cour, ce qu'il y a de particulièrement fantaisiste cette fois, c'est son explication du nom de Gavr'innis (?) (et non pas Gavrin-is comme il le décompose à sa façon) ; il y a pourtant dans ce nom quelque chose qui est effectivement très curieux, mais qui n'est pas du tout ce qu'il en dit ; je tâcherai de penser à vous en reparler, car c'est un exemple assez remarquable de symbolisme verbal. - D'autre part, je persiste à être persuadé que Montmartre est en réalité « Mons Martis », et non pas Mons Mercurii ». Il y a eu beaucoup de monts de Mercure en Gaule, c'est certain, mais il n'y avait tout de même pas que cela, et il pouvait bien y avoir aussi quelques monts de Mars. - J'ai relevé une autre inexactitude : le Beuvray, l'ancienne Bibracte, n'est pas à Autun, mais à quelque distance de cette ville ; celle-ci (Augustodunum (?)) fut fondée seulement par les Romains, et supplanta par la suite sa voisine, l'antique capitale des Eduens, dont le Beuvray a gardé le nom sous une forme modifiée, mais encore très reconnaissable. - Ce qui me semble le plus intéressant et le plus juste dans l'article en question, c'est le rapprochement, d'ailleurs facile à faire, entre le dieu gaulois Lug et le Logos grec ; mais on pourrait en tirer d'autres conséquences que celles qu'il indique, et dans lesquelles il déraille encore un peu. Il me paraît très vraisemblable que le nom de Loudun a dû être originairement identique à celui de Lyon (Lugdunum ou une forme équivalente), et j'y avais déjà pensé ; ce doit être aussi votre avis, d'après la note où vous êtes cité.

Je suis tout à fait comme vous, j'attends sans la moindre impatience les révélations de M. Le Cour sur la religion (?) qui doit prendre la place du Christianisme ... Du reste, je crois bien que, s'il trouve réellement n'importe quoi, et quelle qu'en soit la valeur, il ne pourra guère s'empêcher de le dire et même de le publier sans tarder. J'ai connu déjà beaucoup de gens qui, comme lui, prétendaient ne pouvoir parler ... tout simplement parce qu'ils n'avaient rien à dire !

À bientôt, j'espère, cher Monsieur ; recevez je vous prie, le meilleur souvenir de ces dames et l'expression de mes sentiments bien cordiaux.

R. G.

Je pense que vous trouverez cette lettre à votre retour à Loudun. Vous pouvez toujours m'écrire ici, car, si nous sommes partis, la correspondance nous suivra ; ou bien, à partir de vendredi prochain 28 août, chez M. Émile Clisson, Vins en gros, à Chiché (Deux-Sèvres).

ଓଓ

B (?), 27 août 1925.

Cher Monsieur,

J'ai reçu votre lettre ce matin avant de partir de Blois ; aussi comptions-nous bien vous voir en passant à Loudun. Nous avons donc été fort déçus de ne pas vous y trouver, non plus que mon beau-frère ; une véritable malchance !

La dernière fois que je vous ai écrit, je me suis aperçu, quand ma carte a été mise à la poste, que j'avais laissé en blanc l'heure du train que je voulais rajouter à la gare. Je me demande maintenant si cette distraction n'a pas été cause d'un malentendu, mais pourtant il me semble qu'il n'y a pas d'autre train que celui que nous avons pris.

- En tout cas, j'espère bien que rien de fâcheux ne vous est survenu.

Je prends le parti, en arrivant ici, de vous envoyer mon manuscrit afin que vous l'ayez tout de même sans tarder. Ce que vous ferez sera sûrement bien fait ; donc n'attendez notre venue à Loudun pour faire l'envoi au P. Anizan ? ? ? doit être la cause d'aucun retard. Merci encore de l'amabilité avec laquelle vous vous chargez de ce ? travail ; j'espère bien que vous ne m'en voudrez pas si pour cette fois, j'empiète un peu sur votre domaine !

Cet oiseau dont vous m'avez envoyé le dessin est bien curieux, et il me semble en effet que le rapprochement avec le passage d'Elien s'impose. -

Quand à « l'os d'un homme », c'est amusant, mais pas sérieux ; il est encore heureux que M. Le Cour n'ait pas été enthousiasmé par cette histoire saugrenue !

Pour notre séjour à Loudun, je ne sais rien de plus que ce que je vous ai dit. Excusez mon écriture : je vous écris au bureau de poste et suis fort mal installé.

En toute hâte, et bien cordialement à vous.

R. G.

ℰℭ

Paris, 28 octobre 1925.
51, rue St Louis-en-l'Île (IVe)

Cher Monsieur,

J'ai envoyé au Père Anizan, il y a une dizaine de jours, un petit article pour le n° de décembre ; la partie principale de cet article concerne, comme je vous l'avis dit, le symbolisme de Janus, et j'y ai rattaché quelques considérations relatives aux arbres symboliques, et notamment à l'« Arbre de Vie » sous ses différentes formes. J'ai terminé par une réponse à l'objection formulée au sujet du Graal, réponse qui, d'ailleurs, n'est guère en somme que le développement de celle que le P. Anizan avait déjà jointe à l'objection elle-même.

En m'accusant réception de cet article, le P. Anizan m'écrit qu'il est très heureux de ce que je dis de l'identité foncière de toutes les traditions, car il lui semble très important de rappeler que l'Église du Christ <u>est</u> depuis le commencement. C'est exactement ce que je pense, et je suis fort satisfait de constater que nous nous comprenons parfaitement.

Le P. Anizan me dit aussi vous avoir envoyé, sur l'habitat spirituel dans le

Cœur de Jésus, quelques textes qui pourront vous permettre de « documenter » un article sur ce sujet. J'espère que vous nous donnerez cela bientôt ; après les allusions que nous avons déjà été l'un et l'autre amenés à faire à cette question, il me semble qu'il serait tout à fait opportun de la traiter avec un certain développement.

Les premières épreuves de mon article de novembre étaient pleines de fautes, et un cliché avait été mal placé ; j'ai donc demandé d'autres épreuves, et je les ai eues la semaine dernière. L'imprimeur dit qu'il n'est pas possible habituellement d'envoyer deux épreuves, mais il paraît que ce mois-ci il y aura quelque retard à cause des tables.

Pour votre bar (?)dit breton, il serait assurément intéressant de pouvoir publier cela quelque part ; pour en faire une plaquette, il faudrait peut-être y joindre quelques autres choses se rattachant au même sujet ou à des sujets connexes. Enfin la chose ne me semble pas impossible, et s'il me vient une idée, je vous la communiquerai. En tout cas, quand j'aurai le plaisir de vous revoir, je n'oublierai pas de vous demander de me montrer ce document. - Je tâcherai aussi de penser au « Symbolisme hermétique » de Wirth.

Pour la figure de la « Queste du Graal » dont je vous ai parlé, je pense qu'elle n'a en effet d'importance qu'en ce qu'elle montre que le swastika était connu et même d'un usage assez courant au moyen-âge, car sans cela il ne serait pas venu à l'idée d'un dessinateur de s'en servir comme d'une sorte de schéma pour la construction de certaines figures, même en dehors de toute intention symbolique.

Merci de la photographie, que je remettrai à Genty la prochaine fois que je le verrai.

Merci aussi de la communication de la lettre de M. Le Cour, que je vous retourne sous ce pli. Il est à peine besoin de vous dire que, cette fois encore, ses objections ne m'affectent pas beaucoup. D'abord, s'il n'a vu de moi, sur l'Agartha, que ce qui a paru dans les « Cahiers du Mois », il ne lui est guère possible de savoir ce que je pourrai dire dans mon travail en préparation, car je n'ai pas voulu entrer là dans des considérations qui n'auraient certainement pas été comprises du public auquel cela s'adressait. D'autre part, pour le sens du mot, je vois bien où il veut en venir : Ag-ar-tha, ag=Agni, ar=Aor ; c'est toujours la même histoire. Ce n'est pas la même chose d'ignorer le sens d'un mot, comme il dit, ou de ne pas juger bon de tenir compte d'un sens supposé qui ne s'appuie sur rien de sérieux. Il faudra que je trouve moyen, dans quelque article pour « Regnabit », de glisser une note sur cette affaire d'Agni et d'Aor qui a besoin d'être mise au point.

Autre chose à propos de M. Le Cour : il a écrit à ma tante, il y a quelques jours, pour la remercier d'une photographie de son père qu'elle avait depuis fort longtemps et qu'elle lui a fait remettre par mon ami Faugeron (l'éditeur des « Cahiers du Portique ») qui le rencontre de temps à autre. Peut-être, à la suite de cela, allons-nous le voir apparaître ici. Il paraît qu'il n'avait pas cette photographie, et que, suivant son habitude, il a vu là-dedans je ne sais quel signe « extra-terrestre » !

La « Psyché » de l'Abbé Pron, formant le second volume des « Cahiers du Portique », vient de paraître.

Ce qu'on vous a dit au sujet du marbre de St Denis d'Orques est assez curieux ; je n'avais pas remarqué que la blessure du cœur avait la forme d'un iod, et je ne sais pas si l'on doit croire que cette forme a été donnée intentionnellement. Si cela était, l'ensemble aurait un sens très intéressant et devrait être interprété au moyen d'un certain rapport qui existe entre le symbolisme du cœur et celui de l'œuf, rapport auquel, avant de recevoir votre lettre, je venais justement de faire allusion dans une note de mon article de décembre. Si vous ne voyez pas bien ce que je veux dire, je vous expliquerai cela plus complètement la prochaine fois. En tout cas, même si l'interprétation en question était justifiée, elle s'ajouterait simplement à celle que vous avez donnée et n'y changerait absolument rien.

Ces dames vous adressent leur meilleur souvenir, et moi, cher Monsieur, je vous prie de croire toujours à mes sentiments bien cordiaux.

R. G.

Paris, 2 décembre 1925.
51, rue St Louis-en-l'Île (IVe)

Cher Monsieur,

Je suis un peu inquiet d'être sans nouvelles de vous depuis si longtemps ; j'aime à croire pourtant que ce silence n'a aucune cause fâcheuse et que votre santé n'y est pour rien. Je me demande si vous avez bien reçu ma dernière lettre, dans laquelle je vous retournais celle de M. Le Cour que vous m'aviez communiquée, ou bien si c'est votre réponse qui ne m'est pas parvenue ; le service de la poste se fait toujours très mal. Mais peut-être est-ce tout simplement parce que vous avez été trop occupé ou absent de Loudun qu'il ne vous a pas été possible de m'écrire.

Quoiqu'il en soit, je ne veux pas tarder davantage à vous remercier de m'avoir mentionné si aimablement dans l'article où vous avez répondu au P. Hamon, et à vous féliciter d'avoir su garder dans cette réponse un ton si courtois et si mesuré, ce dont le P. Anizan a été fort heureux. Il vaut mieux en effet éviter autant que possible que la discussion ne prenne un tour désagréable, ce qui n'arrive que trop souvent et trop facilement.

J'ai vu le P. Anizan il y a une dizaine de jours, et je lui ai remis pour janvier un article où, comme suite à ce qu'il a écrit lui-même, j'insiste sur la convenance et la nécessité du symbolisme. Il venait de recevoir les épreuves du nouvel appel de la Société du Rayonnement intellectuel, qui porte nos signatures ; nous les avons revues ensemble.

À la suite de mon dernier article, j'ai reçu une longue lettre d'un curé de la Nièvre, qui en a été très satisfait et qui m'expose des considérations fort intéressantes sur le symbolisme des triangles ; il y aura sans doute lieu de revenir encore sur tout cela.

D'autre part, on me signale que dans les hiéroglyphes égyptiens, la croix se trouve sous la forme ┼ (signe différent de la croix ansée) pour exprimer une idée de « salut » (par exemple dans le nom de Ptolémée <u>Soter</u>) ; connaissiez-vous cela ?

J'ai parlé au P. Anizan de ce que vous m'aviez dit à propos du cœur de St Denis d'Orques et de la forme de iod donnée à la blessure ; il pense comme moi que l'interprétation en question n'est pas à écarter « a priori », d'autant plus qu'il existe une estampe de Callot, datant de 1625, dans laquelle trois <u>iod</u> sont figurés à l'intérieur du Cœur du Christ ; lui-même en a parlé autrefois dans « Regnabit » (décembre 1922). Si vous avez reçu ma dernière lettre comme je l'espère tout de même, vous voudrez bien me dire si l'explication que je vous donnais à propos de ce <u>iod</u> était intelligible, quoique un peu sommaire. Du reste, un jour ou l'autre, je serai sans doute amené à parler dans quelque article de l'« Œuf du Monde » et des rapports qui existent entre les symboles du cœur et de l'œuf.

On m'a envoyé dernièrement une brochure sur <u>les chapiteaux de l'église de St Nectaire</u>, étude iconographique par l'abbé G. Rochias. J'y trouve quelque chose que je crois susceptible de vous intéresser ; je transcris le passage :

« Il y a deux chapiteaux semblables, dont chacun nous montre trois aigles, les ailes éployées et étendus en forme de bras de croix ? Celui du milieu a la tête droite et paraît vivant. Les deux autres ont la tête inclinée sur la poitrine et semblent morts : le bec de celui de droite est resté entr'ouvert, dans la position où la mort l'a surpris. - Dans la faune symbolique, l'aigle, roi des airs, est une image du Christ. Ceux de ces chapiteaux ont tout l'air de figurer le Christ en croix : celui de la face principale, le Christ encore vivant sur la croix, et ceux des faces latérales, le Christ mort. »

Je vous joins un calque pris tant bien que mal sur la photographie d'un de ces deux chapiteaux ; ceux-ci datent du XIIe siècle.

J'ai une demande à vous adresser de la part de M. Charles Grolleau, qui dirige le « Bulletin des Écrivains et Artistes catholiques » ; il avait été obligé d'en suspendre la publication ces temps derniers, faute de fonds, mais l'appel qu'il avait inséré dans le dernier numéro (paru pendant les vacances et contenant également un article du P. Anizan sur la Société du Rayonnement intellectuel du Sacré-Cœur) lui ayant attiré des promesses d'abonnement nouveaux en assez grand nombre, il espère pouvoir la reprendre prochainement. Le dessin qui figurait sur la couverture du Bulletin était trop grand pour permettre d'y placer le sommaire, ce qui était gênant ; il voudrait donc le remplacer par un autre de moindres dimensions, et il pense que ce qu'il y aurait de mieux serait la reproduction de quelque document iconographique ancien. Aussi désirerait-il savoir si, parmi tous les symboles du Christ que vous connaissez, il ne s'en trouverait pas un qui serait plus particulièrement approprié au caractère du Bulletin.

J'oubliais quelque chose à propos des chapiteaux de St Nectaire : sur plusieurs d'entre eux, le diable figure accompagné de <u>fruits d'arum (?)</u> ; sauriez-vous quelle peut être l'origine de ce symbole que je n'avais encore jamais rencontré ?

J'espère bien avoir prochainement de vos nouvelles.

Ces dames se rappellent à votre bon souvenir, et moi, cher Monsieur, je vous prie de me croire bien cordialement vôtre.

R. G.

෨)෬

Paris, 30 décembre 1925.
51, rue St Louis-en-l'Île (IVe)

Cher Monsieur,

C'est à mon tour cette fois d'être bien en retard avec vous ; j'ai été surchargé de travail tous ces temps-ci, et je profite des quelques jours de congé pour remettre enfin ma correspondance à peu près à jour. J'aime à croire que votre santé est meilleure maintenant, en dépit du mauvais temps dont nous sommes affligés.

C'est bien naturel que je cite vos travaux et que je m'appuie sur votre documentation ; vous êtes vraiment trop modeste... Votre article de décembre est bien intéressant encore, et je me réjouis d'en voir la suite. J'ai, de mon côté, préparé deux autres petits articles pour janvier et février, en attendant des études plus importantes que je n'ai pas pu trouver jusqu'ici le temps de mettre au point.

J'ai vu le Père Anizan jeudi dernier ; nous avons parlé d'un projet de réunion qui pourrait probablement avoir lieu en février, et nous espérons bien que, comme l'année dernière, il vous sera possible de venir à Paris à cette occasion.

Je pense que vous avez bien reçu le Bulletin que je vous ai envoyé à la suite de votre lettre (c'est un n° que j'avais en double) ; naturellement, je n'ai encore parlé de rien à M. Grolleau ; il me semble que l'aigle avec le livre sur la poitrine conviendrait admirablement.

Pour la brochure de Saint-Nectaire, il est en effet regrettable que bien des détails importants ne soient pas nettement visibles sur les photographies ; en vous mettant en rapport avec l'auteur, peut-être allez-vous pouvoir obtenir de meilleurs documents ; vous serez bien aimable de me tenir au courant. Ne me renvoyez la brochure que quand vous n'en aurez plus besoin ; cela n'a rien de très urgent.

Je ne savais pas ce que vous me dites au sujet de l'arum (?), et qui explique son association avec le diable ; il serait bon de savoir si cette plante n'a pas reçu aussi en Auvergne quelque dénomination populaire du même genre.

Votre amulette pisciforme est vraiment très curieuse ; elle me fait penser que l'Astarté phénicienne pourrait bien avoir été identifiée avec la déesse syrienne Atergatis ou Dercéto. Il y aurait des considérations bien remarquables à développer sur le symbolisme du poisson ; il me semble d'ailleurs que nous en avons déjà parlé. Vous savez aussi que, au Hiéron, on a toujours considéré Oannès et Dagon comme des figures du Christ, et il me semble que c'est avec raison ; peut-être seulement ne l'a-t-on jamais justifié assez clairement.

Je serai content de savoir ce que vous pensez de ce que j'ai écrit sur le symbolisme de Janus ; ce ne sont d'ailleurs que de simples indications, qui auraient besoin d'être développées et complétées ; j'y reviendrai sûrement un jour ou l'autre ; à la vérité, il y aurait tout un petit volume à faire là-dessus.

Pour l'abbé Chaux-Bertrand, il ne m'a pas parlé de ses idées sur l'héraldique nobiliaire, de sorte que je n'ai pas eu l'occasion d'apprécier ses connaissances en cette matière. Il y avait certaines choses intéressantes dans sa lettre, mais cela a certainement besoin d'être mis au point ; je crois qu'il se lancerait volontiers dans des considérations qu'il ne pourrait pas appuyer sur une base assez solide. C'est d'ailleurs ce que j'ai dit au P. Anizan, qui me demandait si je pensais qu'on devrait l'inviter à collaborer à « Regnabit » ; je pense qu'il vaut mieux être trop prudent que de ne pas l'être assez.

Ci-joint la lettre de M. Le Cour, qui est bien amusante en effet. Il faut croire que l'histoire de la fleur de lys et du chrisme l'a frappé particulièrement, car il est allé aussi en parler à mon ami Faugeron. Je vous avoue que je ne vois pas le danger qu'il peut y avoir à dire une chose comme celle-là ; et, s'il y a effectivement des choses qu'il n'est pas bon de dire trop ouvertement, pour des raisons d'opportunité ; je crois, sans me vanter, que je peux m'en rendre compte mieux que lui. Il est vraiment curieux que, depuis deux ou trois ans seulement qu'il s'occupe de ces études, il s'imagine en savoir plus long que tout le monde. En tout cas, son étonnement prouve tout simplement qu'il n'a rien compris à ce que je fais ; l'« évolution » dont il parle n'existe pas chez moi, et, depuis près de vingt ans, je n'ai jamais changé d'orientation ; j'admets au même titre toutes les traditions, orientales ou occidentales, qui ne sont que des expressions différentes d'une seule et même unité. Mon Janus va probablement l'avoir encore épouvanté, à moins que là encore il ne comprenne pas : quoi qu'il en soit, fort heureusement, tout ce dont il nous menace ne m'effraie pas plus que vous. Je me demande où il veut en venir en mêlant à tout cela Aristote, la scolastique, etc. ; il confond le point de vue initiatique et le point de vue philosophique, qui n'ont rien de commun, et je suis tenté d'en conclure que le premier lui échappe tout à fait. À ce propos, s'il vous reparle de l'Agartha et de tout ce que je peux en savoir ou en ignorer, dites-lui donc qu'il veuille bien attendre mon « Roi du Monde » ; ce serait la moindre des choses, puisque, jusqu'ici, je ne me suis pas expliqué là-dessus. Vous avait-il déjà parlé de la « milice du Graal » ? Je vous dirai un autre jour pourquoi je vous demande cela. Vous serez bien aimable de continuer à me faire part de ses réflexions ; on n'a pas tant de distractions de ce genre ! - J'ai seulement parcouru son dernier article du « Mercure » ; je tâcherai de penser à vous en reparler.

Le pavé à la roue est très curieux ; c'est bien toujours le même symbole. - Merci pour le frottis de votre marbre ; je vais encore l'examiner et tâcher de le comparer à d'autres figures.

Merci de vos bons vœux ; veuillez, je vous prie, recevoir les nôtres en échange, et croire toujours à mes sentiments bien cordiaux.

R. G.

Paris, 23 janvier 1926.
51, rue St Louis-en-l'Île (IVe)

Cher Monsieur,

Nous sommes désolés de savoir que votre santé laisse encore à désirer, et nous faisons des vœux pour qu'elle se rétablisse promptement.

M. Grolleau me charge de vous transmettre ses très vifs remerciements pour l'offre que vous avez faite si aimablement de faire la gravure de l'aigle et du livre pour le titre de son Bulletin, et il l'accepte avec le plus grand plaisir pour le cas où il lui serait possible de reprendre sa publication. Jusqu'ici, en effet, les promesses d'abonnement et de dons qu'il a reçus ne s'élèvent pas encore à un chiffre suffisant pour couvrir les frais ; il faut donc attendre ...

J'ai vu le P. Anizan jeudi ; il m'a communiqué les épreuves de votre article sur Orphée, que je trouve tout à fait bien et fort intéressant. À ce propos, la note que vous aviez donné d'autre part sur le même sujet a-t-elle paru enfin ? - Il m'a parlé aussi de la visite extraordinaire que vous avez reçue ces temps derniers ; si vous voulez bien me donner là-dessus quelques détails, vous me ferez grand plaisir, car vous pouvez vous douter que cela m'intéresse beaucoup.

Nous avons parlé de divers projets, et notamment de la transformation de « Regnabit » en organe plus spécial de la Société du Rayonnement intellectuel ; il me semble que cela peut très bien se faire et que ce serait mieux que d'avoir un bulletin à côté de la Revue, les collaborateurs de l'une et de l'autre devant d'ailleurs être forcément les mêmes. - Quant à la réunion que l'on pensait faire en février, elle va se trouver reportée après Pâques, le P. Anizan étant trop pris jusque-là ; nous espérons bien que votre santé sera meilleure à cette époque et que vous pourrez venir ; votre absence en cette occasion serait bien regrettable.

J'ai donné, pour le n° de mars, un petit article où je reviens encore sur la question des arbres symboliques (en rapport avec l'Arbre de Vie et l'Arbre de la Science). J'ai beaucoup d'autres choses en vue, mais le temps me manque toujours pour rassembler mes notes et les mettre au point. Le P. Anizan me demande de faire quelque chose sur les idées rattachées anciennement à celle du « Centre » et les symboles correspondants. S'il faut y faire figurer quelques signes, nous aurons encore recours à votre obligeance pour les clichés ; en ce cas je tâcherai de faire les dessins tant bien que mal et de vous les envoyer assez tôt pour que vous ayez tout le temps de faire ce petit travail.

J'ai reçu ces jours derniers une lettre de l'abbé Martin, qui a été particulièrement satisfait de mon article de janvier, et qui approuve entièrement le point de vue où je me place, notamment en ce qui concerne l'unité fondamentale de toutes les traditions. Il paraît que dans un journal italien, on s'est moqué des étymologies de M. Le Cour, à propos de son dernier article sur l'Atlantide ; on m'a même dit que, à la suite de cette critique, le « Mercure » n'était plus disposé à publier d'autres études de lui. Il est bien possible en effet qu'il ait puisé dans les ouvrages de Schuré, où il n'y a d'ailleurs rien de sérieux : là-dedans, tout ce qui n'est pas plagiat plus ou moins déguisé n'est que pure fantaisie. Mais M. Le Cour proteste qu'il n'a rien emprunté à personne, et il prétend écrire sous une sorte d'inspiration, il le croit sans doute de bonne foi ; n'oublions pas qu'il a été spirite, et puis il a une telle imagination ! ...

Merci beaucoup de ce que vous avez dit pour moi à M. Camille Aymard ; j'en prends bonne note, et je ne manquerai pas de lui porter mon ouvrage quand il paraîtra (mais quand sera-t-il prêt ? Je n'arrive pas à l'achever) ; ce sera une très bonne chose s'il en parle dans la « Liberté ».

C'est une excellente idée que vous avez pour le congrès des Sociétés savantes, de traiter la question des signes des Carmes loudunais.

Il y a en effet comme vous le dites, plusieurs types de Janus ; c'est pourquoi j'ai eu soin de faire remarquer combien le symbolisme de cette divinité est complexe et présente des aspects multiples.

Astarté, Itar et Tanit sont en effet identiques (les deux premiers noms n'en sont d'ailleurs qu'un sous deux formes un peu différentes). À propos de vos statuettes, il est bon de remarquer que le triangle $\triangledown$, la coupe dont il est le schéma, et aussi la fleur de lotus dans une de ses significations, sont des signes ayant tous un rapport direct avec l'eau, laquelle est partout le symbole du principe féminin.

Je sais bien que la rose a, parmi ses sens, celui de source de vie, mais malheureusement je ne connais pas de figurations s'y rapportant, et pourtant il doit presque certainement en exister. Avez-vous pu retrouver la fontaine italienne ? S'il m'arrive de rencontrer quelque chose à ce sujet, vous pouvez être sûr que je ne manquerai pas de vous le signaler.

Croyez toujours, je vous prie, cher Monsieur, à notre plus sympathique souvenir.

R. G.

℘⅃

Paris, 25 février 1926.
51, rue St Louis-en-l'Île (IVe)

Cher Monsieur,

Je viens aujourd'hui (d'accord avec le Père Anizan d'ailleurs) vous importuner avec une demande de gravures, comme si vous n'aviez pas assez de tous vos travaux ! Comme je crois vous l'avoir dit dans ma dernière lettre, c'est pour un article sur l'idée du Centre dans les traditions antiques, que je compte préparer pour le n° de mai ; il faudrait donc que ce soit prêt d'ici le 25 mars, ce qui fait juste un mois.

Du reste, cela se réduit à peu de choses : trois clichés en tout. D'abord, le cercle avec un point au centre (signe astrologique du soleil) ; je pense qu'il vous sera possible de le faire de façon à ce que le point soit bien apparent. ⊙ Ensuite, le cercle divisé par la croix (je reproduirai aussi les roues à six et huit rayons, mais les clichés en existent déjà, puisqu'ils ont figuré dans mon article de novembre).

Enfin, le swastika sous ses deux formes orientées en sens contraires, et que vous pourrez très bien réunir sur un même cliché en les disposant comme ci-dessus. - Merci d'avance de vous donner ce mal.

À propos du swastika, ce mot est bien masculin en sanscrit ; il n'y a donc aucune raison de le faire féminin en français.

Mais non, ce n'est pas moi qui vous ai adressé le moked (?) zoroastrien, et même je regrette bien de ne l'avoir pas vu lors de son passage à Paris. S'il est tombé sur M. Le Cour ou sur quelqu'un de son groupe ; il est certain que ceux-ci se seront bien gardés de me l'envoyer. Je serai content d'avoir des détails sur votre entretien quand j'aurai le plaisir de vous voir ; cela doit en effet être assez difficile à résumer dans une lettre.

Il y a eu certainement des relations entre les Lamas et des organisations chrétiennes qui existèrent au moyen âge dans l'Asie centrale, et qu'on regarde habituellement comme « nestoriennnes » (mais quel sens précis faut-il attribuer à cette désignation ?). Quant à dire qu'il y a eu influence à proprement parler ; c'est un peu difficile, et je crois qu'il est difficile d'être bien affirmatif à cet égard ; tout cela est assez compliqué.

J'ai corrigé hier les épreuves de mon article sur les « Arbres du Paradis ». Pour avril, j'ai envoyé au Père Anizan un petit travail intitulé « Le Cœur rayonnant et le Cœur enflammé », dans lequel j'envisage les deux significations principales du Cœur (Intelligence et Amour) en les rapportant au symbolisme du feu sous ses deux aspects complémentaires (lumière et chaleur).

Je me réjouis de lire vos pages sur la Rose emblématique ; est-ce pour le prochain numéro ? - Toutes les personnes à qui je passe « Regnabit » apprécient beaucoup vos articles et m'en font les plus grands éloges, bien mérités d'ailleurs.

Avez-vous terminé vos mémoires pour le Congrès des Sociétés savantes ? Je ne croyais pas qu'il devait se tenir si tôt.

Avez-vous pu trouver le temps d'écrire au curé de Saint-Nectaire, et en avez-vous obtenu quelque chose ? Je serai content de la savoir.

Vous avez sans doute appris le terrible accident qui a causé la mort de Mme de Noaillat et de Mlle Lépine. Cela nous a rappelé ce qui vous est arrivé ici l'an dernier ; heureusement que vous vous en êtes tiré sans trop de mal !

Je crois qu'il vaudrait mieux conserver pour « Regnabit » le format actuel, qui est plus commode qu'un format plus grand, et augmenter le nombre des pages quand il y aura lieu. Il faut songer aux gens qui lisent en circulant, comme il y en a beaucoup à Paris surtout. Ce n'est d'ailleurs qu'un détail, mais il me semble qu'il a tout de même son importance. - En tout cas, toutes les personnes que le Père Anizan a consultées ont été d'avis que c'est bien « Regnabit » qui doit être l'organe de la Société, et qu'il n'y a pas lieu de créer une autre revue spéciale, ce qui ferait forcément double emploi.

Veuillez, cher Monsieur, recevoir le meilleur souvenir de ces dames et croire à mes sentiments les plus cordiaux.

R. G.

ಸಾಧ

Paris, 13 mars 1926.
51, rue St Louis-en-l'Île (IVe)

Cher Monsieur,

La brochure sur Saint-Nectaire m'est parvenue presque en même temps que votre lettre. Ce n'est pas la peine de vous excuser de ne pas me l'avoir renvoyée plus tôt, car cela n'avait rien de particulièrement urgent. Vous me direz si vous avez une réponse de l'auteur et si elle vous satisfait.

Ce matin j'ai reçu les épreuves de vos clichés ; tous mes remerciements pour avoir fait cela si promptement. L'article n'est même pas encore rédigé ; il va falloir que je m'y mette sans tarder pour pouvoir l'envoyer au P. Anizan avant le 25 comme je lui ai promis. Les clichés sont tout à fait nets ; je vois que vous avez un peu modifié la disposition que vous m'indiquiez dans votre lettre, mais cela n'a aucune importance, et c'est très bien ainsi. Merci aussi de vous être donné la peine de refaire les roues, malgré tout le travail que vous avez.

Je suis heureux de savoir que vos deux mémoires pour le Congrès des Sociétés savantes sont acceptés ; serait-il indiscret de vous demander quels en sont les sujets ? Vous m'aviez parlé, pour l'un, des signes des Carmes ; l'autre se rapporte-t-il aussi à une question du même genre ?

Je suis heureux aussi de ce que vous me dites sur la façon très favorable dont mes articles sont appréciés par vos amis ; j'espère que la suite leur donnera également satisfaction. De mon côté, j'ai déjà obtenu quelques abonnements et je pense en avoir d'autres.

Ce que vous me dites à propos du Cœur rayonnant et du Cœur enflammé concorde tout à fait avec mon interprétation, et cela me fait penser que peut-être pourriez-vous donner à mon article un complément, au point de vue plus spécialement iconographique et héraldique ; il me semble que ce serait une excellente chose. - Que faites-vous donc avec les lions pour avril ? Cela m'intrigue un peu.

Je n'ai pas encore reçu le n° de mars ; il y a bien du retard ce mois-ci.

Ce n'est pas facile en effet de lire dans les rues de Paris, mais on lit surtout dans le métro et les autobus ; il faut songer qu'ici bien des gens n'ont guère de temps libre et utilisent ainsi celui qu'ils passent en allées et venues forcées. - Comme vous le dites, il faudrait voir si l'économie réalisée par l'augmentation du format en vaudrait vraiment la peine et compenserait les inconvénients de ce changement ; je vous avoue que je n'ai là-dessus aucune donnée précise.

J'ai écrit il y a quelques jours au Père Anizan ; il m'avait communiqué la suggestion de M. Foussier, de remplacer « Sacré-Cœur » par « Cœur Sacré » dans le titre de la Société. Pour ma part, je ne vois pas bien l'avantage de cette modification, qui ne serait guère comprise, et je ne crois pas que ce soit cela qui puisse dissiper certains préjugés ; il faut plutôt compter sur ce que nous ferons pour parvenir à ce résultat. Qu'en pensez-vous ?

Genty m'a signalé, à votre intention, l'« Histoire de Dieu » de Didron, où sont reproduits, paraît-il, un grand nombre de figurations des trois personnes de la Trinité, ensemble et isolément ; peut-être connaissez-vous cet ouvrage. - Connaissez-vous aussi « Les Symboles de la Croix », par l'abbé Boiteux ? On m'a seulement indiqué le titre de ce livre, de sorte que je ne sais pas s'il contient quelque chose de vraiment intéressant, ni même à quel point de vue le sujet est traité.

Voilà déjà quelque temps que j'oublie de vous demander si vous connaissez des ouvrages sur St Bernard ; on m'a demandé un petit travail sur celui-ci, pour un recueil de vies de saints qui doit paraître vers la fin de cette année, et je tâche de me procurer des renseignements de divers côtés, car il faudra que je m'occupe de cela après les vacances de Pâques. Le P. Anizan m'a signalé l'ouvrage de Vacandard (?) peut-être pourrez-vous me donner quelque autre information.

Il paraît que décidément le « Mercure de France » ne veut plus accepter les articles de M. Le Cour ; celui-ci accuse un de nos compatriotes blésois de l'avoir desservi auprès de la direction ; je ne sais si cela est vrai ou si c'est encore un effet de sa trop riche imagination. Êtes-vous toujours en correspondance avec lui, et continue-t-il à s'indigner de nos « révélations » intempestives ?

Ces dames vous offrent leurs meilleurs compliments, et moi, cher Monsieur, je vous prie de croire à mes sentiments bien cordiaux.

R. G.

೧೧

Blois, 4 août 1926.
74, rue du Foix.

Cher Monsieur et ami,

Nous voici tout de même à Blois, et nous n'en sommes pas fâchés ; mais j'ai dû apporter ici du travail que j'espérais bien liquider avant de quitter Paris. Je n'ai pas encore pu m'occuper de la vie de St Bernard, et il faut que ce soit terminé à la fin de ce mois-ci !

Ma femme continue à aller aussi bien que possible, mais se fatigue encore assez facilement, ce dont il ne faut pas s'étonner. Vous êtes tout excusé, croyez-le bien, de n'avoir pas demandé de nouvelles directement ; mon beau-frère ne nous a écrit qu'une fois, et ma belle-sœur était alors à Vichy ; voilà pourquoi votre commission n'a pas été faite. Du reste, pour simplifier la correspondance, je n'écrivais pas à toute la famille, je n'aurais pas pu y arriver ; ceux qui recevaient des nouvelles les transmettaient aux autres.

Je suis enfin débarrassé de ma grippe, mais je ressens encore la fatigue qui en est résultée ; enfin, cela se passera peu à peu, il faut du moins l'espérer.

Vos fréquents voyages à Poitiers ne vous fatiguent-ils pas trop ? Il est étonnant que les bibliothèques de cette ville n'aient pas les collections de revues aussi importantes que celles dont vous me parlez ; mais ne pourriez-vous pas grâce à votre titre de correspondant du ministère, les faire venir d'autres bibliothèques ?

Vos nouvelles acquisitions paraissent en effet bien intéressantes ; je serai heureux de voir cela si nous allons à Loudun ; mais y arriverons-nous, et quand ? Je n'en sais trop rien encore, vous pouvez être sûr que je vous en aviserai.

Je comprends que vous soyez parfois un peu effrayé devant le travail que vous avez entrepris, et que les recherches nécessaires vous demandent bien du temps ; mais je suis persuadé que vous vous en tirerez fort bien. Il est certain qu'il vaut mieux ne pas trop se presser que de risquer des erreurs ou des lacunes fâcheuses ; d'un autre côté, il n'est peut-être pas possible de faire quelque chose de tout à fait complet, mais la masse de documents que vous avez rassemblés est certainement bien autrement considérable déjà que tout ce qui a été utilisé par d'autres pour des travaux se rapportant à la même question ; je ne dis pas des travaux du même genre ; car je crois bien qu'à vrai dire il n'en existe pas encore.

Vous pouvez garder le bulletin de St François Xavier ; j'en ai encore plusieurs exemplaires, et je peux même en avoir d'autres au besoin.

J'ai envoyé hier à l'abbé Buron mon article pour septembre-octobre, sur « la Terre Sainte et le Cœur du Monde » ; il fait suite à celui dont je vous ai parlé et qui va paraître dans le n° de juillet-août. Pour celui-ci, nous avons eu une inquiétude : le cliché du marbre de St Denis d'Orques, qui était tout à fait nécessaire, ne pouvait pas se retrouver ; Hirt disait l'avoir envoyé à Tiqui, et celui-ci disait qu'il ne l'avait pas ; enfin il a tout de même été retrouvé, et nous en serons quittes pour un peu de retard.

Mon article sur l'Omphalos se retrouvera en grande partie dans mon étude sur le « Roi du Monde », dont j'ai remis enfin le manuscrit à l'éditeur avant de quitter Paris ; il doit l'envoyer à l'impression sans tarder, car il voudrait que cela paraisse vers le mois de novembre, et, avec les imprimeurs, il faut s'y prendre longtemps à l'avance.

M. Le Cour a vraiment bien de la chance de pouvoir s'offrir un voyage en Grèce et en Crète ; je me demande d'ailleurs comment il s'arrange pour cela, car il paraît qu'il n'est pas riche et que son traitement du ministère n'est pas bien élevé, et les voyages sont terriblement coûteux en ce moment ; enfin tant mieux pour lui s'il peut le faire. Seulement, je me demande quel profit il en retirera et quelles découvertes fantastiques il va encore nous rapporter ! Quant à sa « Société d'Études atlantéennes » et à tous les projets qui s'y rattachent, je crains fort que tout cela ne reste en l'air, surtout s'il n'y a pas de fonds. Il paraît qu'il annonce la création d'un « Institut atlantéen, centre du traditionalisme occidental, dont le plan magnifique existe déjà » ; je suppose que ce plan n'est autre que celui du « Temple » de Landowski, qui a figuré l'an dernier à l'Exposition des Arts décoratifs, et auquel il fait allusion dans sa lettre. Où a-t-il pris que le 24 juin était la fête du Sacré-Cœur ?

Beaucoup de ses affirmations sont malheureusement de cette force-là ! J'admire aussi son post-scriptum sur le Congrès eucharistique qui a eu lieu à la fin de juin, et dont, à son avis, il aurait sans doute fallu rendre compte dans le n° préparé pour le 1er juin ; et puis « Regnabit » n'est tout de même pas un organe d'informations ! - Tant mieux s'il est un peu revenu de ses préventions à mon égard ; mais je vous avoue que ses critiques ne m'ont jamais beaucoup impressionné ; seulement je sais qu'il a la malencontreuse habitude de s'en aller faire des racontars à droite et à gauche, et c'est toujours désagréable.

Genty est allé, comme tous les ans, passer le mois de juin en Bretagne ; on lui a raconté là-bas, sur Marcel Baudoin, à peu près les mêmes choses que vous m'avez dites ; il faut donc croire que le personnage est bien connu et peu avantageusement.

Merci de vos renseignements pour le signe dont je vous ai envoyé la reproduction la dernière fois ; il semble bien que votre explication doit être tout à fait exacte. Om m'a dit d'autre part qu'il devait s'agir d'une serrure et d'une clef, mais c'était un peu vague, et j'aime mieux vos précisions. Il faudra que je tâche de savoir, lorsque je serai de retour à Paris, quelle est exactement la localité où se trouve le chapiteau en question ; je sais seulement que c'est aux environs d'Autun. C'est dommage que la pièce dont vous me donnez le dessin soit indéchiffrable ; ce serait curieux que les deux objets soient de même provenance. En tout cas, il y aurait des choses bien intéressantes à examiner à propos du symbolisme de la clef, qui se rattache, comme vous le savez, à celui de Janus, et aussi aux figurations de l'« Axe du Monde ». Vous avez donc tout à fait raison de penser à une parenté entre la croix formée de quatre clefs et le swastika ; cela ne paraît ne faire aucun doute.

M. de Frémond m'a envoyé, dans sa dernière lettre, le n°4 du « Lion » ; je serai curieux de voir les précédents à l'occasion, mais, d'après celui-là, je crois en effet qu'il n'y a pas grand-chose à en tirer. Tout cela est vague et nébuleux, assez insignifiant même en apparence ; mais pourtant ces histoires où l'on fait intervenir des prophéties de toutes sortes ne sont jamais complètement inoffensives. Il faudrait savoir quels sont les gens qui dirigent cette publication, et quelles sont leurs intentions ; sans doute travaillent-ils pour un prétendant quelconque, mais lequel ? Je me demande si ce ne serait pas tout simplement un certain Louis de Bourbon, qui est un Naundorff de je ne sais trop quelle branche ; et voici ce qui m'a donné cette idée : ledit Louis de Bourbon publie un journal intitulé « Le Crible », d'ailleurs assez mal rédigé, et que je reçois de temps à autre ; or il y a dans chaque n° de ce journal une note ainsi conçue : « Le journal « Le Crible » voulant demeurer absolument libre, n'accepte pas d'abonnements. Pour la même raison, il accepte ni annonces, ni publicité. - Il invite ses amis d'aujourd'hui et ceux qui le deviendront demain, convaincus de l'utilité de sa campagne, à lui adresser leurs cotisations, appuis qui permettront d'élargir et d'intensifier sa propagande. » Or vous trouverez dans le « Lion » un avis identique, avec seulement quelques mots changés ; je ne peux pas croire qu'il n'y ait là qu'une simple coïncidence. J'ajoute que le prétendant en question, qui se pose nettement comme tel et se croit appelé à sauver la France, a beaucoup fréquenté les milieux occultistes ; cela peut expliquer bien des choses.

Je pense comme vous que le patronage du cardinal Dubois devrait bien suffire à nous mettre à l'abri de certaines attaques ; mais il y a des gens qui ne se contentent pas de si peu ... Mais quelqu'un qui collabore à des revues qui n'ont pas plus d'imprimatur que la nôtre est-il bien qualifié pour nous chercher noise à ce sujet ? Je pense à la « Revue de Philosophie », qui ne l'a pas, bien qu'étant l'organe de l'Instituut Catholique, et où il y a assez souvent des articles de Maquart. Celui-ci n'est pas l'auteur de l'ouvrage visé par le P. Anizan, qui m'a dit le nom, mais je ne peux pas arriver à m'en souvenir.

M. Thomas est en effet très prudent, et en même temps très peu « libéral » au mauvais sens de ce mot ; j'ai constaté avec beaucoup de satisfaction qu'il était aussi peu disposé que moi-même à se laisser entraîner à des concessions ou compromissions fâcheuses. Il faudra, si j'ai le plaisir de vous voir, que vous me fassiez penser à vous parler de certain congrès peu ordinaire qui s'est tenu au mois de juin. Il faudra aussi que je vous reparle des histoires de Maritain ; celui-ci est d'ailleurs en train de se faire bien du tort, dans les milieux sérieux, par son association avec Cocteau et d'autres personnages non moins extravagants.

Il y a une question qui a été soulevée à notre dernière réunion et qui est restée en suspens : doit-on, en tête de la 1re partie de « Regnabit », mettre « Histoire et Doctrine » au lieu de « Doctrine » tout simplement comme on l'a fait jusqu'ici ? Je n'y vois pas d'inconvénient pour ma part ; et vous ? Au point de vue où nous nous plaçons l'un et l'autre, les deux choses ne peuvent guère être séparées.

Recevez, je vous prie, cher Monsieur et ami, les meilleurs compliments de ces dames, et croyez à mes sentiments les plus cordiaux.

R. G.

ℰℭ

Blois, 25 août 1926.
74, rue du Foix.

Cher Monsieur et ami,

Nous arriverons à Loudun après-demain vendredi, à 6h ½ du soir. J'aurais bien voulu pouvoir vous prévenir plus longtemps à l'avance, mais notre voyage s'est décidé très brusquement. Tout était subordonné à l'achèvement de mon travail sur St Bernard, qui devait être envoyé avant la fin de ce mois-ci ; or je viens seulement de le terminer, et je l'ai expédié ce matin même. D'autre part, il ne nous était pas possible de remettre à plus tard, car je vais avoir des leçons ici en septembre, et il faudra que nous rentrions le 3 ; nous disposons donc tout juste d'une semaine. J'espère bien que nous allons vous trouver à Loudun et que vous ne serez pas obligé de vous absenter précisément ces jours-ci ; je serais tout à fait désolé de ne pas pouvoir profiter de cette occasion pour m'entretenir avec vous de tout ce qui nous intéresse. J'espère bien aussi que nous pourrons trouver un jour pour aller ensemble à Chinon comme nous l'avions projeté.

L'abbé Buron nous a écrit qu'il arriverait à Loudun le 1er septembre ; nous y serons sans doute encore. Il nous promet de s'arrêter aussi à Blois ; ce serait pour le 5. Je lui écris en même temps qu'à vous.

J'ai oublié de vous dire, dans ma dernière lettre, que je n'avais pu, à cause de toutes nos mésaventures, aller voir M. Camille Aymard comme vous m'y aviez engagé. Ce sera donc pour la rentrée, lorsque paraîtra le « Roi du Monde ». On m'avise que le manuscrit a été envoyé à l'imprimeur il y a une quinzaine ; je pense donc recevoir bientôt des épreuves.

J'ai oublié aussi de répondre à un point de votre lettre, concernant Desvallières ; je crois qu'il s'imagine, bien à tort d'ailleurs, que nous voulons faire concurrence aux groupements d'artistes qu'il dirige avec Maurice Denis : Arche, Société de St Jean, etc. Voilà une raison d'hostilité probable ; et il y en a une autre, qui est l'influence de Maritain sur tous ces milieux.

Voici encore une référence intéressante à ajouter à vos innombrables fiches, si toutefois vous ne l'avez pas déjà : St Bernard représente l'union du Verbe avec l'humanité, dans la personne du Christ, sous la forme d'« un lis pur dont la corolle éclatante de blancheur forme une coupe gracieuse, une couronne qui représente la nature humaine, et dont les pistils dorés symbolisent les rayons de la divinité » (Sermon LXX, 5). Cela ressemble beaucoup à ce que vous nous avez dit au sujet de la marguerite ; c'est tout à fait le même symbolisme.

D'autre part, voici ce que je relève dans un compte rendu d'une des dernières séances de l'Académie des Inscriptions : « En Syrie, à Homs, l'ancienne ville d'Émèse (?), M. Cumont a découvert une pierre gravée où se trouve une sorte d'armoirie. C'est l'enfance même du blason. On remarque, sur cette intaille, le croissant lunaire, l'astre de la famille de Jules César ; au-dessus, il y a le signe du Cancer. Sur l'autre face, un aigle portant un soleil ; il avait à sa droite un lion, et à sa gauche un griffon. » L'objet semble assez curieux, mais que pensez-vous de l'interprétation ? Pour moi, cela n'a rien à voir avec Jules César ni avec le blason ; tout est purement astrologique là-dedans : le soleil d'un côté, la lune de l'autre ; le Cancer est le domicile zodiacal de la lune, comme le Lion est celui du soleil ; l'aigle et le griffon sont également des animaux à symbolisme solaire. Il est tout de même étonnant que certains savants ne s'aperçoivent même pas de choses aussi simples que celles-là !

À bientôt, cher Monsieur et ami, et bien cordialement à vous.

R. G.

☙❧

Paris, 19 février 1927.
51, rue St Louis-en-l'Île (IVe)

Cher Monsieur et ami

C'est moi qui aurais dû vous écrire plus tôt, car j'ai appris que vous aviez eu un mauvais début d'année, espérons que cette fâcheuse période est maintenant terminée. Nous aussi, nous avons tous été plus ou moins grippés ; cela a fini par se passer, mais on se ressent bien longtemps des suites de cette fâcheuse maladie.

La réunion de jeudi s'est bien passée ; la dissolution est une chose faite, de sorte que nous sommes libres maintenant de ce côté. La question la plus difficile était celle de la modification du titre ; si la suppression du mot « Société » est suffisante légalement, comme nous le pensons, on s'en tiendra là. M. Buron m'a dit qu'il tâcherait de vous écrire dans quelques jours.

Je suis bien en retard ce mois-ci pour mon article, qui n'est pas encore fait ; il va falloir que je me hâte ; heureusement c'est moins long à préparer que les vôtres, avec le travail que doivent vous donner tous ces clichés ! Ce que vous faites est toujours fort intéressant ; j'ai parcouru votre étude sur l'Agneau, et j'ai vu que vous y posiez une question à mon adresse ; je tâcherai d'y répondre par la suite. Les influences chrétiennes dans certains rites lamaïques ne me semblent pas contestables ; mais pour ce qui est du « Roi du Monde » (qui du reste ne réside peut-être pas au Thibet), la question est tout autre, et, dans ce cas, il s'agit certainement d'un symbole antérieur au

Christianisme. Cela se rattache d'ailleurs aussi au symbolisme apocalyptique, que je ne crois pas suffisamment explicable par le rôle de l'Agneau dans le Judaïsme seul. À propos du « Roi du Monde », vous avez vu par la lettre de M. Le Cour que mon livre est enfin paru ; je devrais plutôt dire qu'il est à moitié paru, car l'imprimeur n'a envoyé jusqu'ici qu'une partie des exemplaires, si bien que je n'en ai pas encore à ma disposition ; dès que j'en aurai, je me ferai un plaisir de vous en envoyer un. À ce moment, je demanderai un rendez-vous à M. Camille Aymard, comme vous m'y avez engagé, pour lui remettre moi-même le volume.

Les Éditions de la Sirène n'existent plus ; le fonds a été acquis par la librairie Crès. J'ai eu hier par M. Grolleau le renseignement que vous me demandiez : le « Bestiaire » de Guillaume Apollinaire, qui avait été édité à un prix assez peu abordable, est maintenant épuisé ; mais vous n'avez pas à le regretter, car il s'agit simplement d'un poème assez fantaisiste, comme les gravures elles-mêmes, qui, quoique inspirées en partie de figures anciennes, n'ont aucun caractère documentaire ; vous n'auriez donc certainement rien pu trouver à utiliser là-dedans.

Je suis très heureux de votre approbation en ce qui concerne mon article complémentaire sur le poisson ; il y aurait sans doute encore bien d'autres choses à dire là-dessus, mais je crois que cela éclaire quelques points que vous aviez seulement signalés en passant, notamment pour le dauphin et ses rapports avec le poulpe (j'avais complété mes notes à ce sujet sur les épreuves, après avoir lu votre article de janvier). À propos du poulpe, il y a un peu de vrai dans ce que dit M. Le Cour, en ce sens que cet emblème n'a pas toujours un caractère satanique ; mais, à côté de cela, que de fantaisies ! Son rapprochement de <u>poulpe</u> et <u>pulp ?</u> ne tient pas debout ; tout cela tombe de soi-même quand on sait que le mot <u>poulpe</u> est tout simplement une altération de <u>polype</u>, de sorte qu'il ne fait allusion qu'aux nombreux nombreux pieds ou bras de l'animal. Quant à la tête de Méduse et à son interprétation linguistique, cela me paraît aussi bien risqué, non moins que l'affirmation que le mot euréka ne figure pas dans le dictionnaire grec ; peut-être n'a-t-il pas su l'y trouver, parce que c'est le parfait d'un verbe irrégulier. Je vois là d'autre part, l'influence d'une idée de M. Dujols, qui prétendait qu'on avait fait disparaître un grand nombre de mots dans les dictionnaires grecs édités depuis le XVIIe siècle ; je ne sais trop sur quoi il basait cette affirmation.

J'avais quelque chose à vous signaler à propos d'une figure qui pourrait bien se rapporter au crustacé, mais je n'ai pas retrouvé la note la concernant, qui date de bien des années ; ce sera pour une prochaine fois.

Il y a un symbole du Christ dont j'ai toujours oublié de vous parler et qui a une certaine importance : c'est le griffon ; en avez-vous des exemples dans l'iconographie ? Il me semble qu'il doit y en avoir ; en tout cas, ce symbole se trouve chez Dante, pour qui la double nature de cet animal représente l'union de la nature divine et de la nature humaine dans le Christ. Il est à remarquer, d'autre part, que le griffon, chez les anciens, est souvent figuré tenant la roue du monde.

J'ai vu ces jours derniers, au Louvre, un vase étrusque sur lequel figurent à la fois le swastika ordinaire ⊕ et le swastika clavigère ⊕ semblable à celui dont vous m'aviez communiqué le dessin. D'autre part, sur des vases grecs archaïques, il y a, à côté du swastika sous des formes variées, un autre signe ⋈ ou ⋈ fréquemment répété, et que je n'avais pas remarqué jusqu'ici ; je me demande quelle peut en être la signification exacte ; peut-être savez-vous quelque chose là-dessus.

M. Martin, qui était à notre réunion de jeudi, m'a montré une note de M. de Sarachaga dans laquelle il est question de cœurs figurés sur les bandelettes des momies ; avez-vous jamais entendu parler de cela ? Ce serait à vérifier ; certains de ces cœurs porteraient en leur centre le swastika (que M. de Sarachaga écrivait *zwadisca*, je ne sais vraiment pourquoi, car cette forme ne correspond à rien linguistiquement, à moins qu'elle n'existe dans quelque dialecte de Russie ou des pays baltiques, ce qui est possible après tout).

Je vois que tout ne marche pas à souhait dans la Société Atlantéenne, dont le comité manque plutôt d'homogénéité ; dans de pareilles conditions, il est bien douteux que cela réussisse. Pourtant, ce que dit M. Le Cour de l'affluence aux conférences est exact ; nous avons assisté à celle du 22 janvier, ayant reçu une invitation du conférencier que nous connaissons, et il est vrai que tout le monde n'a pas pu entrer. M. Le Cour, qui voit toujours grand, rêve de célébrer l'anniversaire de la fondation dans le grand amphithéâtre de la Sorbonne.

J'en arrive à la lettre qui me concerne, et que je vous remercie de m'avoir communiqué ; vous pouvez vous rassurer, je ne prends pas cela au tragique. Ce que dit Le Cour de ma prétendue « évolution » m'était déjà revenu d'une autre source ; il se trompe grandement en s'imaginant que j'ai changé d'avis sur un point quelconque, non seulement depuis mes premiers livres, mais depuis bien plus longtemps. Aussi, quand il dit que je suis maintenant sur <u>son</u> terrain, il renverse un peu les rôles, car voilà bien une vingtaine d'années que je suis sur ledit terrain, tandis que lui-même n'y est que depuis trois ou quatre ans. C'est lui qui a « évolué », d'ailleurs heureusement pour lui, car, avant cela, il s'occupait surtout de faire tourner les tables, ce qui ne m'est jamais arrivé ; et si j'ai, comme il le dit, fréquenté des milieux divers, afin de voir s'il s'y trouvait quelque chose d'intéressant (j'ai d'ailleurs été vite fixé à cet égard), cela n'implique chez moi aucun changement d'idées.

Je ne regrette point ce que j'ai écrit sur la Grèce, même si cela doit me priver de l'honneur de faire partie de la Société Atlantéenne, honneur que j'aurais d'ailleurs décliné si la proposition m'en avait été faite, car je n'ai guère de temps à perdre. Il semble, d'après ce que nous avons vu et entendu, qu'il s'agisse surtout de manifestations littéraires et artistiques ; cela manque un peu trop de base sérieuse.

La critique concernant mon style m'affecte peu, car je cherche seulement à être correct et aussi clair que possible ; je ne fais ni poésie ni littérature, et ce serait même contraire à ce que je me propose. Il s'agit de science, encore que ce soit une science toute différente de celle des « officiels », et je ne vois pas trop ce que le « lyrisme » viendrait faire là-dedans. Enfin, s'il m'arrive souvent de multiplier les notes et les renvois, c'est que tout ce que j'ai à dire ne pourrait pas rentrer dans le texte sans nuire à la suite de l'exposé.

Je n'ai jamais écrit la phrase soi-disant tirée de l'« Introduction à l'étude des doctrines hindoues » ; M. Le Cour a lu le passage de la même façon que l'inscription de Chinon ! Il s'agit de différentes hypothèses concernant la fin de la civilisation occidentale moderne ; la première, la plus défavorable, serait la perte de toute civilisation en Occident, « un état de dégénérescence plus ou moins comparable à celui des sauvages actuels ». Puis voici la phrase en question : « Le second cas serait celui où les représentants d'autres civilisations, c'est-à-dire les peuples orientaux, pour sauver le monde occidental de cette déchéance irrémédiable, se l'assimileraient de gré ou de force, à supposer que la chose fût possible, et que d'ailleurs l'Orient y consentît » (p. 333). Remarquez bien qu'il ne s'agit là que d'un remède à appliquer dans un cas tout à fait désespéré ; et je considère ensuite une troisième hypothèse, « un retour à l'intellectualité vraie et normale, qui, au lieu d'être imposé et contraint, ou tout au plus accepté et subi du dehors, serait effectué alors volontairement et comme spontanément ». Cette autre solution, que je déclare la meilleure si elle est possible, ce n'est pas autre chose que le retour de l'Occident à sa propre tradition. Alors, en quoi ai-je changé d'avis depuis l'époque où j'écrivais cela ?

D'un autre côté, j'ai toujours considéré que toutes les traditions, qu'elles soient orientales ou occidentales, ont un fond identique sous des formes diverses ; il ne s'agit donc pas de faire une « tentative d'association » entre ces traditions (qui sont d'ailleurs bien plus de deux), mais de prendre conscience de leur unité essentielle, et aussi des raisons de leurs différences extérieures.

Quant à l'Atlantide et à l'Hyperborée (celle-ci d'ailleurs beaucoup plus importante encore que celle-là quand on veut remonter vraiment aux origines), si je n'en avais pas parlé encore, c'est tout simplement que je n'en ai pas eu l'occasion ; il y a pourtant une allusion à ces choses dans l'« Introduction » (pp. 45-46). Ce que j'en sais, c'est surtout de l'Inde que je le tiens : M. Le Cour a donc grand tort, à son propre point de vue, de médire des traditions orientales, qui ne sont peut-être orientales que dans l'état présent de l'humanité terrestre. La question de cet état présent et celle des origines doivent être soigneusement distinguées ; je crois pourtant m'être expliqué assez clairement là-dessus à diverses reprises.

Quant à prétendre que j'ignore telles ou telles choses ou que je ne les ai « pas encore trouvées », qu'est-ce que M. Le Cour peut bien en savoir ? Je ne me crois pas du tout obligé de lui faire connaître les données sur lesquelles je travaille, ni de dire d'un seul coup tout ce que je sais (et peut-être y-a-t-il bien des choses que je n'écrirai jamais). Il peut dire aussi que j'ignore ses découvertes linguistiques, parce que, les considérant comme de pures fantaisies, je me garderais bien d'en tenir compte. Quant à ses prévisions, il est certain qu'il pressent quelque chose, et il n'est pas le seul actuellement ; mais, s'il s'agit de préciser, je crois que j'aurais de la peine à être d'accord avec lui, et je doute fort que les véritables lois cycliques lui soient connues.

Voilà de bien longues réflexions sur cette lettre de M. Le Cour ; vous pourrez en lui répondant, vous en inspirer dans la mesure où vous le jugerez bon.

Ces dames vous adressent leur meilleur souvenir, et moi, cher Monsieur et ami, je vous prie de croire toujours à mes sentiments les plus cordiaux.

R. G.

ಎಂಡ

Paris, 18 octobre 1927.
51, rue St Louis-en-l'Île (IVe)

Cher Monsieur et ami

Voici déjà quinze jours que nous sommes rentrés à Paris ; nous y avons, jusqu'ici, un temps meilleur que celui dont nous avons joui (si l'on peut dire) pendant les vacances ; cela s'est-il amélioré aussi chez vous ?

M. Buron m'a écrit de Mettray pour me demander l'adresse de M. de Frémond, à qui il voulait envoyer quelques exemplaires du n° d'octobre contenant sa poésie ; il devait, me disait-il alors, être de retour ici le 28 septembre ; depuis, je n'ai pas eu d'autres nouvelles.

Merci de m'avoir communiqué les passages des lettres du P. Anizan me concernant ; vous avez eu plus de chance que M. Chauvet, qui, ayant fait en lui écrivant diverses allusions à mes ouvrages, n'a pas obtenu la moindre réponse sur ce sujet, ce qui lui fait douter que la P. Anizan connaisse les dits ouvrages. Il me semble d'ailleurs que, dans ce que vous me citez, il y a bien des phrases vagues, aussi vagues que la dernière lettre que j'ai reçu à Loudun, et à laquelle je dois vous dire que je n'ai pas répondu, trouvant parfaitement inutile de poursuivre une discussion à côté de la question (je l'ai dit à l'abbé Buron en lui envoyant le renseignement qu'il me demandait). Je vois que cette histoire de « criterium » revient toujours, comme dans la lettre de l'abbé Martin que je vous ai communiquée ; je ne veux nullement me laisser entraîner sur ce terrain « philosophique », qui, pour moi, est tout à fait vain ; ce serait du temps perdu, et je préfère m'occuper de choses plus intéressantes. À propos de philosophie, j'ai remarqué, dans les derniers articles du P. Anizan, un changement tout à fait extraordinaire : il cite maintenant St Thomas presque à chaque phrase ; et, quand je me rappelle certaines réflexions qu'il me faisait autrefois, il me semble que ce n'est plus le même homme. Je ne sais si ce changement d'attitude lui a été imposé, ou si c'est seulement la crainte des difficultés qu'on pourrait lui susciter qui le fait agir ainsi. En tout cas, s'il trouve que je vois trop, en tout cela, l'influence de Maritain et Cie, c'est qu'il n'est pas, comme je le suis, au courant de toutes les manigances de ces gens-là, qu'on surnomme ici « la bande de Meudon ».

J'ai été fort étonné de voir, dans le dernier n° de « Regnabit », la lettre écrite, il y a plus d'un an, par mon ami Faugeron au P. Anizan pour le remercier de son article sur « Psyché » ; pour quelle raison sort-on cette lettre après si longtemps ?

Que pensez-vous de l'affaire de Glozel et de toutes les discussions auxquelles elle donne lieu en ce moment ? Je serais content d'avoir votre avis là-dessus ; il me semble que les préjugés « officiels » jouent un certain rôle dans cette histoire. Quelle que soit d'ailleurs la solution, si jamais il y en a une, la diversité des hypothèses émises montre suffisamment à quel point on aurait tort de se fier aux prétendus résultats d'une certaine science...

M. Foussier a-t-il fini par se décider à venir à Loudun ?

J'ai eu, ces temps derniers, à corriger les épreuves de mon prochain livre ; j'ai été surpris que les imprimeurs aillent si vite cette fois, car cela est tout à fait contraire à leurs habitudes ; je pense donc que le volume pourra paraître le mois prochain.

Avez-vous des vues des sculptures de l'église St Sauveur de Dinant ? C'est Genty qui m'a chargé de vous poser cette question ; il m'a dit qu'il en avait mis de côté à votre intention, au cas où vous n'en auriez pas.

Avez-vous envoyé au P. Hoffet une réponse à son enquête dantesque ? Je ne l'ai pas fait encore ; il va falloir que je m'en occupe ces jours-ci. Il est curieux qu'il se soit servi exactement de la même formule pour nous deux ; cependant, je crois que, si nos articles ne l'avaient pas intéressé réellement, il n'aurait rien dit du tout.

Avez-vous fait le travail que Don Leclercq vous a demandé pour son dictionnaire ?

La fin de votre article sur le bélier me semble très bien ; ce que vous dites du symbolisme des cornes est tout à fait exact ; ce point pourrait d'ailleurs donner lieu à beaucoup de développements. Les casques à cornes se retrouvent un peu partout, jusqu'au Japon, et ils ont certainement le sens que vous indiquez.

Meilleurs souvenirs de tous, cher Monsieur et ami, et mes bien cordiaux sentiments.

R. G.

Paris, 8 juin 1928.
51, rue St Louis-en-l'Île (IVe)

Bien cher Monsieur et ami

Voilà longtemps que je me propose de répondre à votre lettre, qui date de près de deux mois déjà ; impossible jusqu'ici d'en trouver le temps. J'ai eu constamment, sans parler des cours et leçons, des travaux pressés et d'ailleurs assez ennuyeux : d'abord une traduction anglaise de « L'Homme et son devenir », qui avait été tellement mal faite qu'il y avait des contresens à toutes les pages, et que j'ai dû la remanier d'un bout à l'autre, ce qui, je crois, m'a donné à peu près autant de mal que si j'avais dû la faire moi-même. De plus, les éditeurs, au lieu de me soumettre le manuscrit comme je le pensais, l'avaient d'abord fait composer et m'ont envoyé seulement des épreuves ; ils ont été effrayés des frais supplémentaires que les corrections allaient leur causer (c'était pourtant bien leur faute), et j'ai eu quelque peine à leur faire comprendre la nécessité des dites corrections ; ils ont tout de même fini par s'incliner. Dès que cela a été terminé, j'ai dû me mettre à préparer des compléments pour le « Théosophisme », qui est épuisé et va être réédité très prochainement, et qu'il fallait remettre au courant des événements survenus depuis la première édition ; la composition de celle-ci ayant été conservée, il ne fallait pas toucher au texte, mais ajouter seulement une sorte d'appendice, sous forme d'une série de notes renvoyant aux passages qu'elles sont destinées à compléter ; ce travail, tout en ne paraissant pas très important, m'a demandé beaucoup de recherches, et je n'ai pu arriver à le finir que la semaine dernière.

C'est bien Mme Lurreau (?) qui m'a écrit l'histoire que vous savez, mais ce n'est pas M. Le Cour qui la lui a racontée en effet, elle m'a dit depuis, dans une autre lettre, qu'elle la tenait d'un prêtre de vos amis ; peut-être devinerez-vous de qui il s'agit.

Nous avons bien regretté que vous n'ayez pas pu venir jusqu'à Blois pendant les vacances de Pâques, puisque vous en avez été si près, d'abord parce que cela nous aurait procuré le plaisir de vous voir, et ensuite parce que j'aurais pu de vive voix, vous expliquer beaucoup de choses plus facilement et plus complètement que par écrit.

Peu de temps après notre retour ici, un de mes correspondants du Midi, le Dr Peyre, m'a communiqué des lettres que le P. Anizan lui avait adressées, et qui contenaient de nouvelles preuves que celui-ci ne m'avait pas dit la vérité, notamment en prétendant que ses questions avaient été provoquées par la réponse que j'avais faite à sa communication au Comité. Là-dessus, estimant que je savais maintenant tout ce que je voulais savoir et qu'il était temps de mettre fin à une histoire qui ne m'avait déjà fait perdre que trop de temps, j'ai envoyé ma démission motivée, non seulement du Comité, mais de la société même du « Rayonnement Intellectuel ». Je pense d'ailleurs que vous avez eu connaissance aussi de cette dernière partie de notre correspondance, car j'ai prié le P. Anizan de communiquer intégralement ladite correspondance à tous les membres du Comité. Vous voyez que je n'ai suivi que partiellement votre conseil, car, bien loin de trouver préférable que ma démission passe inaperçue, je tiens au contraire à ce qu'on sache les véritables raisons ; mon cas n'est aucunement assimilable à celui de M. Thomas, et ma situation intellectuelle ne me permet pas de laisser croire qu'il l'est.

Il y a dans votre lettre une chose qui est tout à fait juste : vous dites que « nous ne parlons pas la même langue » ; le Dr Peyre, de son côté, m'a écrit exactement la même chose. Seulement, la question de la véritable nature des centres spirituels orientaux, que le P. Anizan ignore complètement, me paraît bien être, contrairement à ce que vous pensez, la question la plus importante dans tout cela, et même la seule essentielle ; s'il avait été capable de comprendre que ces centres n'ont absolument aucun rapport avec le point de vue religieux, il ne m'aurait pas écrit toutes les choses plus ou moins incohérentes qu'il m'a écrites. Du reste, même dans votre lettre, je retrouve encore, permettez-moi de vous le dire, une trace de la même équivoque, car vous parlez à un moment de « vérité religieuse », alors que, pour moi, ce n'est pas du tout de cela qu'il s'agit, mais bien de vérité sans épithète, en dehors de toute forme spéciale, religieuse ou autre ; la vérité religieuse ne doit pas être confondue avec la vérité totale, et c'est cette confusion qui est la cause réelle de tout le malentendu.

Il est compréhensible, assurément, que le PP. Anizan ait des précautions à prendre en ce qui concerne la publication qu'il dirige, puisqu'il est soumis à l'autorité de gens qui, sur bien des choses, sont des ignorants et des incompétents (je me rappelle ce que vous m'écriviez l'été dernier au sujet du censeur de Reims) ; mais ces précautions, s'il avait à les prendre à mon égard, il devait le faire avant de me demander ma collaboration, et avant de m'inscrire d'office dans son Comité ; je n'ai jamais rien sollicité de lui, et, par conséquent, j'ai gardé toute mon indépendance vis-à-vis de lui et de son organisation ; du reste, s'il m'avait dit que mon adhésion comporterait quelque engagement de ma part, j'aurais décliné ses offres purement et simplement. Il a fait preuve, sous tous rapports, d'une méconnaissance complète de la situation réelle ; en vertu de quoi a-t-il bien pu s'imaginer avoir une sorte de droit de contrôle sur moi ? Quand j'ai précisé des choses embarrassantes pour lui, il s'est bien gardé d'y répondre, et il a cru s'en tirer en me lançant à la tête le mot d'« erreurs ou d'autres du même genre, comme si cela pouvait m'impressionner ! Il faut croire qu'il ne me connaît guère ; je ne sais pas au juste à quelle sorte de gens il a l'habitude d'avoir affaire, mais ce qu'il y a de certain, c'est que ce sont des gens avec qui je n'ai rien de commun. En somme, dans ses lettres, je n'ai trouvé que des raisonnements prouvant seulement son ignorance de ce dont il s'agissait (je n'ai même pas pu arriver à lui faire comprendre que la philosophie ne m'intéressait pas et était pour moi une chose inexistante), des menaces qui ne pouvaient pas m'atteindre, et, surtout vers la fin, d'assez basses injures ; tout cela est véritablement enfantin, et ce serait plutôt risible s'il n'était assez triste d'avoir à constater une semblable mentalité.

Vous dites que le P. Anizan m'a demandé de « préciser une position intellectuelle et religieuse » ; je vois là deux choses qu'il y a lieu de distinguer très nettement. Pour ce qui est de ma position intellectuelle, qui ne peut s'expliquer en quelque ligne, je ne saurais la préciser mieux que je ne l'ai fait dans mes livres ; seulement, pour la connaître, il faudrait lire ceux-ci, y compris les livres proprement doctrinaux, et surtout les comprendre, ce dont je ne pense pas que le P. Anizan soit capable, non plus peut-être qu'aucun théologien. Quant à ma position religieuse, je n'ai pas à en avoir, puisque, comme je vous le disais tout à l'heure, je ne me place nullement à ce point de vue.

Il se peut que, comme vous le dites, le P. Anizan ne soit pas mêlé directement à certaines intrigues, mais qu'il soit néanmoins influencé par des gens qui y sont mêlés. Ceux de mes amis d'ici à qui j'ai eu l'occasion de montrer notre correspondance (et parmi eux des prêtres) ont été unanimes à penser que l'attitude qu'il a prise lui a été imposée ; j'aime mieux cela pour lui, car il n'a été en quelque sorte, dans toute cette affaire, qu'un instrument irresponsable. Du reste, j'en sais trop long sur la façon dont les choses se passent dans certains milieux ecclésiastiques pour en être étonné ; et j'ajouterai même que, sur le « centre romain », comme dit le P. Anizan, sans prétendre être complètement informé, je sais bien des choses que lui-même ignore certainement. Ce n'est pas d'ailleurs que cela m'intéresse spécialement ; mais je ne peux pas empêcher qu'on vienne me raconter certaines histoires, que je me contente d'ailleurs d'enregistrer dans ma mémoire à titre purement documentaire ; si vous saviez, par exemple, toutes les choses fort édifiantes que divers prêtres et religieux m'ont rapportées au sujet de l'Index ! La conclusion qui se dégage de tout cela est bien simple : il y a des choses qui doivent impressionner la masse, et je dirai même qu'il faut forcément qu'il en soit ainsi, mais ... Il y a bien longtemps que Cicéron disait que deux augures ne pouvaient pas se regarder sans rire ; il paraît que c'est encore exactement la même chose aujourd'hui. Ceci tout à fait entre nous, bien entendu, car, à moins d'y être absolument forcé, je ne veux point me mêler de choses qui, après tout, ne me regardent pas ; j'estime que chacun doit être maître chez soi et dans son propre domaine, et il n'y a que si on prétend empiéter sue le mien (je dis « le mien » pour me faire comprendre) que je devrai avoir à y mettre ordre ; je vous avoue d'ailleurs que je préférerais n'avoir point à le faire ; mais, quoi qu'il arrive, les imprudents n'auraient à s'en prendre qu'à eux-mêmes. Cela, vous aurez peut-être quelque occasion de le faire savoir, au moins indirectement, à des gens que cela peut toucher, puisqu'on ne paraît pas avoir même, dans certains milieux catholiques, l'élémentaire prudence (qu'ont eue les théosophistes et les vulgaires spirites) de se méfier de ce que je peux avoir en réserve. Il y a même ceci de très curieux : les gens de diverses catégories à qui, j'ai dit de très dures vérités se sont tenus cois ; le Catholicisme est la seule chose, dans le monde occidental actuel, à laquelle j'ai témoigné de la sympathie et que j'ai déclarée respectable, et les catholiques sont aussi, jusqu'ici, les seuls qui m'ont adressé des injures et des menaces. On pourra en conclure ce qu'on voudra ; pour moi, j'en conclus surtout que les Occidentaux, pris collectivement, ne sont « possibles » que quand on leur montre le bâton... Du reste, je ne vois aucune différence appréciable entre l'esprit de domination qui s'affirme à travers les lettres du P. Anizan et celui qui préside aux conquêtes coloniales ; que tout cela est peu « spirituel » !

Autre chose encore : le P. Anizan m'a toujours laissé ignorer les critiques adressées à mes derniers articles de « Regnabit », il n'a même pas eu l'élémentaire franchise de m'en faire part (pas plus qu'il n'a eu la non moins élémentaire courtoisie d'attendre ma démission pour me faire supprimer le service de « Regnabit ») ; sans vous, j'en ignorerais encore l'existence, et je vois d'ailleurs que ce n'est pas par lui que vous-même les avez connues. De même j'ai eu quelque mal à lui faire avouer que c'était la « Crise du Monde moderne » qui avait déclenché son attaque, et il s'est bien gardé de me dire qu'il se faisait l'écho de certaines critiques de théologiens ; je m'en étais bien douté tout de suite, et d'ailleurs cela m'est bien égal au fond, car je ne puis être touché par des critiques qui portent forcément à faux ; mais quels procédés tortueux ! Vous devez bien penser, du reste, que je n'irai pas perdre mon temps à discuter avec quelques théologiens plus ou moins anonymes, d'abord parce que je suis tout à fait persuadé de l'inutilité de la discussion en général, ensuite parce que je n'ai pas à me laisser entraîner sur un terrain qui n'a rien de commun avec celui où je me place, et enfin parce qu'il y a des choses qui, par leur nature même, sont et doivent rester au-dessus de toute discussion. Comme je n'ai jamais rien demandé à personne, personne n'a rien non plus à exiger de moi ; et, comme les considérations que j'expose se rapportent à un point de vue proprement « initiatique », il faudra bien que les gens se résignent, bon gré mal gré, à se contenter de ce que je jugerai à propos de leur dire. Je serai toujours prêt à m'expliquer sur certaines choses avec ceux qui seront qualifiés, s'il y en a, mais avec ceux-là seulement, et à la condition qu'ils me donnent la preuve qu'ils sont en possession d'une connaissance effective ; il s'agit là, je vous prie de le croire, de tout autre chose que d'argumentations philosophico-théologiques. Je suis bien sûr que les théologiens qui se mêlent de me critiquer ne tiendraient pas longtemps sur ce terrain-là ; et sans aller chercher plus loin, je voudrais bien voir ce qu'ils répondraient, par exemple, si je leur posais certaines questions précises sur le « pouvoir des clefs ». ... Mais laissons cela ; il se peut fort bien, après tout, qu'il ne faille voir dans ce qui est arrivé qu'une manifestation du zèle intempestif de quelques subalternes, et qu'on ne soit pas disposé, en haut lieu, à se laisser entraîner par eux dans des aventures plus ou moins fâcheuses ; personnellement, encore une fois, cela m'importe peu, mais cela peut avoir son intérêt pour savoir à quel point précis en est arrivé la décadence moderne. En tout cas, cette histoire est la plus belle confirmation de tout ce que j'ai écrit ; je ne sais d'ailleurs pas pourquoi mon dernier livre a suscité une telle explosion de fureur, car, en somme, il ne contient rien de très différent de ce qui se trouve déjà dans les précédents. Si j'ai fait entendre certains avertissements, c'est que je devais le faire, sans pourtant m'illusionner sur le résultat ; libre à ceux à qui ils s'adressent de n'en pas tenir compte, c'est leur affaire et ce n'est plus la mienne.

Je pense encore à votre visiteur mazdéen ; vous serait-il venu à l'idée de lui demander, avant d'entrer en conversation avec lui, s'il reconnaissait la « suprématie absolue du centre romain » dans tous les domaines ? Cette idée même vous aurait assurément paru absurde ; il l'est tout autant de vouloir me poser à moi-même une semblable question. Tout cela me fait seulement regretter un peu de n'avoir pas adopté, pour signer mes écrits, un nom oriental, ce qui m'aurait été bien facile, et ce qui aurait eu l'avantage de couper court par avance à toute intervention plus ou moins saugrenue.

Maintenant, je vois dans cette affaire, comme je l'ai écrit au P. Anizan, une « expérience » que je ne regrette pas, car elle valait la peine d'être faite ; mais une fois suffit, et, désormais, je me tiendrai soigneusement à l'écart de tous les milieux de ce genre ; il est très probable qu'on n'y fera plus appel à ma collaboration, mais, même si on le faisait, je refuserais sans aucune hésitation.

Je m'excuse de la longueur de ces explications ; si j'ai cru devoir vous les donner, c'est à cause de la grande estime que j'ai pour vous, et parce qu'elles pourront vous servir à l'occasion pour remettre certaines choses au point. Je n'ai qu'un regret, c'est celui de ne plus pouvoir suivre vos travaux ; tout le reste, comme vous pouvez le penser, m'est parfaitement indifférent.

On m'a posé dernièrement une question à laquelle je n'ai pas pu répondre exactement : à quelle époque a-t-on commencé à figurer le Christ sur la croix ? Vous serez bien aimable de me donner ce petit renseignement, car c'est là une chose que vous savez sûrement.

Ma tante et Françoise me chargent de vous transmettre leurs meilleurs souvenirs, et moi, cher Monsieur et ami, je vous prie de croire toujours à mes sentiments très cordiaux.

R. G.

ℬℭ

Blois, 25 août 1928.
74, rue du Foix.

Cher Monsieur et ami,

Il y a une huitaine de jours, donc très peu avant votre lettre, j'en ai en effet reçu une de mon beau-frère m'invitant à aller à Loudun <u>cette semaine</u>, ce qui m'était tout à fait impossible, comme je le lui ai répondu aussitôt ; on s'est donc un peu trop pressé, à ce que je vois, de vous annoncer ma venue. D'autre part, je suis invité aussi à aller à Champigny ; d'après une lettre reçue ce matin même, ce ne pourrait être que vers le 15 septembre ; mais, à cette époque, c'est-à-dire après l'ouverture de la chasse, pourra-t-on encore me recevoir à Loudun ? Je n'en sais rien, de toutes façons, il ne m'était pas possible de faire deux voyages, et même, à vrai dire, je suis encore bien hésitant et je me demande ce que je vais faire. En effet, sans parler de la difficulté de tout arranger avec chacun pour faire coïncider les dates, ce voyage me sera plutôt pénible cette année... De plus, ma tante, qui se trouvait mieux depuis que nous étions ici, a été de nouveau souffrante la semaine dernière et n'est pas très fameuse depuis, de sorte que je me demande s'il serait bien prudent de la laisser seule. En tout cas, même si tout s'arrangeait, vous pouvez compter que ce ne serait que pour le milieu de septembre environ, sûrement pas avant ; j'ai tenu à vous le dire sans plus tarder, afin que vous puissiez disposer de votre temps d'ici là. Je serais heureux, moi aussi, de vous revoir et de parler avec vous de beaucoup de choses.

J'ai appris que votre congrès, dont vous m'aviez envoyé le programme, a été très réussi et très intéressant ; toutes mes félicitations.

Non, je n'ai pas vu cet article contre Cocteau dont vous me parlez ; je sais seulement, d'une façon un peu vague, qu'il a paru il y a un ou deux mois un livre qui a fait beaucoup de bruit (je n'ai pu retenir le nom de l'auteur, qui m'était tout à fait inconnu) et qui doit avoir été la cause de cet article. Quoi qu'il en soit, pour ce qui est de Maritain, il paraît qu'il a trouvé le moyen de se désolidariser de Cocteau en cette occasion ; la facilité avec laquelle il change d'attitude est une chose tout à fait extraordinaire. Mais il y a autre chose qui a dû être pour lui un coup beaucoup plus dur : c'est la condamnation des « Amis d'Israël » par Rome, il y a quelques mois : en avez-vous entendu parler ?

Quelques jours avant notre départ de Paris, j'ai aperçu Dom Leclercq qui montait dans un tramway devant Saint-Germain des Prés ; pensez-vous avoir sa visite encore cette année ?

Vous serait-il possible de me donner le renseignement que je vous avais demandé dans ma dernière lettre, au sujet de l'époque à laquelle on a commencé à figurer le Christ sur la croix ? Cela me rendrait service, car, n'ayant rien de précis à ce sujet, je n'ai pas encore pu donner cette indication au correspondant qui me l'avait demandée. Il paraît que M. Le Cour est de nouveau en Crète ; il a bien de chance de pouvoir s'offrir de pareils voyages. Je constate de temps à autre qu'il saisit tous les prétextes pour faire à mes travaux des allusions qui veulent être désobligeantes ; c'est une véritable obsession. Comme vous pouvez le penser, cela m'est fort égal, et il se trompe s'il s'imagine que je vais perdre mon temps à lui répondre (c'est peut-être ce qu'il voudrait) ; il faudra seulement, quand j'en aurai l'occasion, que je coupe court à l'affirmation qu'il répète partout et d'après laquelle j'aurais parlé d'une « Atlantide hyperboréenne », ce qui est quelque chose d'assez comparable à un « carré rond » ; qu'il prenne l'Ouest pour le Nord s'il veut, mais qu'il ne m'attribue pas ses confusions !

Je serais content de savoir où en sont vos recherches ; trouvez-vous toujours de nouvelles choses ?

Croyez, je vous prie, cher Monsieur et ami, à mes sentiments bien cordiaux.

R. G.

ༀ

Paris, 9 novembre 1928.
51, rue St Louis-en-l'Île (IVe)

Cher Monsieur et ami

J'espère que vous voudrez bien m'excuser d'être si en retard avec vous ; à la suite du nouveau malheur qui vient de m'atteindre, je me trouve en présence de toutes sortes de difficultés d'organisation, et obligé de m'occuper de beaucoup de choses auxquelles je suis fort peu apte. Vous voyez que les craintes que la santé de ma pauvre tante m'inspirait déjà pendant les vacances n'avaient rien d'éxagéré ; il m'était vraiment impossible de la laisser seule. Je regrette bien vivement de n'avoir pas pu vous voir, d'autant plus que maintenant je ne sais pas du tout ce qui arrivera par la suite. Si encore j'étais sûr de garder Françoise avec moi, nous arriverions à nous arranger à peu près ; mais sa mère manifeste l'intention de la reprendre, sans se soucier aucunement de ce que je pourrai devenir si je reste ainsi complètement isolé. Après ce que nous avons fait, j'étais loin de m'attendre à cela ; il y a des choses incroyables et extrêmement pénibles ; naturellement, je vous demande de garder cela pour vous.

Merci de votre renseignement sur la date de l'apparition du Crucifix, que j'ai communiqué au correspondant qui me l'avait demandé ; c'est à peu près ce que je pensais, mais je n'avais pas de précisions suffisantes.

Ce qu'on vous a dit au sujet d'une offensive de certains milieux ecclésiastiques français contre tout ce qui touche à l'Orient ne me surprend nullement, et même à vrai dire, il y a déjà longtemps que cette offensive est commencée ; ce qui m'est arrivé avec « Regnabit » n'en est, au fond, qu'une des manifestations. Seulement, je ne sais pas si la nomination du P. Pinard de la Boullaye à la chaire de Notre-Dame a un rapport avec ces manœuvres ; je n'en ai pas entendu parler en ce sens en dehors de ce que vous me disiez dans votre lettre, et, n'ayant jamais lu aucune de ses publications, j'ignore tout à fait quelle est son attitude à cet égard ; j'éprouve seulement quelque méfiance « a priori » vis-à-vis de tout « historien des religions » quel qu'il soit. Si par hasard vous aviez des renseignements plus nets, vous me rendriez service en m'en faisant part.

Dans le même ordre d'idées, il y a eu, il y a quelques mois (je crois que c'est en juin), un article tout à fait extravagant dans la « Revue Internationale des Sociétés Secrètes » : après quelques insinuations à propos de mon dernier livre, on y dénonçait un grand complot formé entre les Jésuites et les Juifs pour faire transférer le siège de la Papauté à Jérusalem, en attendant de le transporter encore plus loin en Orient ; et ce qui est le plus drôle c'est que Maritain était désigné comme un des principaux agents dudit complot ! C'est assurément sa brouille avec Massis qui en est la cause, mais je ne m'attendais tout de même pas à une histoire pareille ; ce serait risible s'il n'était pas si lamentable de voir de telles sottises s'étaler dans des revues catholiques et trouver du crédit dans certains milieux.

On m'a dit dernièrement que vous aviez fait paraître un article très intéressant sur le Sphinx ; s'il vous restait un exemplaire disponible, vous me feriez grand plaisir en me l'envoyant ; j'espère que cette demande ne sera pas trop indiscrète.

Vous devez savoir que M. Le Cour va donner dans la collection des

« Cahiers du Portique », un volume sur « la Crète et ses mystères » ; je suis curieux de voir ce que ce sera. Quant à ce que vous me suggériez pour une mise au point en ce qui me concerne, il accepterait peut-être en effet de l'insérer dans « Atlantis », mais je vous dirai très franchement que je préfère me tenir entièrement à l'écart et ne donner aucun prétexte à l'établissement de relations directes entre lui et moi ; j'ai beaucoup de raisons pour cela. Je trouverai bien moyen d'une façon ou d'une autre, dans un livre ou dans un article, de dire quelques mots de cette soi-disant « Atlantide hyperboréenne », sans que cela prenne plus d'importance qu'il ne convient.

À propos d'« Atlantis », que pensez-vous de la question de la Triple enceinte ? J'ai reçu ce matin une lettre de M. Florance, à qui j'avais, à ce sujet, communiqué votre brochure sur le Cœur de Chinon qu'il ne connaissait pas et qui l'a beaucoup intéressé ; il voudrait bien être fixé sur le sens de ce symbole. N'avez-vous pas quelque idée là-dessus ? De mon côté, j'en ai une que je vous dirai une prochaine fois.

Croyez toujours, je vous prie, cher Monsieur et ami, à mes sentiments bien cordiaux.

R. G.

J'ai entendu dire que M. Lévrier avait quitté Loudun pour retourner à Poitiers ; a-t-il donc déjà cédé son étude ? Il me semble qu'il y avait bien peu de temps qu'il l'avait.

☙❧

Paris, 25 novembre 1928.
51, rue St Louis-en-l'Île (IVe)

Cher Monsieur et ami

M. Grolleau m'a signalé ces jours-ci qu'il y avait, dans le dernier volume paru de l'« Histoire littéraire du sentiment religieux » de l'abbé Brémond, une note dans laquelle vous étiez cité. J'ai pris copie de cette note, et je vous l'envoie pour le cas où vous n'en auriez pas encore eu connaissance.

Je pense que vous avez bien reçu la lettre que je vous ai écrite il y a quelque temps.

Je suis assez fortement grippé depuis une huitaine de jours, et c'est bien gênant quand il faut circuler quand même ; mais cela n'est rien à côté de tous les tracas auxquels je faisais allusion l'autre fois ; vous pensez si je peux travailler dans de pareilles conditions !

Bien cordialement vôtre

R. G.

☙❧

Paris, 11 janvier 1929.
51, rue St Louis-en-l'Île (IVe)

Cher Monsieur et ami

Voilà bien longtemps que je n'ai eu de vos nouvelles ; je pense que vous avez bien reçu mes dernières lettres, et notamment celle dans laquelle je vous envoyais une citation vous concernant ; mais sans doute êtes-vous toujours surchargé de travail et est-ce là la cause de votre silence. Je ne veux pourtant pas tarder davantage à vous adresser mes meilleurs vœux pour la nouvelle année, et encore vont-ils être déjà bien en retard.

J'aime à croire que votre santé est meilleure que la mienne, car celle-ci laisse toujours beaucoup à désirer ; voilà maintenant à peu près deux mois que je traîne cette sorte de grippe dont je ne peux pas arriver à me débarrasser. Il est vrai que le temps est peu favorable, mais les ennuis que j'ai eus et que j'ai encore sont certainement aussi pour beaucoup dans la persistance de cet état ; on a beau vouloir tenir malgré tout, la résistance de l'organisme a malheureusement des limites.

J'ai pu enfin lire votre article sur le Sphinx, un ami qui se l'était procuré me l'ayant prêté ; je l'ai trouvé très intéressant, comme on me l'avait dit, et j'admire que vous puissiez faire passer certaines choses, et en particulier certaines citations, sans vous attirer les chicanes d'une censure d'autant plus ombrageuse qu'elle est plus inintelligente. Je me permettrai seulement, à propos de cet article, une petite remarque : pourquoi dites-vous que « les anciens connaissaient mal la Divinité », qu'« ils la concevaient comme ils pouvaient » ? Je veux croire qu'il n'y a là, de votre part, qu'une sorte de précaution oratoire, simplement destinée à faire accepter le reste plus facilement.

Je n'ai rien pu apprendre au sujet de ce que vous m'aviez dit pour la nomination du P. Pinard de la Boullaye à la chaire de Notre-Dame ; de votre côté, avez-vous eu quelque autre information là-dessus ?

Vous savez sans doute que M. Le Cour annonce un ouvrage sur les « Mystères crétois », qui paraîtra sans doute aux « Cahiers du Portique » ; je me demande comment il traitera cette question. À propos de M. Le Cour, avez-vous quelque idée sur l'histoire de la « Triple enceinte » dont je vous parlais dans une précédente lettre ?

La réédition du « Théosophisme », remise au courant des événements récents comme je crois vous l'avoir dit, est parue le mois dernier.

J'ai eu ces jours-ci une véritable stupéfaction en apprenant que Dom Leclercq venait de faire paraître <u>chez Rieder</u> un ouvrage sur la vie chrétienne primitive. Il y a deux ou trois ans, j'ai refusé de donner quelque chose à cette maison, dont les tendances sont trop connues ; je vois que tout le monde n'a pas les mêmes scrupules.

Françoise vous envoie son meilleur souvenir, et moi, cher Monsieur et ami, je vous prie de croire toujours à mes sentiments bien cordiaux.

R. G.

Paris, 30 janvier 1929.
51, rue St Louis-en-l'Île (IVe)

Cher Monsieur et ami

Mais non, je n'ai pas reçu votre précédente lettre ; il y en a beaucoup qui se perdent en ce moment, et voilà plusieurs fois que j'ai l'occasion de le constater.

J'ai été fort surpris de la nouvelle que vous m'annoncez ; je ne savais rien du tout, et d'ailleurs, depuis les ennuis qu'on m'a suscités au sujet de Françoise, nous sommes à peu près sans nouvelle de la famille. Je n'imaginais pas du tout, je l'avoue, un tel changement dans votre existence ; je fais des vœux pour que les conséquences en soient heureuses pour vous. Il est certain, en tout cas, que vous serez moins isolé ; il est parfois bien pénible de se sentir seul, j'en sais quelque chose maintenant, hélas !

... Je suis heureux de savoir que vous devez venir habiter si près de Paris, car j'espère bien que nous aurons le plaisir de vous voir de temps à autre.

Merci pour l'aimable envoi de votre article sur le Sphinx, qui m'est parvenu presque en même temps que votre lettre ; s'il vous est possible de m'envoyer aussi celui dont vous parlez, sur la colombe, quand il paraîtra, cela me fera grand plaisir.

La censure de « Regnabit » est donc changée ? Autrement, je ne m'expliquerais pas ce que vous dites cette fois à ce sujet, tellement cela est différent de ce que vous m'écriviez lors du refus de mon article. Quoi qu'il en soit, il y a lieu de se féliciter grandement qu'on vous laisse une telle liberté. Quant à moi, l'expérience m'a suffi, et, pour l'avenir, je suis bien décidé à ne plus jamais laisser soumettre quoi que ce soit de ce que j'écris à l'appréciation d'ignorants et d'incompétents (et les censeurs en question le sont forcément tous en ce qui concerne les doctrines orientales et, d'une façon plus générale encore, toutes les questions d'ordre ésotérique ou initiatique).

Pour la publication du livre de Dom Leclercq chez Rieder, il se peut en effet que, comme vous le dites, il y ait à cela des raisons cachées, mettons « diplomatiques » si vous voulez ; il n'en est pas moins vrai que cela a produit, sur bien des gens, une impression assez fâcheuse.

La figure de la Triple enceinte s'est en effet conservée jusqu'au moyen-âge, comme beaucoup d'autres symboles antiques ; il y en a du moins (?) un exemple dans votre brochure sur le Cœur de Chinon. Pour moi, les trois enceintes représentent tout simplement trois degrés d'initiation ; c'est là un symbolisme très répandu dans les temps et les lieux les plus divers. Quant au cercle dans le carré, il a sans doute des significations multiples, mais il paraît être surtout une figure de l'« Anima Mundi » ; je me demande même s'il n'y aurait pas quelque indication à cet égard dans le « Timée » de Platon, mais naturellement mes souvenirs ne sont pas assez précis pour que je puisse l'affirmer.

J'ai déjà pensé en effet à une traduction anglaise du « Théosophisme », mais jusqu'ici cela n'a pas réussi ; il faudrait d'ailleurs tâcher de la faire paraître en Amérique, car ce serait bien difficile en Angleterre, à cause des appuis politiques (et surtout policiers) dont jouissent ces gens-là.

J'aime à croire que votre santé est toujours bonne ; ici, grâce à l'affreux temps humide que nous avons, il y a des grippes à toutes les portes. Il me semble pourtant que je suis un peu mieux, ou plutôt un peu moins mal, mais la différence n'est pas très sensible encore.

Meilleur souvenir de Françoise. À vous très cordialement.

R. G.

Paris, 8 février 1929.
51, rue St Louis-en-l'Île (IVe)

Cher Monsieur et ami

Tous mes remerciements pour l'envoi de vos deux articles sur la colombe, qui, cette fois encore, me sont parvenus à peu près en même temps que votre lettre, et que j'ai lu avec grand intérêt, comme vous pouvez le penser. Pour le passage que vous me signaliez spécialement, je vois que vous vous y êtes très bien pris pour faire accepter la chose, qui autrement aurait pu en effet soulever des difficultés. Je dois vous dire cependant que je croyais que la conception qui présente le Saint-Esprit comme féminin et qui, par suite, l'identifie à la Sainte Vierge (ou qui plutôt présente celle-ci comme une manifestation terrestre du Saint-Esprit), était assez connue, car cela se trouve dans certaines écoles gnostiques, et aussi, à ce qu'il semble, chez les Albigeois. Il y a encore, en dehors de ce dont vous parlez, des gens qui soutiennent cette théorie ; j'ai connu une brave dame, un peu extravagante, qui pensait avoir la mission de la faire accepter par Rome, et qui ennuyait tous les curés de Paris avec cette histoire. Ce qu'il y a de certain, c'est que la colombe est bien, chez tous les peuples, un symbole féminin ; mais on pourrait faire valoir, en sens contraire, que le Saint-Esprit est aussi symbolisé par le feu, élément essentiellement actif ou masculin. Ce que vous dites de certaines organisations est très curieux ; mais je pense qu'il faudrait distinguer entre celles qui ne sont que mystiques et celles qui ont un caractère vraiment initiatique, car les premières sont beaucoup moins intéressantes que les secondes. Pour le cas de l'« Estoile Internelle », est-il sûr qu'elle remonte réellement jusqu'au XVe siècle par une filiation ininterrompue ? J'ai connu des groupements qui étaient aussi en possession de documents authentiquement anciens, et qui s'en servaient pour se donner comme la continuation légitime des organisations dont émanaient ces documents ; mais, après vérification, il se trouvait que ceux-ci avaient été ramassés n'importe où, de sorte qu'il n'y avait rien de fondé dans ces prétentions. C'est ce qui m'incite à quelques méfiances, peut-être tout à fait injustifiées, du reste, dans le cas dont il s'agit.

Pour le symbole de la triple enceinte, il est certain qu'il y a, outre ce que je vous disais la dernière fois, une signification se rapportant aux trois mondes ; mais elle est d'ailleurs étroitement rattachée à celle que je vous indiquais. En effet, les degrés d'initiation (quand il s'agit d'initiation réelle, bien entendu) sont partout et toujours mis en correspondance avec certains états, qui sont représentés comme autant de mondes. Le symbolisme des cieux chez Dante est basé sur le même principe ; il faut même remarquer à ce propos que, dans l'Inde, les cercles planétaires sont parfois figurés comme autant d'enceintes concentriques entourant le Mêru. Le sens vraiment initiatique est indéfiniment multiple, pourrait-on dire, et, en raison des correspondances qu'il entraîne, il renferme tous les autres sans jamais s'y (?) limiter ; c'est par là qu'il n'a aucune commune mesure avec les interprétations profanes (je prends ce dernier mot dans le sens qu'on pourrait appeler « technique »).

Le livre de Dom Leclercq paru chez Rieder est intitulé « La vie chrétienne primitive » ; le plus extraordinaire est que c'est Couchoud (?) lui-même qui a fait le service de presse !

En y réfléchissant bien, je crois que vous avez eu raison de vous décider à sortir de votre isolement ; il est certain, en effet, qu'on ne peut jamais compter beaucoup sur la famille ; encore en avez-vous, tandis que moi, je n'en ai plus aucune de mon côté. J'espère encore arriver à garder Françoise, malgré la persécution incroyable à laquelle je suis en butte. ; sans cela, je ne sais ce que je deviendrais, étant tout à fait inapte à m'occuper de l'organisation matérielle. Elle a beaucoup changé en ces derniers temps, et vous aurez quelque peine à la reconnaître. Nous irons sûrement vous voir à Orly, et nous espérons bien que vous viendrez aussi quelquefois jusqu'ici.

Croyez, je vous prie, cher Monsieur et ami, à mes sentiments très cordiaux.

R. G.

೩೧ಂ೪

Paris, 18 mars 1929.
51, rue St Louis-en-l'Île (IVe)

Cher Monsieur et ami

Comme j'ai fait quelques allusions, en vous écrivant à mes graves ennuis de famille, il faut que je vous mette au courant de ce qui vient de se passer. Après s'être acharné contre moi pendant plusieurs mois avec une ingratitude et une méchanceté inouïe (il serait trop long et peu intéressant de vous raconter, même sommairement, toutes les phases par lesquelles est passée cette affaire), ma misérable belle-sœur a fait irruption ici mercredi dernier et a enlevé sa fille dans des conditions absolument révoltantes. J'ai appris des choses qui dépassent tout ce qu'on peut imaginer : j'étais entouré sans m'en douter, d'un véritable réseau d'espionnage et de trahison. Le plus effrayant, c'est que l'enfant elle-même jouait un double jeu : pendant qu'elle protestait chaque jour qu'elle ne me quitterait pas, qu'elle tenait à ? ? ? avec moi, elle écrivait à sa mère, à mon insu, des lettres destinées à servir en cas de besoin et dans lesquelles elle disait qu'elle voulait aller avec elle. Il y avait des gens qui s'introduisaient chez moi en mon absence et qui lui faisait écrire ces lettres ; mais tout de même, à son âge, on doit savoir ce qu'on dit et ce qu'on fait. Aussi, maintenant que je sais tout cela, je n'en voudrais plus à aucun prix ; je peux dire vraiment que j'ai nourri une vipère. Ce serait un soulagement d'être délivré de toute cette ignominie, si la situation ne m'apparaissait pas comme à peu près insoluble au point de vue matériel ; mais tout est préférable à cette abjection. J'éprouve un dégoût et un écœurement qui dépassent tout ce qu'on peut imaginer.

Tout a été machiné avec une habileté vraiment infernale, on s'est arrangé de façon à me mettre dans l'impossibilité d'agir. Naturellement, je ne veux plus avoir aucun rapport avec cette famille qui, en remerciement de tout ce que nous avons fait, s'est liguée tout entière contre moi, et en recourant à des procédés infâmes.

Je tenais à vous dire ces choses, d'abord parce que je vous considère comme un véritable ami, et aussi parce que, comme vous connaissez cette famille, il est bon que vous sachiez ce qu'il en est ; surtout, je vous demande instamment <u>de ne jamais leur parler de moi</u>.

Cette affaire m'a rendu malade une fois de plus ; jeudi matin je me suis trouvé complètement aphone, et cela commence seulement à se passer ; je ne sais si mon organisme pourra résister à tous ces assauts. Quand je pense à tout ce que j'ai eu à subir de toutes façons depuis un peu plus d'un an, je m'étonne d'être encore là.

Je pense que vous avez bien reçu ma dernière lettre ; allez-vous venir bientôt dans notre région ? Je serai fort heureux de pouvoir ainsi vous revoir quelquefois, d'autant plus qu'il nous sera désormais impossible de nous rencontrer à Loudun.

Croyez toujours, je vous prie, cher Monsieur et ami, à mes sentiments bien cordiaux.

R. G.

ஜ‌ை

Paris, 30 mars 1929.
51, rue St Louis-en-l'Île (IVe)

Cher Monsieur et ami

Je pense que ma dernière lettre, dans laquelle je vous racontais ce qui m'est arrivé, vous est bien parvenue malgré les fantaisies de la poste, qui en égare beaucoup en ce moment. Du reste, ce n'est pas pour cela que je vous récris aujourd'hui, au risque d'être importun, car vous devez avoir bien d'autres préoccupations ; c'est pour vous faire part d'une chose qui vous concerne en partie et dont, sans y attacher une importance excessive, je crois qu'il est bon que vous soyez informé.

On m'a montré ces jours-ci un des derniers numéros de la « Revue Internationale des Sociétés Secrètes », qui tombe de plus en plus dans les histoires à la Léo Taxil, et qui publie un article extravagant contre M. Le Cour, accusé d'être l'agent extérieur d'une organisation appelée A∴A∴ (Adeptes of Atlantis) et dirigée par un certain Aleister Crowley. Je connais cela probablement beaucoup mieux que l'auteur de l'article ; et Aleister Crowley est un personnage fort peu recommandable, qui a été emprisonné en Angleterre, pendant la guerre, comme espion allemand ; mais c'est surtout un fumiste et un escroc, bien plutôt que le représentant d'un « pouvoir occulte » quelconque. Quant au rattachement de M. Le Cour à l'organisation en question, je n'en crois absolument rien, et cela me paraît tout simplement grotesque ; ne peut-on parler de l'Atlantide sans connaître Aleister Crowley ? Il y en a pourtant bien d'autres, à commencer par Platon, qui en ont parlé avant lui !

Mais il y a encore autre chose, et c'est là que je voulais en venir : l'article se termine par une insinuation perfide dirigée contre nous deux, contre vous parce qu'un de vos dossiers a été reproduit dans « Atlantis », et contre moi parce qu'on trouve que cette publication me fait beaucoup de réclame ! Or vous savez que, si M. Le Cour parle en effet souvent de moi, ce n'est point pour me faire de la réclame, mais au contraire pour m'attaquer à tort et à travers, puisqu'il a l'idée fixe de vouloir voir en moi un « adversaire », bien que je ne me sois jamais occupé de lui. Je viens d'avoir encore une nouvelle preuve de cette marotte : pour inaugurer ses « Cahiers d'Atlantis », il a éprouvé le besoin de rééditer les deux articles qu'il avait fait paraître jadis dans la « Nouvelle Revue », et où il me prête des phrases que je n'ai jamais écrites ; il y a joint une lettre me visant également et adressée au Dr Delobel, rédacteur au « Voile d'Isis », sans d'ailleurs la faire suivre de la réponse de celui-ci, qui remettait les choses au point d'une façon très juste.

Je reviens à l'article de la R. I. S. S. ; il y a, en ce qui vous concerne, une phrase ? ? ? : « il y aurait beaucoup à dire à ce sujet » (je ne garantis pas les termes exacts mais c'est le sens), qui laisse entendre qu'on ne s'en tiendra peut-être pas là. Je suppose que ce doit être une allusion à certaines des choses contenues dans vos récents articles de « Regnabit », et notamment à ce que vous y avez dit de diverses organisations mystérieuses ; il n'y aurait rien d'étonnant à ce serve de cela pour vous présenter aussi comme affilié à je ne sais quelles entreprises plus ou moins diaboliques. On ne sait jamais ce qui peut sortir de cette officine ; pour moi qui suis tout à fait indépendant, cela m'est assez indifférent, mais ce pourrait être plus gênant pour vous ; en tout cas, vous voilà prévenu.

Ou ces gens-là sont tout à fait de mauvaise foi, ou ce sont des fous dangereux ; je préfère encore les toquades de M. Le Cour, qui sont plus inoffensives !

Ma santé ne se remet guère ; il y a des moments où je suis si fatigué que je ne peux même pas lire.

Ne me répondez pas si vous n'en avez pas le temps, je ne vous en voudrais pas ; mais envoyez-moi un simple mot pour me dire que vous avez reçu mes lettres, car avec tout ce qui se perd en ce moment, on n'est jamais très rassuré.

Quand vous aurez quitté Loudun, ce qui doit être bientôt, j'espère bien que vous n'oublierez pas de me donner votre nouvelle adresse.

Croyez toujours, cher Monsieur et ami, à mes sentiments les plus cordiaux.

R. G.

ॐ

Paris, 11 avril 1929.
51, rue St Louis-en-l'Île (IVe)

Cher Monsieur et ami,

J'ai reçu vos deux lettres, dont la première s'est croisée avec la mienne. Bien sûr, votre retard est tout excusé ; merci de votre sympathie.

Pour le moment, j'arrive à m'arranger à peu près avec l'aide de la femme de ménage que nous avions déjà avant la mort de ma tante ; je tâche de ne pas trop penser à ce qui pourra survenir par la suite. Pourtant, il y a toutes sortes de questions dont il m'est bien difficile de ne pas me préoccuper : ainsi, je serai forcé d'aller à Blois aux vacances, ne serait-ce que pour peu de temps, et je ne sais pas du tout comment il m'y sera possible de me tirer d'affaire. Tout est plus compliqué pour moi que pour n'importe qui, parce que je n'entends rien à tout ce qui est organisation matérielle. Et puis, ce qui rend la situation encore plus inquiétante, c'est ma santé qui ne se rétablit toujours pas ; ma fatigue est telle qu'il m'est impossible de travailler, en dehors des ? ? ? indispensables et d'ailleurs sans aucun intérêt ; combien de temps, cela va-t-il durer ?

L'attitude de Françoise m'a été particulièrement pénible, comme vous pouvez le penser : je ne l'aurais jamais cru capable d'une telle fausseté. Il est certain qu'elle a été influencée, mais, tout de même, cela ne l'excuse pas. J'ai appris encore bien des choses qui prouvent son ingratitude et son manque de cœur ; elle n'était vraiment pas digne d'intérêt. Elle ne pouvait d'ailleurs éprouver ici cette sensation d'isolement dont vous parlez, car beaucoup de personnes s'occupaient d'elle et s'ingéniaient à lui procurer des distractions. Elle doit être en pension maintenant ; elle va trouver un changement, et sans doute regretter ce qu'elle a perdu, mais il est trop tard ; je ne sais même comment, avec son caractère, elle pourra supporter cela. Du reste, je m'en désintéresse complètement ; je n'en voudrais plus à aucun prix, car je n'ai pas besoin d'espions chez moi ; je serais bien plus tranquille ainsi sans les difficultés matérielles, et aussi sans la crainte de tomber tout à fait malade ; enfin il arrivera ce qui pourra. Je voudrais d'autant plus être en état de reprendre bientôt mes travaux que le but principal des gens qui ont mené tout cela est précisément de me mettre dans l'impossibilité de les continuer.

J'ai reçu ces jours derniers le commencement des épreuves du livre que j'avais achevé au mois d'août, et qui a eu des retards de toute sorte ; j'espère qu'il pourra paraître le mois prochain.

J'ai su hier par Mario Meunier que M. Le Cour avait eu connaissance du fameux article dont je vous ai parlé ; il paraît qu'il est absolument furieux, ce qui n'a rien d'étonnant. Comme je le prévoyais, il s'indigne particulièrement de ce qu'on lui attribue l'intention de faire de la réclame, et aussi de ce qu'on le prétende rattaché à une organisation soi-disant maçonnique (je dis « soi-disant » parce qu'elle n'a pas ce caractère en réalité, mais la R. I. S. S. la prétend telle pour les besoins de sa thèse).

Quand bien même vous collaboreriez effectivement à « Atlantis », il me semble que cela ne regarde personne, de même pour la façon dont vous pouvez avoir obtenu certains renseignements qui certainement valent mieux que beaucoup de ceux de la R. I. S. S., où il se trouve à chaque instant des erreurs et des confusions (mais sont-elles bien involontaires ?). Vous avez tout à fait raison de dire qu'il est impossible, pour la symbolique, de ne pas tenir compte des groupements secrets ; mais ces gens-là veulent monopoliser certaines questions et jeter la suspicion sur tous ceux qui s'en occupent en dehors d'eux. Je comprends au reste très bien votre point de vue ; le mien est beaucoup moins « théorique », assurément, mais, d'ailleurs, n'implique pas non plus pour cela le rattachement à un groupement quelconque d'autant plus que cela est souvent bien inutile. Si j'apprends encore quelque chose, je ne manquerai pas de vous en informer.

À bientôt, j'espère cher Monsieur et ami, et très cordialement à vous.

R. G.

René Guénon à Jean Tourniac (extraits)[12]

Lettre du 10 août 1950

[...]

Pour votre groupe, les modifications du rituel que vous m'indiquez me paraissent bien, et il y a seulement un point que je ne m'explique pas clairement : le tableau étant tracé sur le sol, comment peut-on procéder à son retournement sans l'effacer ? Même avec votre croquis, je n'arrive pas à me représenter comment la chose est possible. Au sujet du fil à plomb, il est évident qu'il faut que sa position soit centrale, mais il serait difficile de dire si cela s'accorde bien avec la présence du tableau, puisque la disposition d'une L∴ opérative est naturellement toute différente. Sur la question de la lettre G et du swastika, vous verrez mon article dans le n° de juillet-août, pour lequel je me suis d'ailleurs trouvé encore bien en retard.

Maugy m'a parlé dans sa dernière lettre du projet de rituel du 2ème degré qu'il prépare, et il m'a promis de m'en envoyer prochainement une copie. D'après ce qu'il m'en a dit, il m'a paru qu'il envisageait de poser l'équerre sur la poitrine du récipiendaire de façon à ce qu'elle la touche par les deux pointes seulement ; je lui ai fait remarquer que cela était sûrement incorrect et qu'il fallait en réalité qu'elle soit posée à plat, comme l'indique d'ailleurs votre figure. Sur celle-ci, la partie supérieure du cercle circonscrit passe bien par la gorge, mais je ne comprends pas que vous paraissiez dire d'autre part que ce cerclé atteint l'œil frontal, qui se trouve certainement beaucoup trop haut pour cela. Ce que vous dites au sujet de la position du cœur me rappelle autre chose : on dit qu'il existe un « cœur subtil » qui se localise symétriquement par rapport au cœur ordinaire, donc vers le côté droit, et qui se manifeste même de façon sensible dans certains états. Shri-Râmana a fait sentir très

---

[12] D'après une copie d'une copie... d'une dactylographie.

nettement les battements à plusieurs personnes. D'un autre côté, je ne sais pas au juste quelle est l'origine de la figuration du cœur du Christ au milieu exactement, mais j'ai su par Charbonneau-Lassay que la plaie du côté devait traditionnellement se trouver à droite et non à gauche, contrairement à certaines représentations modernes dans lesquelles on a cru devoir corriger ce qu'on s'est imaginé être une due à l'ignorance ou à la maladresse des gens du moyen-âge !

[...] Je suis content de savoir que vous vous proposez de donner au « Symbolisme » quelque chose sur « Maçonnerie et exotérisme », car il y a là bien des choses qui ont grand besoin d'être mises au point. L'article de Corneloup dans un dernier n° est particulièrement fâcheux (ce n'est d'ailleurs que le développement de ce qu'il avait déjà esquissé l'an dernier dans son rapport [...] Chap∴ ; Clavelle, qui se trouve directement en cause, m'a communiqué réponse qui me parait très bien.

ℰℭ

Lettre du 8 Février 1949

[...]

Je suis heureux de savoir que vous allez recevoir la Maîtrise d'ici peu, ce qui vous donnera plus de liberté à tous les points de vue ; j'aurai sans doute des échos du travail que vous devez faire, puisque vous le communiquerez à-la G∴L∴, et je serai intéressé aussi de voir votre article qui doit (ou a dû déjà) paraître dans le « Symbolisme ».

Ce que vous me dites au sujet des réactions provoquées par la conférence du F∴ Marty ne m'étonne pas trop, car il est bien certain que beaucoup semblent avoir encore gardé cette mentalité incompréhensive qui était, il y [...] ou 30 ans, celle de la très grande majorité ; c'est plutôt grâce aux jeunes que pourra s'opérer le changement que nous espérons, mais il est évident que cela ne peut se faire que peu à peu...

Je vous remercie de ce que vous me dites pour le F∴ Peillon, et, bien entendu, vous pouvez être sûr que je garderai cela pour moi. Je dois dire que je n'ai jamais rien remarqué dans ses lettres qui puisse me faire supposer telle attitude chez lui, mais il est sans dôute, comme vous le dites, très différent quand il parle, et d'ailleurs il est probable que de toute façon il éviterait plutôt de me faire connaître cette façon de penser. Maintenant je me demande, comme vous, quelles peuvent bien en être les raisons ; il se peut malgré tout qu'il y ait là une certaine part d'incompréhension, et même le contraire serait étonnant ; si c'est volontaire, je ne vois pas trop quel avantage il peut y avoir, car cela ne s'expliquerait guère que s'il avait [...] des idées propres à faire valoir, ce qui ne semble pas être le cas... Apart cela, j'ai de lui une impression un peu « mélangée », en ce sens que je n'arrive pas à me rendre compte très exactement de ce qu'il recherche, et [...]qu'il n'y ait peut-être chez lui plus de curiosité « érudite » que de véritable aspiration d'un autre ordre ; mais naturellement, ne l'ayant jamais vu, je ne voudrais pas être trop affirmatif à cet égard. Il me semble aussi qu'il aurait volontiers une tendance à « collectionner » les rites divers, si [..] dire, ce qui évidemment ne donne pas lieu à une objection de principe qui ne me parait pourtant pas présenter une utilité bien directe et [...] plutôt d'amener une certaine « dispersion ».

Quant à ce F∴ qui a fini par tourner au spiritisme, c'est vraiment assez [...] en effet ; et malheureusement, il est à craindre que ce ne soit pas un cas unique. Il est certain aussi qu'il y a toujours eu de tout à Lyon, du meilleur et du pire, et qu'il en résulte une atmosphère psychique assez trouble dont il convient de se méfier.

Au G∴O∴, ce n'est pas précisément de la formation d'une nouvelle L∴ dont il s'agit, mais de la transformation d'une L∴ déjà existante, « Akademos » ce [...] a jugé préférable pour éviter certaines difficultés possibles. Il y a assez longtemps que j'avais entendu parler de ce projet ; j'avais pensé [...] que c'était seulement une idée particulière du F∴ Corneloup, et je me demandais s'il y serait donné suite ; mais, d'après les dernières nouvelles reçues, il parait que c'est maintenant une chose tout à fait décidée. Au sujet des rapports entre l'Arche et le Temple, il me semble bien me rappeler qu'il doit y avoir quelque chose dans les instructions des Élus Coën, mais je ne sais plus où retrouver cela ; en tout cas, la question serait sûrement intéressante à étudier d'un peu près. Je n'avais jamais pensé à ce que vous me signalez pour l'origine du mot « bauhut », mais l'étymologie que vous envisagez n'a en effet rien d'invraisemblable.

Votre interprétation de la parole de Maître est bien exacte ; la forme correcte est « Mah ha-bôneh », ce dont la forme anglaise ne s'éloigne en somme trop, puisqu'elle n'en diffère qu'en ce que la finale y est devenue mu (ce qui peut d'ailleurs s'expliquer par une intention de réduire l'ensemble à 3 syllabes ; les autres formes sont beaucoup plus dénaturées, et celle du rite français est même presque méconnaissable, puisqu'on a parfois mis en doute qu'il puisse s'agir d'un mot hébreu ! Je pense que vous avez très bien fait de vous mettre à l'étude de l'hébreu ; pour ce qui est de Fabre d'Olivet, vous pourrez sûrement y trouver bien des choses intéressantes, mais il faut le lire avec précaution, car tout n'y est pas à accepter sans réserve. Quant à l'arabe il y a beaucoup de ressemblance avec l'hébreu pour les racines, mais il est vrai que la grammaire y est beaucoup plus difficile et plus compliqué.

Vous parlez de Vulliaud, mais connaissez-vous sa « Kabbale juive » ? C'est sans doute le livre le plus sérieux sur ce sujet, bien qu'il soit un peu trop ombré par des discussions qui noient l'essentiel ; il a eu l'intention d'en écrire une autre édition en élaguant tous ces « à-côté », et il est regrettable que, jusqu'ici du moins, il ne l'ait pas réalisée. Je n'ai pas vu l'ouvrage […] d'H. Sérouya, mais ce qu'on m'en a dit, et aussi un article du même auteur dont j'ai eu connaissance, m'en donne une opinion tout à fait défavorable sur ce qui est de l'initiation kabbalistique elle-même, on peut dire qu'elle est pratiquement inaccessible...

Au sujet d'un exotérisme, pour ceux qui veulent rester dans la tradition chrétienne, l'orthodoxie représente sûrement la meilleure solution, puisque la validité de ses sacrements n'est mise en doute par personne. Au contraire il y a toujours un certain doute en ce qui concerne l'anglicanisme ; il est vrai qu'il cherche à remédier à cette situation, depuis un certain temps, en faisant consacrer ses évêques par des évêques orthodoxes, mais je ne sais pas exactement jusqu'où cette sorte de « régularisation » s'est étendue actuellement. Il y a sûrement des représentants de l'hésychasme en Occident, mais je ne sais s'il y en a qui soient aptes à jouer un rôle de véritables guides spirituels, peut-être arriverai-je à avoir là-dessus des renseignements plus précis. Je ne connais pas œuvres de S. Boulgakoff que par quelques citations et aperçus, mais j'ai le livre de W. Lossky, que je trouve très intéressant.

Je ne savais pas, d'après ce que vous m'aviez dit précédemment, que vous avez gardé ou repris le contact avec l'Arménie (j'avais même cru que l'attitude de ce diacre moderniste vous en avait découragé, mais il ne faut sans doute pas attacher trop d'importance à une déviation individuelle qui n'est probablement qu'une exception).Quant à la relation de l'Arménie avec la Mac∴, je ne sais trop ce qu'il en est, mais, il doit bien y avoir quelque chose, car les divers rapprochements que vous me signalez sont réellement intéressants ; surtout, ce que vous me dites de St-Grégoire l'Illuminateur, que je ne connaissais pas, est très remarquable à cet égard. Je me demande si on pourra arriver à éclaircir davantage cette question. Clavelle y avait aussi fait allusion il y a déjà un certain temps, mais il n'a jamais trouvé le loisir de me donner plus d'explications là-dessus. Il m'a parlé également, dans une de ses dernières lettres, de l'évêque arménien de New York et du « Symbolisme de la Croix » ; j'aurai peut-être bientôt l'occasion de voire moi-même le F∴ Missak qui lui a rapporté cela, car il parait qu'il a eu l'intention de s'arrêter ici au cours d'un voyage en Afrique du Sud. J'ignorais l'existence à Edjmiadzin d'une clochette portant l'inscription « 0m mai dmê hûm (?) » ; elle doit sûrement provenir du Thibet, ou tout au moins de quelque région de l'Asie centrale, mais sait-on depuis quelle Époque et par suite de quelles circonstances elle se trouve là ?

✠

Lettre du 19 mai 1949

[…]

Puisque vous avez maintenant la Maîtrise, c'est en somme l'essentiel car, à strictement parler, les hauts grades ne font pas partie intégrante de la Maç∴ (ce qui, bien entendu, ne veut pas dire qu'il faille les négliger pour cela) .Il est sûrement regrettable, comme vous le dites, que le Royal Arch n'existe pas en France, et vous n'êtes pas le premier à en la remarque ; mais, malheureusement, je crois qu'il n'y a pratiquement aucun moyen de combler cette lacune, du moins tant qu'il n'existera pas de relation entre la Mac∴ française et la Maç∴ anglaise. Je ne suis nullement étonné des fâcheuses tendances « néo-spiritualistes » que vous constatez chez certains FF∴ de votre L∴ ; je dirais même que, à Lyon, c'est plutôt le contraire qui serait étonnant ! Je croyais cependant que le trop fameux rite de Memphis-Misraim était en sommeil depuis la guerre, s'est-il donc réveillé en ces derniers temps ?

J'ai lu votre article dans le « Symbolisme » de janvier, et je trouve cette mise au point très bien et très opportune ; naturellement, j'en parlerai dans mes comptes rendus, mais il y a eu tant de choses tous ces temps-ci vont se trouver bien en retard... À ce propos, il faut que je vous dise que Marius Lepage, dans la dernière lettre que j'ai reçue de lui, m'a dit qu'il se rendait compte maintenant que c'était une erreur de qualifier l'Église se d'« organisation initiatique » comme il l'avait fait, et qu'il aurait [...] de ne plus commettre à l'avenir cette confusion entre les deux données exotérique et ésotérique ; je crois que ladite confusion était pour beaucoup dans l'attitude que vous avez critiquée chez lui.

Pour la question du rattachement exotérique, il est certain que cela demande réflexion, et je vois du reste que jusqu'ici cela n'a pas été sans [...] pour vous ; j'espère que vous pourrez arriver finalement à trouver une solution satisfaisante .En somme, dans le Christianisme, la pratique des [...] catholiques se trouve exclue, et il n'y a que l'Église orthodoxe dont la « régularité » soit incontestable, puisque, en ce qui concerne l'Église anglicane, il y a des doutes sur sa validité au point de vue de la succession apostolique ; il est vrai que, depuis un certain temps, on s'efforce d'y remédier en faisant consacrer les évêques anglicans par des évêques orthodoxes, mais je ne sais pas jusqu'où s'étend cette sorte de régularisation ; tant qu'elle ne sera pas complète, il est évident que cela est beau moins sûr. Je dois dire que tous les prêtres catholiques ne pensent pas comme celui à qui vous vous êtes adressé ; je connais en effet un F∴ initié récemment et qui, avant son initiation, a demandé à l'aumônier d'une association d'ingénieurs dont il fait partie ce qu'il devrait faire ; qui lui a répondu qu'il n'avait nullement besoin de se préoccuper de cela, qu'il n'avait qu'à continuer à pratiquer le Catholicisme comme il l'a toujours fait. Lui aussi avait envisagé de se rattacher à l'Église orthodoxe si la réponse avait été négative, mais il préférait cependant rester dans le Catholicisme si possible. Il y a dans la doctrine orthodoxe [...] qui sont peu connus en Occident, mais il semble qu'actuellement dans certains milieux catholiques, on se soit aperçu que c'était loin d'être négligeable et qu'il y avait tout intérêt à étudier ces questions d'un [...] Il y a sûrement aussi des différences de terminologie qui, comme vous [...], peuvent être assez embarrassantes tant qu'on ne s'y est pas habitués ; il faut forcément un certain temps et un certain effort pour arriver à reconnaître et à établir une correspondance entre des notions dont certaines tout au moins peuvent se rapporter à des points de vue réellement différents. La question des « énergies incréées », dont vous parlez, est loin d'être [...] claires ; l'assimilation à « Élohim » que vous envisagez me parait juste, mais je n'oserais être trop affirmatif, n'ayant jamais eu l'occasion [...] cela suffisamment. Le Tétragramme exprime un aspect divin plus [...] qu'Élohim, que, pourrait-on dire, il contient en quelque sorte synthétiquement et je ne pense pas qu'il soit inexact d'assimiler le G∴A∴ au Tétragramme. Je vous signalerai, pour le cas où vous ne le connaîtriez pas, le livre de W. Lossky « Théologie mystique de l'Église d'Orient », que je trouve très intéressant et qui précise bien certaines différences avec le point de vue du Christianisme occidental ; le mot « mystique » lui-même n'a pas le même sens dans [...] et d'autre.

ଓଏଓଃ

Lettre du 4 Juin 1949

Vos impressions sur la G∴T∴, dans l'état actuel des choses, me paraissent tout à fait justes ; il est malheureusement certain que le Vén∴, à côté de qualités incontestables, a aussi des défauts qui ne permettent guère compter sur lui, non seulement cet orgueil individuel dont vous parlez mais aussi une sorte d'« instabilité » telle qu'on ne sait jamais trop à quoi s'attendre de sa part. Quant aux autres fondateurs, il y en a un certain nombre qui paraissent décidément bien peu compréhensifs, et il est douteux qu'ils arrivent même à se rendre compte des buts qu'on se propose réellement ; je crois bien que Coën notamment est de ceux-là. Il faut espérer malgré tout que la G∴T∴ réussira à se maintenir, mais il est sûr que cela n'est pas suffisant pour faire un travail vraiment sérieux, et qu'il faudrait sans doute en venir à envisager la constitution de quelque chose d'autre à quoi elle pourra d'ailleurs servir comme milieu de recrutement. Clavelle n'avait dit, bien qu'avec moins de détails, ce qui vous est arrivé avec [...] Père Kern ; j'en ai été fort étonné, d'autant qu'il n'est guère possible qu'il ignore la qualité maçonnique de Mordvinoff, avec qui il semble être très lié et qui m'avait parlé de lui, il y a quelque temps, au sujet d'Hésychasme. Quoiqu'il en soit, les raisons de son attitude sont très probablement celles que vous supposez, particulièrement en ce qui concerne la [...] de l'union des Églises ; il est vrai que celle-ci serait très souhaitable à bien des égards, comme vous le dites, mais qui sait à quelles conditions elle se ferait ? Ce qui me parait bien à craindre pour les Églises c'est qu'elles décideraient de se rattacher à Rome, et vous allez voir tout à l'heure pourquoi, c'est qu'on ne leur fasse certaines promesses avec l'intention ne pas les tenir. Pour vous, puisque malgré tout le Père Kern parait avoir modifié sa façon de voir à la suite de ce que vous lui avez exposé, ferez certainement bien de ne pas rompre, et il faut espérer que, en dépit de ces difficultés inattendues, cela pourra tout de même aboutir à un résultat satisfaisant. Quant aux Jésuites dont il vous a parlé, je suis persuadé comme Clavelle, qu'il vaut beaucoup mieux que vous ne vous adressiez pas ; je ne pourrais rien dira de spécial sur le P. de Lubac ; pour ce qui est P. Danielou, ce que j'avais lu de lui m'en avait d'abord donné une opinion assez favorable, mais malheureusement elle s'est beaucoup modifiée à la suite de l'article dont vous verrez le compte--rendu dans les « E.T. » de [...].

Au sujet des FF∴ syriens et libanais appartenant à des rites orientaux rattachés à Rome, je dois dire que la situation est loin d'être claire ; pratiquement, ils font comme s'ils ignoraient l'interdiction de la Maç∴ et certains pensaient même que cela devait être compris parmi les « exemptions » dont ils jouissent ; mais renseignements pris, il parait qu'il n'en rien. En nous occupant précisément de cette question, nous avons constaté chose de beaucoup plus extraordinaire : c'est que les privilèges qui été accordés à ces Églises lors de leur rattachement à Rome, et d'après ce qu'on leur avait fait croire, elles considéraient comme acquis définitif ces [...] ont été indignement trompés ! Il en est ainsi, en particulier, pour l'âge des prêtres, ou, pour parler plus exactement, l'ordination des hommes mariés (car, comme dans l'Église orthodoxe, il fallait qu'ils le soient avant), alors il est arrivé qu'on ne trouvait presque plus de candidats pour [...] séculière (les célibataires se font presque tous moines), si bien que depuis quelque temps, on s'est résigné à « fermer les yeux » et à recommencer admettre des hommes mariés à l'ordination ; je viens d'apprendre cela par le F∴ Risk, de Beyrouth, qui est lui-même melkite, et qui est venu dernièrement passer quelques jours ici.

Ce que vous me dites de l'initiation à laquelle vous avez assisté au [...]ne me surprend pas du tout, bien entendus il y a eu pourtant quelque aberration de ce côté aussi, elle est restée jusqu'ici bien limitée et ne se fait pas sentir dans l'ensemble de l'Ob∴ ; le F∴ Mercier me dit d'ailleurs y avoir constaté ces temps-ci une recrudescence de politique qui n'est pas très rassurante pour ceux qui voudraient faire tout autre chose...

ℰͻ⚘

Lettre d'août 1949 (?)

[...]

Quant à l'article du P. Danielou, il y a sûrement chez lui de l'incompréhension, mais il doit y avoir aussi une autre raison, toute « personnelle » : mauvaise humeur causée par le rattachement de son frère Alain Danielou à l'Hindouisme !

Maugy m'a en effet perlé des résultats de vos recherches concernant « [...] de la Roche » ; dans une nouvelle lettre plus récente que la vôtre qui vient de m'arriver, il me dit en outre que vous avez vu deux médailles de [...] portant l'une et l'autre la mention du même âge et de la même date [...] portrait par Dürer, ce qui semble assez singulier... D'autre part, comment pensez-vous qu'on puisse expliquer le fait qu'il fut enterré de nuit et que sa mort fut tenue cachée pendant plusieurs jours ? Il n'est pas étonnant qu'on ne trouve dans les documents rien qui se rapporte directement à une activité initiatique ; il ne peut y avoir là que certains indices, notamment après ses relations ; celles qu'il entretenait avec les réformés préoccupe particulièrement Maugy, mais je dois dire que Clavelle en paraît beaucoup moins étonné ; il se peut qu'il y ait eu, à l'origine de la Réforme, des [...] bien différentes de ce que donnerait à penser ce qu'elle est [...] par la suite. La farce faite aux Allemands est vraiment amusante ; mais il y-a-t-il donc réellement une statue de J.K. à Lyon ?

Je sais qu'il existe encore des Vaudois dans le Piémont (le F∴ Saverio qui fut G∴ Comm∴ du Supr∴ Conseil d'Italie, était un pasteur de l'Église vaudoise) ; mais le fait qu'ils se sont en quelque sorte ralliés au Protestantisme parait indiquer qu'il a dû y avoir chez eux une certaine dégénérescence (je veux dire au point de vue doctrinal), bien qu'ils puissent toute de même avoir conservé jusqu'à maintenant quelques-uns de leurs anciens [...]. Je ne me rappelle plus où j'ai vu émettre l'opinion que les Vaudois auraient dû leur origine à un mouvement d'inspiration franciscaine, dont ils auraient seulement exagéré les tendances ; je ne saurais dire ce qu'il peut y avoir de vrai là-dedans. En tout cas, je ne pense pas que vos demandes d'informations de ce côté puissent avoir de sérieux inconvénients ; il me semble que vous pourrez trouver, s'il y a lieu, quelque raison plausible à donner, et qu'on peut toujours parler simplement de recherches historiques (ce qui est d'ailleurs vrai) sans préciser davantage.

Lettre du 5 octobre 1949

[...]

Je vous remercie aussi à l'avance pour la copie de la réponse de [...] que vous me promettez, car, même si elle n'a pas un grand intérêt (ce qui ne m'étonne pas trop), je serai tout de même curieux de voir cela. [...] que vous avez raison quant à l'ancienneté de leur origine, et que c'est après coup qu'un courant franciscain est venu s'y mêler ; d'un autre côté la question de leurs rapports avec les Albigeois semble loin d'être parfaitement claire.

Clavelle m'a envoyé le texte de son travail sur Élie, et j'y ai vu [...] que à propos de la valeur numérique de « Om », ce qui est vraiment curieux ; d'autre côté, il me faissait remarquer dans sa dernière lettre que, outre, il y a aussi, comme mot hébreu conservé dans la liturgie chrétienne « Alléluia » (hallêlu-Jah), ce qui est exact en effet.

L'impression que vous avez actuellement de « stationner » n'est pas forcément quelque chose de défavorable, car il se peut qu'il s'agisse simplement d'une période d'assimilation de ce que vous avez acquis précédemment.

[...] Je vois que vous hésitez encore pour le choix définitif d'un exotérisme, et je ne le comprend d'ailleurs que trop bien ; avez-vous eu une réponse de ce Père grec que vous avez rencontré à Paris ? Je n'ai jamais eu de renseignements précis sur l'« orthodoxie française » ; pourriez-vous m'en donner quelque chose ? Tout ce que vous exposez en ce qui vous concerne me parait en somme très juste ; il semble qu'il y ait à retenir seulement la [...] orthodoxe, et il est certain que, pour l'une et l'autre, il y a, comme vous le dites, à la fois du pour et du contre. La difficulté provenant de la langue à apprendre est à peu près la même dans les deux cas [...]

Lettre du 30 Octobre 1949

[...]

J'avais reçu un peu plus tôt votre lettre du 26 Septembre ; merci pour tous les renseignements qu'elle contient au sujet de St Jean de Luz qui me donnent l'impression qu'il doit y avoir là quelque chose de réellement intéressant. Le site lui-même est sûrement assez significatif et je me suis toujours demandé si le nom de « Luz » pouvait avoir ici quelque rapport avec l'hébreu, ou si c'est le mot espagnol signifiant « lumière » est peut-être plus vraisemblable. Le fait que l'Église est dédiée à André d'Écosse est assez étrange, et je ne vois pas comment il pourrait expliquer en dehors d'une connexion avec les Ordres de chevalerie [...] de la notice que vous avez-jointe à votre lettre semble avoir [...] attacher surtout à prouver que les Templiers n'ont pu y être pour [...] mais son argumentation n'est pas très convaincante, ni même très [...] au point chronologique ; qu'importe en effet que l'enceinte [...] ne date que du la 2ème moitié du XIV siècle et doive par conséquent être attribuée aux Hospitaliers [...].

[...] Votre remarque au sujet de la devise « De mediÉtate Lunæ » est vraiment curieuse (« mediate » n'existe pas en Latin et est un barbarisme dû [...] et il se peut en effet qu'il y ait là quelque chose, bien qu'elle ne se reporte pas tout à fait à la fin du cycle, puisque, si je me souviens bien, il doit y avoir encore trois Papes après celui qu'elle désigne.

Lettre du 9 janvier 1950

[...]

Je vois que vous n'avez décidément pas eu de chance dans vos démarches auprès des orthodoxes, tant Grecs que Russes ; je suis toujours étonné de cette attitude qui semble être nouvelle chez eux et dont je ne comprends pas les raisons, à moins que cela n'ait quelque rapport avec la question de [...] des Églises [...]

Je viens de recevoir le n° de décembre des « E.T. » ; je pense donc que vous auriez avoir pu, depuis quelque temps déjà, prendre connaissance de la totalité de mes articles concernant le Christianisme ; vous m'en reparlerez sans doute la prochaine fois. Les réflexions que vous faites à ce sujet concordent [...] pour une bonne part, avec celles dont Clavelle m'a fait part de son côté ces derniers temps ; maintenant que vous êtes à Paris, il pourra facilement vous communiquer ce qu'il y a de plus important dans ce que nous avons dans tout cela. À la suite des recherches historiques qu'il a entreprises (et qu'il poursuit d'ailleurs encore), il paraît être de plus en plus perplexe [...] la question du caractère originel du Christianisme ; et il faut bien [...] que c'est en effet très complexe et très difficile. Vous savez sans doute qu'on a voulu rattacher d'une façon ou d'une autre le Christianisme primitif aux écoles esséniennes, mais le malheur est que, sur le s Esséniens eux-mêmes, on ne sait que peu de choses en réalité. En tout cas, il est au moins certain que, tant que le Christianisme est demeuré dans le cadre du Judaïsme ne pouvait pas comporter une loi exotérique distincte ; dans ces conditions on ne voit pas ce qu'il aurait pu être alors d'autre qu'une voie initiatique [...] être faut-il admettre que l'« extériorisation » a commencé dès que le Christianisme s'est répandu hors du milieu judaïque, donc très tôt, puisque [...] être ainsi en rapport surtout avec l'activité de St-Paul lui-même [...] expliquerait qu'on trouve déjà, dans les textes anciens, des choses qui ne semblent guère compatible avec un caractère initiatique et ésotérique (le baptême des enfants par exemple, comme le signalait Clavelle). Il est vrai qu'il resterait encore, de toute façon, certains passages embarrassants [...] les Évangiles mêmes, comme ceux dont vous parlez ; [...] l'expression « toutes les nations » qui paraît parfois désigner l'ensemble des pays compris dans l'Emoire romain, et parfois aussi seulement les Juifs qui étaaient établis alors dans différents pays hors de la Palestine [...]

Lettre du 9 février 1950

[...]

J'ai été très heureux, comme vous pouvez le penser, des bonnes nouvelles que j'ai eues jusqu'ici de vos réunions, et j'espère bien que vous m'en parlerez encore prochainement. [...]

Lettre du 20 juin 1950

[...]

Je comprends bien les réserves que vous faites au sujet de l'atmosphère de la G∴T∴ ; c'est bien dommage que les choses n'aient pas pris là une allure aussi satisfaisante qu'on aurait pu le souhaiter, mais enfin je crois, faute de mieux, il faut tout de même continuer à faire tout le possible pour maintenir la chose. Quant à la G∴L∴ Nationale, qui n'est pas non plus sans avoir ses inconvénients, il me semble qu'il serait trop tôt pour prendre une décision, et qu'il est préférable de réserver cela pour le cas où les choses en viendraient à se gâter tout à fait de l'autre côté ; Clavelle revient d'ailleurs aussi sur cette question dans une de ses dernières lettres, et [...] tâcher de lui en reparler un peu plus longuement en y répondant. Pour le 4ème degré, chacun m'a dit à peu près la même chose, et il va de soi que je m'en suis pas très étonné ; là n'y a qu'à patienter jusqu'à nouvel ordre... [...]

[...] Il semble bien que le mot « triple » du rituel de Royal Arch ait, par incompréhension, été déformé quelquefois en « Zabulon » (je me souviens à ce propos urne phrase : « Zabulon est un bon maçon », mais sans pouvoir dire où elle se trouve) ; mais, en réalité, Zabulon est un nom purement hébraïque, dont l'[...] et la signification sont tout à fait différentes (dérivé de Zabal, ha [...] meurer), et, d'ailleurs il n'y a pas d'assimilation possible entre les lettres *Iod* et *Zain*. Il est possible qu'il faille voir aussi définitions du même mot dans les « Zubelas, Zubelos, zubelum » qui se rencontrent dans certains rituels des grades d'Élu, et qui paraissent tout à fait insignifiantes ; mais il faudrait admettre qu'ils ont été pris alors complètement à contresens, puisqu'on en a fait les noms des trois meurtriers d'Hiram ; il est vraisemblable en examinant ces anciens rituels des hauts grades, on y trouverait […] autres méprises qui ne sont guère moins extraordinaires que celle-là. Au sujet de mon dernier compte-rendu du « Speculative Mason », l'ancien mot Égyptien signifiant « Être » est *Oun*, qui est bien proche du grec *On*, et […] royal » d'Osiris est *Oun nefer*, qui signifie littéralement « l'Être bon ».

René Guénon à Maridort

Le Caire, 20 Avril 1948.

Cher Monsieur,

J'ai reçu hier votre lettre du 14 avril, avec les revues qui l'accompagnaient et dont je vous remercie.

Chacornac m'a dit dans sa dernière lettre que la « Grande Triade » se vendait beaucoup moins que « L'Homme et son devenir » (il avait déjà vendu alors 400 exemplaires de celui-ci) bien qu'il ait fait paraître une annonce semblable pour les 2 volumes dans la « Bibliographie de la France » ; je ne m'explique pas bien quelles peuvent en être les raisons. Enfin, tant mieux qu'il s'en soit tout de même vendu 200 exemplaires et que cela ait permis de régler une partie de ce qui restait dû à Didry. Pour ce qui est de l'augmentation de prix dont vous parlez, elle n'aurait sans doute rien d'anormal actuellement, mais naturellement je ne peux pas me rendre compte de l'effet quelle aurait au point de vue de la vente ; je demande à Allar d'examiner cette question avec vous, et je m'en rapporte d'avance à ce que vous déciderez tous les deux.

Je suis très heureux de savoir que votre admission au 3ème degré pourra avoir lieu bientôt ; je ne crois pas, en effet, qu'il puisse y avoir la moindre opposition de la part d'A. Coën. Je ne pensais pas que l'initiation de Bouyer et de de Taeck devait avoir lieu si tôt ; je crois comprendre, d'après ce que vous me dite, qu'elle a eu lieu en tenue collective ; je me demande si cette façon de procéder, d'ailleurs assez courante, ne peut pas avoir quelques inconvénients, parce que toutes les LL∴ ne sont pas également strictes au point de vue rituélique ; pour cette raison, on ne l'admettait pas autrefois à Thébah.

En ce qui concerne Cerf, je vois qu'il est toujours difficile de savoir à quoi s'en tenir exactement, et c'est dommage, car, dans ces conditions, on ne peut pas compter entièrement sur lui ; F.S. (Schuon) me fait à ce sujet quelques réflexions que je transcrirai à Clavelle la prochaine fois que je lui écrirai. Je me demande, comme vous, s'il finira réellement par m'écrire ; c'est là encore une chose que je ne comprends pas très bien. Quant à sa rentrée au Conseil Fédéral, il est certain que cela lui donnerait encore des occupations, mais je crois comme lui que ce ne serait pas inutile, surtout au point de vue de l'influence que la G∴T∴ peut avoir d'une façon générale dans l'Obédience.

Merci pour le renseignement concernant le F∴ Nordberg ; j'en ferai part à Hillel à la prochaine occasion. Barquissau semble décidément être un singulier personnage ; est-ce que les anciens membres de la L∴ Agartha ne seraient pas passés en grande partie à la L∴ Chéops ?

J'ai su que le F∴ Corneloup avait eu de sa visite à la G∴T∴ une impression très favorable, beaucoup plus que je ne m'y serais attendu, et qu'il avait été surtout très frappé par le travail de Clavelle ; je ne suis donc pas surpris qu'il lui ait écrit, mais je serais curieux d'avoir connaissance de cette lettre.

Quant au « Symbolise », je ne crois pas que Chacornac en reçoive le service, car je me souviens très bien qu'il n'a pas voulu en faire l'échange avec les « E.T. », sous prétexte qu'il y a une disproportion entre le prix d'abonnement de ces 2 revues... Quoi qu'il en soit, Marius Lepage m'a finalement envoyé lui-même un paquet contenant tous les N°s depuis janvier 1947 jusqu'à mars 1948 ; il y en a donc quelques-unes que je me trouve avoir en double, et il ne me manque maintenant que celui de décembre 1946 mais je ne sais pas si l'envoi me sera fait régulièrement par la suite.

La communication du « Comité de la Paix » témoigne d'une incompréhension qui ne m'étonne pas trop, car elle procède d'une mentalité qui est sucement celle de la grande majorité des Maçon actuels ; c'est toujours la prépondérance accordée au point de vue social qui sera pour beaucoup un des plus grands obstacles à la compréhension des choses d'un autre ordre...

Je n'aurais pas pensé que la notice dont il est question à la dernière page du Bulletin était une chose distincte de la brochure dont Clavelle m'avait parlé ; il serait bien à souhaiter qui puisse préparer aussi celle-ci le plus tôt possible, car ce serai certainement fort utile ; Rocco a déjà l'intention d'en faire la traduction en italien.

Je suis stupéfait de l'histoire de Sartre qui aurait sa place â la G.T. ; qui a bien pu dire une pareille énormité ?

Je suis content que Maugy ait bien reçu ma lettre cette foi et aussi que vous deviez l'aider dans son travail pour le Rituel qui semble maintenant devoir « officiellement » retomber sur le seul Marty. Il y a bien des questions qui mériteraient d'être examinées de près, et je n'ai pu naturellement, pour le moment, que lui en indiquer quelques-unes auxquelles j'ai pensé tout de suite. Il est un peu étonnant que celle de la formule « Au Nom du G∴A∴ de l'U∴ n'ait pas retenu l'attention de Cerf, car il me semble qu'elle est loin d'être sans importance.

La correspondance du Ternaire « Sagesse, Force, Beauté » est bien toujours donnée dans cet ordre : Salomon, Hiram ⊠ roi de Tyr, Hiram-Abi, c'est-à-dire Vén∴, 1er Surv∴, 2° Surv∴ quelles que soient les raisons qui peuvent la justifier. Dans l'Ordre Royal d'Écosse, les 3 premiers Officiers sont mime respectivement désignés, dans l'exercice de leurs fonctions, par les appellations *Wisdom, Strongth, Beauty*.

Pour ce que vous me signalez au sujet du grade de Comp∴ il est possible que le nombre des outils ait été primitivement de 5 à cause de la prépondérance donnée à ce nombre dans le grade, et d'ailleurs vous savez qu'il y a beaucoup de variantes dans ce Rituel ; mais cependant il n'y a pas de relation nécessaire entre nombre des outils et celui des voyages, puisque le dernier de ceux-ci doit se faire les mains libres. Dans le Rituel de Gloton, les outils sont indiqués ainsi : 1° maillet et ciseau ; 2° équerre et compas ; 3° règle et levier ; Plantagenet indique d'ailleurs le même ordre, tout en faisant remarquer qu'il n'est pas toujours respecté ; il signale aussi que, dans les pays germaniques, les voyages se font sans outils et en formant la chaîne d'union, et que, en Suisse et en Autriche, leur nombre est même généralement réduit à 3, ce qui est évidemment tout à fait incorrect...

Bien cordialement à vous.

R. Guénon

ℜ)ℭ

Le Caire, 27 septembre 1949

Cher Monsieur,

J'ai reçu hier vos deux lettres des 17 et 19 septembre (avec 6 coupons dans chacune).

Je vois qu'en somme il n'y a pas eu d'incidents fâcheux au Convent, comme on l'avait craint, au sujet de la question des rituels et j'en suis naturellement heureux ; mais d'un autre côté, le résultat n'est tout même pas très brillant, puisqu'il s'agit de maintenir purement et simplement les rituels précédemment en usage, qui sûrement ne sont guère satisfaisants au point de vue traditionnel ; je me demande si ces rituels vont maintenant être rendus obligatoires... Malgré les défauts du projet Marty, il est un peu étonnant qu'il n'ait pas attiré davantage l'attention des LL∴, surtout après le succès qu'avait eu le rapport de Marty au Convent l'an dernier ; je suppose que ce que Cerf avait dit il y a quelque temps devait se baser sur les éléments qu'il avait déjà à ce moment-là pour la préparation de son rapport. Pour ce qui est du vœu concernant la refonte du rituel de 2$_{nd}$ degré, il est bien certain que celui-ci en a en effet encore plus grand besoin que les autres ; mais il me semble un peu difficile de le prendre ainsi isolément, sans rien faire pour « harmoniser » l'ensemble des trois rituels, car, quoi qu'on en puisse dire, il n'est pas douteux que ceux-ci doivent être considérés comme constituant un tout.

L'impression désagréable que vous avez ressentie a probablement été à l'« atmosphère » produite par la réunion des gens dont les idées et les tendances sont sûrement discordantes à bien des égards ; s'il n'y a rien de semblable en temps ordinaire, il n'y a sans doute pas trop lieu de s'en inquiéter...

Quand vous verrez Cerf, vous serez bien aimable de lui transmettre mes félicitations pour son élection au C∴F∴ ; mais n'a-t-il pas repris l'office de G∴ Orat∴ ni même aucun autre ? Je suppose en effet, pour les G∴ Off∴, il n'y a pas d'autres changements importants que ceux que vous m'indiquez.

Je suis content de savoir que Mordvinoff a bien reçu ma lettre ; pour ce qu'il vous a dit au sujet de la succession éventuelle de Cerf, ce n'est pas seulement moi qui suis d'accord avec lui, mais avec le F∴ Orat∴ adj∴, qui pour plusieurs raisons, ne veut pas entendre parler de s'en charger lui-même, ce qui change naturellement l'aspect de la question ; comme d'ailleurs il va de soi que vous pourriez toujours compter sur son aide et vous entendre avec lui pour tout, je ne vois vraiment pas ce qu'on pourrait objecter dans ces conditions.

Bien cordialement à vous.

℘)☽

Déjà parus

OMNIA VERITAS LTD PRÉSENTE :

RENÉ GUÉNON
APERÇUS SUR L'ÉSOTÉRISME CHRÉTIEN

« Ce changement qui fit du Christianisme une religion au sens propre du mot et une forme traditionnelle... »

Les vérités d'ordre ésotérique, étaient hors de la portée du plus grand nombre...

OMNIA VERITAS LTD PRÉSENTE :

RENÉ GUÉNON
APERÇUS SUR L'ÉSOTÉRISME ISLAMIQUE ET LE TAOÏSME

« Dans l'Islamisme, la tradition est d'essence double, religieuse et métaphysique »

On les compare souvent à l'« écorce » et au « noyau » (el-qishr wa el-lobb)

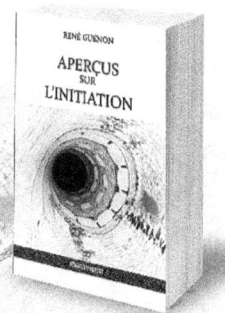

Omnia Veritas Ltd présente :

RENÉ GUÉNON
APERÇUS SUR L'INITIATION

« Nous nous étendons souvent sur les erreurs et les confusions qui sont commises au sujet de l'initiation... »

On se rend compte du degré de dégénérescence auquel en est arrivé l'Occident moderne...

René Guénon

« la distinction des castes constitue, dans l'espèce humaine, une véritable classification naturelle à laquelle doit correspondre la répartition des fonctions sociales »

Omnia Veritas Ltd présente :

RENÉ GUÉNON
Autorité spirituelle et pouvoir temporel

L'égalité n'existe nulle part en réalité

« En considérant la contemplation et l'action comme complémentaires, on se place à un point de vue déjà plus profond et plus vrai »

Omnia Veritas Ltd présente :

RENÉ GUÉNON
ÉTUDES sur L'HINDOUISME

... la double activité, intérieure et extérieure, d'un seul et même être

« Sottise et ignorance peuvent en somme être réunies sous le nom commun d'incompréhension »

Omnia Veritas Ltd présente :

RENÉ GUÉNON
INITIATION ET RÉALISATION SPIRITUELLE

Le peuple est comme un « réservoir » d'où tout peut être tiré, le meilleur comme le pire

OMNIA VERITAS LTD PRÉSENTE :

RENÉ GUÉNON

**INTRODUCTION GÉNÉRALE
À L'ÉTUDE DES DOCTRINES HINDOUES**

« Bien des difficultés s'opposent, en Occident, à une étude sérieuse et approfondie des doctrines hindoues »

... ce dernier élément qu'aucune érudition ne permettra jamais de pénétrer

OMNIA VERITAS LTD PRÉSENTE :

RENÉ GUÉNON

**LE RÈGNE DE LA QUANTITÉ
ET LES SIGNES DES TEMPS**

« Car tout ce qui existe en quelque façon que ce soit, même l'erreur, a nécessairement sa raison d'être »

... et le désordre lui-même doit finalement trouver sa place parmi les éléments de l'ordre universel

OMNIA VERITAS LTD PRÉSENTE :

RENÉ GUÉNON

LE ROI DU MONDE

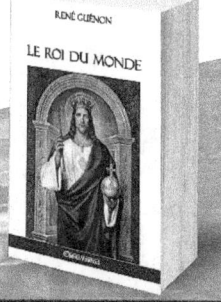

« Un principe, l'Intelligence cosmique qui réfléchit la Lumière spirituelle pure et formule la Loi »

Le Législateur primordial et universel

« Il y a, à notre époque, bien des « contrevérités », qu'il est bon de combattre... »

Parmi toutes les doctrines « néo-spiritualistes », le spiritisme est certainement la plus répandue

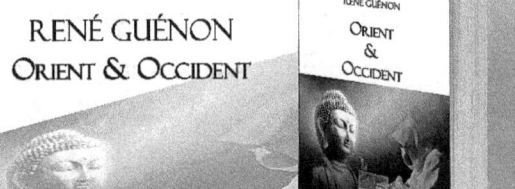

« La civilisation occidentale moderne apparaît dans l'histoire comme une véritable anomalie...»

... cette civilisation est la seule qui se soit développée dans un sens purement matériel

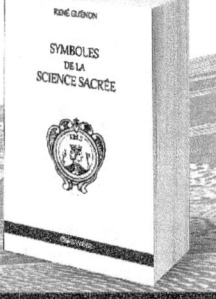

« Ce développement matériel a été accompagné d'une régression intellectuelle qu'il est fort incapable de compenser »

Qu'importe la vérité dans un monde dont les aspirations sont uniquement matérielles et sentimentales

Omnia Veritas Ltd présente :
RENÉ GUÉNON
LA CRISE DU MONDE MODERNE

«Il semble d'ailleurs que nous approchions du dénouement, et c'est ce qui rend plus sensible aujourd'hui que jamais le caractère anormal de cet état de choses qui dure depuis quelques siècles»

Une transformation plus ou moins profonde est imminente

Omnia Veritas Ltd présente :
RENÉ GUÉNON
LA GRANDE TRIADE

«On veut trouver dans tout ternaire traditionnel, quel qu'il soit, un équivalent plus ou moins exact de la Trinité chrétienne»

Il s'agit bien évidemment d'un ensemble de trois aspects divins

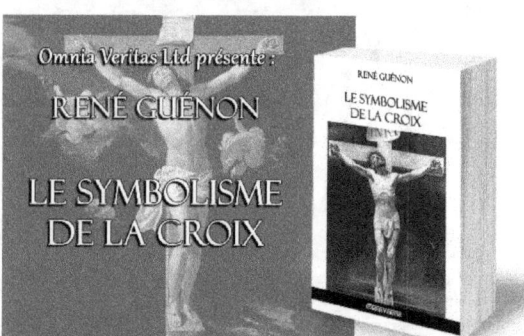

Omnia Veritas Ltd présente :
RENÉ GUÉNON
LE SYMBOLISME DE LA CROIX

«La considération d'un être sous son aspect individuel est nécessairement insuffisante»

... puisque qui dit métaphysique dit universel

OMNIA VERITAS LTD PRÉSENTE :

RENÉ GUÉNON

LE THÉOSOPHISME
HISTOIRE D'UNE PSEUDO-RELIGION

« Notre but, disait alors Mme Blavatsky, n'est pas de restaurer l'Hindouïsme, mais de balayer le Christianisme de la surface de la terre »

Le vocable de théosophie servait de dénomination commune à des doctrines assez diverses

OMNIA VERITAS LTD PRÉSENTE :

RENÉ GUÉNON

ARTICLES & COMPTES-RENDUS NON REPRIS

«... on voit une barque portée par le poisson, image du Christ soutenant son Église » ; or on sait que l'Arche a souvent été regardée comme une figure de l'Église... »

Le Vêda, qu'il faut entendre comme la Connaissance sacrée dans son intégralité

OMNIA VERITAS LTD PRÉSENTE :

RENÉ GUÉNON

COMPTES-RENDUS DE LIVRES

«... ce terme de « réincarnation » ne s'est introduit dans les traductions de textes orientaux que depuis qu'il a été répandu par le spiritisme et le théosophisme... »

... la « réincarnation » a été imaginée par les Occidentaux modernes...

René Guénon

OMNIA VERITAS LTD PRÉSENTE :

RENÉ GUÉNON

COMPTES-RENDUS
DE REVUES
&
NOTICES NÉCROLOGIQUES

« On tient d'autant plus à ne voir que de l'« humain » dans les doctrines hindoues que cela faciliterait grandement les entreprises « annexionnistes » dont nous avons déjà parlé »

Il s'agit en fait de deux traditions, qui comme telles sont d'essence également surnaturelle

OMNIA VERITAS LTD PRÉSENTE :

RENÉ GUÉNON

CORRESPONDANCE

I

« ... l'état suprême n'est pas quelque chose à obtenir par une « effectuation » quelconque ; il s'agit uniquement de prendre conscience de ce qui est. »

... l'éloignement du Principe, nécessairement inhérent à tout processus de manifestation

Omnia Veritas Ltd présente :

RENÉ GUÉNON

ÉTUDES SUR LA
FRANC-MAÇONNERIE
ET LE COMPAGNONNAGE

«Parmi les symboles usités au moyen âge, outre ceux dont les Maçons modernes ont conservé le souvenir tout en n'en comprenant plus guère la signification, il y en a bien d'autres dont ils n'ont pas la moindre idée.»

la distinction entre « Maçonnerie opérative » et « Maçonnerie spéculative »

« Les articles réunis dans le présent recueil représentent l'aspect le plus original de l'œuvre de René Guénon »

Fragments d'une histoire inconnue

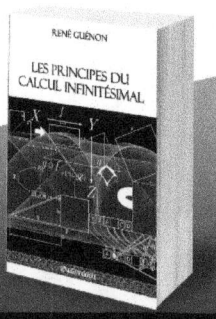

«... il nous a paru utile d'entreprendre la présente étude pour préciser et expliquer plus complètement certaines notions du symbolisme mathématique... »

un exemple frappant de cette absence de principes qui caractérise les sciences profanes...

«... Il est un certain nombre de problèmes qui ont constamment préoccupé les hommes, mais il n'en est peut-être pas qui ait semblé généralement plus difficile à résoudre que celui de l'origine du Mal... »

Comment donc Dieu, s'il est parfait, a-t-il pu créer des êtres imparfaits ?

www.ingramcontent.com/pod-product-compliance
Lightning Source LLC
Chambersburg PA
CBHW050321230426
43663CB00010B/1704